ओशो :
डायरी के दर्पण में

लेखक

प्रो. अरविन्द कुमार

संपादक एंव प्रस्तुतकर्ता

स्वामी अगेह भारती

डायमंड बुक्स

ISBN : 81-288-1762-0

प्रकाशक : **डायमंड पॉकेट बुक्स (प्रा.) लि.**
X-30, ओखला इंडस्ट्रियल एरिया, फेज-II
नई दिल्ली-110020

फोन : 011-41611861
फैक्स : 011-41611866
ई-मेल : sales@dpb.in
वेबसाइट : www.dpb.in
संस्करण : 2008
मुद्रक : आदर्श प्रिंटर्स, शाहदरा, दिल्ली - 32

OSHO : DIARY KE DARPAN MEIN

By- Arvind Kumar

लेखक की कलम से

मेरे पूज्य बड़े भैया (ओशो) ने मुझे अस्तित्व के सागर में किस तरह डुबोया, यह तो मैं आज 70 वर्ष की भौतिक यात्रा में समझ पा रहा हूं। भगवत्ता का जो प्रसाद आज मिल रहा है, उसकी सुगन्ध को तो ओशो (आचार्य रजनीश, पूज्य बड़े भैया) के सान्निध्य में वर्ष 1950 से 1970 के क्रांतिकारी झकझोरने वाली जीवन-क्रांति के भागवत चैतन्य की धारा में अनुभूत किया है जो अनन्त प्रवाहमान अस्तित्व में फूल बनकर स्वयं को तो सुवासित करेगी, और प्रभु सत्ता में लीन होने वाले साधकों के लिए चैतन्य सत्ता से जुड़ने का मार्ग प्रशस्त करेगी। संत कबीरदास ने अपनी शाश्वत् चैतन्य की अनुभूति को इन पंक्तियों मे बांधा है:

'हेरत हेरत हे सखी रहा कबीरा हिराई।

बूंद समानी समुन्द में सोकत हेरी जाई।।'

मुझे भी पूज्य बड़े भैया के सान्निध्य में रहकर डायरी के अनमोल प्रसंग और चर्चा, प्रश्नोत्तर प्रसंग विस्तार से लिखने का अनायास योग बनता रहा, उसे मैं आज प्रभु-सत्ता से मेरे द्वारा कराया कार्य मानता हूं। निमित्त कहें, साधन कहें, बांसुरी की खाली पुंगी कहें- स्वर तो भगवान के, ओशो के संजोये हैं जिन्हें अब बहुजन हिताय- बहुजन सुखाय प्रकाशित किया जा रहा है।

डायरी के संपादन में अथक परिश्रम और भौतिक शरीर की प्राकृतिक ढलती वय में स्वामी अगेह भारती जी एवं मा बोधि सफी की अनवरत जीवन ज्योति ने आज यह दिव्य उपलब्धि लोक कल्याणार्थ सबको दी है, उनके प्रति सभी ओशे प्रेमियों की ओर से जय ओशो।

अरविन्द

21 दिसम्बर, 2007

आमुख

ओशो के प्रथम सचिव रह चुके प्रो. अरविन्द कुमार रिश्ते में ओशो के फुफेरे भाई हैं। बहुत कम उम्र से ही इन्हें ओशो की असामान्य निकटता प्राप्त हुई है। ओशो के एक विशिष्ट जीवनकाल तथा उनके कार्य के प्रारंभिक कालखंड में उनके साथ एक ही मकान में रहने, उनके सचिव का दायित्व निभाने व उनकी देखरेख व सेवा करने का अमूल्य व अपूर्व अवसर अरविन्द जी को मिला। इन प्रारंभिक दिनों में जब और जहां कहीं ओशो की वाणी ध्वनिमुद्रित नहीं हो पा रही थी, अरविन्द जी अपनी स्मरण प्रतिभा का अद्‌भुत उपयोग करते हुए ओशो के वचनों को लिपिबद्ध कर लेते थे–अधिकांशतः बोले जाने के कुछ घंटों के भीतर ही, किंतु कभी-कभी कुछ और अंतराल पर; जब जैसा संभव हो पाता।

एक अविस्मरणीय यात्रा प्रवास में अरविन्द जी ओशो के साथ थे जब ओशो कतिपय आमंत्रित विशिष्टजन के बीच एक अंतरंग विचार गोष्ठी लेने हेतु महाराष्ट्र के चन्द्रपुर (चांदा) में सुश्री मदन कुंवर पारख व श्री रेखचंद जी पारख के घर पहली बार मेहमान हुए।

इस अपूर्व व मूल्यवान चर्चाओं की लड़ियों को प्रोफेसर अरविन्द कितनी सहजता से व बखूबी अपनी डायरी के पन्नों पर पिरोते गए थे, यह बात उनकी अनंतकाल तक साधुवाद करने के लिए पर्याप्त हेतु है।

प्रो. अरविन्द (जो कि कॉमर्स के प्रोफेसर थे) ने डायरी देते समय मुझे कहा था, "भैया, भाषा सम्बन्धी भूलें आप सुधार लीजिएगा और डायरी का जैसा चाहें उपयोग कर लीजिएगा।" अतः मा बोधि सफी (डा॰ ज्योति अरोरा) की मदद से कुछ व्याकरणीय भूलों को सुधारने के सिवा आद्योपरांत बिना कुछ छोड़े अथवा जोड़े वैसा का वैसा ही दिया जा रहा है।

पाठकों का अधिक समय न लेकर हम उन्हें सीधे डायरी के पन्नों पर ही लिए चलते हैं।

ओशो के विचारों को सामने लाने से पूर्व, प्रो॰ अरविन्द जिस ढंग से पृष्ठभूमि का वर्णन करते हुए एक शब्द-दृश्य निर्मित करते हैं, वह तो उनके

कौशल व ओशो के अपरिमित आशीषों का सहज उदाहरण है। अरविन्द जी का यह अथक श्रम ओशो द्वारा प्रदत्त एक मूल्यवान शाश्वत खजाने को हमारे समक्ष लाता है।

सुधीजन ध्यान, जीवन-मीमांसा व अन्य संबंधित विषयों पर ओशो की मूलभूत जीवन-दृष्टियों व अनुभूतियों से प्रश्नोत्तर रूप में परिचय प्राप्त करें, जो उनके आजीवन कार्यकाल में माला में धागे की तरह उपस्थित रही है।

सप्रेम, धन्यवाद,

स्वामी अगेह भारती

'ओशो-विला'

62, प्रभात विहार,

पन्ना रोड, सतना-485001 (म.प्र.)

मोबाइल : 09827278915

दिनांक 21 अक्टूबर 1961 से 27 अक्टूबर 1961 तक

इन दिवसों में आचार्य जी चांदा रहे। मैं और क्रान्ति बहिन जी भी साथ थे। अपने स्वरूप में रहा जाए और जीवन में जो अपरिसीम शान्ति तथा आनंद मिला हुआ है, उसे अनुभूत कर लिया जाय—चेतना के इस महान स्वरूप पर अनेक विधि विशेष चर्चाओं का आयोजन हुआ। जीवन केवल काम कर लेने और क्षुधा शान्ति तक ही सीमित नहीं है—वरन् यह सब तो अपने स्वरूप में रहने के लिए और अनंत शान्ति तथा आनन्द को अनुभूत कर लेने के लिए है। इस दृष्टिकोण को सामने रख पू. श्रीमती मदन कुंवर जी पारख और पू. श्री रेख चन्द जी पारख ने आचार्य जी की चर्चाओं का लाभ उठाया और न केवल इसे उन्होंने अपने तक सीमित रखा वरन् प्रान्त के अनेक प्रतिष्ठित और सामाजिक कार्यरत् महानुभावों को आमंत्रित कर, उन्हें भी इस संयोग से लाभ उठाने का अवसर प्रदान किया। प्रमुख अतिथियों में श्री मूल चन्द जी देशलहरा, श्री शिरेमल जी देशलहरा, श्री भीखमचन्द जी कोठारी, श्रीमती शान्ता जी सिसोदिया एवं नगर के अनेक गणमान्य नागरिकों में श्री अप्पलवार जी, सुश्री यशोदा जी बजाज, श्री बजाज वकील साहब, श्री अमर चन्द जी गांधी, श्री धनपत लाल जी जैन, श्री मंथनवार जी, श्रीमती मृणालिनी जोशी, श्रीमती पुंजे और अनेक चिर-परिचित पारख जी के परिवार के जनों में श्री पन्नालाल जी तालेरा, श्रीमती शारदा कुंवर जी तालेरा—इस तरह एक पूर्ण प्रेम में समाहित वातावरण में सरस और ओजस्वी चर्चाओं का लाभ उठाया गया। इन चर्चाओं का सार मय विवरण नीचे प्रस्तुत किया गया है।

पू. पारख जी—अपने पर लौट आने के लिए क्या करना आवश्यक है?

आचार्य जी—यह एक धारणा तीव्रता से पकड़ गई है कि हमारा स्वरूप जो मुक्त अवस्था का है—उस तक पहुंचने के लिए कुछ करना आवश्यक है। यह भ्रम पूर्ण

स्थिति है। इससे केवल संसार को पाया जा सकता है। अपने स्वरूप में तो सब कुछ विसर्जित करके उसमें हो जाना होता है। स्वरूप उपलब्धि में क्रिया मात्र बाधक है। इसका मूल कारण यह है कि हमें इसे पाने के लिए कहीं जाना नहीं होता है–कहीं जाना हो तो कुछ करना आवश्यक है.... लेकिन जहां हम हैं अपने स्वरूप में वहां कुछ करना केवल बाधक हो सकता है। आपसे मैं कहता हूं जहां हम बैठे हों वहां क्या कुछ चल के पहुंचा जा सकता है–उत्तर में अस्वीकृति मिलेगी। ऐसे ही अपने तक आने के लिए सारे प्रयास बाधक हैं–**कुछ करके पाया नहीं जा सकता केवल जो मिला है–उसे खोया जा सकता है।** अतएव मिले हुए को जान लेना मुक्त हो जाना है। मुक्ति का इसके अतिरिक्त और कोई अर्थ नहीं है। चेतना तो निरंतर मुक्त रही है–केवल उसे जान लेने की बात है। उसमें होकर हम सच्चे अर्थों में प्रभु के हो जाते हैं।

पू. पारख जी–क्या पशु भी मुक्ति पा सकते हैं या केवल मानवीय चेतना से ही शरीर के जन्म-मरण से मुक्त हुआ जा सकता है?

आचार्य जी–इस संबंध में मेरा आपसे कहना है कि मानवीय जीवन चेतना की इस पृथ्वी पर अन्तिम अवस्था है। इस जीवन में होकर ही हम मुक्त हो सकते हैं। इसलिए मैं कहता हूं कि तीन अवस्थाएं हैं –

(1) विचार के पूर्व की अवस्था

(2) विचार मय अवस्था

(3) विचार के पार की अवस्था

इनमें विचार के पूर्व की अवस्था को पशु अवस्था कहा जाता है। पशु अवस्था में–धीरे-धीरे विचारपूर्ण स्थिति में आते रहने से मानवीय जीवन मिलता है। जैसे : एक हाथी अपने शरीर के नीचे खरगोश दब न जाए इस कारण अपने शरीर को संभालता है–तो फिर धीरे-धीरे ऐसी चेतना मनुष्य तक आ जाती है। मानव जीवन विचार-प्रधान अवस्था है। इसमें बुरे विचार करके हम बुरे कार्य जो अनैतिक कहे जाते हैं–उसमें पड़ जाते हैं और भले विचार करके हम नैतिक हो जाते हैं। पर दोनों कड़ियां हैं। एक को लोहे की कड़ी तो दूसरी को सोने की कड़ी कहा जाता है। लोहे की कड़ी को तो बुरा मान मुक्त हुआ भी जा सकता है–पर सोने की कड़ी सुख देती है–उसके मोह से बच पाना कठिन बात है। इसी को ध्यान में रखते हुए ईसा ने कहा था: 'एक बार ऊंट भी अपने को सुई की नोक से निकाल सकता है पर धनी आदमी स्वर्ग के रास्ते से नहीं गुजर सकता।' इसलिए मैं, मुक्त अवस्था में होने के लिए बुरा और भला दोनों को ही बाधक मानता हूं। जितनी अनीति बुरी है, उतनी नीति भी, दोनों में विचार प्रधान है। इससे

विचार के पार की अवस्था अपनी मुक्त अवस्था का बोध देती है और तब हम मुक्त हो जाते हैं। जब तक विचार है तब तक जानिएगा कि घेरा मन का ही चल रहा है—जैसे विचार विसर्जित हुए कि हम अपने मन के घेरे से हटकर केन्द्र पर पहुंच जाते हैं। यह केन्द्र पर हो जाना ही मुक्त अवस्था में अपने को स्थिर कर लेना है।

पू. पारख जी—विचारों का विसर्जन होने से चेतना की मुक्त अवस्था में आया जा सकता है? पर क्या विचारों का विसर्जन होना संभव है—यदि है तो किस प्रकार से?

आचार्य जी—सच में—आपका प्रश्न महत्वपूर्ण है। यही एक प्रश्न है जिसे साधक को जान लेना चाहिए। इसमें ही जीवन की मुक्त अवस्था का बीज छुपा हुआ है। इसकी अब मैं आपसे चर्चा करूंगा।

एक बात पहले समझ लीजिएगा। एक गड्ढा जिसमें मिट्टी घुली हुई हो—उसका पानी साफ हो जाए इसके लिए क्या करना होता है? गड्ढे के एक किनारे पर बैठ जाएं तो पानी अपने से साफ हो जाएगा। पानी को साफ करने यदि गड्ढे के भीतर जाकर मिट्टी को खोदें या और कोई प्रयत्न करें तो फिर पानी शान्त होकर साफ होने वाला नहीं—केवल और अधिक मिट्टी पानी में घुल सकती है—इसके अतिरिक्त कुछ और होने वाला नहीं है। इसी तरह मन को भी शान्त कर लेने का विज्ञान है। विचार-शून्य अंवस्था में आ जाने का विज्ञान है। उसे भर ठीक से समझ लिया तो फिर कुछ और समझना बाकी नहीं रह जाता है।

मन के साथ कुछ करना, अपने को और अशांत बना लेना है। एक विचार जो चलता है—यह न आ सके यदि ऐसा प्रयत्न किया तो संघर्ष बढ़ेगा और रह-रह कर वह विचार तीव्रता से आपके मन में घूम उठेगा। एक साधक था। मुक्ति की चाह थी। एक संन्यासी की सेवा में दो वर्ष रहा। एक दिन उसने अपने को मुक्त कर लेने के लिए कुछ मंत्र मांगा। संन्यासी ने एक कागज पर लिखकर वह मंत्र दे दिया और कहा—इस मंत्र को पढ़ते समय ध्यान रखो कि बंदर का स्मरण न आए। साधक ने कहा—ठीक है, मुझे क्यों बन्दर का स्मरण आएगा। साधक दिन भर सोचता रहा मुझे बंदर का स्मरण नहीं आना चाहिए। सांझ जब वह मंत्र लेकर बैठा तो उसे चारों और बन्दर ही बन्दर दिखाई पड़ रहे थे। इससे प्रयत्न करके झगड़ के कुछ भी नहीं पाया जा सकता है। मन में चलते विचारों को केवल देखना होता है। **यह देखना ही साधना है।** ग्रंथों में लिखा है—शान्त होने पर प्रभु-दर्शन होते हैं। इससे भ्रान्त साधक शान्त होने के उपाय में पहले लग जाता है और कई तरह की क्रियाएं कर शान्ति पाने की चेष्टा करता है परन्तु इस सबसे

आज तक न कोई शान्त हो सका है और न होगा। शान्त होने के लिए कुछ करना नहीं होता वरन् सतत् अपने को जागरूक बनाए रखकर देखना होता है (Choiceless awareness) सम्यक् जागरूकता मार्ग है–एक इशारा है–जिसे बनाए रखने पर अपने से हम अपने 'स्वरूप' में हो जाते हैं। जापान के मठों में 'पगोडा' (मंदिर) में एक अंगुली इशारा करती हुई चांद को दिखा रही है। इसी तरह जो सम्यक् जागरूकता है–वह केवल इशारा है और उपलब्धि में अनंत शान्ति और आनंद मिलता है। इसलिए कुछ करें नहीं, झगड़ें नहीं–केवल अपने को होश में रखें और देखते रहें जो दिन-रात चल रहा है। अपने से चलने वाली घटनाओं से ठीक से परिचित हो जाएं और आप पाएंगे जो हमेशा चला करता था अब वह अपने से विसर्जित हो गया है। अपने प्रति पूरे होश से भरे रहें तो अपने से शान्ति उतरती है और हमारी मुक्त अवस्था प्रगट हो जाती है।

इस अवस्था में आ रहने के लिए कुविचार तो बाधक हैं ही पर सुविचार भी उतने ही बाधक हैं। इसलिए कहता हूं कि हमारी चेतना की मुक्ति का इन दोनों विचारों के पार का स्थान है। जितनी हिंसा बाधक है–उतनी ही अहिंसा भी बाधक है। जैसे हिंसा करना–पाशविक वृत्ति है–वैसे ही अहिंसा भी एक देवत्व वृत्ति है–और वृत्ति मात्र मुक्ति में बाधक है। दोनों की पूर्ति में मन की सहज दौड़ भर है और कुछ मिलने वाला नहीं है। इसके अतिरिक्त हिंसक तो एक बार अपने तक लौट आ सकता है पर अहिंसक की पकड़ और गहरी रहती है। एक सूक्ष्म अहंकार की पूर्ति अहिंसक बन जाने से भी होती है। अहंकार के छेद अनेक हैं और न जाने किन रास्तों से वह हमें पकड़े रहता है तथा व्यक्ति अपनी वासनाओं के घेरे में ही शरीर छोड़ देता है। इसलिए मैं नहीं कहता कि हिंसा बुरी है या अहिंसा अच्छी है। जब तक छोड़ना और पकड़ना चलता है तब तक हम अपने मन के घेरे से बंधे रहते हैं। संन्यासी का छोड़ना तथा पकड़ना केवल अहंकार की तृप्ति मात्र है। एक और बड़ी मजे की बात है कि जितना भोग की तृप्ति में आनन्द नहीं आता उससे कहीं ज्यादा त्यागी होने में आनन्द मिलता है। एक साधु के उपासक उनकी प्रशंसा में कहा करते थे कि लाखों रुपयों पर लात मारकर सन्यस्थ हो गए हैं। और इस बात को तो स्वयं हमारे साधु जी एक न एक बार अपनी चर्चा में कहा करते हैं। अब मैं हैरान हूं इनका रुपयों का रस, त्याग में भी छूटा नहीं है बल्कि और ज्यादा रस अब इनको त्याग में आने लगा है। अतएव विचारों के विसर्जन से यह अनुभूत होता है कि मेरा 'स्वरूप' भोग और त्याग के पार की अवस्था का है। सहज सुलभ जो मिलाना है उसे जान लेना और इस जानने के बाद सारे कार्य मात्र तथ्यों के रूप में रह जाते हैं और कहीं कुछ बांधे हुए नहीं है जिसे छोड़ने का प्रश्न उठे। इस संबंध में मैं आपको अंगुलीमाल की मीठी कथा

कहता हूं। अंगुलीमाल ने प्रण लिया 1000 सिरों को काटकर, उनकी अंगुलियों की माला पहनूंगा। 999 अंगुलियां पहन चुका था। एक आखिरी बाकी थी। यह वह अपनी मां की अंगुली तक को ले लेने में सहमत था। उसका सारा ध्यान पाप की ओर लग गया था। एक दिन वह अपनी मां की अंगुली काट लेने को तत्पर था। बुद्ध भी उसी वन में विहार कर रहे थे। अंगुलीमाल ने अपनी ओर बुद्ध को आते देख एक क्षण ध्यान से देखा–सोचा ऐसा शान्त मनुष्य तो आज तक देखने में नहीं आया था। ज्यों ही अंगुलीमाल मां की अंगुली काटने को था–बुद्ध बीच में आए, आकर बोले–रुक जाओ अंगुलीमाल। अंगुली माल ने कहा–भिक्षु मैं तो रुका हुआ हूं–तू भी रुक जा–अन्यथा सिर अलग हो जाएगा। बुद्ध का उत्तर था। 'भन्ते, एक समय हुआ जब से मैं रुका हुआ हूं–चल तो तू रहा है मैं तो सारे मन की दौड़ को विसर्जित कर चुका हूं।' अंगुलीमाल आश्चर्य में था–यह देखकर कि यह भिक्षु तो बढ़ा आ रहा है फिर रुका कैसे। और जो मैं खड़ा हुआ हूं उसका चलना कैसे? बुद्ध के समझाने पर उसे समझ आया और उसी क्षण भिक्षु हो गया। बाद में अंगुलीमाल श्रावस्ती में भिक्षा मांगने गया तो खूब पत्थरों से उसका स्वागत हुआ, पर वह शान्त बना रहा। एक दिन अंगुलीमाल बुद्ध के समीप बैठा था–उस प्रदेश का राजा प्रसेन्जित भगवान बुद्ध के दर्शन को आया था। अंगुलीमाल की चर्चा से तो प्रसेन्जित कांप उठा, पर जब उसे बताया कि अब अंगुलीमाल बुद्धत्व को उपलब्ध हो गया है और बुद्ध ने इशारे से अंगुली माल को बताया, तो प्रसेन्जित अंगुलीमाल के चरणों पर गिर गया और प्रणाम किया।

एक दिन बुद्ध के प्रिय शिष्य आनंद ने पूछा–भगवन्! इस पापी को कैसे बुद्धत्व मिल सकेगा? बुद्ध ने कहा–आनन्द यह तो अंगुलीमाल के पूछने की बात थी पर तूने पूछी, तो स्पष्ट है कि उसे मिल गया है। इससे मेरा कहना है कि हमारा स्वरूप पाप और पुण्य दोनों के पार है। सभी मुक्ति के अधिकारी हैं। सारा प्रश्न दीख आने का है। यह दीख आना–जागरूक रहके संभव है। इस अवस्था में ही हम अपने विचारों से मुक्त हो पाते हैं।

पू. पारख जी–बुद्धि बुद्धत्व प्राप्ति में रोड़ा अटकाती है–ऐसा क्यों?

आचार्य जी–बुद्धि अविश्वास की प्रतीक है। विचार-मात्र बुद्धि जन्य होते हैं और इसी कारण बुद्धि मुक्ति के रास्ते में बाधा है। हम अपने में हो सकें–इसके लिए हमारी प्रतिभा हमारी बाधक बनती है। स्वामी विवेकानंद तीव्र मेधा और प्रतिभा संपन्न थे। हजारों साधु-सन्तों का खंडन करते–कभी नहीं थकते थे। रवीन्द्रनाथ के पिता श्री देवेन्द्र नाथ ठाकुर से विवेकानन्द एक अंधेरी काली रात में आधी रात को उनके बजरे में जो गंगा में बनाया था–तैरकर मिलने गए। दरवाजा खटखटाया, न खुला तो तोड़कर भीतर हो रहे और सहसा बोल उठे–प्रभु

के दर्शन किए हैं? एक क्षण को महर्षि हत्प्रभ हो आए–इस पर विवेकानन्द ने कहा–समझ गया, झूठी साधना में लगे हो और चले आए। यही युवक जब रामकृष्ण परमहंस के पास पहुंचा–पूछा 'प्रभु दर्शन किया है?' रामकृष्ण ने जो जवाब दिया–वह बहुत कीमती था। पूछा–'दर्शन करोगे।' यह उत्तर जागृत पुरुष से आया था और बुद्धि के पार का था। बाद में रामकृष्ण ने विवेकानन्द से कहा–'तेरी बुद्धि ही तुझे बाधा बन रही है। स्वरूप उपलब्धि में कोरा ज्ञान बाधक है और कोरे ज्ञानी से बढ़कर मूर्ख और कोई नहीं होता है।

पू. पारख जी–जागृत व्यक्ति को कैसे जाना जा सकता है?

आचार्य जी–जागृत चेतना को जानना मुश्किल बात है। कारण यह है कि जागृत चेतनाएं ऐसी कुछ बंधी क्रियाएं नहीं करती-जैसी कि भटकी चेतनाएं किया करती हैं। फिर भी जागृत चेतनाओं से जो व्यक्त होता है-वह उनका अपना होता है–कुछ भी उधार लिया हुआ या सुना हुआ नहीं होता है। भटके हुए लोग–जो पढ़ लेते या सुन लेते हैं उसे बोल देते हैं। सब कुछ अर्थ इस बोलने में आ जाता है। पर जागृत पुरुष जो कहता है उसके पीछे बहुत कुछ अनकहा छूट गया होता है–जिसे केवल वैसी स्थिति में होकर ही जाना जा सकता है। योग शास्त्रों के सूत्रों का अर्थ–वैसी चेतना की अवस्था प्राप्त कर लेने पर ही प्रगट होते हैं। इसी कारण जागृत व्यक्ति कुछ लिखने से डरता है–उसका मूल कारण यही होता है कि जो वह कहना चाहता है उसके लिए शब्द पर्याप्त नहीं होते हैं और भय होता है कुछ विपरीत अर्थ न लगा लिया जाए–जिससे भटकन बढ़ जाए। दूसरे, उसे लिखने का मोह भी नहीं होता है। जो लिखते हैं–जागृत पुरुषों के बावत् वे घूम फिरकर अपने संबंध में ही लिख पाते हैं। जैसा उसने अर्थ अपने में किया होता है उसकी मात्र अभिव्यक्ति कर देना–कचरा इकट्ठा कर लेना है। समाज जो गहरे गर्त में और युद्ध की भीषण विभीषिका में आज गिर आया है- उसका मूल कारण यह कचरा ही है। जागृत पुरुष का अपना अलग लक्षण होता है। वह जो भी व्यक्त करता है, अपने स्वरूप में होकर व्यक्त करता है। इससे नित–नवीन रूपों में अपने चेतना के आनंद को व्यक्त कर पाता है। मैहर बाबा पश्चिम के मुल्कों में थे–पूछा जाता–क्या मार्ग है–प्रभु को पाने का–उत्तर होता : 'I am the way......... I am the christ'. मैं मार्ग हूं– मैं ईसा हूं। मुझे जान लेना मार्ग है। एक नवीनतां और अप्रगट सत्ता का इसमें अंश है।

(1) कहा जाता है–महावीर क्षमावान थे–ऐसा किताबों में लिखा हुआ है। पर जिसे दीख आया है–वह क्या क्षमावान हो सकता है। क्षमा करना हमेशा क्रोध के विरोध में होता है–ठीक से समझिएगा तो स्पष्ट हो सकेगा कि अभी क्रोध बाकी है। तब तो क्षमा करने का प्रश्न उठता है। क्षमा भी इसी मन के घेरे के भीतर

आती है। मन का घेरा तो मात्र भटकन है। यदि हम कहना ही चाहें तो सहज करूणा भर मुक्त पुरुष का लक्षण है।

(2) मेरा कहना है–मुक्ति को पाने के लिए जन्म-जन्मांतरों का रास्ता तय नहीं करना है। यह केवल बचाव करते रहना और एक भ्रान्त धारणा में उलझे रहना है। मुक्ति तो ठीक इसी क्षण संभव है। केवल दीख आने की बात है। अभी आप एक क्षण को पूरे होश में हो जाएं तो विचार-शून्य अवस्था में अपने को जान सकते हैं। मुक्ति कल नहीं आती वह तो इसी क्षण में है। कल का तो केवल बौद्धिक अस्तित्व है। इससे ठीक इसी क्षण मुक्ति संभव है। केवल क्षण का ही अस्तित्व होता है और उसी में हम जीते हैं। इसलिए अपने मुक्त स्वरूप में हो आने के लिए जन्म-जन्मांतरों के चक्कर काटने की धारणा व्यर्थ और भ्रमपूर्ण है। पूछा गया है–इस मुक्ति पाने में पिछले संस्कार और कर्म बाधा नहीं देते हैं? बाधा तो विचारों की है–जैसे ही ज्ञान का दीया जला तो अंधेरा एक दिन का हो या हजार जन्मों का वह विसर्जित हो जाता है–और हम अपने मुक्त स्वरूप में हो जाते हैं। ज्ञान मात्र मुक्ति में बाधक है। यही सबसे बड़ी अटकन है। इसके विसर्जन के साथ ही 'स्व-बोध' आता है और सब कुछ आनन्दमय हो जाता है। ज्ञान ही बंधन है–पर इसका बोध होते ही ज्ञान सुलझन भी है।

एक पत्र में मां-साब को आचार्य श्री ने लिखा कि जगत ही भटकन है और जगत ही सुलझन है। इसका अर्थ स्पष्ट करते हुए आचार्य जी ने कहा–मैं आपको देखता हूं–पर यदि सामान्यत: ही देखूं तो यह देखना मुझे बांधेगा पर जैसे ही मैं जो देखने वाला हूं उसके बोध में उतर कर देखता हूं–तो अपने दृष्टा स्वरूप से देखने पर संसार में सुलझन प्राप्त हो जाती है। इसी से मैंने कहा–जगत ही भटकन है, और सुलझन भी है।

अखबार युद्ध बढ़ाने में सहायक है। हम अपनी उत्सुकताओं को व्यक्त करते हैं–व्यर्थ की बातों के प्रति, इससे दूसरे मुल्क स्वभावत: युद्ध में उत्सुक होते हैं। यदि सारे अखबार बन्द कर दिए जाएं तो विश्व को कोई खतरा होने वाला नहीं है। अखबारों में लिखा कचरा हम लोग अपने भीतर भर लिया करते हैं और चारों ओर दिन-रात उसकी चर्चा किया करते हैं। इससे सब ओर एक गहरी उत्पीड़न और अशान्ति व्याप्त हो गई है। न केवल इतना ही हुआ है वरन् हमारी शक्तियां व्यर्थ में नष्ट होती है और शक्तियों का अपव्यय होता है। इन शक्तियों का उपयोग उदात्त जीवन-व्यवस्था को लाने में किया जाय तो एक बेहतर समाज रचना का निर्माण होगा। फिर अखबार कुछ सूचनाएं मस्तिष्क को दे देते हैं और हम समझने लगते हैं कि हम तो ज्ञानी हैं। एक झूठा बोध अहं की पूर्ति का अखबार दे देते हैं। इससे गोष्ठी में उपस्थित पत्रकार महोदय को संबोधित करते

हुए आचार्य श्री ने कहा–आप अपने पत्र में कुछ अपना निकालिए; तो सार्थक तथा उपयोगी हो सके। पत्रिका में कुछ अपनी पुकार दीजिए तब तो खूबी है–अन्यथा सब कचरा है–और सामयिक है।

यशोदा बाई ने चुनाव में उम्मीदवारी का चांदा क्षेत्र में टिकट मांगा है। कहती है–चक्कर है और मजा देता है। यह तो सबसे बड़ा भ्रम है। इसे जानिए और आप चक्कर से बाहर हो रहेंगी। इससे मैं प्रार्थना करता हूं कि ''टिकट न मिले तो श्रेयस्कर है।''

श्री मंथनवार जी–पुनर्जनम होता है क्या–यदि हां–तो आत्मा तो अमर है–फिर भी संभव कैसे?

आचार्य जी–प्रश्न का उत्तर कोई प्रयोजन नहीं रखता। इससे आपमें कुछ घटित होने वाला नहीं है। केवल जानकारी मात्र भर बढ़ा लेना है। इस तरह के प्रश्नों से अपने में कुछ परिवर्तन नहीं आता है और एक बड़े मजे की बात है कि ये सब प्रश्न हम तभी तक करते हैं–जब तक हम अपने को नहीं जान लेते हैं–जैसे ही अपने को जाना तो ये व्यर्थ के प्रश्न समाप्त हो जाते हैं।

पुनर्जन्म आत्मा का नहीं होता है। आत्मा तो शाश्वत है, शरीर मरता है और जीता है। यह भ्रम तब तक चलता रहता है जब तक इच्छाओं और वासनाओं का पुंज जिसे हम मन के नाम से जानते हैं वह विसर्जित नहीं हो जाता है। इस शरीर में चेतन सत्ता का प्रवेश होता है। और यह अपनी मुक्त अवस्था को जान लेने पर-फिर जन्म और मरण के कर्म से मुक्त हो जाती है। इसका न तो जन्म होता है और न ही मरण। जैसे ही इसे जान लीजिएगा यह भेद स्पष्टतः समझ में आ जाता है। इसीलिए मैं कहता हूं कि जितना समय और शक्ति हम व्यर्थ के प्रश्नों में विनष्ट करते हैं इतने ही समय और शक्ति में तो अपने को जाना जा सकता है। साधक को केवल वही जानना चाहिए जो सम्यक् हो। व्यर्थ का कचरा इकट्ठा कर लेना जीवन के जालों को घना करता है।

एक असम्यक् प्रश्न के उत्तर देने के पूर्व आचार्य जी ने कहा–चर्चा चोर की तरह और मालिक की तरह दो प्रकार से हो सकती है। चोर चोरी करने जाता है तो कुछ यहां का कुछ वहां का जल्दी से ले भागता है–थोड़ा बहुत बीच में गिर जाता है और हाथ तो बहुत कम आता है। इसलिए मैं केवल मालिक की तरह चर्चा किया करता हूं। वही कहता हूं (जैसे मालिक एक-एक को चुनकर कुछ काम करता है–) जो हमारे उपयोग का और सम्यक् होता है। बहुत से व्यर्थ के प्रश्नों को मैं टालता हूं–ताकि केन्द्र से हमारा ध्यान अलग न हो सके और मैंने प्रयोग किए और पाया कि व्यर्थ के प्रश्नों का उत्तर पा लेने पर हमारे पास केवल वे कंकड़ रह जाते हैं और हीरे छूट गए होते हैं।

पू. यशोधरा बजाज–कुछ विचारक कहते हैं मनुष्य सहज में ऊंचा उठना चाहता है, और कुछ विचारक कहते हैं; मनुष्य सहज में नीचा गिरना चाहता है–विचार के क्षेत्र में आपका क्या मत है?

आचार्य जी–यह प्रश्न असंगत है। इसमें वृत्ति और विचार का भेद समझ लेना अनिवार्य है। प्रत्एक अपने विचारों में ऊंचा रहना चाहता है कौन नीचा होना चाहेगा–पर विचार मात्र से कुछ नहीं होता–जब तक वृत्ति भी विचार के अनुकूल न हो। एक व्यक्ति चाहता है कि क्रोध न करे–यह विचार हुआ–पर क्रोध उठते ही वह उसे रोक नहीं पाता और वृत्ति में फंस–क्रोध के वश में हो जाता है। इससे विचार तो ऊंचे उठने का होता है पर वृत्ति नीचे ले आने की होती है। यह वृत्ति भी अक्रोध में बदली जा सकती है। लेकिन वृत्तियों के पार जाने की मैं चर्चा करता हूं। क्रोध और अक्रोध अभी दोनों बुरी और भली वृत्तियों के परिचायक हैं। इसके पार की अवस्था अपने में हो रहने की अवस्था है। फिर न तो क्रोध और न अक्रोध होता है, बस शान्त सहज आनन्द अनुभूत होता है। क्रोध को जानिए और क्रोध आपसे विसर्जित हो जाएगा। जानना ही मौत है। यह जानना अपने को सतत् जागरूक बनाए रखने से संभव है।

पू. यशोधरा बजाज–भगवान बुद्ध ने अपने संघ में स्त्रियों को लेने से मना किया था–पर बाद में आनंद के कहने पर स्त्रियों को भी लेना पड़ा–ऐसा क्यों?

आचार्य जी–स्त्रियों का स्वभाव सहज रागात्मक और भक्ति का होता है–उससे पुरुष को भी स्त्री का मन अपनी ओर ले आता है। इससे ही भगवान बुद्ध ने स्त्रियों के आने पर अपने संघ को अल्पकाल तक चलने की घोषणा की थी। पर आनन्द तो नासमझ था–उसके बार-बार कहने पर ही बाद में स्त्रियों को भी संघ में लेना पड़ा था। बुद्ध का मार्ग ज्ञान का मार्ग है। यह पुरुषों की वृत्तियों के अनुकूल है। स्त्रियां भी इस मार्ग से आ सकती हैं। पर सुलभता से नहीं। क्योंकि उनकी सहज वृत्ति राग की और भक्ति की होती है।

इससे मेरा कहना है कि धर्म को यदि वैज्ञानिक स्वरूप दिया जाए तो मन के अन्वेषण से तो विश्व में केवल दो धर्म रह जाने वाले हैं–एक धर्म पुरुष का और दूसरा धर्म स्त्रियों का। नारी और पुरुष के लिए समान धर्म हो वह ठीक नहीं है। राजनैतिक और सामाजिक क्षेत्र में यह समानता मान्य है। पर धार्मिक क्षेत्र में ऐसा होना अनुचित है। इसके सिवाय धर्म का बंटवारा अलग-अलग पंथों और संप्रदायों में हो यह भी मैं अनुचित मानता हूं। कोई धर्म हिन्दू का या मुसलमान का अलग-अलग नहीं हो सकता हैं। मुझे तो केवल वैज्ञानिक मन के विश्लेषण के आधार पर यह प्रतीति स्पष्ट होती है कि पुरुष के लिए ज्ञान का और स्त्री के

लिए राग का तथा भक्ति का मार्ग सम्यक् मार्ग है। इन्हीं आधारों पर धर्म का विभाजन हो सकता है। यह दूसरी बात है कि किसी पुरुष में स्त्रैण तत्व अधिक मात्रा में हो तो वह अपने मार्ग से न चल स्त्रियों के मार्ग से चल सकता है और इसके विपरीत स्त्रियां-पुरुषों के मार्ग से चल सकती हैं।

गोष्ठी के सारे सदस्य–"ज्ञान" का मार्ग किस प्रकार है–इस पर चर्चा कीजिए?

आचार्य जी–पुरुषों के लिए यह मार्ग उचित है। हमारा विभाजन शरीर-मन और आत्मा में होता है। शरीर का मन से अटूट संबंध है–जैसा मन सोचता है वैसा ही शरीर अनुसरण करने लगता है। पर मन के जगत में रहना बड़ी अशांति और पीड़ा का बोध देता है। इसी से भारत में एक लम्बे अर्से से मन से मुक्ति की बात सोची जाती है और अनेक तरह की धारणाएं इस संबंध में प्रचलित हैं। बहुत पंथ हैं–अनेक पण्डित हैं और अनेक मंदिर-मस्जिद हैं पर शान्ति का दिया बुझ गया लगता है। कारण स्पष्ट है-चारों ओर तनाव और अशांति परिलक्षित होने लगी है। इससे आज की सांझ इस चर्चा से हमें एक पूर्ण जीवन-दृष्टि मिलेगी, जो हमें हमारे केन्द्र पर ले आएगी।

मन को विसर्जित करने का विज्ञान है। मन को भोग से शान्त नहीं किया जा सकता है। इच्छाएं अनंत हैं और हमेशा अतृप्त रहा करती हैं। इसी तरह मन को दमन करके शान्त नहीं किया जा सकता है। दमन से केवल बाहर परिणाम अच्छे दिखेंगे पर भीतर वही क्रान्ति की ज्वाला अचेतन मन में जलती रहती है। जो समय पर प्रगट हो आती है और इस प्रगटीकरण में उसे रोक पाना असंभव होता है। इससे जो साधक मन को बिना समझे जोर-जबरदस्ती से मन को दबाने लगते हैं, उनके नतीजे बिल्कुल गलत और व्यर्थ निकलते हैं। एक और मजे की बात मन के संबंध में है। जैसे ही जिसे हम तप के नाम से जानते हैं- उपवास आदि करना हम प्रारंभ करते हैं। लंबे अर्से में हमारे मन की इच्छाएं ही इन्द्रियों के माध्यम से प्रगट होने की शक्ति खो देती है। अमरीका में इसका वैज्ञानिक परीक्षण किया गया और जाना गया कि 3 व्यक्तियों को 2 माह तक भोजन न दिया जाने के कारण उनके मन की इच्छाएं वासनाएं समाप्त हो गईं हैं और जैसे ही उनको वापिस खाना दिया गया वैसे ही वे सामान्य व्यक्ति हो गए और सारी वासनाएं लौट आई हैं। इससे मन को दमन करके समाप्त नहीं किया जा सकता है। मन को हर क्षण जागरूक रहकर विसर्जित किया जा सकता है। भगवान बुद्ध के पास एक नव-युवा भिक्षु आया था राजकुमार था वह भिक्षु बनकर आया। बुद्ध ने उससे कहा–अभी तुम नए हो और अब तक राजकुमार रहे हो। इससे नगर में भिक्षा न मांग सकोगे–तुम मेरी एक श्राविका इस बस्ती में रहती है। उसके घर

जाकर भोजन ले लिया करना। भिक्षु पहले दिन उस श्राविका के घर जा रहा था। तो रास्ते में सोचता जा रहा था कि अब तक मैं राजकुमार था, तरह-तरह के व्यंजन और भोजन में अनेक प्रकार की सामग्री मिलती थी पर आज न जाने कैसा भोजन मिले। यह सोचता हुआ वह श्राविका के घर पहुंचा। भोजन में उसे ठीक वही सब मिला जो उसने रास्ते में सोचा था। ख्याल आया—शायद संयोग हो। भोजन कर लेने के बाद उसकी विश्राम करने की इच्छा हुई और जब उससे विश्राम करने के लिए श्राविका ने कहा तो वह तो अचंभित था। जब वह लेटा था तो पूछा क्या मेरे विचार इस घर में पढ़ लिए जाते हैं। श्राविका ने कहा—हां भगवान की छाया में रहने से मुझे मन-पर्याय ज्ञान मिला है और मुझे दूसरों के विचार पढ़ लेने की शक्ति उपलब्ध हुई है। अब तो भिक्षु एक क्षण भी वहां लेटा न रह सका और सीधा बुद्ध के समीप पहुंचा। पहुंचकर बोला—भगवन्! मैं तो उस घर तक न जा सकूंगा। वहां मेरे विचार पढ़ लिए जाते हैं। मेरे मन में भले भी और बुरे दोनों विचार भी उठा करते हैं और जिस घर में मेरा आज स्वागत किया गया है वहीं कल मेरे असद् विचार पढ़ लेने पर धक्के खाकर बाहर निकलना होगा। बुद्ध ने कहा—श्रोण! तुझे उसी घर भोजन लेने जाना होगा और एक-एक विचार देखते जाना—पूरे होश में बने रहना बस तेरी यही साधना है। तबसे श्रोण जाता था—देहरी चढ़ता तो पूरे होश में—छोटी भी क्रिया जो चला करती उसके प्रति पूरे होश से भरा रहता। कुछ समय में उसके विचार विसर्जित हो गए और वह शान्त हो आया। एक दिन उसने भगवान के चरणों में अपना सिर झुकाते हुए कहा—अब मैं राह में शान्त चला जाता और शान्त लौट आता हूं—विचार बाधा नहीं बनते। इस पर भगवान बुद्ध ने कहा—श्रोण अब तुम अरहत् हुए और 3 माह में राजकुमार श्रोण भिक्षु रूप में अरहत् तक आ गया।

मन के साथ न भोग और न दमन वरन् उसे देखकर विसर्जित करना होता है। यह देखना ही साधना है। इससे हम अपने मुक्त स्वरूप में हो आते हैं। इस मुक्त अवस्था में हो आने से सहज सारे लक्षण चेतना के प्रगट होते हैं जिनसे प्रभु की सत्ता जानी जाती है। इस सहज अवस्था में मन विसर्जित हो जाता है और सहज आनंद में चेतना हो आती है। फिर कोई भी कार्य हमें बांधते नहीं है। केवल तथ्य रूप में सारे कार्य चला करते हैं।

पू. शान्ता जी—घमंड और स्वाभिमान में क्या भेद है?

आचार्य जी—साधारण रूप से दोनों शब्दों का व्यवहार में एक जैसा प्रयोग है। पर ठीक से इन शब्दों का हम विश्लेषण समझें—तो प्रतीत होगा कि घमण्ड हमारे अहंकार को संबोधित करता है और मैं बड़ा हूं उस भाव की ओर इंगित करता है। भोग और त्याग की समस्त दौड़ इस अहं की पूर्ति करने के लिए ही चलती

है पर जो साधक मुक्त हो जाते हैं उनको ही सच्चे अर्थों में अपने "स्व" का बोध होता है और उनमें स्वाभाविकत: उसका गौरव परिलक्षित होता है। स्व अनुभूति ही विश्व में चेतना की महानतम् अनुभूति है। जीवन एक अवसर है जिसे व्यर्थ खो दिया तब फिर केवल चक्कर और बढ़ते जाते हैं। इससे जो मैं कहता हूं उस पर विचार मत करिएगा—विचारों से और विचार बढ़ते हैं उनमें कोई कमी नहीं होती है। केवल सुनिए और अपने विचारों को बाधा मत बनने दीजिए। मेरा अनुभव है—जब मैं बोल रहा हूं तब मेरी बात आप तक नहीं पहुंच पाती। आपमें अपने विचार चलते है और मुझे तौला करते हैं। यह तौलना मुझे समझने में बाधक हैं मैं बंबई में अभी एक पंडित से मिला। जब मैं कुछ बोलता हूं, यदि बात उनको उनकी समझ में ठीक प्रतीत होती है तो सिर नीचा करके हिलाते हैं और ठीक होने का संकेत करते हैं। बात यदि ठीक नहीं लगती तो फिर सिर आजू-बाजू में हिलाकर उसके न ठीक होने का संकेत करते। मैंने कहा—आप मुझे सुन नहीं रहे हैं—केवल आप अपने को ही सुन और समझ रहे हैं। आपके विचार आपको न सुनने देने में सहायक हैं। यहां हम 8 लोग बैठे हैं, आठों जन अलग-अलग सुन पा रहे हैं। और सब केवल अपने-अपने को सुन पा रहे हैं। भीतर से मौन हो जाने पर मेरा कहना आप तक पहुंच सकता है और जीवन अर्थकारी हो सकता है। स्व-अनुभूति में हुआ साधक इससे कुछ भी कहने में डरता है क्योंकि उसे वैसे ही शब्दों की अपर्याप्ता महसूस होती है और फिर विचारों के पार भेदकर उसे सुना जा सके यह और प्रश्न उसके सामने होता है। अपने भीतर से मौन हो रहिए तो जो मैं कहता हूं उसके अर्थ आप में प्रगट हो सकेंगे और मेरी बात सुनी जा सकेगी।

पू. सौ. मदन कुंवर जी पारख—अभी तक आपने ज्ञान के मार्ग की चर्चा की है पर भक्ति और प्रेम को अछूता ही छोड़ दिया—हम महिलाओं को इस संबंध में कुछ समझाइएगा।

आचार्य जी—सारे प्राणी एक जैसे हो जाएं यह संभव ही नहीं है। इससे मन के स्वाभाविक भावों को ध्यान में रखते हुए महिलाओं के लिए रागात्मक और भक्ति के मार्ग श्रेयस्कर हो सकते हैं। यह सहज मानसिक स्थिति को ध्यान में रखते हुए आवश्यक है। भक्ति और प्रेम भी उसी स्थिति तक पहुंचा देते हैं जहां ज्ञान ले आता है। इससे मैं सहज-सुलभ जीवन-व्यवस्था के पक्ष में हूं। जो बात विवेक युक्त और अनुभूतिमय है उसके लिए व्यर्थ की बुद्धि के तर्क खड़े करना अनावश्यक ही नहीं वरन् अहितकर हैं। अब मैं प्रेम से लेकर कैसे भक्ति तक पहुंचा जाता है इसकी चर्चा आप महिलाओं से करूंगा।

प्रेम हमारा और प्राय: सभी का शरीर के स्तर पर रहा करता है—इससे इसे वासनामय प्रेम के नाम से हम जानते हैं। इसमें हमारे शरीर की इच्छाएं केवल

वासना तक ही सीमित रहती हैं। लेकिन जब हम शरीर से हटकर–उसकी आत्मा से प्रेम करने लगते हैं– तब भी हमारा प्रेम उस तक ही सीमित हो पाता है और ससीम में समाहित होता है। पर जब हमारा प्रेम उसके माध्यम से सबमें एक की अनुभूति करता है–तब वह प्रेम भक्ति में परिणित हो जाता है। यह असीम को अपने में अनुभूत कर लेना है।

भक्ति को सहज मां के वात्सल्य में, पत्नी का पति में, मित्र आदि में किसी रूप में भी जाना जा सकता है।

इस संबंध में–मैं आपको एक विवेचन देता हूं। हम कह सकते हैं "मैं ब्रह्म हूं।" इस बात में हमने अपने मैं को इतना बड़ा किया है कि अब ब्रह्म सत्ता मैं रूप में हो गयी है–और हमारा स्वयं का छोटे से घेरे का मैं नहीं रह गया है या हम कहें कि "अब तो तू ही है–मैं नहीं हूं।" इस अनुभूति में मेरे अपने अस्तित्व का सबमें विसर्जन हो जाता है और सबमें उस असीम का बोध होने लगता है।

"मैं ब्रह्म हूं।" "यह ज्ञान है।" "सब तू ही है।" यह बोध भक्ति है।

एक खाली समय में आचार्य श्री पूज्य मां-साब से सांझ को बैठे वार्तालाप कर रहे थे। सहज ही आचार्य श्री ने कहा–आज के साधु-सन्यासी जितना जानते हैं, उतना तो एक साधारण सा मनुष्य भी जानता है। इससे आज जन-सामान्य के साथ-साथ प्रतिभावान पुरुष के लिए धर्म का वैज्ञानिक विवेचन प्रस्तुत किया जाना चाहिए। व्यर्थ के ख्यालों से आज का युवक हैरान है। इससे 2 गहरे नुकसान समाज को हो रहे हैं।

1. धर्म से श्रद्धा खो गई और अनास्था हो आई है।
2. व्यर्थ ही बिना धर्म को समझे–उसके विरोध में नया समाज खड़ा होता जा रहा है।

बम्बई में मैं अभी था–एक अच्छा मेधावी युवक मिलने आया। बोला–अभी तक मेरे मन में बड़ी अश्रद्धा और खण्डन चला करता था। पर आज पहली बार आपको सुनकर जाना कि मेरा खंडन जो चला करता था वह धर्म को केवल बिना समझे चला करता था और आज तक आप जैसा विश्लेषण देने वाला व्यक्ति ही न मिल सका था। अब विचार करता हूं तो लगता है कि पहले धर्म को समझ तो लूं कि धर्म क्या है? बाद फिर खंडन करूंगा। पर मैं जानता हूं कि अब जैसे ही मैंने इसे समझा–मेरा विरोध ही विसर्जित हो जाएगा।

पूज्य पारख जी भी ऐसी ही मेधा के व्यक्ति हैं और बहुत अच्छी क्षमताएं पूज्य पारख जी को उपलब्ध हुई हैं–और इन क्षमताओं का प्रगटीकरण अनायास पारख जी से होता रहता है यह बड़ी ही महत्त्व की स्थिति है।

सदस्य जन–अभी तक आपने मन को देखने का विज्ञान बताया–पर क्या और भी कोई इस संबंध में तथ्य है–जो बताने को कोई प्रसंग न उठ सकने के कारण रह गए हों तो उन पर चर्चा कीजिए क्योंकि हमें लगता है कि अभी तक केन्द्र बिन्दु "देखने" के संबंध में ही चर्चा हुई है जिससे होकर अपने को जाना जा सकता है।

आचार्य जी–मुझे प्रसन्नता है कि आप सब मेरी मूल बात को समझ पाए हैं और यह प्रश्न भी आपका सम्यक है तथा ठीक स्थिति को जानने में सहायक है।

मेरा केवल कहना इतना है कि विचारों को देखते रहिएगा–विचार विसर्जित हो जाएंगे और अपने से इस विचार मुक्त अवस्था में ध्यान घटित होता है। इस ध्यान की अवस्था में अपने दर्शन होते हैं। आत्मदर्शन होता है और चेतना की अनुभूति व्यक्त होती है। ध्यान में होना और अपने दर्शन कर लेना-दोनों एक साथ होता है।

लेकिन उन साधकों से आप पूछिए जो केवल किताब पढ़कर ध्यान लगाते हैं। पूछिएगा कि ध्यान के बाद स्व-दर्शन होते हैं या स्व-दर्शन होने के बाद ध्यान आता है। आप पाएंगे कुछ न कुछ उत्तर आपको मिलेगा और जानिएगा कि साधक को कुछ उपलब्धि नहीं हुई है। केवल किताब से पढ़कर ही कह रहा है।

मेरा किताबों से कोई वास्ता नहीं है। किताबें अपने तक आने देने में सबसे बड़ी बाधा है। केवल व्यर्थ का कचरा करना हो तो किताबों पर निर्भर रहिएगा। अभी मैं बहुत से साधु-सन्तों से मिला। मैंने सीधे ही पूछा–"आप साधु हैं" तो मुझे समझ पड़ा कि अभी उनकी मनःस्थिति संशय में है–और मुझे लगा कि केवल दिखावा और बाह्य क्रियाओं में समय खोया जा रहा है। एक साधु ने तो कहा–मुझे 30 वर्ष होने को आए–मैं निरंतर धर्म और ध्यान करता आया हूं–पर कुछ मिला नहीं। इतना स्पष्ट साधु और इतनी सच्ची उत्कट इच्छा अपने को जानने की किसी और साधु में मैने नहीं पाई। मैने चर्चा की तो समझ में आया है। प्रयोग भी प्रारंभ इस दिशा में किए हैं। मैं तो किसी का विरोध करता नहीं हूं क्योंकि जानता हूं कि व्यर्थ शक्ति व्यय करने का कोई अर्थ नहीं होता है–केवल इतना ही कहता हूं कि जिस मार्ग की मैं चर्चा करता हूं उसे करके देख लीजिए और आप अपना तो कर ही रहे हैं। फिर देखिएगा किसके परिणाम लाभकारी होते हैं।

मेरी मूल बात "ध्यान" है। ध्यान में होते ही हम अपने स्वरूप में हो आते हैं और इस अवस्था में सहज ही अपने से सत्य, ब्रह्मचर्य तथा अहिंसा का प्रगटीकरण होता है। अब मुझे देखकर मेरे बाह्य लक्षणों को देखकर कोई उनकी साधना शुरू कर दे तो कोई परिणाम निकलने वाला नहीं है वरन् मन की दौड़

भर कायम रह सकेगी। उससे बचा नहीं जा सकता है। इसलिए मैं नहीं कहता कि झूठ से सत्य पर आइए या हिंसा से अंहिसा पर आइए वरन् मेरा तो केवल एक ही कहना है कि अपने स्वरूप मे हो आइए—तो ये सब तो बाह्य लक्षण हैं जो स्वरूप में आते ही अपने से प्रगट होते हैं। मूल प्रक्रिया तो आंतरिक है बाहर तो उसका प्रगटीकरण भर है।

बाह्य क्रियाओं में लगे साधकों को मैं देखता हूं। सुविचार करके ब्रह्मचर्य का पालन करते हैं। पर उसमें कोई ब्रह्मचर्य को नहीं पा सकता है। रात उनकी अतृप्ति स्वप्न में चलती है और इस तरह से कुछ भी उपलब्ध नहीं हो पाता है। यह भी थोड़ी सीमा तक मान लिया जाय कि इच्छा का दमन करके ब्रह्मचर्य किसी ने पाल भी लिया—तो संचित शक्ति का कहीं उपयोग न हो सकने से साधक विक्षिप्त तक हो आता है।

लेकिन जो साधक अपने में हो आता है उससे ही ब्रह्मचर्य प्रगट होता है और संचित शक्तियों का सद्व्यय ध्यान में होता है। इससे ओज आती है और ओजस्विता व्यक्त होती है। यह शक्ति का संतुलित व्यय होना है और उसमें होकर साधक ब्रह्म जैसी चर्या में हो जाता है।

पूज्य कोठारी जी—मौन ... तप...तपस्या...संयम...नियम...का साधक के लिए क्या उपयोग है?

आचार्य जी—मैंने आपसे कहा कि ये सारे स्वभाव के लक्षण हैं—इन पर चलकर स्वभाव तक नहीं आया जा सकता है। इसके पहले अपने स्वरूप मे हो आइए... तब फिर ये सब अपने से अपने सम्यक् रूप में प्रगट होते हैं। आपसे मैं कहता हूं—आप मौन साधने जाइएगा तो मौन सधेगा नहीं वरन् बाहर से विचार बन्द हो जाने से आपका भीतर बोलना और जोर से बढ़ जाएगा। यह भीतर का बोलना जब तक रहता है तब तक हम मौन बाहर से भले ही हो लें पर भीतर से ठीक वैसे ही हम बने रहते हैं जैसे पूर्व में थे। पर अपने स्वरूप में होते ही हम अपरिसीम मौन में हो आते हैं और जीवन की उदात्त अवस्था हमसे प्रगट होती है। इसी अवस्था में हमसे प्रार्थना भी होती है और हमारी प्रार्थना की अवस्था एक क्षण भी हमसे दूर नहीं होती है। फिर प्रार्थना को करना नहीं होता वह तो बस होती रहती है—निरंतर इसी प्रार्थना का आनंद मिलता रहता है। उसे पाने कहीं जाना नहीं होता है केवल जान लेना होता है। इसलिए मैं कहता हूं आप क्रियाओं की भ्रान्त अवस्था में मत उलझिएगा—केवल चक्कर और बढ़ते जाएंगे और केन्द्र से आपकी दूरी ठीक उतनी ही बनी रहेगी...।

पूज्य मां-साब—लेकिन रजनीश! तुम तो मुक्त अवस्था की बात करते हो... इसके पूर्व यदि कोई सुविचार पर मौन तप-संयम—ध्यान करता है तो उससे तो ठीक ही है जो कुछ नहीं करता है।

आचार्य जी—मेरा इस विचार से कोई समझौता नहीं है। मैं बीच में कोई श्रेणी को या सीढ़ी को लाना नहीं चाहता हूं। मेरा धर्म छलांग का धर्म है। या तो उसी पर रहिएगा या उस पार हो रहिएगा। बीच की कोई अवस्था नहीं होती है। सारी धारणाएं भ्रान्त और बुद्धि-प्रिय हैं और जानिए कि जो बुद्धि प्रिय है वह आपको अपने तक नहीं ला सकता है। मेरा धर्म नगद धर्म है-अभी इसी क्षण कीजिए और उसे आप पा लेंगे जिसे पाने की चाह आपको सदा से पीड़ित तथा बैचेन किए थी। मेरी कल पर कोई आस्था ही नहीं है, जो शाश्वत है वह हमेशा से है, और इस क्षण भी है, इससे उसे इसी क्षण जानिएगा। कल की सारी धारणाएं सुख और सन्तोष मन में बनाए रखती हैं। पर वे सब भ्रान्त हैं। कल की जो साधक बात करता है वह अभी अपने को नहीं जानता है। जो हमेशा से है उसे क्या कभी आगे जानिएगा या सहज इसी क्षण जिसमें आप हैं ही, उसे ठीक इसी क्षण जानिएगा। मैं तो हैरान हूं कि क्यों हम सारे लोग कल पर अपनी आसक्ति बनाए रखते हैं जबकि सब कुछ अभी मिलने को है। मैंने जाना कि मन अपनी दौड़ बनाए रखना चाहता है, कुछ टूट न पाए इससे वह हमेशा अपने घेरे में उलझाए रखता है। इससे इस मन के सात्विक भ्रमों को भी जानिएगा और जैसे ही आपने इसे ठीक से जाना कि यह विसर्जित हो जाएगा। इस विसर्जित मन:स्थिति में हमारा स्वरूप प्रगट हो जाता है।

इस संबंध में आचार्य जी ने जो एक घटना का उल्लेख किया-वह इस प्रकार थी।

दक्षिण में स्वामी सदाशिव हुए-एक दिन अपने गुरु के समीप ही बैठे हुए थे, किसी से गहरे वाद-विवाद में मग्न थे। अपने सामने वाले व्यक्ति से सदाशिव ने दो घंटे कड़ा विवाद किया और उसे तो खूब प्रशस्त किया। अपने को विजयी पा सदाशिव बहुत प्रसन्न था। सोचता था गुरु पर अच्छा प्रभाव बना है। पर जैसे ही वह व्यक्ति गया कि गुरु ने कहा-क्यों व्यर्थ में अपनी शक्ति नष्ट करता है। इतनी देर तूने चर्चा में जितनी शक्ति को व्यय किया है उससे तो तू उसे जान लेता-जिसके संबंध में तूने चर्चा की है। 'बोल कब से मौन लेगा?' सदाशिव ने कहा-कब से का तो अब कोई प्रश्न ही नहीं रहा। दीख आया-और सदाशिव उसी क्षण मौन में हो आया। फिर तो सदाशिव सारे जीवन मौन रहा और उस आनंद को जान पाया-जिसे उसने अपनी शक्तियों के सद्व्यय से पाया था। इसलिए अपने में हो आना तो ठीक इसी क्षण होता है। कोई लंबी साधना करते जाना नहीं होता है-केवल दीख आने की बात है। यह दीख जाना ठीक इसी क्षण हो सकता है और हम अपने में आ सकते हैं।

अरविन्द—किसी भी संकल्प को पूर्ण करने के लिए मन की शक्तियों का होना आवश्यक है—पर अपने-स्वरूप में हो आने पर मन विसर्जित हो रहता है—तब फिर संकल्प-सिद्धि कैसे संभव है?

आचार्य जी–हम जब तक मन में जीते हैं, तब तक संकल्प हमें घेरे रहते हैं और यह दौड़ चलती रहती है। पर जैसे ही आप अपने से परिचित हो जाएंगे- आप पाएंगे कि कहीं कुछ और होना बाकी नहीं था। हम तो अपने में पूर्ण हैं–इससे कोई संकल्प पूर्ण होने की दौड़ अपनी अवस्था में नहीं रहती है। जहां कुछ होना बाकी नहीं है। वहां संकल्प का क्या उपयोग? संकल्प जब तक शेष है–जानिएगा कि अभी मन शेष है और आप चक्कर में घूम रहे हैं। जैसे ही संकल्प से मुक्ति मिलती कि आदमी अपने आनंद में खो जाता है। इस आनंद की अवस्था में हम जान पाते हैं कि हम तो आप्त-काम थे-कुछ करना बाकी नहीं था। इससे मन की शक्तियों का कोई प्रश्न ही नहीं उठता है।

श्री भीखमचन्द्र जी देशलहरा–आप कहते हैं कि सब करना हमको अपने स्वरूप से दूर ले जाता है–ऐसा क्यों?

आचार्य जी–इस बात को भर जान लीजिएगा तो आप अपने पर आ जाएंगे। सारा भ्रम हमें लौटाके कुछ करने पर ले आता है। बिना किए कहीं कुछ होता है–यह भावना अपने को जान लेने में बाधक है। इसे आप 'निर्माण' और आविष्कार के माध्यम से समझ लीजिएगा। कुछ निर्माण करना हो तो शिल्प में निपुण होना हो तो उसके लिए आवश्यक है कि दक्षता उपलब्ध करने के लिए सीखा जाए, प्रशिक्षित हुआ जाए। इससे आप निर्माण में–करने के महत्त्व को जान गए होंगे–बिना किए स्वाभाविक है–कुछ भी निर्माण होना संभव नहीं है। लेकिन जहां कुछ निर्मित नहीं करना है–केवल ऊपर जो पर्दा हमारे विचारों का पड़ गया है–उसे भर विसर्जित करना है तो क्या यहां भी वैसा ही कार्य करिएगा।–जैसा निर्माण के लिए आवश्यक है। यहां कुछ किया कि विचारों में भटक जाएंगे और जो अवसर अपने को जान लेने का मिला है उसे व्यर्थ गंवा देंगे। इससे यहां तो केवल आविष्कार करना होता है, जो मिला है उसे उद्घाटित मात्र करना होता है। कुछ नया और उसमें जोड़ना नहीं होता है। केवल जो मिला है–उसे उद्घाटित कर लेना होता है। इस बात को आप समझ जाएं तो संपूर्ण जीवन-दृष्टि उपलब्ध हो जाती है और जो शाश्वत है उसमें हम हो जाते हैं। इससे हम अपने मुक्त स्वरूप में हो जाते हैं जो हमेशा से एकदम करीब था। जिस क्षण रवीन्द्रनाथ को प्रभु दर्शन हुए–जाना कि मैं कैसा पागल था जो युगों-युगों से दूर-दूर तक तुझे खोजने आया करता था। अब जाना तो पाया कि तू तो हमेशा करीब था–व्यर्थ ही मैं तुझे खोजकर बाहर भटकता था–पाया तो जाना कि तू बिल्कुल करीब ही सदा से उपलब्ध था। उसी तरह मैंने जो उसे पा लिया है उसके आधार पर मैं आपको यह वैज्ञानिक बात कहता हूं कि कहीं व्यर्थ उसे खोजने मत जाइए–खोजने गए तो व्यर्थ आप उलझे रहेंगे। अपने में ही उसे जान लेना है और यह जान लेना अप्रयास से ही संभव है।

पूज्य श्री शिरेमल जी देशलहरा–सम्यक् दर्शन, सम्यक् ज्ञान और सम्यक् चारित्र इन तीनों में क्या भेद है?

आचार्य जी–सच में कितनी भ्रान्ति हमारे साधकों ने फैला रखी है और कितना बड़ा अहित हमारा और हमारे समाज का किया है इसे जानकर मैं बहुत दुख से भर जाता हूं। व्यर्थ का शब्दों का जाल हमें सुख देता है और ठीक से मैं कहूं कि केवल जाल ही हमें सुख देते हैं। ठीक और साधारण सी समझ की बात हम समझना ही नहीं चाहते हैं। हमारी सारी जिज्ञासा, ज़ानकारी केवल व्यर्थ को जानकर उसे इकट्‌ठे कर लेने से है। आपने जो प्रश्न पूछा है–इसे मैं एक उदाहरण से स्पष्ट करूंगा।

एक परिवार में घर के स्वामी की मृत्यु के बाद परिवार की गृहिणी ने अपने पुत्र को हीरे लेकर उसके काका के पास उन्हें बेचने भेजा। काका ने हीरों को देखा और कहा बेटा अभी बाजार-भाव कम है–इससे इनको अभी रख लो। बाज़ार भाव ठीक होते ही इनको निकाल देना–पर ऐसा करो कल से घंटे दो घंटे के लिए दुकान जरूर आ जाया करना ताकि हीरों को तुम भी परखने लगो। काका बहुत समझदार था और ऐसा उसने जान के ही किया था। दो वर्ष पूरे होने तक एक दिन उसने अपने भतीजे से कहा–जा सब वे हीरे बेचने को ले आ अब बाजार भाव ठीक है। लड़का गया–मां से हीरे निकलवाए–देखा और उनको बन्द करके कचरा में डाल आया। मां के पूछने पर कहा–हीरे तो नकली थे–इससे कोई मूल्य उनका न मिल सकता था। अब लड़के की समझ में आया कि क्यों उसके काका ने ऐसा किया था। इससे मैं कहता हूं हीरे को नकली देख पाना दर्शन है–बोध होना ज्ञान है और फेंकना चरित्र है। इससे ये तीनों नाम एक ही स्थिति को व्यक्त करने के माध्यम मात्र हैं। इनमें कुछ भी भेद नहीं है। केवल जो हमने दर्शन किया है- उसका बोध होना ज्ञान है और वैसा हो जाना चरित्र है। एक ही स्थिति को समझने के ये तीन चरण हैं। जैसे ही हम अपने स्वरूप के दर्शन कर लेते हैं-उसके बोध में हो जाते हैं- ठीक उसी क्षण हमारा चरित्र भी वैसा हो जाता है। इस स्थिति में फिर कुछ छोड़ना नहीं होता है। वरन् सब अपने से छूट जाता है–एक भेद दीख आता है और जो ठीक होता है, वह बच जाता है, शेष सब व्यर्थ की भटकन की बाह्य क्रियाएं जिसे पहले तक सोना समझते थे–मिट्‌टी का उनके प्रति बोध होते ही वे सब अपने से छूट जाती हैं। कहीं उनको छोड़ने नहीं जाना होता है।

अप्पलवार जी–आप जो कहते–उसे यदि मान लिया जाए–तो सारा संसार कैसे चलेगा–सारे लोग अध्यात्म में उलझ जाएं सन्त हो जाएं–तो फिर जीवन के और कार्य क्या ये निष्क्रिय योगी कर सकेंगे?

आचार्य जी–आपका कहना आज के केवल साधु समाज को देखते हुए बहुत ऊपरी अर्थों तक ठीक है। पर मैंने अभी तक आपसे जो चर्चाएं की हैं यदि आप उनको ठीक से समझ पाएं होंगे तो आप पाएंगे कि मेरा कोई कर्म से विरोध नहीं है। वरन् मैं केवल चित्त की शान्त अवस्था में होने का मार्ग इंगित किया हूं। इस अवस्था में होने से ही जीवन के सारे कार्य यथा-विधि ठीक से चलते हैं। केवल योगी ही सारे जीवन में विराट कार्यों को पूरा करते हैं और तो सारे लोग छोटे-छोटे कामों की पूर्ति में ही अपना समय व्यय करते हैं। जब चित्त में शान्त हो आई चेतना कोई कार्य करती है तो पूरे होश में और अपने ध्यान में होकर उसका विराट कार्य भी चलता रहे तो घबराहट या परेशानी नहीं होती है। काम भी सहज आनन्द और प्रार्थना में बदल जाते हैं। गांधीजी का जीवन हमारे सामने है। लोगों ने देखा है और जाना है कि गांधीजी को छोटे और बड़े कामों के बीच का भेद समाप्त हो गया था। इससे ही गांधी जितने आनन्द और प्रार्थना में होकर बुहारी लगाते–ठीक वैसे ही वायसराय को पत्र लिखा करते। इसके अतिरिक्त एक और मैं आपको उदाहरण दूं। एक समय बंगाल का एक समान्य कार्यकर्ता वर्धा आया। पैर में जूते न देखकर गांधी जी ने आपत्ति की-तो उत्तर मिला-समय नहीं मिलता कि जूते भी लिए जा सकें। इस पर गांधी ने उस कार्यकर्ता का पता लिखा और कहा मैं जूतों का प्रबंध करूंगा। गांधी जी ने अफ्रीका जेल में अपने किसी साथ में रहने वाले व्यक्ति से जूता बनाना सीखा था तो सोचा चलो अब वह सीखना उपयोगी हो आया है। गांधी जी ने 2 माह के भीतर फुरसत के समय जूते बनाकर और पार्सल करके बंगाल भेज दिए। यह देख कर तो वह कार्यकर्ता रो पड़ा और जूतों को अपने सिर पर लगा रख लिए। न केवल विराट कार्य के बीच शान्त चित्त व्यक्ति अन्य कार्यों के लिए समय निकाल पाता है वरन् अलौकिक कार्य उससे हुआ करते हैं। सन् 1942 में गांधी जी ने व्यक्तिगत सत्याग्रह प्रारंभ किया–गांधी जी का भी जेल जाने का आदेश बंबई में उन दिनों गांधी जी थे वहीं मिला–कोई शिकन तक नहीं थी-इस राष्ट्र नायक के चेहरे पर। वरन् जैसे ही पुलिस की लॉरी आने को थी। उसके दो मिनट पूर्व ही सब तैयारी कर चुके थे। सारे लोग बड़े घबराए हुए थे' महादेव भाई ने लिखा है कि हम लोग इस पशोपेश में कि ये तो इतना बड़ा आन्दोलन चलाकर जेल के भीतर हो रहेंगे और पता नहीं बापूजी को फिर छोड़ा जाय या न छोड़ा जाय या न जाने क्या हो-तो कुछ पूछने गए। पर बापूजी जी का नींबू का रस पीने का समय हो गया था–इससे सहज ही उसे पिया कि इतने में पुलिस आ गई। बापूजी तो बैठ गए लॉरी में–लॉरी चलने को थी कि हम लोगों ने अन्तिम बात जानना चाही। पर जो बात हमें सुनने को मिली उससे हम लोग तो हैरत में आ गए। बापू जी ने कहा–सुबह घनश्याम दास बिड़ला ने आश्रम का आधा पाव दूध उधार लिया था–सो उसके पैसे लेकर आश्रम के

हिसाब में जमा कर देना। यह बात बापूजी के मुख से जेल जाने के पूर्व और वह भी एक अजीब खतरनाक परिस्थिति में निकली। इतना बड़ा आंदोलन उसका क्या होगा–इसकी कोई बात नहीं–जरा भी चिन्ता या परेशानी नहीं-केवल दूध के पैसे लेने की बात और वह भी बिड़ला जैसे पुरुष से लेने की बात-केवल एक योगी ही कह सकता है। गांधी जी के लिए यह संभव हो पाया–क्योंकि वह महापुरुष चित्त की परिपूर्ण शान्त अवस्था में था। इसी से मैं कहता हूं कार्य तो केवल योगी ही करता है–शेष तो सब जगत में झूठे दिखावे को सक्रियता में बांधते हैं और खेल चलता रहता है। योगी इस खेल की व्यर्थता को समझ पाता है और अपने शान्त स्वरूप में आ रहता है। तब सहज आनन्द में उससे कार्य हो जाया करते हैं, कोई काम फिर उसे बांधे हुए नहीं इस- प्रतीति के स्पष्ट बोध से वह भर जाता है। इस मन:स्थिति में ही वास्तविक कार्य होते हैं और विराट कार्य हुआ करते हैं। इससे अप्पलवार जी, मैं आपसे कहता हूं कि शान्त चित्त हुई चेतना ही इस विश्व में पूर्ण सक्रियता से कार्य करती है और सारे जन तो केवल व्यर्थ के दिखावे तथा झूठी प्रतिष्ठा में उलझे रहते हैं। एक विशेष प्रसंग पर आचार्य जी ने आज के युग में बढ़ती हुई व्यर्थता पर बल देते हुए व्यक्त किया कि आज के युग में जितनी जानकारी एक सामान्य व्यक्ति को है–सूचनात्मक तौर पर उतनी बुद्ध और महावीर को होना असंभव था। पर इसके परिणामस्वरूप व्यर्थ और कचरा को प्रशिक्षित करने वाले बढ़े हैं और चारों ओर सारा मानव-समाज व्यर्थ की पीड़ा-तनाव और परेशानी से भर गया है। इसमें मैं कहता हूं कि व्यर्थ सूचनाएं मत बढ़ाइए–वरन् जितनी शक्ति सूचना को जानने में व्यय होती है उतनी शक्ति से तो अपने को जाना जा सकता है। मैं पिछले किसी समय ट्रेन से नागपुर के प्रवास में था–साथ में प्रवासी और भी थे। लगभग 8 घन्टों के समय में सबने बड़े विवाद में और गहरी कशमकश में व्यर्थ आत्मा और ईश्वर पर गहरे विवाद किए। मैं शान्त अपने ध्यान में था। जब मेरा स्टेशन आया और मैं अपने इस स्टेशन पर उतरने को था तो वे सब बोले: आप बड़े अजीब हैं–इतनी देर हमने चर्चा की पर आपने कोई उत्सुकता प्रगट नहीं की। मैंने कहा–मैं केवल आपसे इतना भर कहता हूं कि जितनी देर अपने इन विषयों पर चर्चा में विवाद में उलझकर व्यय की, उतने में तो अपने प्रभु को ही जाना जा सकता है। इतना कहकर मैं उतर गया और मैं जानता था कि ये प्रवासी अतृप्त मेरी बात को जानने से रह गए। इस तरह आप अपने जीवन में ही पाएंगे कि कितनी शक्ति का आपसे अप-व्यय हो रहा है और इसका ही सद्-व्यय करके हम अपने तक लौट आ सकते हैं। इससे पारख जी मुझे न मालूम क्या हुआ है कि मेरी व्यर्थ की जानने की इच्छा, व्यर्थ की जिज्ञासा सब अपने से समाप्त हो गई है और सम्यक् स्मृति में बने रहकर अपने से सारे कार्य आनन्द में होते रहते हैं।

पू. पारख जी–साधु-दर्शन के क्या लाभ हैं? क्या कुछ चेतना में साधु दर्शन से परिवर्तन संभव है...इस पर विस्तार से प्रकाश डालिए?

आचार्य जी–साधु-दर्शन का प्राचीन धर्म परंपरा में बड़ा महत्व था। एक जाग्रत चेतना के समीप आते ही हममें यह भाव उदित होता है कि जो असीम आनंद और शक्ति को इस चेतना ने उपलब्ध किया है उसे हम भी उपलब्ध कर सकते हैं और अनायास अपने में हो जाने की भावना तीव्र हो आती है। यह उदात्त और महती भावना हमें सहज ही एक अभिनव आनन्द से भर देती है और हम अपनी चेतना के लोक में आ जाते हैं।

इस संबंध में मैं आपको पश्चिम में गुरजेफ नाम का साधु हुआ उसकी साधना विधि से परिचित कराऊंगा। उसकी साधना विधि सहज में समीप रहने का बोध स्पष्ट करती है।

इस साधु ने दूर एक निर्जन वन प्रदेश में एक बंगले में 30 व्यक्ति रखे। इन व्यक्तियों से कहा गया कि सारे लोग 9 माह तक मौन रहें–कोई भी प्रकार का वैयक्तिक संबंध किसी का किसी से न रहे। आस्पेंस्की जो गुरजेफ का प्रधान शिष्य था–उसने लिखा कि 5-6 दिन में ही हम लोग आधे रह गए। 15वें दिन केवल 3 जन बचे और उन 3 में से एक मैं भी था। 9 माह तक मैं मोन रहा–तो मुझे किसी के भीतर साथ रहने का बोध हो गया। 3 माह बाद मैं एक दिवस बगीचे में बैठा था–गुरजेफ तो काफी दूर बैठे थे–पर मैं एक अजीब अनुभव से भर आया और मुझे प्रतीति हुई कि गुरजेफ ने कहा–घबराइए नहीं–अब आपको मेरे संदेश भीतर सुनाई दे सकेंगे। अब मैं बाहर से चुप ही रहूंगा। इस तरह अपने में मौन हो आने पर चेतना के आंतरिक सन्देशों को जाना जाता है और हम अपने स्वरूप में हो जाते हैं।

ऐसी शान्त मन:स्थिति में ही साधु-दर्शन का लाभ है। अन्यथा सब व्यर्थ है–शान्त मन:स्थिति में यदि हम साधु-दर्शन को गए हैं तो जागृत चेतना के सन्देशों के अर्थों को पा हम अपने अपरिसीम आनन्द में हो सकते हैं।

ऐसे कई उदाहरण मिलते हैं जब सन्देशों को जाना जाता है और जीवन महती अवस्था में आ जाता है। पाल ब्रन्टन भारत के किसी योगी से मिला था तो लन्दन में वह अपने शान्त ध्यान की अवस्था में योगी का दर्शन कर लेता और सन्देश सुन लेता था। कुछ मुक्त चेतनाएं भी अपने चेतन सन्देश को व्यक्त करने मूर्ति के माध्यम से आकर सन्देश दिया करतीं और अपने भक्तजनों पर करुणा के कारण उनको वैसी शान्त मन:स्थिति में अपने सन्देश पहुंचाया करती हैं। आत्माओं के इस सन्देश को मंत्र के माध्यम से जाना जाता है।

बुद्ध का मैत्रेय अवस्था का स्वरूप अभी भी अपने सन्देश को अपने उपासकों को दिया करता है।

इस तरह मूर्तियों के दर्शन करने पर भी हम अपने स्वरूप में आ रहते हैं–असल महत्व की बात तो यह है कि हम अपनी शून्य अवस्था मे आए हैं या नहीं। इससे साधु-दर्शन और मूर्ति दर्शन केवल इसी जागृत अवस्था में जागृत चेतना से संबंध पाने के लिए उपयोगी है।

पू. पारख जी–क्या चेतन सत्ता के संदेश को जो शरीर छोड़ चुकी है उसे सभी भाषी जन जान सकते हैं या सीमित क्षेत्र में किसी विशेष अवस्था में ही उसके सन्देश को जाना जा सकता है?

आचार्य जी–यह केवल आत्म-सम्मोहन है। जिस विशिष्ट इच्छा को साथ ले के चेतना अपना शरीर छोड़ती है–उसी के पूर्ण होते ही वह आकर अपना संदेश देती है। भक्तजन इसी कारण किसी मंत्र विशेष से उस चेतना से संबंध स्थापित करते हैं–और उसके सन्देशों को जान पाते हैं। इससे इसका क्षेत्र सीमित और विशेष भाषा के क्षेत्र में ही हुआ करता है। यह बात केवल उन आत्माओं के लिए ही है–जो मुक्त हो गई हैं पर महाकरुणावश अपने पीछे आने वालों को पथ-प्रदर्शन का कार्य करती है।

पू. कोठारी जी–प्रार्थना क्या है?

आचार्य जी–अपने में हो आना प्रार्थना में हो आना है। श्वास को आते-जाते उसे देखते रहा जाय–इससे विचार विसर्जित हो जाते हैं और अपने से ध्यान घटित होता है। **श्वास** के साथ राम-राम नाम भी लिया जा सकता है। पर यह राम नाम ही कहीं इतना प्रिय न बन जाय कि इसमें भी आसक्ति आकर मन उलझ जाए तो जिस कार्य के लिए राम नाम था उसी कार्य में यह बाधा बन जायगा। इससे मैं तो केवल सहज देखने की प्रक्रिया का सुझाव देता हूं–इससे अपने ध्यान में आते ही प्रार्थना हो जाती है। महावीर भगवान के समय गौतम गणधर उनके प्रधान शिष्य थे–सारा मार्ग तय कर लिया केवल महावीर को पकड़े रहे तो भगवान महावीर ने कहा–गौतम तूने सागर पार कर लिया पर किनारे को भी यदि पकड़े रहा तो फिर तो यहीं का इस क्षेत्र का ही होकर रह जायगा–पर उस पार होने के लिए किनारा भी छोड़ना होता है। जैसे ऊपर छत में पहुंचना हो तो वहां पहुंचकर बीच की सीढ़ियां अपने से छूट जाती हैं। सीढ़ियां तो केवल रास्ता है। इससे प्रार्थना तो हर क्षण है और जो अपने स्वरूप में आ रहता है–उसकी प्रार्थना हर क्षण में हो आती है कोई अलग से उसे प्रार्थना नहीं करनी होती है।

पू. अप्पलवार जी–आत्म-स्थित हो रहने का क्या उपयोग है?

आचार्य जी–यह प्रश्न अति है। जैसे हम कहें कि जीवन का रक्षण हम क्यों

करते हैं–तो सहज उत्तर मिलेगा कि आनन्द पाने के लिए जीवन का रक्षण किया जाता है। पर पूछा जाय आनंद का क्या उपयोग है–तो कहा जायगा आनंद अपने में पूर्ण है। इसके पार और कोई प्रश्न उठने को नहीं होता है आनंद अपने में आधार लिए होता है। इस तरह के अति प्रश्न से जीवन में कोई सार्थकता नहीं आती है जब तक हम अपने से अछूते रहते हैं तब तक ऐसे प्रश्न उठा करते हैं। पर जैसे ही हम अपने स्वरूप में हो आते हैं कि एक अपरिसीम शान्ति और आनंद सहज में उपलब्ध हो जाता है और फिर इस तरह के व्यर्थ के प्रश्न उठना बन्द हो जाते हैं–वे विसर्जित हो रहते हैं। हमें उनका हल मिल गया होता है। इसी से भगवान बुद्ध ने 10 प्रश्नों की एक सूची में सारे अति-प्रश्नों का समावेश किया था और इनके उत्तर देना बन्द किया था। इन प्रश्नों में आत्मा, ईश्वर तथा जगत की रचना आदि से संबंधित प्रश्न थे। उनका कहना था–एक व्यक्ति को जिसे तीर चुभ गया है अब यदि पहले वह यह पूछे कि तीर जहर युक्त था–या कितनी शक्ति से मारा गया तो पहले तो उससे यही कहना होगा कि पहले तीर निकाल दें-बाद में सब कुछ जानते रहना। हमारे जीवन में भी ऐसा ही तीर चुभा है उसे हम तृष्णा का नाम दे लें या और कोई भी नाम जो देना चाहें उससे मुक्त होने के मार्ग की बुद्ध हमेशा चर्चा किया करते–इससे मैं भी ठीक ऐसे ही मार्ग की चर्चा करना उपयोगी समझता हूं जिसे ध्यान में रख के आप उस तीर के दुख से मुक्ति पा सकें।

पू. बजाज वकील साहब–मानव-संख्या का बढ़ना क्या अच्छे कर्मों का परिणाम है?

आचार्य जी–परिमाण में यह बढ़ता दीखता है। पर आनुपातिक दृष्टि से यह बढ़ना लगभग उतना ही है। जैसे : जनसंख्या 1, 2, 4, 8, 16, 32 इस तरह से बढ़े तो परिमाण तो बढ़ता है–पर पिछले अंक से आगे के अंक का अनुपात वही रहता है–जो पूर्व था। इसके सिवाय, कर्म और विचार का संयुक्त परिमाण जन-संख्या वृद्धि पर होता है। जैसे-जैसे जगत में संख्या में वृद्धि होती है–उसी के अनुसार मानव-संख्या में भी वृद्धि होती है लेकिन आज का विज्ञान मानता है कि जगत में कुछ भी पदार्थ नष्ट नहीं हो सकता जितने पदार्थ थे--उतने ही रहेंगे–इसी तरह चेतना-सत्ता भी परिमाण में घटाई-बढ़ाई नहीं जा सकती है। वह तो जितनी थी उतनी ही रहेगी केवल उत्तरोत्तर अवस्था मे जीवन-विकास पर आता जाता है।

सदस्य जन–ध्यान की सहज प्रक्रियाएं क्या हैं?

आचार्य जी–यह बात जब-जब मैंने कही है–मैंने पाया है कि श्रोतागण नींद में आ जाते हैं और सुनना ठीक से नहीं हो पाता है इससे सम्यक् स्मृति में होकर आप इसे सुनिएगा।

ध्यान ही एकमात्र सरल द्वार है जिससे अपने स्वरूप तक आया जा सकता है। इसी क्षण आप अपने विचारों से मुक्त हुए कि आप अपने स्वरूप में हो रहेंगे। मैं कल पर बात नहीं छोड़ता–कल में तो मन का वास है–पर जो शाश्वत और निरंतर है उसे ठीक इसी क्षण जाना जाता है। मेरी सारी उपलब्धियां इसी क्षण मुक्ति में ला देने से संबद्ध हैं। जो कल पर मुक्ति को छोड़ता है जानिए कि वह साधक भ्रान्त है। उसने अभी अपने स्वरूप को जाना नहीं है। मैं धर्म के व्यर्थ के रास्तों पर बात ही नहीं करता हूं। केवल जो शाश्वत है उसे भर जान लेने तक मेरा वास्ता धर्म से है। इससे मैं कहता हूं। धर्म तो शान्ति का विज्ञान है और मैं जानता हूं कि शान्ति का किसी से कोई विरोध नहीं हो सकता है। अतएव ठीक से आप समझें तो मनुष्य मात्र का धर्म केवल एक है और वह है, अपने शान्त स्वरूप में आना। यह अपने स्वरूप में हो आना बहुत सहज है।

अपने शरीर को शिथिल बिल्कुल ढीला छोड़ दीजिए ताकि कुछ भी तनाव शरीर पर शेष न रहे। अब आप जो श्वास हर बार लेते और छोड़ते हैं उसे भर देखा करिएगा और आप पाएंगे कि आप सहज में विचार शून्य हो आए हैं–इस अवस्था में ही ध्यान हो आता है और हम अपने स्वरूप को जान लेते हैं। यह स्पष्ट प्रतीति हर क्षण जागरूक रह के 24 घंटों में फैलाई जा सकती है और व्यर्थ के विचारों में अपनी शक्ति के अप-व्यय से बचा जा सकता है। फिर सहज जो सबका नियंता और शास्ता होता है–उसका बोध बने रहने से अनंत शान्ति के बीच विराट कार्य चला करे, तो कोई बाधा उपस्थित नहीं होती है। अपने इस स्वरूप में जो हो आता है उसे दीख आता है कि न मैं कभी बंधा था और अच्छे तथा बुरे दोनों के पार मेरी सत्ता स्थित थी। इस स्थिति में होते ही यह भास स्पष्ट होता है कि सारे मन के खेल और परिधि के चक्कर थे–केन्द्र तो सदा इनसे अछूता और ठीक वैसा ही था-जैसा वह कभी भी था। इस अनंतता का बोध आपको अपने सहज स्वरूप के विराट आनन्द का बोध दे सकेगा।

अब आप स्पष्टतः समझ गए होंगे कि मेरे ध्यान का मन की एकाग्रता से कोई संबंध नहीं है। एकाग्रता स्वरूप उपलब्धि में बाधक है पर ध्यान में आते ही स्वरूप के दर्शन होते हैं।......

* * *

शरद पूनो का पूरा चांद/पूरा खुला नीला–चांदनी से युक्त आकाश, तारों की प्रिय झिलमिलाहट, दूर-दूर तक चांदनी का गहरा नशा पौधों और पत्तों पर छा गया है। एकदम शान्त और नदी की लहराती लहरें...सब अपने में पूर्ण और एक गहरे सम्मोहन से मन को भर लेने वाला अतीव जादू, अनंत आनन्द न केवल प्रकृति ने बाहर बिखेर रखा है वरन् यह तो सहज प्रकृति का राग है–जिसे कोई भी जागृत चेतना अनुभूत कर अपने अनन्त और अपरिसीम आनंद में हो आती है। ऐसा मधुर, स्वप्निल सा वातावरण हो और साथ में प्रबुद्ध चेतनाएं हों तो फिर कैसा गजब का समा हो आता है इसे केवल वही जान सकता है जो इस पूरे खेल के बीच से गुजरा हो। मैं तो केवल ठगा सा रह गया था–और इतना कुछ न देख पाया जो देख पाना चाहिए था यदि अपनी विचारधारा की स्थिति के पार होता तो, लेकिन फिर भी जो इस अमृत बरसाती रात में जान पाया उसे बिना लिखे कैसे मन मानता है।

शरद की पूनो की रात में इरई नदी चांदा का किनारा/मण्डली बैठी है–और आचार्य जी के प्रकाश में अवर्णनीय आनंद से भरी मण्डली कुछ उदात्त जीवन-अवस्था के विचारों को सुनने की तीव्र उत्सुक है। आखिर पूज्य यशोधरा जी ने इस उत्सुकता को तोड़कर कहा– **"अभी तक रजनीश जी आपके विचार में ईश्वर का क्या स्थान है–उसे मैं नहीं समझ पाई हूं–इसे स्पष्ट करिएगा?"**

आचार्य रजनीश–ईश्वर से मेरे लिए कोई बंधे हुए और निर्णीत अर्थ नहीं है। वरन मेरी चर्चाएं यदि आप समझ पाई होंगी–तो आपको स्पष्ट हो गया होगा कि मैं ईश्वर से क्या व्यक्त करना चाहता हूं। यह सारा जगत एक सचेतन सत्ता का विस्तार है और यह सचेतन सत्ता ही ईश्वर के भाव को इंगित करती है। आप इसे विज्ञान की भाषा में चाहें तो शक्ति के नाम से संबोधित कर सकते हैं। इससे कोई अन्तर नहीं आता है। वरन् मूलतः बात तो समझ लेने की है। सारा जगत उस सचेतन सत्ता की अभिव्यक्ति मात्र है। कुछ भी उससे अछूता नही रह सकता है। इससे उसे किसी भी क्षण जो सबमें समाया है–जान लेना सुलभ है। मूल प्रश्न तो अपने को जान लेना है–जैसे ही अपने को जान लिया–समझिए कि उसका स्वरूप अपने से प्रगट हो जाता है।

आचार्य श्री की इन समस्त चर्चाओं में–मैंने कहीं भी मन की शक्तियों और उसके चमत्कारों संबंधी उल्लेख को जानकर ही नहीं लिखा है। कारण है कि हमें तो मन के अस्तित्त्व में रहना भला लगता है और उसी की शक्तियों को जानने में आनंद आता है पर आध्यात्मिक क्षेत्र में इनका कोई मूल्य नहीं है। इसी से मूल प्रसंग से हमारा बिंदु न हट सके मैंने अनेक जगह मन की शक्तियों के प्रसंग को

छोड़ा है–लेकिन इस स्थान पर उनको अलग से लिखना उचित जान–मैं उनको भी लिख रहा हूं।

1. उल्लेख मिलता है कि भगवान महावीर के सुनने वालों में जानवर भी होते थे। इससे स्पष्ट है कि अपने अचेतन में महावीर को अपने पूर्व भवों की स्मृति से जानवरों की भाषा जानना-आसान होगा। इसी कारण से उनके सुनने वालों में जानवरों को भी रखा गया है। पूर्व जन्म जो शरीर ले चुका होता है उसकी घटनाएं भगवान महावीर को स्मरण थीं और उनका भी उल्लेख मिलता है। इस तरह की घटनाएं तो अभी भी घटित होती हैं और इससे इन सारी बातों की यथार्थता प्रमाणित होंती है। पश्चिम में इस ओर विशेष वैज्ञानिक ढंग पर कार्य किया जा रहा है। इन वैज्ञानिक परिणामों से इस ओर और भी विकास हो सकेगा तथा भारत में एक विशेष समझ इस बारे में बढ़ सकेगी।

2. मन की अचेतन की शक्तियां बहुत तीव्र हुआ करती हैं। सम्मोहन या Hypnosis के प्रयोगों को मैंने करके पाया कि अपने मीडियम को सम्मोहित कर उसके अचेतन से सारे मनों के संबंध में जोड़ा जा सकता है और अनेक बातों की जानकारी प्राप्त की जा सकती है। यह इस बात को प्रमाणित करता है कि चेतना का शरीर में प्रवेश होता है और जब तक हम इच्छाओं के वश में हैं–हमारा आवागमन बना रहता है।...... स्वामी विवेकानन्द तीव्र प्रतिभा संपन्न थे। थोड़ी सी साधना में जाने के बाद उनके शरीर से उनके हाथ को छू लेने में बिजली प्रवाहित होने लगी थी। वे अपनी शक्ति को व्यर्थ खोते–तो रामकृष्ण को दुख होता उससे उन्होंने कहा–नरेन्द्र, अपनी शक्तियों को व्यर्थ मत बहा–समय आने दे–तब शक्तियां प्रगट होंगी। अभी से रीता मत हो। नरेन्द्र स्वामी विवेकानन्द का पहले का नाम था। नरेन्द्र ने बात मानी और साधना में लीन हो गए। उसके बाद जो अद्‍भुत शक्ति का प्रगटीकरण इस महा-मानव से हुआ वह तो सबके सामने स्पष्ट ही है।

* * *

आचार्य श्री दिन में लगभग 6-8 घन्टा तक चर्चा करते और ऐसा लगता कि कितना और न जान लें। इतना मीठा मधुर ओजपूर्ण संभाषण आज मिलना दुर्लभ हो गया है। न केवल विशिष्ट चर्चाओं तक आचार्य जी की वाणी सीमित रही—वरन् सार्वजनिक क्षेत्र में भी हिन्दी साहित्य समिति चांदा के अंतर्गत महाकवि निराला के महाप्रयाण के ऊपर एक आयोजन हुआ जिसकी अध्यक्षता आचार्य जी ने की। इस अवसर पर चांदा के अनेक गणमान्य कवियों ने अपनी रचना का पाठ किया। विशेषकर पू. सौ. मदन कुंवर जी पारख ने निराला जी की "जुहू की कली" नामक कविता का सरस पाठ किया। इस अवसर पर अपने अध्यक्षीय भाषण में **आचार्य श्री ने कहा—**

"निराला जी हिन्दी के तीव्र प्रतिभाशाली कवि थे। उनकी प्रतिभा अलौकिक थी, कहीं-कहीं तो इतना अनंतता पर निराला जी उतर आए हैं कि जब कभी भी इस शाश्वत कवि की वाणी विश्व में गूंज उठेगी—उनकी अमर सत्ता का बोध स्पष्टत: सबको विदित होगा। निराला जी अपने समय में लोकप्रिय न हो सके पर उनका काव्य समय के पार है और वह उस बोध को स्पष्ट करता है जो बोध एक दृष्टा को दर्शन के माध्यम से होता है। उससे मैं कहता हूं कि दर्शन और काव्य दोनों एक ही अनुभूति को व्यक्त करने के दो अलग-अलग माध्यम हैं।

ऐसी भ्रान्त धारणा लोगों में है कि निराला जी अहंकार के कारण पीड़ित रहे और इसके ही कारण उन्हें अपने समय में लोकप्रियता न मिल सकी। लेकिन हम निराला को सामान्य व्यक्ति की दृष्टि से ऐसा कहें तो अनुचित नहीं है। पर प्रभु का प्रसाद जिन क्षणों में निराला जी को उपलब्ध हुआ है और जो अभिव्यक्ति काव्य में हुई है वह निराला की सत्ता को पृथक कर ईश्वर के साथ एक करती है। यह अनुभूति जब तक निरालाजी को रहती वे प्रभुमय रहा करते पर जैसे ही इससे वे विलग होते तो सहज मन उनका काम कर उठता और अहं से वे भर जाते। पर इससे हम निराला जी के मूल्य रूप तक नहीं पहुंच सकते हैं। उनको जानना हो तो गहरे उतरकर उनके काव्य में उनकी प्रतिभा के दर्शन करना होगा तब निराला जी के व्यक्तित्त्व को जाना जा सकेगा।

एक बात और मैं देखता हूं कि निराला जी का जीवन अभावों के बीच से गुजरा तथा हमेशा एक संघर्ष बना रहा। मैं आपसे कहूं कि अभाव में ही व्यक्ति अपनी प्रतिष्ठा के और लक्ष्मी के मोह में न उलझ—सृजन कार्य में अपने को लगा पाता है अन्यथा अनेकों कवि जिनको थोड़ा भी बाहर का मोह लग पाया है अब उनसे काव्य सृजन न होकर केवल प्रशंसा में और व्यर्थ के कामों के गीत लिखाते हैं और उनके द्वारा साहित्य में नया कुछ भी सृजन नहीं हो पाता है। इससे प्रभु की निराला जी पर अनुकंपा थी जो अभाव में उनका जीवन व्यतीत हुआ और एक महान काव्य सृजन को भारत के लिए अर्पित करने का सुअवसर मिला।"

इन शब्दों के साथ आचार्य जी ने कवि श्री सूर्यकान्त जी त्रिपाठी निराला को अपनी श्रद्धांजलि अर्पित की और इसके पश्चात् जीवन तथा दर्शन इस विषय पर अपने विचारों को व्यक्त किया।

विषय पर बोलते हुए आचार्य श्री ने कहा–

आज का युग गहरी पीड़ा परेशानी और अशान्ति से भरा है। जीवन आज आस्था विहीन तथा मूल्यों से विलग हो गया है। किसी भी प्रकार के मूल्यांकन आज व्यक्ति के जीवन में नहीं रह गए हैं। इससे एक विषाक्त स्थिति का निर्माण हुआ है और हम सर्वथा मानवता के विनाश की ओर अग्रसर हुए हैं। ऐसी स्थिति में धर्म का पाखंड स्वरूप केवल और अधिक तनाव तथा उलझन देगा तथा कोई भी वैज्ञानिक आधार धर्म का स्वीकार नहीं किया जा सकेगा। इससे मेरा कहना धर्म और दर्शन पर केवल चित्त की शान्ति से संबद्ध है। मेरा और कोई वास्ता धर्म से नहीं है। केवल चित्त की शान्त अवस्था में हो आने के लिए धर्म है ऐसी मेरी पूर्ण आस्था है। धर्म का वैज्ञानिक स्वरूप आपको शान्ति में ले आने में एक मार्ग का कार्य करेगा और मैं आपको आज की सांझ इसी विषय पर कुछ कहने को हूं।

कहीं दूर भविष्य में कुछ करके अपने शान्त स्वरूप को पाया जा सकता है ऐसा मैं नहीं मानता हूं और अपनी शान्त अवस्था में हो रहने के लिए कुछ करना केवल बाधा भर बन सकता है, कोई सहारा उससे मिलने वाला नहीं है। आपकी सारी क्रियाएं अच्छी या बुरी केवल मन के घेरे की हैं और व्यर्थ शक्ति का व्यय करती हैं। इससे मेरी आस्था है कि अपने शान्त स्वरूप में आने के लिए ध्यान की सहज प्रक्रियायें हैं जिनसे अपने तक लौटा जाता है। इन प्रक्रियायों को जान लेना आसान है और प्रयोग में इनको लाकर हम अपने तक आ रहते हैं। जैसे ही अपने जागृत स्वरूप में रहकर हमारे विचार विसर्जित हुए कि हम अपने मुक्त स्वरूप में ध्यान मे हो आते हैं और अपनी शान्त अवस्था का दर्शन पा लेते हैं। इस शान्त अवस्था में आ रहना बहुत कीमती है तथा अपने तक आ रहने के पूर्ण आनन्द को जाना जा सकता है। इस शान्त स्वरूप में हम यदि रहते हैं तो एक उदात्त जीवन–दृष्टिकोण को विश्व में स्थापित किया जा सकेगा।

एक सुबह अपने ध्यान के प्रयोगों पर जागरूक दृष्टि बनाए रखते हुए आचार्य जी की चांदा की कुछ विशिष्ट महिलाओं से चर्चा कर रहे थे कि **मां-साब ने कहा रजनीश! यह तो आपने एक स्वरूप की चर्चा की, पर हम बहनों के लिए कोई अलग स्वरूप आप समझाइए।**

इस पर आचार्य जी ने कहा–यह ध्यान का स्वरूप सबके लिए एक जैसा है–इस पर चलके हम अपने तक आ रहते हैं और फिर सहज मानसिक अवस्था के अनुरूप आनंद हमसे प्रगट होता है।.....

दिनांक : 6 मई–69

सांझ की घिरती मधुर बेला। आचार्य जी मूक बगीचे में टहल रहे हैं। इसी बीच श्री राम दुबे आकर बैठे हैं। इनको हमेशा कुछ न कुछ प्रश्न पूछने ही होते हैं। इससे बड़े हाव-भाव से प्रश्न पूछने की तैयारी में है।

प्रश्न–मुझे संगठन में विश्वास है–और मेरी आस्था है कि संगठन के आधार पर बड़े से बड़े कार्य किए जा सकते हैं। आपका क्या मत है?

आचार्य जी–''संगठन अधर्म है। संगठन की बुनियाद गलत है। कुछ शब्द होते हैं जोश के, सांप्रदायिकता के, अंह के, उनको मात्र शब्दो में प्रयोग कर–संगठन कायम होते हैं। शब्दों के पीछे रहे अर्थों को खो दिया जाता है और मात्र शब्द भर पकड़ लिए जाते हैं। जैसे: राष्ट्र-प्रेम के लिए संगठन आप कायम कराना चाहते हैं। अब आप स्वत: ही सोचिए कि इस तरह का जो संगठन बनेगा--वह दूसरों के विरोध में घृणा पैदा करने के लिए खड़ा हो जाएगा। इसे आप प्रेम स्थापित करने के लिए खड़ा किए थे–लेकिन परिणाम इसके विपरीत निकलते हैं। अब संगठन पाप नहीं तो और क्या है? राष्ट्र-प्रेम का अर्थ–केवल अपने से प्रेम–बस इस स्वार्थ के भाव को अच्छे-अच्छे शब्दों से संजोकर अपने दिल में रख लिया जाता है और छोटे-छोटे ख्यालों के नारे तैयार कर–बड़े से बड़े संगठन कायम किए जाते हैं। यह तथ्य है जिसे मैं आपको समझाया हूं–बाकी मैं विरोध आपका नहीं करता–क्योंकि विरोध के कोई परिणाम नहीं होते और व्यर्थ शक्ति का व्यय होता है। इससे जो मैं कहा हूं–उस पर विचारिए और अपना मत निष्पक्ष भाव से बना लीजिए।

इसी संबंध में मेरा आपसे यह भी कहना है कि संगठन के मूल में व्यक्ति का गहरा अहंकार कार्य करता है। 'मैं बड़ा हूं' इस बोध की पूर्ति संगठन में निहित होती है। इस बात को आप इस तरह से समझ सकते हैं। आप अपने को बड़ा आदमी दिखाना चाहते हैं। अब यह स्पष्ट है कि आप इसे प्रत्यक्ष ढंग से तो कह नहीं सकते हैं। इससे आपका मन अपरोक्ष रूप से आपसे कहलवाता है कि, मेरी संस्कृति महान् है और मैं उस संस्कृति का मानने वाला हूं।, अर्थात् मैं महान् हूं। इस तरह संगठन के मूल में गहरा अहंकार बैठा होता है और मन की तृप्ति चलती रहती है।

एक प्रसिद्ध घटना इस संबंध में प्रचलित है। पेरिस का एक दर्शन-शास्त्र का प्रोफेसर अपने को दुनिया का सबसे बड़ा आदमी निरूपित करने के लिए अपने विद्यार्थियों से कहा करता–दुनिया का सबसे कीमती नगर पेरिस है–और पेरिस की सबसे मूल्यवान निधि--यूनिवर्सिटी–यूनिवर्सिटी में सबसे धनी विषय

दर्शनशास्त्र और मैं दर्शन-शास्त्र का सबसे अच्छा प्रोफेसर। इस तरह अपरोक्ष माध्यम से वह अपने को दुनिया का सबसे बड़ा आदमी निरूपित करता था।

संगठन के मूल में भी अपरोक्ष रूप से अपने "मैं" को बड़े बताने का अहंकार संयुक्त है।

यह एक अलग बात है कि संगठन बनाने वाले की बात शीघ्र और आसानी से समझ में आ जाती है क्योंकि उसकी बातें मन की मूल प्रवृत्तियों के साथ ठीक जान पड़ती हैं। इसी से जहां इतने सारे लोगों की मूल वृत्तियां एक हो जाया करती हैं वहां पर मन के छोटे स्तर पर ही विस्तार से काम हो जाया करते हैं-लेकिन ऐसे कार्यों का कोई स्थायी मूल्य नहीं होता है और न उनका कोई महत्त्व ही होता है। जैसे समान्य व्यक्ति के जीवन का समय पर कोई चिह्न बाकी नहीं रह जाता है, उसी तरह सामान्य वृत्तियों के माध्यम से संयुक्त संगठन द्वारा कराए गए कार्यों का भी कोई चिह्न समय पर नहीं छूटता है। इससे मैं कहता हूं कि जो व्यक्ति संगठन या सम्प्रदाय बनाने पर जोर नहीं देता और न ही उसकी चर्चा करता है ऐसे व्यक्ति को समझना जटिल होता है-क्योंकि मन की वृत्तियों के साथ इस तरह के व्यक्तियों के विचार ठीक नहीं जान पड़ते हैं। पर भला और समझदार व्यक्ति कभी भी संगठन नहीं बनाता है। उसे 'गुरु' बनने का अहं नहीं लेना होता है। पर आज चारों ओर विश्व में जोर-शोर से अपने-अपने पंथ और संप्रदाय खड़े करने पर गुरुओं में प्रतिस्पर्धा चलती है। यह एक गलत तत्त्व समाज में फैल रहा है।

फिर एक बात और-संगठन व्यक्ति को बहुत दरिद्र बना देता है। इससे मेरे से पूछा जाता है कि आप अपने को जैन सम्प्रदाय का क्यों नहीं मानते हैं। मेरा उत्तर होता है कि मैं क्यों अपने को एक सीमा विशेष में बांधकर दरिद्र बनूं। मेरे सामने तो विशाल समुद्र का आनन्द हर क्षण है-अब मैं क्यों छोटे से कुंए में पड़कर अपने को व्यर्थ ही आनन्द से वंचित रखूं। जितने मेरे महावीर अपने हैं-उतने ही बुद्ध, ईसा आदि। मेरे पीछे मुझे विश्व की इतनी समृद्ध निधि मिली है कि व्यर्थ में ही मैं उसे क्यों छोड़ूं। इससे सब कुछ मेरा है-कुछ अलग मेरे से होकर नहीं है। हां-यह बात दूसरी है कि कुछ बुरा होगा-कुछ भला होगा-पर होगा तो सब मेरा ही। इससे संगठन कर्त्ता और संगठन में भाग लेने वाले दोनों पर मुझे दया आती है। इनको जैसे कहा जा रहा है कि मैं तुम्हें 9 करोड़ निधि देता हूं-लेकिन वे तो केवल 9 हजार की निधि लेने को ही तैयार हैं-इससे अधिक गहरी दया के पात्र और कौन हो सकते हैं?

मुझे आज के युग की सारी बातें स्पष्टतः प्रतीत होती हैं और लगता है कि आज व्यक्ति भीतर से विघटित हो गया है-और बाहर से समाज में संगठित हो

गया है। गांधी जी ने समाज के विकेन्द्रीकरण की बात कही–लेकिन और गहराई पर जाने पर यह स्पष्ट होता है कि समाज तो विकेन्द्रित हो और व्यक्ति अपने में भीतर से केन्द्रित होना चाहिए। इससे आने वाला धार्मिक व्यक्ति केन्द्रित होगा–और इससे बेहतर, सुखी तथा समृद्धशील विश्व की स्थापना हो सकेगी। सहजता और सुलभता से समाज का स्वरूप अपने से परिवर्तित हो सकने में –ऐसी व्यवस्था श्रेयस्कर है।...''

* * *

एक बहुत विशिष्ट बात देखने को हर क्षण मिला करती है–और उसमें एक अपरिसीम दृष्टि का निहित होना स्वाभाविक है। आचार्य जी के समीप कभी भी कोई भी आ सकता है। सारे लोगों को जो प्रेम, आनंद और संरक्षण मिलता है उससे सहज में सबके आंतरिक मन परिवर्तित हो जाते हैं। न जाने कैसा विशाल सा समुद्र है कि सारे जन उसमें समाहित हो जाते हैं और एक ही अनुभूति का आनंद सब को मिलता है। इससे बाह्य भेद की सारी दीवारें अपने से टूट जाती हैं–और इन सबके पार जो अभेद सत्ता का विराट खेल चल रहा है–उसमें गोता लगाकर एक नवीन आनंद का पान करने को मिलता है। इसीसे से सुनने आए श्रोतागणों का कभी सुनने का मोह नहीं टूट पाता है और घन्टों सुनने का मन बना रहता है। इसी से तो श्रीराम दुबे जी ने एक प्रश्न का जवाब मिलते ही दूसरा छोड़ रखा है। अब इनका दूसरा प्रश्न है कि–

''मुझे जैसा मैं भीतर से हूं–ठीक वैसा ही बाहर की वस्तुओं में प्रतीत होता है–पर आप कहते हैं कि भीतर तो हमारा अपना आदमी बैठा होता है इससे बाहर और भीतर के सौंदर्य को नहीं जान पाता है–तो यह कौन सा विज्ञान है–जिससे चीजों के अपरिसीम सौंदर्य को निहारा जा सके।''

आचार्य जी: आप अपने मन को ठीक से समझ पाते हैं–यंह भली बात है और आपमें इसके पार जाने की भी इच्छा है–तो अवश्य ही किसी भी क्षण आप अपनी सत्ता में स्थिर हो रहेंगे–और आप पाएंगे कि जिसे पाने के लिए आप लालायित थे–वह सुलभ ही उपलब्ध हो आया है। अब मैं आपसे सविस्तार जो अपने प्रश्न पूछा उस संबंध में आपसे चर्चा करूंगा।

यह तो बिल्कुल ठीक है कि जैसा दर्पण जो व्यक्ति लिए हुए होता है, उसे वैसी ही झलक दीखती है। आपका दर्पण जैसा होगा–वैसा ही आप उसमें देख पाएंगे। यह दर्पण अभी विचार युक्त और संघर्ष प्रधान है–इससे कैसे इसे असीम

सौंदर्य का बोध हो सकता है। हमारे भीतर हमारे मन की इच्छाओं और वासनाओं का पर्दा होता है। यह हमें कुछ भी ठीक से जान लेने देने में असमर्थ किए है। इनके पार होते ही हम अपने भीतर के सौंदर्य-स्वरूप में होकर बाहर के असीम सौंदर्य को अनुभूत कर पाते हैं। लेकिन जब तक मन है तब तक संसार का जाल है। एक सुप्रसिद्ध भारतीय आत्म-द्रष्टा एक समय पश्चिम के मुल्कों में थे-नवयुवतियां भी उनको सुनने आया करती थीं-इस पर एक बड़े मनोविश्लेषक ने उससे कहा-अभी ये विचार नहीं कहिए बाद की उम्र में ये विचार कहिएगा तो उचित होगा-क्योंकि संभव है कि अभी कामिनी बाधा उपस्थित करें। इन महोदय को जो उत्तर मिला वह बहुत कीमती था। उत्तर मिला था-आप तो वृद्ध हैं पर क्या आपकी वासना समाप्त हो आई। प्रत्युत्तर था-नहीं। इस पर साधु जी हंसे और बोले-उम्र से कोई वास्ता कामना का नहीं है-लेकिन जब तक मन में काम शेष है-तब तक तो नवयुवती को कामिनी बनना ही होगा।

इसी तरह एक बड़े भारतीय मनोविश्लेषक भारत के एक प्रमुख आध्यात्मिक साधक से मिले। देखा कि साधक महोदय लड़कियों के कंधों पर हाथ रखे हुए थे। इन्होंने बाद निर्णय लिया कि यह भी अपरोक्ष माध्यम से वासना की पूर्ति ही है-अब मैं हैरान हूं कि इन मनोविश्लेषक को कंधा मात्र कंधा ही हो सकता है-इसका कभी स्मरण भी नहीं आ सकता है। लैंगिक भेद उसमें भी प्रधान है। इससे ही हम कहते हैं हमें अपनी दृष्टि की सीमा में ही सब कुछ दिखाई देता है। हर व्यक्ति मात्र वह जैसा दर्पण लिए होता है-उसे ठीक वैसा ही दिख पाता है-उसके पार जाना संभव ही नहीं होता है।

लेकिन मैं आपसे कहता हूं कि इसके पार होना ही सम्यक् दृष्टि को पा लेना है। वस्तुएं इस अवस्था में जैसी होती हैं, वे अपने मूल रूप में दिख आती हैं और हमारे विचारों से संबद्ध किसी भी प्रकार की प्रतीति हमारे और वस्तुओं के बीच में नहीं आती हैं। जैसे-मैं बगीचे में आया हूं तो कोई फूल सुन्दर तथा कोई असुन्दर हो-इस तरह के अपने विचारों से होकर हम फूल को देख ही नहीं पाते हैं-केवल मात्र अपने को ही हम देख पाते हैं। इससे बस मात्र मैं केवल फूलों को देखता हूं और कुछ नहीं-तो एकदम अनंत विराट अनुभूति साकार हो उठती है। यह देखना ही जीवन-मुक्ति का प्रतीक है। इसे देखने में केवल तथ्य मात्र दीखते हैं और व्यर्थ का विचारों से संयुक्त कचरा विसर्जित हो जाता है। ऐसा देखना ही अपरिसीम सौंदर्य का बोध देता है और जीवन-मुक्त अवस्था में हम हो जाते हैं।

मैं समझता हूं कि अब आपको स्पष्ट हो सका होगा कि किस तरह से-जीवन में अपरिसीम सौंदर्य के बोध को जाना जाता है...।

श्रीराम दुबे श्रद्धा युक्त भाव में विदा लिए और एक उदात्त जीवन-दृष्टिकोण को समझ पाए-इस प्रसन्नता से घर की राह पर चल पड़े..।

9 मई, 1961

सांझ की पुनीत पावन बेला। सब अपने में खोया और स्तब्ध। पक्षीगण अपने-अपने नीड़ों में वापिस लौट रहे हैं। तारे दूर-दूर तक निकल आए हैं। सांझ एक नव-उल्हास से घिर आई है। बगीचे में एक शान्त नीरवता उतर आई है। प्रकृति ने अपने पंख एक ओर से समेटकर दूसरी ओर मुखरित किए हैं। श्रीराम दुबे जी आकर बैठे हैं। अन्य परिवार के सदस्य भी उपस्थित हैं-और चर्चा के आनन्द को लेने को उत्सुक हैं।

प्रश्न-''धर्म और संप्रदाय में क्या कुछ विरोध है? मुझे तो धर्म को चलाने के लिए संप्रदाय आवश्यक प्रतीत होते हैं-आप क्या सोचते हैं?''

आचार्य जी-संप्रदाय व्यक्ति को बांधते हैं। धर्म से दूर कर देते हैं-और अपने को जानने के मार्ग में बाधा बन जाते हैं या कहें कि संप्रदाय धर्म विरोधी हैं। पाप के सच्चे प्रतिनिधि-संप्रदाय ही हैं। धर्म को संप्रदाय में बांधना-उसकी हत्या कर देना है। संप्रदाय में होकर व्यक्ति केवल संप्रदाय का तो हो जाता है-परन्तु धर्म का नहीं हो पाता है। इससे मैं कहता हूं कि संप्रदाय का धर्म से कोई वास्ता नहीं है। संप्रदाय में बंधकर व्यक्ति अपने-स्वरूप में नहीं आ सकता है। अंर्त जगत के कोई भी मार्ग बाह्य साधनों से संयुक्त नहीं होते हैं। अंर्त जगत में हो आना-व्यक्ति विशेष पर निर्भर होता है। कोई भी मार्ग सामूहिक मुक्ति का मार्ग बन सकेगा-यह असम्भव है। व्यक्ति जैसे ही अपने में खड़ा होता है, आत्म-स्थित होता है-वह समूह से एकदम पृथक हो जाता है। उसका अपना स्वतः का धर्म बन जाता है। उसे अपने तक अकेले ही पहुंचना होता है-''निर्जन'' में उसका मार्ग निहित होता है। एक क्षण को आप कल्पना कीजिए-हम सारे लोग यहां पर बैठे हैं-लेकिन यदि प्रार्थना प्रारंभ करना हो तो-प्रत्येक को अपने भीतर होकर प्रार्थना करनी होगी। अपने में अकेले होकर प्रार्थना करना होता है। समूह की या भीड़ की कोई प्रार्थना नहीं हो सकती है। हां-गीत समूह में गाया जाता है-पर प्रार्थना तो निपट अकेले में ही करना होता है।

इतनी आस्था मन में आ जाए कि मुझे केवल अकेले ही अपने मार्ग पर चलना है-तो व्यक्ति मुक्त होने की राह पर चल पड़ता है। पर मन तो हमारा हमें समूह से बांधता है और स्वयं से पृथक करता है। मन की अपने स्वरूप में आते ही-मृत्यु हो जाती है। इससे मन तो अपना रस बनाए रखना चाहता है-और संप्रदाय में धर्म को निष्प्राण जीवित रखना चाहता है। पर ज्योंही आदमी अपने स्वरूप में आया कि उसे लगेगा कि वह हर क्षण अपने में अलग खड़ा है-और

समूह से उसका अस्तित्व एकदम पृथक है। इस पृथक अस्तित्व का बोध हमारी मुक्ति का प्रतीक है। पर इस बोध के हो जाने पर फिर हम चाहे संसार में रहें—या दूर एकांत में—हमें कुछ बांधता नहीं है। लेकिन समूह से बंधकर चलना—अपनी हत्या कर लेना है। समूह का कोई धर्म हो यह असंभव होता है। प्रत्येक इकाई अपने में स्वतंत्र और अलग खड़ी है। इससे मूलतः प्रत्येक व्यक्ति अपने धर्म में खड़ा होकर मुक्ति पाता है।...

13.5.1961

आचार्य जी की बौद्धिक क्षमता जो मनोविश्लेषण से गहरी संयुक्त है—इसमें कुछ भी पुराना कैसे रह सकता है—नवीनता लिए हुए ही—सारा कुछ विचारों में व्यक्त होता है। वैसे साधारण प्रसंग पर ही चर्चा केन्द्रित है और मूल विषय से कोई संबंध भी नहीं है—तो भी जिस संबंध में यह कहा गया है—वह कीमती है इसी से लिख रहा हूं।

सर्वश्री दादा देवकीनन्दन जी—एवं पूज्य माताजी रात्रि में आचार्य जी के समीप बैठे हैं। दादाजी ने आपत्ति की कि अब आजकल तो सुशिक्षित जन मंदिर आते ही नहीं हैं—पता ही नहीं चलता—लोगों की मनोभावनाएं कैसी होती जा रही हैं।

उत्तर—यह ठीक है—जैसा आप देख रहे हैं। पर इसके पीछे मूलभूत बुनियादी कारण हैं—जिनको कार्य रूप में विलग करके—हम नवयुवकों को अपने स्थान तक ले जा सकते हैं। आज मन्दिर केवल रस्म और रिवाज तक ही शेष रह गया है। लेकिन इससे कोई भी अर्थ धर्म का पूरा नहीं होता है।...

जन-हृदय में सारा कुछ समाहित हो सके इससे सारे धर्मों की अमूल्य पुस्तकें हमारे मन्दिर में होना आवश्यक है। इससे एक उदार दृष्टिकोण का विकास होगा। इसके अतिरिक्त पठन-पाठन की सुविधाएं हमारे मन्दिरों में उपलब्ध होना चाहिए—और गहरे विचारःदर्शन की परंपराएं पुनरुज्जीवित होना आवश्यक है।

यह सब तो एक अध्ययन कक्ष में हो-लेकिन साथ एक थिएटर भी होना चाहिए। जिसमें समय-समय पर भाषण के साथ महापुरुषों के जीवन-चरित्र दिखाए जाने चाहिए। फिल्मों का सदुपयोग इससे गहरा कुछ भी नहीं हो सकता है कि वे अपना एक गहरा प्रभाव सुसंस्कारों का जन मानस पर अंकित करें।

इस सारी व्यवस्था से धीरे-धीरे समाज में एक आकर्षण पैदा होगा—नवयुवकों का आना प्रारंभ होगा—और धीरे-धीरे एक स्थायी आदत हमारे मानव समाज में आ सकेगी...फलतः एक बड़ा वर्ग इससे लाभान्वित होगा।...

17 मई सन् 1961

रात्रि का घना अंधकार। शान्त और नीरव वातावरण में–बादल दूर-दूर तक छा गए हैं। चांद अपने को बदलियों की ओट में छिपाए हुए है। ऐसे मनोहारी प्रकृति के जादू भरे मौसम में एक सौभाग्य की घड़ी आती है। यों तो हर क्षण प्रभु का प्रकाश और सौंदर्य चारों ओर बिखरा है, पर जब वह चेतन सत्ता से प्रगट होता है–तब वह अपना अमिट प्रभाव चेतनाओं पर छोड़ जाता है। ऐसे ही अमृतमयी क्षणों का लाभ जिन चेतन आत्माओं को मिल पाता है–वे अपनी जागृत अवस्था में होकर प्रभु प्रकाश पाने की अधिकारी बन जाती हैं। इसी जीवन-दृष्टि को लेकर नवयुवक भाई आचार्य जी के समीप आते हैं। आज भी तीन नवयुवक उपस्थित हैं। इनका प्रश्न है–

प्रश्न–जीवन में पाने योग्य क्या है? और आप क्या पाना चाहते हैं?

उत्तर–इसे भर ठीक से जान लिया तो सारा जीवन दृष्टिकोण ही आपका परिवर्तित हो सकता है। आज जीवन-मूल्यों में केवल दौड़ भर प्रधान हो आई है। प्रारम्भ से लेकर अन्त तक पद और प्रतिष्ठा की दौड़ बनी हुई है। सब ओर केवल 'चाह' की दौड़ बनी हुई है। इसकी समाप्ति का कभी अन्त ही नहीं होता है। इसके मूल में हमारी सदैव यह इच्छा रहती है कि जीवन में बड़ा पद होगा–प्रतिष्ठा होगी–मान-सम्मान होगा–बस हम तृप्त हो रहेंगे। लेकिन प्रश्न है कि क्या इन इच्छाओं की तृप्ति से व्यक्ति को तृप्ति मिल पाती है आप भ्रान्त कल्पना में मत उलझिए कि इच्छाएं तृप्ति देती हैं–वे ठीक आपको उतना ही अतृप्त और प्यासा बनाए रखेंगी–जितनी अतृप्ति और प्यास उनके प्रारंभ होने के समय थी। इससे भी बड़ी बात और वो यह कि न केवल हम ठीक वैसे ही अतृप्त बने रहते हैं जितने पूर्व थे वरन् और बड़े भिखारी हम इच्छाओं के लोक में हो जाते हैं। इससे इच्छाएं हमें दौड़ाना भर जानती हैं और एक गहरी अतृप्ति साथ छोड़ जाती है। जीवन इसी दौड़ और अतृप्ति में निकल जाता है। मुझसे पूछा जाता है (जैसे अभी आपने पूछा) कि–आपको क्या चाहिए...अभी तो जीवन का प्रारम्भ है। मेरा उत्तर होता है कि इस जगत में कुछ पाने योग्य है ही क्या? जो पाया जाता है वह तो निरन्तर उपलब्ध है और सबके पास निरन्तर एकदम करीब है। मात्र उसे भर देखकर जान लेने की बात है। यह देखना मात्र मन में गहरी शान्ति देता है और जीवन जिस कार्य के लिए है–वह पूरा हो जाता है। हमारा स्वरूप जो मुक्त अवस्था का है–उसमें हम हो जाते हैं। बस इतना सा देखना मात्र सार्थक है। बाकी सब जीवन के बहुमूल्य अवसर को व्यर्थ खो देना है और व्यर्थ की दौड़ है। इसी दौड़ का परिणाम है कि आज हम तृतीय विश्व युद्ध की तरफ अग्रसर हो रहे हैं।...

प्रसंग 19 मई का है।

आचार्य जी सिरपुर जा रहे हैं। स्टेशन पर श्री राम दुबे से मुलाकात हुई। दुबे जी का कहना है कि वे कुछ विलम्ब करके साधना प्रारंभ करेंगे। इसी प्रसंगवश जो सुनने को मिला–वह हम सबके जीवन से निकट संबंधित है। उसे जानकर ही हम अपने जीवन की गहराई में उतर सकते हैं।...

आचार्य जी: समय पर हमारा कोई वश नहीं होता है। वह तो बस एक ही अपनी गति से चलता जाता है। इस गति में ही हम जीवन और मृत्यु के बीच की सांसें पार करते हैं। इस थोड़े से जीवन-काल में हम सब मूर्च्छावश समय के जाल में उलझे रहते हैं। भविष्य में अपने को बांध लेते हैं। पर भविष्य में साधक को कुछ भी रख छोड़ना अपने को समय पर निर्भर कर लेना है। हम हमेशा अपने कार्यों को आगे पर छोड़ते जाते हैं–(Postponement) करते जाते हैं। लेकिन साधक को स्पष्ट जानना चाहिए कि दूर भविष्य में कुछ भी नहीं किया जा सकता है–समय पर वश न होने के कारण, लेकिन हम पर तो हमारा वश होता है–इससे साधक को हर सांझ तक जो भी करना हो कर ले–कौन जाने आने वाली सुबह हमारी हो या न हो। इससे साधक को केवल आज पर ही जीना होता है–और गहरे साधक तो केवल क्षणों पर ही जीते हैं। जिस क्षण में हम होते हैं–बस उसी क्षण में हम जीवित हैं। अतएव आपको जो साधना दूर भविष्य में करना है–कौन जाने भविष्य के हम हो सके या नहीं–पर वर्तमान में तो हम हैं ही–इससे ठीक इसी क्षण से अपनी साधना में हमें उतर जाना ही सही जीवन-दृष्टि है।

भविष्य पर निर्भर रहने की बात में एक और बड़ी बात है कि हम क्यों भविष्य पर निर्भर होना चाहते हैं। अभी हमारा रस जहां हम हैं–उसमें बना होता है और आगे भी वह रस बना रहेगा–और आप ठीक से समझें तो वह रस कम न होकर बढ़ने वाला ही है। इससे भगवान महावीर ने जगह-जगह पर प्रमाद (आलस्य) न करने पर जोर दिया है ओर क्षण मात्र में जीने को कहा है।

बाद कभी विस्तार से चर्चा होगी–इतना कहकर यह प्रसंग यहीं समाप्त हुआ...।

21.12.1961

आज संध्या दिनांक 21.12.1961 को जीव दया प्रचारिणी संस्था के मंत्री श्री कन्हैया लाल जी भगत (होशंगाबाद) आचार्य जी से मिलने आए। भगत जी वृद्ध हैं–और अपना जीवन अहिंसा के प्रचार में व्यतीत किया है। इससे अपने जीवन-संस्मरण सुनाते हुए बोले–मुझे सौभाग्य मिला है कि मैं कुछ जीवों की रक्षा का कार्य कर पाया हूं। कहीं-कहीं कानून के सहारे कसाईखाने–महापुरुषों

के जन्म-दिवसों पर बन्द करवाए हैं-और अनेकों व्यक्तियों से मांस न खाने के संबंध में चर्चाएं की हैं।-और कहीं-कहीं अपने कार्य में सफल भी हुआ हूं।

आचार्य जी ने कहा-मैं आपके सद्भाव को समझता हूं। पर मुझे नहीं लगता कि इस तरह का कार्य करके कुछ भी किया जा सके। यदि आप किसी के पास अंहिसा के प्रचार के लिए बचपने की दलीलें लेकर जाते हैं-जो सांप्रदायिक घेरे में बंधी हैं-तो आपको यूं ही टाल दिया जायगा और उत्तर में आपको ये सुनने मिलेगा कि हमारे महापुरुष तक मासांहार करके-सिद्ध हो पाए हैं तो आपका निषेध करना व्यर्थ है। फिर संसार का एक बड़ा भाग मासांहार करता है और मांस न खाने वाले तो नगण्य हैं। इससे जोर-जोर से चिल्लाकर और नारे लगाकर तथा आन्दोलन खड़ा करके कुछ हो सकेगा-यह संभव नहीं है। मुझे भी केवल प्रचार करने पर विश्वास नहीं है। कुछ मूल यौगिक ध्यान की प्रक्रियाएं हैं जिनके माध्मय से ध्यान में होकर एक गहरी शान्ति और आनन्द को पाया जा सकता है और तब मांस से अपने से भीतर से घृणा होती है-तथा मांस खाना अपने से विलग हो जाता है। पश्चिमी देशों में काकेशस में गुरजेफ नाम का विचारक एवं द्रष्टा हुआ उसने केवल ध्यान की यौगिक प्रक्रियाओं से हजारों व्यक्तियों को आनन्द तथा शान्ति का बोध कराया-तथा इस आनन्द और शान्ति में होने के लिए ध्यान आवश्यक था। अब मांस खाने से एक लंबे समय तक पाचन क्रिया चलती रहती है-और ध्यान नहीं लगता है-इससे स्वाभाविक हुआ कि ध्यान के प्रयोग करने वाले व्यक्तियों ने अपने से मांस छोड़ दिया। इससे मांस न खाने के लिए कुछ वैज्ञानिक जीनव दृष्टिकोण हमें आज के आधुनिक विचारशील मानव को देना होगा-तभी आप अपने कार्य में सफल हो सकते हैं।

मांस त्याग के संबंध में एक चर्चा और स्मरण आती है-इसमें श्री गुलाब चन्द जी दर्शनाचार्य एवं श्री शिखरचन्द जी, M.Ed. उपस्थित थे। चर्चा में प्रसंग इस तरह का था-

आचार्य जी ने कहा:

नवयुवक को विशेषकर जैन युवक को अनेकों वर्षों से जो बन्धन में बांधा गया था-अब जैसे ही उसके भीतर के आंतरिक मूल्य खो गए हैं-तो उस युवक की सहज वृत्ति मांस खाने को प्रेरित करती है। इससे अपने तरुण मित्रों के साथ यदि वह मांस खाता है-तो कुछ भी अनुचित वह नहीं कर रहा है। उसका प्रधान कारण यही है कि हम अपने स्वरूप में आने के लिए जो ध्यान के प्रयोग ज़ानते थे-उन्हें विस्मृत कर दिए हैं-और इससे मांस खाना सुलभ होता है। अब यदि हम मांस बन्द करना चाहते हैं तो हमें चाहिए कि हम ध्यान के वैज्ञानिक प्रयोगों को पुनरुज्जीवित करें-जिससे कि आनन्द और शान्ति में रहने के लिए मांस बाधक है-यह प्रतीति भीतर होगी तो परिणाम में मांस छूट ही जाने को है।...

22.12.1961

"आज जगत में केवल सूचना मात्र देने से और उसे अनुपम ढंग से प्रस्तुत कर देने मात्र मे सारी विद्वता का समावेश हो जाता है–लेकिन यह तो केवल मन को बहलाना मात्र है। जैसे मैं आपसे या किसी अपरिचित व्यक्ति से–यदि गुलाब जैसे सुन्दर फूल का नाम बता दूं तो उसे केवल एक और नई जानकारी हो जाएगी–इसके अतिरिक्त और कुछ भी नहीं होने को है। इसी तरह धर्म के संबंध में मात्र सूचनाओं को बढ़ा देना ही धर्म के वास्तविक स्वरूप को बता देना नहीं है। इससे धर्म के नाम पर सबसे बड़े अधर्म का प्रचार हो रहा है। अतएव धर्म में प्रतिष्ठित होने के जो यौगिक सूत्र हैं–और जिनसे अपने तक लौटा जा सकता है–केवल उनको भर जान लेने की बात है–और मेरा मन निरंतर उस योग की प्रणालियों के संबंध में ही चर्चा करने को होता है–और मैं पिछले दो वर्षों से जहां कहीं भी गया हूं–धर्म के संबंध में मैंने इन प्रक्रियाओं की ही चर्चा मूल रूप से की है।"

इस विषय को जानने श्री आत्माराम जी पाठक, (रिसर्च स्कॉलर), श्री राम दुबे जी और मैं... (एक सहज जानकारी को प्राप्त करना) उपस्थित था।

आचार्य जी: आत्मिक जीवन की उपलब्धियां अनन्त हैं और महान हैं। इस कारण हम लोग जो धार्मिक जीवन के संबंध में ऊपर ही ऊपर चर्चा कर लेते हैं और प्रसन्न हो लेते हैं, इससे बड़ा अनर्थ और कुछ भी नहीं हो सकता है। काकेशस में अभी गुरजेफ नाम का साधु हुआ। अपने प्रवचन के प्रारंभ में वह कहा करता–

'मुझे आपकी प्रशंसा और तालियां नहीं चाहिए। इससे आपने जो सुना उसे साफ कर देते हैं। मैं तो आपको सुनने वालों पर चोट करना चाहता हूं–कारण कि जैसे बीच रस्सी को काट देने से दो भाग हो जाते हैं–वैसे ही आत्मिक जीवन में होने से–सांसारिक जीवन और–आत्मिक जीवन के बीच एक टूट हो जाना स्वाभाविक हो जाता है–इससे एक गहरा दुख लेकर आप लौटें–यह मुझे प्रिय है–इससे एक गहरा परिवर्तन जीवन में आता है।'

मेरा भी कहना भाषण के दौरान भीतर के जगत से होता है–इससे संयुक्त सभाओं में मुझे बोलना प्रिय नहीं होता है–कारण कि सबके बीच बोला गया...धुल जाता है...(...श्री राम दुबे, श्री आत्माराम पाठक और मेरे समक्ष... 'भाषण और उसका विज्ञान' इस संबंध में की गई चर्चा से...)

* * *

आज का प्रसंग कहूं: मई के अंतिम सप्ताह का बड़ा ही प्रकाशमय और विश्व को नई ज्योति देने वाला प्रसंग था। आदमी का मन न जाने किन-किन बातों से प्रभावित हो जाता है और बस एक गहरे अंधेरे से और गहरे अंधेरे की ओर बढ़ता चला जाता है। ऐसी ही मन:स्थिति के एक परिचित नवयुवक आकर आचार्य जी के समीप बड़े हाव-भाव से बैठे हैं। बहुत विस्तार में अपने एक शिविर के अनुभव को बताते हुए कहते हैं कि-

''समाज को केवल हिंसात्मक तरीकों से ही बदला जा सकता है-कोई मेरे घर में आग लगाए, बहिनों की इज्जत लूटे और मैं चुपचाप खड़ा रहूं-यह मेरे से नहीं हो सकता है।''

इस गहरे मतभेद पर अपनी सूक्ष्म और दूरदर्शी दृष्टि से बहुत शान्त भाव में जो सुनने मिला वह इस प्रकार था।

आचार्य जी: आपका कहना वृत्तियों के अनुकूल पड़ता है-इससे सर्व सुलभ है। लेकिन पिछले सारे इतिहास को दृष्टिपात करिए तो आपको यह स्पष्ट दीखना चाहिए कि सारा मानवीय इतिहास इस बात का साक्षी है कि हिंसा से हिंसा को आज तक समाप्त नहीं किया जा सका है। पहले के समय में तो यह मानवीय हिंसा का क्षेत्र बहुत सीमित था-पर आज तो समाज का रूप ही कुछ और हो गया है-हम पहली बार सारे समाज का सामूहिक रूप से विनाश करने को तैयार हो गए हैं। अब हमारी हिंसा से पूरी मानवता विनष्ट होगी। हम सामूहिक हत्या के युग में प्रवेश किए हैं। अब भी यदि आप जैसे नवयुवक हिंसा में विश्वास करते हैं-तो परिणाम कितने दुखद हो सकते हैं-इसकी जरा कल्पना कर देखिए! यह तो सामान्य बुद्धि की बात है कि आग में आग दो-तो और ज्यादा प्रज्वलन होता है-इससे हिंसा को हिंसा से मिटाना-विध्वंस तथा विनाश को प्रोत्साहन देना है।

इस हिंसा के परिणाम केवल बाहर के समाज के विनाश के लिए पर्याप्त नहीं है-वरन् इसके परिणाम तो आंतरिक रूप से बड़े भयानक और आत्म घातक हुआ करते हैं। यह तो सर्व विदित है कि हमारे पास शक्तियां सीमित हैं और उनका जैसा हम उपयोग करते हैं-वैसा ही हमारा जीवन बन जाता है। यदि हम इन शक्तियों का उपयोग हिंसा में कर लें तो हम भीतर से दरिद्र हो जाते हैं-हमारा आत्मिक पतन अपने से हो जाता है। इससे मैं कहता हूं कि अहिंसा किसी दूसरे के उत्थान के लिए नहीं-वरन् केवल अपने आत्मिक उत्थान के लिय नितान्त आवश्यक है। इससे मैं नहीं कहता कि आप किसी दूसरे पर अंहिसा का प्रयोग करके उस पर दया करिए। वरन् दया के पात्र तो स्वयं आप हैं-अहिंसा का व्यवहार करके आप अपने में निम्नता और शक्तिहीन होने के परिणामों को जन्म नहीं देते-आप अपने में ऊंचे उठते हैं और प्रभु-प्रकाश पाने के अधिकारी बनते

हैं। अतएव हिंसा और अहिंसा तो स्वयं आपके अहित और हित के लिए है–समाज तो गौण बात है। इससे प्रत्एक मानव अपने में अहिंसक हो रहता है–धीरे-धीरे सारे विश्व का निर्माण अपने से हो जाता है। मानव-निष्ठ क्रांति ही इसके मूल में है–जो कि अपने से विश्व में परिणाम लाती है।...

युवक महोदय तो शान्त और आंख बन्द किए चर्चा में लीन थे। आंखें खुलीं तो बाहर शुभ चांदनी का लोक जगमगा उठा था। कह उठे–मैं तो अंधेरे में चर्चा करने बैठा था–पर अब तो प्रकृति ने अपना प्रकाश फैला रखा है–और भीतर आपसे प्रकाश मिल उठा है–इससे अब मैं पूर्ण प्रकाशित हो उठा। मुझे तो ऐसा लगता है कि बाहर भीतर समा आए प्रकाश की अभिव्यक्ति हो रही है।

****

आचार्य जी ने 3 विभाजन मानव समाज के मानसिक स्वास्थ्य की दृष्टि से किए हैं।

1. परिपूर्ण आनन्द और शान्ति में स्थित हैं।
2. पागल होने की कगार पर हैं।
3. पागल हो चुके हैं।

विश्व के अधिकांश लोग पागल होने की कगार पर हैं। जरा सा मानसिक आघात लगा कि पागल होने में विलम्ब नहीं रहता है। इससे मैं कहता हूं कि पागल हो चुके हैं वे तो व्यर्थ अपना समय खो रहे हैं–पर जो अभी थोड़े-बहुत मानसिक रूप से स्वस्थ दिखाई देते हैं–उनको बहुत सोच विचारकर अपने आपको पूर्ण शान्ति और आनन्द में हो रहना चाहिए।

ऊपर का थोड़ा सा प्रसंग मैंने इस कारण दिया है कि बहुत-बहुत मानसिक दृष्टि से संकुचित व्यक्ति आचार्य जी के समीप आया करते हैं–बाद फिर वे अपने आपको एक सही मार्ग-दर्शन पर लगा देख–प्रसन्न चित्त वापिस लौटते हैं–और मानसिक स्वास्थ्य उपलब्ध करते हैं।

ऐसे ही अशान्त व्यक्तित्वों में दो अशान्त व्यक्तित्व इस सप्ताह आचार्य जी के समीप आए। अतुल आध्यात्मिक चेतना की गहराई से **आचार्य जी ने कहना प्रारम्भ किया कि–**

मानसिक स्वास्थ्य आज के युग में खो गया है। बहुत क्षुब्ध, खिंचाव, पीड़ा और परेशानी से मानव आज ग्रसित है। इससे सबसे मेरा केवल एक ही कहना है कि इस खिंचाव में अपने को और खिंचा हुआ रखना–और अधिक खिंचाव को जन्म देना है। इस खिंचाव को ढीला छोड़ दीजिए–तो अपने से सारा खिंचाव विसर्जित हो जाता है–और शान्त मनःस्थिति में व्यक्ति हो आता है–तथा एक मानसिक स्वास्थ्य उपलब्ध कर लेता है।

मानसिक स्वास्थ्य कैसे उपलब्ध हो—इसकी बहुत सहज ध्यान की प्रक्रियाएं हैं। रात्रि सोने के पूर्व और जागने के बाद मैं केवल 15 मिनट तक आपसे ध्यान के प्रयोग करने को कहता हूं। इस समय में अपने शरीर को बिल्कुल ढीला-मृत जैसा छोड़ दीजिए—ऐसा प्रतीत हो कि मैं इस शरीर में रहा ही नहीं। यह शरीर किसी और का पड़ा हुआ है। इस अवस्था में अपनी जो श्वास की गति चलती है—वह धीमी हो जाती है—इसे देखा करिए तो ध्यान अपने से घटित होता है और हमारे सारे विचार विसर्जित हो जाते हैं। इससे हम अपने शान्त स्वरूप मे हो जाते हैं। बाद फिर दिन के 24 घंटों में हम इस शान्ति को फैला सकते हैं। किसी भी क्षण गलत अवस्था में होने से अपने को जागरूक बनाए रखकर शान्ति में हो सकते हैं। यह एक सरल सा विज्ञान है—जिसे हम अपने जीवन में अपनाकर—शान्त व्यक्तित्व में हो जाते हैं। यह **अनापान योग** सहज शान्तिदायी है।

मैं धर्म की इस मौलिक साधना पर—जो किसी भी धर्म से बंधी नहीं है—और सब धर्मों में एक जैसी स्वीकृत है—उसकी चर्चा अपने मिलने वालों से केवल इस आशा में किया करता हूं कि जो अनन्त शक्ति और आनन्द को खोकर हम विक्षिप्त अवस्था में आ गए हैं उसे पुनः अपने जीवन में वापिस लौटाकर हम शान्ति और आनन्द के अधिकारी बन सकें।...

(कैमिस्ट्री की प्राध्यापिका—म.म.वि. एवं म.प्र. स्टेट को-आप. बैंक में काम करने वाले महानुभाव के समक्ष दी गई—चर्चा का सार।)

[1.7.1961 से 10.7.1961 तक की चर्चाओं का सार]

(यह लिखा गया तो मात्र उतना ही है जितना कि करोड़-करोड़ या कहें अनगिनत तारों में से एक दो तारे देख लिए गये हों—अनन्त आनन्द तो चर्चा में जो प्रत्यक्ष श्रोता होते और उनके अन्दर जितनी जागरूकता तथा गहराई होती—उस अनुपात में उन्हें मिल पाता है।)

26.12.1961

विश्व की मौलिक विचार साधना में आचार्य जी का योगदान हमेशा रहेगा। इसी तरह का एक मौलिक विचार प्रसंग मैं यहां पर दे रहा हूं।

दिन का ढलता पहर। बस्ती के दो नवयुवक जो अध्यापन कार्य में रत हैं—वे आकर बैठे हैं।

"हिंसा सरल मार्ग है और समग्र समाज इससे शीघ्र परिवर्तित होता है—पर अहिंसा तो अव्यवहारिक है—उससे केवल एक सीमित क्षेत्र तक ही कार्य होता है।"

इससे बड़ी भ्रान्ति विचार और साधना के जगत में कुछ हो ही नहीं सकती है। आप समाज को क्यों परिवर्तित करना चाहते हैं–क्या आप स्वयं अपने में स्वस्थ हो गए हैं–जो समाज को स्वास्थ्य देना चाहते हैं। मैं नहीं समझ पाता कि समाज किसे कहें? जब भी कभी प्रसंग उठता है–समाज का नाम बीच आए बिना नहीं रहता है। मेरा कहना है कि समस्या समाज की नहीं आपकी है। आप ही समाज हैं। आप अपने में भले हो जाएं तो आप अपना काम पूरा कर लेते हैं।

हिंसा बड़े अशान्त व्यक्तित्व को जन्म देती है और अशान्त व्यक्ति शान्त परिणाम नहीं ला सकता है। इससे अहिंसा में अपने में शान्ति है और आध्यात्मिक साधना में सहायक है। अहिंसा अपने में कोई साधना नहीं है। वह तो केवल साधन है तथा साध्य (अपने स्वरूप की) की ओर उन्मुख करती है। इससे अहिंसा स्व-दया है। मेरा कहना है कि अहिंसा करके आप किसी और पर दया नहीं करते हैं–वरन् आप स्वयं पर दया करते हैं। इस तरह आप अपने स्वरूप में हो रहने की ओर अग्रसर होते हैं। परिणामतः अपने से गहरी शान्ति और अपार शान्ति का प्रभाव बाह्य आचरण में प्रगट होता है। इससे एक स्वस्थ परंपरा का जीवन विकसित होता है। इस शान्त व्यक्तित्व का निर्माण साधना में उतरने से संभव होता है–और एक-एक चेतना अपनी उठान पर आती जाती है। मार्ग का प्रभाव धीमे होता है–पर दो ही विकल्प हैं कि या तो बूंद-बूंद करके घड़ा भरेगा अथवा भरेगा ही नहीं। केवल अंहिसा ही सर्वग्राह्य मूल्य है–हिंसा तो कोई सीमा में आती ही नहीं है–कोई मूल्य उसका नहीं होता है।

यह जरूर है कि समाज के मूल्यों में अहिंसक का कोई प्रभाव शीघ्र नहीं होता है–पर धीमे-धीमे एक हवा बनती है और शाश्वत् मूल्य स्थापित होता है। आज जो हिंसक को श्रेष्ठ समझने का संस्कार हमारे भीतर बैठा है उसे जागरूक रहके विसर्जित करना होता है और अपने बच्चों में हमें अंहिसा की ओर ले जाने वाले मूल्य दे देना होगा ताकि एक श्रेष्ठतम मानवीय जीवन-मूल्यों से परिपूर्ण जीवन-विकसित हो उठे। (श्री राम दुबे जी अपने मकान मालिक को मारकर लौटे और बोले मुझे शान्ति मिली–इस प्रसंग पर उनके पड़ोसी मित्र श्री नायक जी के समक्ष दिया गया चर्चा का पावन उल्लेख...)

* * *

मैं अत्यंत धन्य भागी हूं जो प्रभु के साकार प्रसाद को पाकर अनेक भटकनों से दूर रहता हूं। प्रभु में हो आई चेतनाओं को पाना–आज जैसे विषम युग में सचमुच बहुत जटिल हो आया है–पर न जाने कैसा विधान था विधि का कि सब कुछ मिल गया है।

यह प्रसंग केवल इस कारण लिखा कि आज एक ऐसे महानुभाव का आगमन हुआ जो कुछ ना-समझी की और अनर्गल बातें कर रहे थे-और मेरे कारण आचार्य जी को भी अपना जीवन अनुभव व्यर्थ की बातों से भरा हुआ सुना रहे थे। बहुत करीब के इन महानुभाव से संबंध हैं-अतएव आचार्य जी अपने बहुत शान्त स्वर में केवल यह कहे कि :

"आप थोड़ा होश में तो रहिए। जिन शब्दों को पकड़ रखा है और उनके अर्थ भी आपको विदित नहीं हैं-उनको व्यर्थ प्रयोग करके आप जो अपने को समझदार होने के भुलावे में डाले हुए हैं-इस वहम् को आप समझकर विसर्जित कीजिएगा।"

एक आगुन्तुक के अनाप-सनाप वार्ता के कारण व्यक्त किए गए हिस्से से...)

* * *

पूज्य मां-साब का आगमन। आचार्य जी की समधुर वार्ता। अनेक सार-तत्वों से परिपूर्ण और आत्मिक जीवन में प्रतिष्ठित होने में-कौन से मार्ग प्रभावी हो सकते हैं-इसकी एक स्पष्ट रूपरेखा-आचार्य जी ने प्रस्तुत की।

"आज धर्म के सहज और सरल ध्यान के योग-सूत्र खो गए हैं-इससे युग आज गहरे अंधेरे से भर गया है। केवल शाब्दिक चर्चा और व्यर्थ का पांडित्य-इससे समाज में किसी को कुछ भी उपलब्ध होने वाला नहीं है। मेरा मन बहुत करुणा से इस सारे वातावरण के प्रति भर आया है और चाहता हूं कि पूरे मुल्क में ध्यान के सहज प्रयोगों को जीवन दूं। इससे एक नवीन वैज्ञानिक चेतना-प्रक्रिया का उदय होगा और जीवन अपने में मूल्यवान हो उठेगा।

ध्यान की प्रक्रियाएं तो मूल हैं। पर इस ओर जागृति आ सके-इसके लिए कुछ सहज वैज्ञानिक प्रमाण एकत्रित करना होंगे। इन वैज्ञानिक प्रमाणों को हम निम्नांकित साधनों से जन-साधारण के समक्ष उपस्थित कर सकते हैं।

1. एक उप समिति केवल प्रेतात्माओं के अध्ययन में लगना चाहिए-जो अपने अध्ययन से ज्ञात परिणामों को प्रत्यक्ष दिखा सके। इन प्रभावकारी परिणामों से जन-जीवन आत्मिक जगत में आ सकेगा।

2. एक Telepathy का विज्ञान है जिसे गुरजेफ ने पश्चिम के देशों में प्रयोग किया था। इस विज्ञान के आधार पर वह अपने साधकों से भीतर से ही बातें करता था-और एक प्रभावशील जीवन-साधना में व्यक्ति उतरते थे।....

लेकिन उचित निर्देशन न मिलने से--ये सारे लोग कभी भी अपने को इन

शक्तियों में ही उलझा सकते हैं और जिस जीवन-प्रक्रिया में ये बातें सहायक होती हैं—उसमें न लगकर केवल व्यर्थ के कामों में अपने को उलझाया जा सकता है। अतएव बहुत सोच-समझकर जीवन के कार्यों को करना होता है।....

* * *

दिसम्बर माह में हुए मौलिक पावन-वार्ता प्रसंगों से

आत्मिक किरणें अपने से बिखरकर अपनी आकर्षण शक्ति से अनेक आत्माओं का मिलन कराती हैं। क्या यह आश्चर्य की बात नहीं है कि अनेक पिपासु अपने जीवन-मार्ग को निर्मित करने आचार्य जी के अमृत वचनों को सुनने लालायित रहते हैं। इसी प्रसंग की सांयोगिक घटनाएं अपने में एक अपूर्व महत्व रखती हैं।

एक बड़ी महत्वपूर्ण घटना का उल्लेख जो अत्यंत सांयोगिक है उसका उल्लेख करना यहां उपयुक्त होगा। अपने भाषण के अन्तिम हिस्से में बोलते हुए वचनों को एक नवयुवक जो जालंधर के थे—सुनकर अत्यन्त प्रभावित हुए और किसी भी तरह दूसरे दिवस आचार्य जी के चरण कमलों में आकर—अपने श्रद्धा के सुमनों को अर्पित करते हुए—अपने आत्मानंद में लीन हो गए। बोले—

"आपके अमृत वचनों को सुना तो एक भीतर चिनगारी सुलग उठी और तभी से आपसे मिलने की इच्छा प्रबल हो उठी। आज आप तक आ सका—तो अपने को अत्यंत धन्य भागी मानता हूं।"

प्रश्न—अपने आत्म-स्वरूप को कैसे जाना जाय।

इस प्रश्न पर अपने अनुभूतिमय वचनों को व्यक्त करते हुए आचार्य जी ने कहा—

मानव जीवन को अनन्त दुख के सागर और व्यर्थ की भटकनों से मुक्त करना आवश्यक है। इसमें कोई संदेह ही नहीं है कि हम हर क्षण मृत्यु में हैं। इसे जान लेना—अपनी मुक्ति में हो रहना है। इस अवस्था तक आने के लिए सहज ध्यान की प्रक्रियाओं को करना होता है। कैसे इस ध्यान मे आ रहा जाय—यह जान लेना ही शुद्ध धर्म को जान लेना है।

मेरा कहना है कि—धर्म तो शान्ति का विज्ञान है। इससे सहज जो आनन्द और शान्ति हमें उपलब्ध हुई है—उसे हम जीवन भर व्यर्थ की बातों पर पड़े रहकर खो देते हैं। एक क्षण को भी हमारी अनन्त शान्ति हमसे दूर नहीं हुई है—हम ही केवल उससे पृथक हो गए हैं। इस बोध को जान लेना—अपनी शान्त अवस्था मे हो आना है। पर सहज जागृति के साथ अपने में महत्व की जो ध्यान

की प्रक्रियाएं हैं उनको किया जाय तो चेतना की समाधिस्थ अवस्था को अनुभूत किया जा सकता है। ध्यान के मूलभूत प्रयोगों पर चर्चा करने के बाद–समाधिस्थ चेतना की अवस्था पर चर्चा करते हुए आचार्य जी ने कहा–

जागृत अवस्था में हम समय और स्थान के बिना किसी भी घटना की कल्पना ही नहीं कर सकते हैं। पर स्वप्न में सारी घटनाएं बिना समय और स्थान के कार्यशील होती हैं–इस कारण हम स्वप्न में एक समय भारत के किसी शहर में रहते हुए लन्दन भी जा पहुंचते हैं–तो इसमें कुछ भी असामान्य प्रतीत नहीं होता है–लेकिन यह सब एक मन की दौड़ में होता है और वास्तविक कुछ भी नहीं होता है। तीसरी अवस्था सुसुप्ति की होती है जिसमें हम अपनी चेतना में होते हैं। इसमें भी समय और स्थान का बोध मिट जाता है और जो घटना घटित होती है वह वास्तविक होती है। इस अवस्था में चेतना के आ रहने पर–समाधि का बोध होता है और जो अखण्ड आनन्द आत्मा का हमें उपलब्ध हुआ है–उसे हम अनुभूत कर लेते हैं। यह सहज अनुभूति ही जीवन की श्रेष्ठतम उपलब्धि है–जिसे खोकर हम कंगाल हो आए हैं और बड़ा मजा यह है कि यह हमसे एक क्षण को भी विलग नहीं हुई है।....

युवक महोदय अपने में शान्त मन:स्थिति के थे। चर्चा के बाद बड़ी गम्भीर मनोभावना में कृतज्ञता पूर्ण हालत में विदा लिए।

* * *

इस माह प्रो. दुबे जी (प्रान्तीय शिक्षण महाविद्यालय) का आगमन एक विशेष कार्य को लेकर होता रहा। दुबे जी अपने महाविद्यालय में एक धार्मिक चेतना के लिए–सर्वधर्म समभाव के लिए प्रार्थना हाल में सब धर्मों के कुछ मूल सन्देश प्रगट करते हुए चित्र लगाना चाहते हैं। इस पर अनेक विधि और अनन्त करुणा तथा प्रेम से भरे मार्मिक प्रसंगों का उल्लेख आचार्य जी ने किया। सब धर्म अपने केन्द्र तक व्यक्ति को पहुंचा देते हैं और महापुरुषों के जीवन–चित्र सहज में एक जीवन–दृष्टि का निर्माण कर सकते हैं। इन चित्रों में विशेषता प्रतिपादन करते हुए कहा गया–

1. चित्र धर्म के मूल सन्देश को कहते हों।
2. सारे धर्मों में जो एक तत्व समाया है–उसकी अभिव्यक्ति जहां तक संभव हो–होना चाहिए।
3. चित्र पर वैज्ञानिक आधार हों और हंसी–मजाक का कारण आपका चित्र न बने–अन्यथा शिक्षित युवकों की थोड़ी बहुत श्रद्धा जो अभी धर्म से होगी–वह भी जाती रहेगी। अतएव वैज्ञानिकता को प्राथमिकता देना आवश्यक है। मैं धर्म को शुद्ध वैज्ञानिक होने में ही उसकी उपादेयता मानता हूं।

4. चित्र की कहानी अपने से प्रगट हो–उसे विशेष समझाने की आवश्यकता नहीं पड़ना चाहिए। थोड़े से सूक्ष्म संकेत मात्र दे देने भर से चित्र आसानी से स्पष्टतः समझ में आ जाना चाहिए।

इन विशेष दृष्टिकोणों से चर्चा करते हुए आचार्य जी ने सब धर्मों के प्रवर्तकों के जीवन के अनेक उदाहरण प्रस्तुत किए–जिन पर सचित्र चित्रण बहुत आसानी से किया जा सकता है। इन उदाहरणों की चर्चा सविस्तार नीचे देने में आसानी से हम इस पुनीत कार्य की महानता को जान सकते हैं।

1. भगवान महावीर के जीवन का चित्रण इस घटना के आधार पर यदि हम कर सकें तो अच्छा होगा। एक सुबह महावीर अपनी साधना में लीन थे। इसी बीच एक चरवाहा अपने जानवरों को लेकर वहां आया और अपने जानवरों को वहां छोड़कर वहां से विदा हो लिया। सांझ लौटा–अपने जानवरों को न पाकर–साधु से पूछा–तो साधु मौन थे–इससे खोजने गया–पर लौटकर आकर देखा तो जानवर साधु के करीब थे। इससे जाना कि साधु चोर था–और जानवरों को छिपा दिया था–तथा मेरे लौटते ही वह लेकर चला जाता, इससे वह चरवाहा क्रोध से भर आया तथा महावीर पर प्रहार किया एवं लकड़ी के कीलें आदि कान में ठोंकना शुरू किया–अब इसका सुन्दर चित्रण हो सकता है क्योंकि जब भगवान महावीर को सताया जा रहा है तब भी उनके चेहरे से असीम करूणा एवं प्रेम उभरता है जो अहिंसा के मूल तत्त्व को प्रगट करता है।

उपरोक्त चित्र का चित्रण अत्यंत प्रभावशाली होगा। पर धर्म को भी लोगों ने अपने घेरे में बांध रखा है और यह घटना श्वेतांबर पंथ में आती है–इससे दिगंबर पंथ वाले–धर्म के मूल को न समझ केवल बाह्य बुद्धि की सीमा में भटकते हैं और यही कारण था कि इस प्रकार का चित्र श्री दुबे जी को जो कि यहां की जैन समाज द्वारा अर्पित होना था–उनसे न मिल सका। एक प्रमुख जैन युवक (श्री हुकुम चन्द जी जैन-महावीर साइकिल वाले) इस पर बोले–हमारे शास्त्रों में तो इस घटना को स्वीकार नहीं किया है और यह संभव ही नहीं हो सकता है कि भगवान महावीर जैसे आत्म बलिष्ठ साधक को कीलें ठोके जा सकें। अतः आप कुछ भी कहिए पर हम इस पर सहमत नहीं हैं। इस छोटी सी नजर का धर्म के संबंध में श्री दुबे जी पर क्या प्रभाव पड़ता है। इसे जैसा हमने अनुभव किया–ठीक वैसा ही श्री दुबे जी ने भी अनुभव किया।

अन्य धर्मों के संबंध में भी सजीव चित्रण जिन घटनाओं का हो सकता है उनका अपूर्व गहराई से वर्णन करते हुए कहा–

सिक्ख धर्म में गुरु नानक के जीवन की एक घटना आती है। गुरु नानक मक्का गए हुए थे। रात सोए तो मस्जिद की ओर पैर थे। सुबह मौलवी ने

कहा–अरे! यह क्या पैर आपके मस्जिद की तरफ–इस पर नानक जी ने कहा–मेरे पैर वहां कर दो जहां प्रभु न हों–और घटना कहती है कि जिस ओर पैर किए गए–मस्जिद वहां ही घूम गई। इसे चित्रण कर हम गुरु नानक के मूल सन्देश को पहुंचा सकते हैं कि सब ओर उस एक ही प्रभु का वास है।

इसी तरह ईसाई धर्म और बुद्ध धर्म पर अपनी पवित्र जीवन-दृष्टि की वाणी को प्रगट करते हुए आचार्य जी ने कहा–

महाप्रभु ईसा अपनी सूली पर जाते हैं। कीलें शरीर पर ठोके जाते हैं। पर प्रभु ईसा के मुख पर एकदम शान्त और करुणा का भाव प्रगट होता है और मुस्कुराकर कहते है–'प्रभु इनको माफ कर देना–क्योंकि ये नहीं जानते कि ये क्या कर रहे हैं–ना समझ जो हैं।'

भगवान बुद्ध के जीवन का अंतिम क्षण है। उनका प्रिय शिष्य आनन्द निकट बैठकर रो रहा है। प्रभु कुछ आखिरी सन्देश देते जाइए। बुद्ध ने मुस्कुरा कर कहा–आनन्द मैं था–तो मेरा मोह तुझे बाधक था–अब मैं जाता हूं–तो अब तू मुक्त होगा। अपना दीपक स्वयं बनना होता है। कोई किसी का गुरु नहीं होता है। हम स्वयं अपने दीपक हैं।

'अप्प दीपो भव:'

ये सब प्रत्एक धर्म के मूल सन्देश हैं–और ह्दय पर अपनी एक गहरी छाप छोड़ जाते हैं।

* * *

एक बंगाली युवक जो एम.ए. के छात्र हैं एक रात्रि (इसी माह में) आकर बैठे रहे। अच्छे मेधावी छात्र हैं। बोले–"मैं आपको पसन्द करता हूं–क्योंकि आप जैने होते हुए भी समादर के साथ भगवान श्री रामकृष्ण की भी चर्चा कर लेते हैं–जितनी कि प्रिय चर्चा आप किसी और के बारे में करते हैं।" आज तक मैंने एक निष्पक्ष भाव से इतने उदार विचार किसी भी व्यक्ति में नहीं पाए।

ये महोदय बहुत भले हैं–और समाज-सुधार में लगना चाहते हैं। बोले–"आज समाज गिर रहा है, उसे उठाना है–तो मैं किस तरह समाज को उठा सकता हूं?"

इस पर आचार्य जी ने कहा कि आप इस ख्याल में न रहिए कि आप समाज को सुधार सकते हैं। आप अपने को पहले स्वस्थ करिएगा तब समाज को सुधारने चलिएगा। मैं हैरान हूं कि क्यों सारे लोग ये सोच लेते हैं कि वे तो पूर्ण ठीक हैं, केवल समाज भर गलत है–इसे सुधार लेना है। लेकिन समाज क्या हम और आप नहीं हैं। इससे अपने भर को हम जान लें–शक्ति निर्माण कर लें तो अपने से

समाज में हमारी शक्ति का लाभ फैलेगा—और हम एक जीवन समाज को दे पाएंगे। इससे मैं कहता हूं कि आप ही समाज हैं। आपका निर्माण समाज का निर्माण है।

एक और बात थी—इन युवक महोदय का कहना था कि—मुझे कोई भी धर्म प्रिय नहीं लगता है—धर्म तो मुझे विशेषकर अप्रिय लगते हैं केवल अपना धर्म ही प्रिय लगता है। इस पर आचार्य जी ने कहा—भली बात है आपको अपना धर्म अच्छा लगता है। आप अपने धर्म में ही प्रतिष्ठित हो जाइए और मैं जानता हूं कि फिर सारे बाह्य भेद अपने से मिट जाएंगे।

29.12.1961

रात का गहरा निस्तब्ध घना अंधेरा। पूज्य मां-साब और आचार्य जी का वार्तालाप।

मां-साब—रजनीश! मेरे पास अनेक ऐसे जन आया करते हैं जो साधु या सन्यासी कहलाते—पर अभी काम वासना बनी रहती है। मेरे से मार्ग पूछते—मैं मार्ग सुझाती भी हूं और मैंने पाया कि बाद जब उनसे मिलना होता—तो कामयाबी मिल गई होती है।

आचार्य जी—हां—आपका जीवन बड़ा प्रेरक है। पर मां-साब इसे आप बिल्कुल ठीक से अनुभव कीजिएगा कि—सब रास्ते-प्रभु तक हमें सहज ले आते हैं। काम-वासना में हमें जो सहज आनन्द मिलता है वह क्रिया में न मिलकर उसकी निमग्नता से ध्यान में होकर मिलता है। इससे मैं कहता हूं, अरे! पागल इतना खोकर ध्यान क्या पाना—ध्यान तो सहज इसी क्षण संभव है और अपने आनन्द को पाया जा सकता है। अतः सारे रास्ते जरा दृष्टि परिवर्तित हुई कि हमें अपने स्वरूप पर ले आते हैं। केवल जागरूक रहकर सारी क्रियाओं को देखते रहना होता है...।

मां-साब—स्तब्ध रहकर और बाद में बोली—सच रजनीश! ये तो बिल्कुल ठीक है। ये बहुत अद्‌भूत बात है।

आचार्य जी—अभी बंबई एक गोष्ठी में—मैं इस संबंध में चर्चा किया और मेरा मन इस संबंध में मुक्त चर्चाएं करने का है—ताकि जो व्यर्थ की इस संबंध में भ्रान्तियां हैं—वे सहज ही दूर हो सकें।

वार्ता के मध्य पूज्य श्री देवकी नन्दन दादा जी भी आकर बैठ रहे थे—कुल वार्ता सुनकर आश्चर्य में थे और बोले—बात सीधी है—समझ आ गई।

(सब रास्ते प्रभु तक पहुंचा देते हैं—इसमें सारे अनैतिक कार्य भी समाहित होते हैं और व्यक्ति जो आनन्द पाता है इन कार्यों में—वह कार्यों का आनंद न

होकर ध्यान का होता है—इससे इस बात को समझकर ध्यान की प्रक्रियाओं से अनन्त गुना लाभ लिया जा सकता है।)

23.5.1961

रात्रि की गहरी शान्त निस्तब्धता। बगीचे के एक सुन्दर हिस्से में आचार्य जी, पूज्य बहिन जी, दादाजी एवं तीन नवयुवक (श्री दुलीचन्द, श्री गुल्लन जी एवं उनका एक साथी मित्र) और मैं आकर बैठा हूं। नवयुवक कुछ व्यर्थ की अनावश्यक बातें कर रहे थे। इससे आचार्य जी की शान्ति तो टूटती नहीं—लेकिन उन सब व्यर्थ प्राणियों पर दया से भर आते हैं—उनका समय नष्ट होते देखकर। एक गहरी प्रतिभा आचार्य जी में है कि कितना भी व्यर्थ क्यों न हो—उसमें भी जो अति-सुन्दर है उसे वे चर्चा के लिए सहज चुन लेते हैं—यह एक अतीव विशिष्टता है।

चर्चा का क्रम भोपाल के सौंदर्य वर्णन से प्रारंभ होता है।

"भोपाल मेडिकल कॉलेज की हॉस्टल के सामने का तालाब कभी-कभी किसी खास स्थान से बड़ा सुन्दर हो जाता है। मैं इस स्थल को अनेक बार देखा—एक समय बरसात में—मैं केवल 15 दिन तक इस सौंदर्य को देखने रुका रहा—सांझ सूरज ढलता—चारों ओर ललामी छा जाती—इस सब अतीव मौसम में चारों ओर का दृश्य बड़ा ही मनोहारी प्रतीत होता। इसे अनेक बार देखकर भी देखने की इच्छा बनी ही रहती है।

पुराना भोपाल तो नरक है। नया भोपाल जरूर पाश्चात्य सभ्यता के प्रभाव में एक सा बसाया जा रहा है—पर एक नीरसता देखने से मालूम होती है। सब एक जैसा मकान भी, रास्ते भी, एक कुंठित मिलिटरी का नक्शा सामने आ जाया करता है। एक मकान देख लिया तो अब कुछ देखने को बचता ही नहीं—बहुत शीघ्र मन देखने से भर आता है।

एक जैसा सब बना लेना-मृत्यु है। ईश्वर की दुनिया विविधता लिए हुए है। इसमें कुछ भी आपको ढूंढने पर भी दो चीजें एक जैसी मिलने को नहीं हैं। दो कंकड़ भी एक जैसे मिलने को नहीं हैं। वे कंकड़ भी एक जैसे नहीं मिलने को। यह आदमी की बुद्धि है जो एक जैसा निर्माण करा रही है।

जापान में बगीचे प्रकृति के समान हों—मनुष्य के द्वारा निर्मित हुए हैं—ऐसा प्रतीत न हो इस कारण क्यारियां ऊंची-नीची रखी जातीं—उनमें कुछ सूखे पत्ते डाल दिए जाते और सारा कुछ ऐसा बनाया जाता जिससे कि सृजन प्रकृति से हुआ है—ऐसा प्रतीत हो।....

भारत इस ख्याल से एक विशाल देश है जिसके हर हिस्से में विविधता है। सारे देश का अपना सांस्कृतिक विकास है। अभी मैं सिरपुर (खानदेश) की यात्रा में एक ऐसा स्थान पाया–जो बंजारों की बस्ती है। यहां पर सिर की ऊंचाई तक चुनरी डाली जाती है जिसे कुछ चीज का सहारा दिया जाता है। बहुत भला मुझे लगा–10 मिनट तक मैं इसे देखता रहा–इस प्रकार सारे देश की विविधता अपने एक स्वर्णिम को लिए हुए है।

विश्व में एक राष्ट्र में (लिखते समय राष्ट्र का नाम विस्मरण हो रहा है) एक चर्च का निर्माण किसी बादशाह ने कराया–जिसमें कुछ भी एक जैसा नहीं है। इसके दो खंभे क्या–कोई भी दो ईंटें एक जैसी आप नहीं पा सकेंगे।

इस स्थान को ईश्वर के नियम के अनुकूल बनाया गया है–जो प्रशंसनीय है।....

10 जनवरी 1962

रात्रि की निस्तब्ध मधुर बेला। चारों ओर एक गहरा अंधेरा और गंभीर शान्ति। ऐसी सजीव प्राकृतिक बेला में मन अपने से शान्त हो जाता है। इसी बीच भाई श्री अब्दुल अजीज आए हैं। पूरी तन्मयता से साधना में लगना चाहते हैं। इस पर आचार्य जी ने कहा–

मैं सम्यक रूपेण जागृत जीवन-दृष्टि को पसंद करता हूं। इससे मैं नहीं चाहता कि कोई सारे समय ध्यान ही करता रहे। वरन् जिस शान्ति का अनुभव ध्यान में हुआ है उसे अन्यत्र कामों में भी फैलाया जाए–सारे काम ही प्रार्थना में हो जायें–मैं इसे पूर्ण योग मानता हूं। मेरा मन है कि एक बार सारे मुल्क में मुझे अपने इस पूर्ण योग की बात को समझाना है। समग्र जीवन-दृष्टि ही जीवन के बीच मुक्त हो रहना है। ऐसा साधना से हो सकता है–जो भी इस शान्तिदायी महान पथ से गुजरे उसे अपना इष्ट या ध्यान उपलब्ध हो गया हो और हमें ज्ञात भी न हो सके।

मेरा कहना है कि सारे कार्य संसार के होते रहें और अपने ध्यान के शान्त स्वरूप को पाकर हम सांसारिक कार्यों को ओर भी ज्यादा उचित ढंग से कर सकें–ऐसा मार्ग ही सामूहिक मार्ग है। इसे अपना कर हम ठीक जीवन के बीच भी मुक्त बने रह सकते हैं।

जनवरी का प्रथम सप्ताह–1962

इस बीच श्री आशिक अली साब का आगमन बड़े ही महत्व का रहा। श्री आशिक अली जी बहुत मंजे हुए और साफ तबियत के आदमी हैं। विशेष पढ़े लिखे नहीं हैं–पर अपने जीवन में एक गहरी साधना के कार्य में लगना चाहते हैं।

आचार्य जी व्यवहारिक ध्यान के प्रयोग को जीवन में मूलगत साधना का केन्द्र बिन्दु मानते हैं। इस पर अनेक विधि चर्चा करके सार तत्व को समझाया करते हैं। मन दर्पण जैसा होता है उसमें विम्ब भी वैसा ही चित्रित होता है। शान्त मन की अवस्था में हमारा स्वरूप व्यक्त होता है। मन पर उसका चित्र बनता है जिसे खोजने की हमारी तलाश चलती है और जिसे हम जीवन भर पा नहीं जाते हैं।

इससे मन को शान्त करने का विज्ञान हम जान लें–तो हमें ध्यान उपलब्ध हो जाता है। यह ध्यान धीरे-धीरे फैलता है और हर समय उसके आनन्द में व्यक्ति हो जाता है।

मूलतः प्रश्न एक ही है–ध्यान का विज्ञान क्या है?

शरीर को पूर्ण आराम की अवस्था में ढीला छोड़ दीजिए। जरा भी खिंचाव tension शरीर पर न रहे। सामान्यतः पालथी लगाकर बैठना उचित होता है। अब ओंठ बंद कर लीजिए और जीभ को तालू पर लगा लीजिए–तत्पश्चात् आंखों को भी बिल्कुल ढीला कर लीजिए।

यह तो शरीर की स्थिति हुई। अब मन में भीतर तीव्र गति से कोई भी छोटा सा प्रिय नाम दुहराते रहिए–ऐसा बोध हो कि कण-कण से वही स्वर आ रहा है। धीरे से मन शान्त हो रहेगा–और एक सीमा के बाद शब्द जो दुहराया ज़ा रहा है–वह भी छूट रहेगा और हम अपनी आत्म-स्थिति में स्थित हो रहेंगे।...

श्री आशिक अली जी ने अपने इबादत करने का ढंग बतलाया और 'अल्लाह' शब्द को दुहराने का मत प्रगट किया।

13.9.1962

आकाश में चारों ओर लालिमा है। प्रकृति अपने में तरोताजी और प्रसन्न है। इस बीच बड़ा मधुर और कर्णप्रिय वार्तालाप का आनन्द लेने का सौभाग्य प्राप्त हुआ। श्री राम दुबे जी का आगमन और आचार्य जी का मधुर संबोधन–

जगत में कुछ भी मृत नहीं होता है। जो मैं तुममें बीज बोता हूं, वह न जाने कितनी चेतनात्माओं में शाखा के रूप में प्रस्फुटित होता है और एक विशाल वृक्ष बनकर तैयार होता है। यह क्रम अनन्त है। इस सचेतन प्रक्रिया में हम सोचते हैं कि हम केवल क्रोध करते और गाली देते हैं तो क्या–पर आप जानिए कि आप का यह थोड़ा सा भी क्रोध करना विश्व के रूप को प्रगट करता है। हिंसा करके आप न जाने कितनी हिंसा होने देने में सहयोगी बनते हैं और इस तरह एक सहज जीवन-चर्या को हम परिणाम में प्रगट हुआ पाते हैं।

यह हमें देखने से प्रतीत नहीं हो सकता है क्योंकि आंतरिक जीवन-प्रक्रिया बड़ी विशेषता लिए धीरे-धीरे चलती रहती है और एक दिन जब सब अपने में पूर्ण हो जाता है तो हमें ऊपर इसकी झलक मिलती है और तब फिर हम आवाक् होकर जगत की लीला को देखा करते हैं। इससे मैं कभी कल्पना भी नहीं कर सकता हूं कि मेरा कहा हुआ व्यर्थ जा रहा है–वह अपना प्रभाव तो अपने से बना लेता है–क्योंकि हर क्षण तो हममें से विद्युत लहरें अपने प्रभाव को साथ ले जाती हैं। इससे ही मैं कहता हूं कि शब्दों की शक्ति महान होती है। एक शब्द बोला तो अब मेरी ताकत के बाहर है कि मैं उसे लौटा सकूं--उसका प्रभाव तो अब होगा ही और उसके परिणाम स्पष्ट होंगे।

इससे–हम सबमें निरंतर प्रक्रिया चल रही है और हर क्षण हमारा स्वरूप परिवर्तित हो रहा है। हमारा इससे क्रोध करना, अहं भाव रखना–संसार को भी वैसा बनाता है। इससे श्री कृष्णमूर्ति ने सबसे पहले कहा कि–

Your are the problem, you are the world. There can't be any world problem.

उपरोक्त कथन को यदि हम विभिन्न दृष्टिकोणों से प्रमाणित करें तो इसकी वैज्ञानिकता स्पष्ट प्रतीत होती है। इनका जीवन में एक बड़ा स्थान है। इसे समझकर हम सहज एक विशाल जीवन-व्यवस्था को जन्म देते हैं।

16.1.1962

भारत में हमेशा से एक विशाल आध्यात्मिक परंपरा रही है। इसमें पूरे जीवन तक व्यक्तियों ने साधना की है और जब कुछ मिला है–उसे लिखा है–बिना किसी नाम को उल्लिखित किए। आज के युग में लेकिन कितना बोला और लिखा जाता है–पर इस सबका प्रभाव न कुछ है। इससे आप कुछ लिखें–इस पर मैं जोर नहीं देता हूं–वरन् जब आपके जीवन से लिखने योग्य प्रगट हो–तब ही उसे लिखा जाना उचित होगा–मूल्य का होगा।

आचार्य जी ने अपने इस महत्व के सन्देश को एक नवयुवक को दिया–और ध्यान के यौगिक सूत्रों पर चर्चा की।

ध्यान एक सरलतम मार्ग है–आज के आधुनिक युग का राकेट का मार्ग है। इसमें एकदम शीघ्रता होती है–पर बड़े खतरे हैं। इससे विशेष सावधानियां रखना होती हैं।

पहले भी हम अपने स्वरूप को योग के माध्यम से पा लेते थे–पर मार्ग दूरगामी थे। हठयोग, राजयोग की प्रक्रियाएं प्रचलित रही हैं–पर अब तंत्र का युग है–इससे तंत्र योग के माध्यम से हम अपने स्वरूप तक सुलभता से आ रहते हैं।

ध्यान और एकाग्रता में क्या अन्तर है—इसे पूछे जाने पर आचार्य जी ने कहा--

मैं आपको जो ध्यान के प्रयोग सुझाया हूं—उस पर यदि आप अमल करते हैं तो इस सम्बन्ध में आपको पूछने की आवश्यकता ही न रहेगी। ध्यान में होने पर सहज में आनन्द की उपलब्धि होती है—पर एकाग्रता में तो अपनी सारी शक्तियों को लगाकर केन्द्रीभूत करना होता है।

आज तक मन को हमेशा एकाग्र नहीं रखा जा सका है और मन हमेशा चलता रहा है। इससे मन का न तो एकाग्र होना और न चलना स्वभाव है—वरन् मन शान्त होना चाहता है--इससे वह स्थिर कैसे रहे--एक बिन्दु पर रहते हुए कहीं दूसरी ओर चला जाता है वह अपने में शान्त होना चाहता है—अत: यह भ्रांति आपको निकालना चाहिए कि मन का स्वभाव चंचल है—वरन् वह शान्त होना चाहता है—इससे चंचलता को उसने अपनाया है। ध्यान सहज मार्ग है जिससे अपनी शान्त अवस्था को अनुभूत किया जा सकता है।

****

23.5.1961

रात्रि बगीचा का ही प्रसंग है। चर्चा के आखिर का यह भाग है।

विनोदपूर्ण ढंग से आचार्य जी ने समझाया—

रहते-रहते व्यक्ति किसी खास वातावरण का प्रेमी हो जाता है। इसे हम कोई भी उदाहरण लेकर समझ सकते हैं।

मालेगांव में मेरे एक परिचत युवक श्री बाबू सेठ हैं। इनको 25 दिन रेलों में सफर करते नींद लेने का अभ्यास है। घर अब जब नींद लेने का अवसर आता है तो मुश्किल हो जाता है—और नींद आना संभव नहीं होता है।

एक बहुत प्रसिद्ध कहानी इस संबंध में स्मरण आती है। दो महिला पुराने समय में परिचित थीं। एक समय दोनों को एक साथ रहने का अवसर आया, उनमें से एक के यहां जो कि मालिन थी। दूसरी बेचारी मछली का व्यवसाय करती थी—इससे उसी के बास भरे वातावरण में नींद लेने की अभ्यस्त हो गई थी। रात जब मालिन के यहां के सुवासित वातावरण में दूसरी महिला को नींद नहीं आई तो उसने अपने पास एक मछली की टोकरी में पानी ढलवाकर—रखा और जब उसकी बास उड़ी—तब उसे नींद आई।

शहरों में भी व्यक्ति घनेपन में रहने का अभ्यस्त हो जाता है। गन्दगी भी उसे प्रिय हो जाती है। धनीमानी व्यक्ति भी जो शहरों से दूर रहने का साधन जुटा सकते

हैं–घनेपन में ही बने रहते हैं। यदि ये व्यक्ति शहर के बाहर बस सकें तो शहर का घनापन कम हो और जो साधन हीन है–उनको ठीक व्यवस्था मिल सके।

24.5.1961

रात्रि की गहरी शान्त कालिमा। चांद अपने अधखिले विकास में–बदलियों की ओट से झांकता–बड़ा सुन्दर प्रतीत हो रहा है। काले घने और फुटकर मेघ–दूर-दूर तक फैले हुए हैं। श्री दीपचन्द रमैया एवं उनके तरूण मित्र भाई श्री श्याम लाल (नाट्य कलाकार) आकर बैठे हैं। **राष्ट्रीय चेतना–एक-सूत्रता में कैसे बंधे इस पर अपने विचार व्यक्त करते हुए आचार्य जी ने कहा–**

भारत के पिछले लम्बे इतिहास में कोई एक जैसी धारणा न थी। छोटे-छोटे टुकड़ों में अलग-अलग साम्राज्य थे। आक्रमण के समय किसी को दूसरे की सीमाओं से मतलब न था। फलस्वरूप एकता खण्डित हुई और भारत पराधीन हुआ। भारत में सबने अपनी-अपनी शक्तियों को छोटे-छोटे कार्यों में व्यर्थ खो दिया और कंगाल भारत में इस तरह कोई भी बड़ा कार्य न हो सका।

अभी पिछली स्वतंत्रता संग्राम की लड़ाई में राष्ट्रीयता की भावना भारत में उदित हुई। एक भारत मां की कल्पना की गई और देश को एक सूत्रता में बांधा गया। पर, परिणाम हमें बहुत दूर तक स्थायित्व की ओर नहीं ले जा सके। आज बहुत शोर-गुल देश के उत्थान के लिए भाषणों द्वारा फैलाया जाता है–लेकिन परिणाम में पूर्ण सांप्रदायिकता और धर्म की अपनी-अपनी दीवारों में सारे लोग बंद खड़े हुए हैं। भारत मे कुछ हो–इससे किसी को भी अर्थ नहीं दीखता–लेकिन किसी धर्म विशेष पर संकट आता है–तो उस धर्म के सारे लोग जो मानने वाले हैं–रक्षा करने को तत्पर हो जाते हैं।

लेकिन अन्य देशों में इस तरह की घटना संभव नहीं है। बड़े आश्चर्यजनक उदाहरण हमें देखने को मिलते हैं। जापान की यात्रा पर स्वामी राम गए हुए थे। जापान के जिस जहाज में स्वामी राम सफर कर रहे थे–उसमें उन्हें ताजे फल उपलब्ध न थे। बीच एक युवक उनके पास आकर बैठा–तो स्वामी राम ने कहा–"कैसा जापानी जहाज है यह, इस पर ताजे फल उपलब्ध नहीं हैं।" युवक जापानी था–उसे यह असह्य हुआ। शीघ्र उठकर गया और लौटते समय फल ले आया। पूछा–ये फल आपको कहां मिले। नवयुवक ने उत्तर दिया–आप किसी से कहिए मत, ये फल मैं अपनी मां के लिए कलकत्ते से लाया था, पर आपने कहा जापानी जहाज पर फल नहीं है–इससे अधिक खेद की बात एक जापानी युवक के लिए और क्या हो सकती है। मैं देश पहुंचकर गवर्नमेंट से जहाज पर फल उपलब्ध रहें, इसकी व्यवस्था कराऊंगा–स्वामी राम तो गद्‌गद् हो गए–हृदय से लगा लिया–फल उसे वापिस किए और एक गहरे प्रेम भाव को देखकर फूले नहीं समाए।

इसी के विपरीत स्वामी राम अपने जापान भ्रमण के अवसर पर जब टोकियो की लायब्रेरी पहुंचे तो वहां लिखा था Indian Dogs are not allowed जानकारी मिली कि किसी भारतीय युवक ने जो वहां Research करने पहुंचा था–उसने दो चित्रों को पुस्तक से निकाल लिया था। स्वामी राम ने उस युवक को खोजकर वे चित्र वापिस भिजवाए और एक अशिष्ट वाक्य को अलग कराया।

अपने राष्ट्र में राष्ट्रीयता का बीज बोने के लिए–सरकार को गहरी सूझ-बूझ से कार्य लेना चाहिए। जैसे–संकट के समय या जहाज के डूबते समय सारे द्वेष मिटाकर केवल जहाज को बचाना प्रधान लक्ष्य होता है। इसी तरह देश में भी संकट के समय छोटे-छोटे भेदों को मिटाया जाए। राष्ट्रीयता का विकास किया जा सकता है। राष्ट्र के नेता अभी चीन के हमले पर भारतीय जनता में देश-भक्ति की भावना भर सकते हैं और मनोवैज्ञानिक साधनों से देश में एक नवजागरण को जन्म दिया जा सकता है। चीन के विषय में ही फौजी चहल-पहल करके और कुछ तीव्र प्रचार से सहज में राष्ट्रीय एकता की भावना को जागृत किया जा सकता है और देश में एक वातावरण निर्माण हो सकता है।

हमारे राष्ट्र को भाषावार प्रान्तों में बांटा गया–राज्य पुनर्गठन किया गया–केवल सुविधा से कार्य हो सके–लेकिन इसमे भी नए झगड़े-बंबई के पृथक्कीरण से–महाराष्ट्र और गुजरात के- अब विदर्भ और पंजाबी सूबे की मांग है–ये सब तो अराष्ट्रीय वृत्तियां हैं–इनको शीघ्र ही न अलग किया गया–तो देश के सामने काफी खतरे स्पष्ट हैं।

***

(केवल श्री दीपचन्द जी समैया के प्रश्न पर ही प्रसांगिक रूप में सीमित)

18.1.1962

रात्रि अपने में पूर्ण हो आई है। चांद निकल आया है–उसका रजतमयी अनुपम प्रकाश बाग में फैल उठा है–कि आप कितनी भी कल्पना ऐसे मधुर वातावरण की करिए–जब तक प्रत्यक्ष ऐसे सुहावने अवसर पर आप स्वयं उपस्थित होकर एक बार देख न लें–तब तक स्मृति में चित्रण होना–आसान कार्य नहीं है। गहरी शांति में सारे पेड़-पौधे अपनी सजीव रूप में डूब आए हैं। सड़क लगभग सूनी हो आई है। दूर-दूर तक कोई आवाज सुन नहीं पड़ रही है। ऐसे कल्पनातीत वातावरण में–श्री मेहरा जी जो कि एक गहरे साधक हैं–आचार्य जी के आमंत्रण पर आकर उपस्थित हैं।

अपने जीवन संबंधी–सांसारिक जीवन-क्रम में किए गए कार्यों का उल्लेख कर श्री मेहरा जी ने अपने ऋषिकेश के आत्मअनुभूति में हो आए क्षणों का

उल्लेख किया। आप यहां विश्व ध्यान शिविर में जो महर्षि श्री महेश योगी के निर्देश में आयोजित था–उसमें भाग लिए थे। अपने अनुभवों को सुनाते हुए आपने कहा :

"महर्षि जी का कार्य Untiring efforts से जाना जा सकता है–केवल 2 घंटे ही विश्राम करने को मिलता है। मंत्र ध्यान Mechanical है। यद्यपि समझाने का ढंग ठीक नहीं है–लेकिन जो कहते हैं और उससे जो उपलब्ध हुआ–उससे लगा कि उचित मार्ग का निर्देशन किया जा रहा है। बस, इतना कर लेना ही सब कुछ है। मैं अपने 9 माह के शिविर मे कुछ पैर के टूट जाने से विशेष क्रियाकलापों में नहीं जा सका। किन्तु जो ध्यान में मैं बैठा करता–उससे जो सुखद उपलब्धियां हुईं–वे अमूल्य हैं। मुझे आने के 9 दिन पूर्व तो जो आत्म-अनुभूति हुई–वह जानकर तो महर्षि जी भी गद्गद् हुए और मुझे गले से लगाया। इस शिविर में श्री शंकराचार्य जी का भी आगमन हुआ और मैं उनके विस्तीर्ण विचारों से बहुत प्रभावित हुआ। यहां किसी भी समय जाकर मिलने की स्वतंत्रता होती थी–और जो भी यहां जाना–वह बहुत कीमती है। मेरे विचार में शिविर में भाग लेना उचित हुआ। यह वास्तव में विश्व का ध्यान संबंधी शिविर का सही अर्थों में आयोजन था। अधिकांश राष्ट्रों के प्रतिनिधियों ने भाग लिया–कुछ इटली और जर्मन महिलाएं भी इस आयोजन में थी। विशेष, मेरा ध्यान के अवसर पर शरीर का बोध मिट जाना और शान्त अवस्था को अनुभूत करना–बहुत कीमती था।"

आपसे मैं कहता हूं कि जीवन की श्रेष्ठ बातें बहुत आसान है। लेकिन हमारा मन तो घुमाकर चीजों को जानना चाहता है–क्योंकि उसकी हमेशा से यह आदत पड़ी हुई होती है। ध्यान में होने के लिए Mechanical process ही उचित है–और यही हो भी सकती है–क्योंकि Mind itself is a machine. स्वामी रामकृष्ण परमहंस देव हमेशा कहते थे कि "पैर में एक कांटा लगा हो तो उसे दूसरे कांटे से निकालना होता है–लेकिन जब कांटा निकल जाता है तो दोनों कांटे व्यर्थ हो रहते हैं।" इससे ही ध्यान की स्थिति में होने पर सब कुछ अपने से छूट रहता है। जिस नाम-स्मरण को या कोई भी मधुर छोटे से शब्द को जिसे कि हमने चुना है–वह भी ध्यान में आते ही–अपने से छूट जाता है। इससे अपने ध्यानस्थ स्वरूप में चेतना जब आ रहती है–तो अपने से सबसे मुक्ति मिल जाती है। इसे मैं एक उदाहरण से समझाता–

पेड़ की डगाल को जिसे हमने नीचे खींच रखा था–उसे अपने स्थान पर वापिस जाने देने के लिए छोड़ देना होता है–बस ऐसे ही ध्यान में आ रहने के लिए हमने जो खिंचाव पैदा कर रखा है–उससे मुक्त हो रहना है–यह सम अवस्था में आने से संभव हो जाता है। कुछ करना नहीं होता है–पर अपने में आए खिंचाव को विसर्जित करना होता है और बस हम अपने शान्त स्वरूप में हो आते हैं।

* * *

जुलाई 15 से 27 तक की चर्चाओं का संक्षिप्त सार

अपने सरलतम रूप का जो आनंद बहता रहता है, आचार्य श्री उसे चर्चा के मध्य व्यक्त करते–तो जितना अमृत रस उन जागरूक क्षणों में बरसा करता–बाद तो फिर वही प्रवृत्तियों का अंधेरा घेर लेता–पर फिर भी जो कुछ इस सोई चेतना में बचा रहता–उसे ही यहां लिपिबद्ध कर लेता हूं। यह जानते हुए कि यह इतना कम होगा जितना कि बूंद और सागर के बीच का अंतर होता है।

इस पखवारे के बीच बहुत प्रिय जन आए। आचार्य श्री स्वभावतः ही सबको सहज ही आनन्द वितरित किया करते–और घन्टों चर्चा के स्वाभाविक क्रम में ध्यानस्थ रहते। अनन्त गहराइयों और सीमाओं को पार कर यह सन्देश पहुंच पाता–इतनी अमूल्य निधि यह होती है कि सारा संसार का वैभव भी न कुछ होता है।

इस बीच मिलने वालों में पूज्य लक्खू बब्बा जी, श्री राम मिश्रा जी, श्री राम दुबे जी, श्री रमेश कुमार जी तिवारी और अन्य, जीवन में प्रबुद्ध चेतना को जानने के तीव्र उत्सुक सज्जनगण मिले।

ध्यान के द्वारा सहज और सरलतम रूप किस तरह जीवन में प्रकट हो सके–इस पर आचार्य श्री ने विस्तार से चर्चा की। समझाया–हर क्षण में व्यक्ति या तो कल की बीती स्मृतियों में होता है या आने वाले कल की कल्पना करता है। इस तरह हर क्षण अपने गहरे अंधेरे में प्रवेश करता जाता है और जीवन सब मिला जुलाकर जीने लायक ही नहीं रह जाता है। भीतर एक विचारों का गहरा पुंज है–जो हमेशा अपना प्रभाव रखता है–स्पष्ट है कि इस अंधेरे को विसर्जित करना है।

इससे मुक्त होने का विज्ञान है। अंधेरे की सत्ता नकारात्मक है। प्रकाश का अभाव है। इसे आप दमन करके या दबा कर नहीं अलग कर सकते हैं। आप कितना भी प्रयत्न करिए–यह दूर होने वाला नहीं है। इसे कुछ करके अलग नहीं किया जा सकता है–प्रकाश को भीतर लाने से अंधेरा अपने से चला जाता है।

इससे मैं नहीं कहता हूं कि चोरी करना गलत है और सत्य आचरण करना चाहिए। वरन् केन्द्र में जो वृत्तियों का अंधेरा है–उसे हमें विलीन करना होता है। यह भीतर प्रकाश आने से अपने से चला जाता है। जैसे ही सतत् ध्यान बनाए रखने से भीतर प्रकाश उपलब्ध हुआ कि अंधेरा अपने से चला जाता है। ऐसी स्थिति में अपने से सत्य आचरण होता है। ब्रह्मचर्य प्रगट होता और अपरिग्रह आचरण में आता है।

मुझे क्रोध आता है–तो एक स्थिति तो होगी कि मैं क्रोध के साथ बहता जाऊं। इससे तो क्रोध की सीमाएं विस्तार पाएंगी–दूसरी स्थिति यह होगी कि मैं क्रोध का दमन करूं–उसे दबाता चला जाऊं–लेकिन क्रोध को दबाने से–उसकी ताकत कम नहीं होगी। वह बाहर से रुका हुआ दिखेगा पर भीतर ही भीतर उसकी अचेतन मन में गहरी जड़ें फैलती चली जाएंगी–और समय पाकर ज्वालामुखी के समान उसका प्रवाह फूट पड़ेगा और तब फिर मनुष्य की कोई भी ताकतें उसे रोक पाने में असमर्थ होंगी। इससे एक मार्ग और है जिस पर चलकर सहज ही क्रोध को विलीन किया जा सकता है। यह मार्ग है सहज हर क्षण अपने को जागरूक बनाए रखने का। इससे भीतर जो सहज चेतना का आनन्द उपलब्ध होगा–उससे जो आनन्द बरसेगा–उससे पहली बार यह प्रतीति होगी कि मैं क्रोध को दूर करता फिरता था–जबकि कोई अपनी मूल स्थिति में क्रोध था ही नहीं। मात्र अंधेरा था जो प्रकाश के हो जाने से अपने से विलीन हो गया। और अब इस प्रकाश की सत्ता में अपने से आनन्द तथा प्रकाश की किरणों प्रस्फुटित होंगी।

* * *

श्री हीरालाल जी (पंडा) अपने बीना के एक शिक्षक महोदय के साथ आचार्य जी से मिलने आए। आज कुछ मनोविश्लेषक चर्चाओं पर वार्ता आधारित थी। इसमें स्वभावत: गृहस्थ जीवन में–कैसे पारस्परिक संबंध मधुर बनें और सौजन्यता तथा सुसंस्कृति का निर्माण हो–इस संबंध में मौलिक विवेचन था। आचार्य श्री ने समझाया–

आपका भाई बुराई के मार्ग पर जा रहा है–यह उसकी मनोदशा की विकृति है–पर परिवार के लोग उसे और अधिक बुराई की दिशा में ढकेलने में सहायक हैं। आपको लगता है कि जो बुराईयां उससे हो रही हैं–वह व्यर्थ और अनावश्यक हैं। उसे बाहर की निंदा तो मिलती ही है घर भी उसे उपेक्षा सहनी पड़ी तो अब उसका मन परिवार वालों से भी दूर हो रहेगा–और मन में जो प्रतिकार की भावनाएं उठा करती हैं उनसे उसे बुराई के मार्ग पर और अधिक प्रवृत्त होने में सहायता मिलेगी। अब उसके ठीक होने की संभावनाएं न के बराबर हो जाती हैं।

इसलिए, इस स्थिति में अत्यंत आवश्यक है कि घर के लोग–जो भी बुराई आपको लगती हो–उसके प्रति कोई ध्यान न देकर–आपको ठीक वैसा व्यवहार अपने भाई के प्रति करना चाहिए जैसे कि आप उसमें कोई भी बुराई न पाते हों और आपका व्यवहार उसके साथ अति प्रेमपूर्ण हो जैसा कि सामान्यत: होता है–तो आपके व्यवहार से मानवीय प्रेम की सहज भावनाओं से परिवर्तन आने में विलम्ब नहीं लगेगा। इससे आपके यहां का सारा वातावरण सुखद तथा हर्षपूर्ण बना रह सकेगा।

* * *

संध्या की मधुर बेला... आकाश में गहरे बादल... सांझ घिर आई है। पक्षी अपने नीड़ों को लौट रहे हैं... कुछ ही समय के बाद सब कुछ शान्त और मधुर हो जाएगा। पूज्य आचार्य श्री अपने संगीतपूर्ण चर्चा के रस में लीन हैं।

आदमी अपने को रिक्त नहीं रखना चाहता है। खाली न रह सके–इसके लिए गहरा नशा चाहिए। यह नशा अनेक तरह का हो सकता है। जीवन एक गहरी बेहोशी और नशें में चलता रहता है और जब कभी थोड़ा जागने का अवसर आता है–तब तक एक जीवन का समय जा चुका होता है। कभी नशा टूटता है तो एक गहरा धक्का लगता है–पीड़ा और परेशानी मालूम होती है।

मैं अभी पिछले दिनों बंबई था। एक सज्जन मुझे यह दिखाने कि वे कितने काम के आदमी हैं–मुझे अपने साथ ऑफिस ले गए। बड़ा विशाल ऑफिस–अच्छा सुसज्जित, अनेक तरह का काम–बड़ी भारी व्यवस्था और एक गहरी व्यस्तता–एक क्षण को भी सिर ऊंचा करके बात करने को समय नहीं है। जब साथ दोनों घर वापिस हो रहे थे–तो पूछा–कहिए आपको कैसा लगा। मेरा उत्तर था–मैंने पढ़ा था अभी तक कि कहीं नर्क भी होता है पर आज साक्षात देखने को भी मिला है। आवाक् होकर हाथ रुक गए–कहने लगे–आज तक तो कभी किसी ने भी यह नहीं कहा–मैं प्रसन्नता से जी लेता था–लेकिन अब आपने मुझे गहरी उधेड़बुन में डाल दिया है और बाद मुझे विचार करके कहा–सच अब तो आपने मेरे सारे आनन्द में जहर घोल दिया है। मैंने कहा–भगवान करे आपको यह प्रत्यक्ष दिख आए तो बहुत अच्छा होगा।

बाद उन सज्जन से वर्धा मिलना हुआ–शान्ति से सविस्तार चर्चा हुई और समझ पाए कि जीवन में जो सारा खेल चलता रहता है उसके पीछे अपने स्वरूप से बचते रहने का भाव निहित है। केवल अपने मैं को तुष्ट भर करते रहना चलता रहता है। इस अहंकार की वृत्ति व्यक्ति चाहे जीवन के घने व्यापार में रहे–या सब छोड़ साधु भी हो रहे–तब भी चलती रहती है। अनेक साधु हैं जो त्याग के माध्यम से अपने को तप्त करते रहते हैं। एक ओर भोग का–मन के बहाव का तो दूसरी ओर सब छोड़ अपने को तृप्त करने का चक्र चलता रहता है। जिसने सब छोड़ दिया है उसके भी मन की सारी क्रियाएं–छोड़ने के आनन्द को लेने में लगी होती है। दोनों–संसारी भी और संन्यासी भी एक जैसे भीतर से बंधे हैं। केवल भेद इतना है कि एक सांसारिक साधनों से अपने अहं को मजबूत करता है तो दूसरा पवित्र साधनों से अपने अहं को मजबूत करता चलता है। श्रेणी एक ही है।

इससे–अपने स्वरूप पर जो आना चाहता है–उससे मैं यह नहीं कहता हूं कि संसार छोड़कर संन्यास में आ जाओ–वरन् भीतर जो अंधेरे का पर्दा है–उसे देखते रहिए–और हमेशा ध्यान बनाए रखिए तो आप पाएंगे कि जिसे आप पाने

चले थे—वह तो हमेशा से उपलब्ध था—केवल जागरूक रहकर अंधेरे को विसर्जित करने की बात होती है—तब तो फिर सहज प्रकाश में व्यक्ति की चेतना हो जाती है—और फिर व्यक्ति चाहे कहीं भी हो—घर में या संन्यास में उसकी मुक्त अवस्था बनी रहती है। यह इतना सहज है और अपने में इतना परिपूर्ण सचेतन है कि बाहर का सारा आकर्षण—अपने आप व्यर्थ हो उठता है—और तब फिर जीवन अपने में एक सहज आनन्द और प्रभु की कृतज्ञता से भर जाता है।

आज सब जगह जो उलझनें और विवाद खड़े दीखते हैं—उसके अंत में केवल अपने-अपने अहंकार पूर्ण करने की बात छिपी होती है। एक ही संघ के 10 साधु होते—तो सहज मिलना-जुलना नहीं हो पाता है—कारण कि सबके अपने-अपने अलग-अलग पद बने होते हैं—कौन किसको सिर झुकाए यह समस्या बनी रहती है—अब एक व्यापार यहां भी शुरू हो जाता है—और एक पवित्र रास्ता भी मात्र जीवन का व्यापार बन जाता है।

कबीर दास के सुन्दर उदाहरण देते हुए आचार्य श्री ने बताया कि कबीरदास ने दो बहुत सुंदर दोहे कहे हैं। उनका अर्थ है कि मैं खोजता-खोजता थक गया पर जैसे ही बूंद सागर में गई तो उसे पा लिया जिसकी खोज थी। दूसरे दोहे में कहा गया है—कि खोज में थकान थी और अब जब बूंद में सागर समा गया—तो सारा कुछ विराट का आनन्द उड़ल आया—और पहली स्थिति में हो सकता था कि बूंद को सागर से अलग कर लेता पर अब तो सागर ही समा आया तो बूंद को कैसे निकाला जा सकता है। इतना सहज और सुगम अनंत आनन्द का पथ प्रभु का है—जो जरा से अहंकार के विसर्जन मात्र से प्रगट हो आता है।....

व्यक्तिगत सम्पर्क में सहज एक विशेषता होती है कि सारा कुछ बहुत ही थोड़ा कहे पहुंचा दिया जाता है। सीधा वैद्युतिक सम्बन्ध सम्पर्क कें मध्य आता है। इससे इतने सारे महापुरुषों के ग्रंथ हैं और विशाल साहित्य है पर सब कुछ का प्रभाव नगण्य है। इससे व्यक्तित्व के संपर्क में वह सब मिल जाता है जिसे बहुत समय में सत्साहित्य से नहीं पाया जा सकता है। अतएव जैसा अभी आपने पूछा है कि क्या व्यक्तिगत संपर्क नितांत आवश्यक है सो उसकी महत्ता स्पष्ट ही है। मूलतः प्रबुद्ध चेतना के समक्ष कोई भी मूर्छित नहीं रह सकता है इसी से गौतम-बुद्ध जब रास्तों से निकलते तो समग्रीभूत रूप से परिवर्तन हो जाता। उनके साथ अनेक आत्माएं जागृत हुईं। महावीर के बावत कहा जाता है कि उन्होंने कभी कुछ बोला ही नहीं। सारा कुछ उनके जीवन से लिखा गया। हम थोड़ा इस ओर विचार करें तो हमें स्पष्ट होगा कि महावीर चले होंगे—तो सब कुछ बदल गया होगा। इस तरह महावीर का जीवन सक्रिय था। उनके जीने में सहज जागृति थी।

कबीरदास की वाणी जब सब ओर प्रकाशित हुई–तो पंडित वर्ग असंतुष्ट हुआ–और उसने गिराना चाहा। एक समय कबीरदास राजदरबार जा रहे थे– बीच बाजार में एक वैश्या दौड़ती हुई आकर बोली–हाथ पकड़ लिया और कहा–मैं तो भूखी मरती हूं–आप यहां पाखंड बनाए फिरते हैं। आसपास लोग इकट्ठा हुए–खूब हंसे और तरह-तरह के व्यंग करने लगे। कबीर पूर्ण शान्त बने रहे और कहा–अरे! मैं कमाऊं और तुम भूखी मरो। यह मेरे से न देखा जा सकेगा–चलो घर चलो। उसे कबीर सहज भाव से घर ले गए। उसे कभी स्वप्न में भी कल्पना न थी कि कबीर इस तरह का करेंगे। उसे तो केवल कबीर साहब को बदनाम करने के लिए कुछ रुपए दिए गए थे–ऐसी आशा कदापि न थी। इससे वैश्या का मन तो अपने से बदल आया... घर दोनों जन पहुंचे तो वेश्या तो शर्म से गड़ी जा रही थी। कबीर ने कहा–मां खूब विचित्र रास्ते से गृह-प्रवेश किया–अच्छा हुआ जो शीघ्र संपर्क में आपका आना हुआ। इस विवरण को जब सुना गया तो सारे लोग हत्-प्रभ थे और इस तरह कबीरदास के जीवन में एक महानता देखने में आती है। संपर्क में उनके एक अतीव विशेषता थी–जिसने सब कुछ बदल डाला।

सीधे अपने में होकर बदलने की क्षमता न के बराबर होती है–पर सत्संग से सहज अपने को बदला जा सकता है।.....

आज के युग में हर व्यक्ति के दो चेहरे हो गए हैं। वह उन बातों की प्रशंसा करता है जिन्हें समाज में शिष्ट समझा जाता है। लेकिन एक अजीब बात है जिसे देखकर मुझे हैरानी होती है कि वह स्वयं उस पर न चलकर दूसरी बातों पर चलता है जो अशिष्ट समझी जाती हैं–इससे मेरा कहना है कि आप जिन बातों पर चलने की सलाह देते हैं–पहले स्वयं उन पर चलना आवश्यक होता है। कारण कि बिना उन पर चले–उनका कुछ भी मूल्य समझ में नहीं आता है। अत: हम उस स्थिति को पा लें–और तब बात करें तो उसका मूलत: दूसरे पर सक्रिय प्रभाव होता है।..... इससे एक जीवन दृष्टि का पूरे समाज पर भला असर पड़ता है–और समाज में भले असर का निर्माण होता है।.....

व्यक्तियों की आज के युग की स्थिति पर आचार्य श्री ने कहा–गुरुजियफ पश्चिम के एक बड़े विचारक और आध्यात्मिक जागृत व्यक्ति थे। उनका कहना था कि जब मैं जागृत हुआ और आदमी को देखा तो पाया कि वहां तो खाली खोका है–और उसमें कुछ भर दिया गया है–जो गूंजता रहता है। इससे गुरुजियफ कहते हैं कि सबमें आत्मा है–ऐसा मैं नहीं पाता हूं। बहुत कम में आत्मा होती है और प्राय: सभी को अभी आत्मा उपलब्ध करना है। आज जो जीवन-विकास हुआ है और युग की जो दौड़ चल रही है–उसमें यह बात पूर्णत: ठीक है। इससे अपने नशे को विसर्जन कर–अपने स्वरूप को ध्यान बनाए रखकर पाने का मार्ग है।

छात्रावासों में वेतन अच्छा दिया जाय–शिक्षकों पर और पैसा भी खर्च किया जाय–इससे कोई जीवन विद्यार्थियों का खड़ा नहीं होता है। मूल बात को व्यक्तित्व की है। व्यक्तित्व में यदि क्षमताएं होंगी तो सहज आदर मिलेगा और जिसके प्रति मन में आदर होता है–उसकी बात अपने से मान ली जाती है। इससे एक भले विद्यार्थियों का समाज निर्मित होता है। अन्यथा छात्रावासों के नियम–उन विद्यार्थियों के वहां से अलग होते ही जीवन से विलग हो जाते हैं। इस तरह जीवन अपने में कोरा बच जाता है।

अतएव भाई जी, कोई क्षमतापूर्ण व्यक्तित्व को गुरुकुल में लाकर रखा जावेगा–तो एक भली बात बनती है–अन्यथा पैसे-वैसे से कुछ होना संभव नहीं होता है।

(श्री हरिश्चंद्र भाई जी के समक्ष की गई चर्चा से गुरुकुल (मढ़िया जी) के संबंध में)।

26.1.1962 स्वतंत्रता (गणतंत्र दिवस)

रात्रि की मंगलमय बेला। तारे चमक आए हैं। दूर-दूर तक वातावरण शान्त हो आया है। (शशि जी, गीता जी और कल्पना एवं मोहन एवं प्रशान्त जी)। बच्चे सज-धज कर गणतंत्र दिवस की मनोहारी छटा को देखने जाने उत्सुक हैं। घर अपने अपूर्व चेतना शक्ति से आलोकित है। श्री अब्दुल अजीज जी मंसूरी आकर बैठे हैं। आचार्य जी की चरण छाया में इनको अनुपम आनन्द आता है। वैसे उम्र में युवा है पर बचपन से इस ओर प्रभु की साधना में लीन रहने के आदी हैं–इससे इसी अनंत आनन्द के पथ पर बढ़ते रहने में आनन्द पाने को चले आया करते हैं।

अब्दुल जी को सम्बोधित करते हुए आचार्य श्री ने कहा–

जगत में हमारा "मैं" ही हमें भटकाता रहता है। जीवन में कुछ लोग होते या अधिकांश लोग होते हैं जो अपने मैं को बड़ा करने में आनन्द लेने लगते हैं। अहं की तृप्ति ही इनके सुख का कारण होता है। जरा भी अहं टूटता तो दुख होता है। इसके विपरीत भी कुछ लोग होते हैं जो इस भ्रान्ति में रहते हैं कि अपने "मैं" को छोटा कर लो तो अहं टूट जाता है। इससे वे अपने को न कुछ समझने लगते हैं–लेकिन अहंकार तो अभी भी बाकी रहता है और सूक्ष्म रूप से हमें पकड़ लेता है। इससे अपने "मैं" को बड़ा और छोटा करना–नितांत भ्रम है। जैसे ही ध्यान में होकर हम अपने स्वरूप के दर्शन करते हैं–हमें पहली बार ज्ञात होता है कि "मैं" जैसी मेरी कोई सत्ता ही न थी–केवल "मैं" शब्द को जानने में गलती हो रही थी। शब्द को गलत जानने की एक सुरुचिपूर्ण कहानी है।

Alice In wonderland में अलाइस परियों के लोक में पहुंचती है। वहां एक दूत अलाइस से पूछता है–

Did you meet anybody on the way?

Nobody, Sir.

दूसरे आगन्तुक से पूछने पर भी यही उत्तर मिलता है। इस पर दूत कहता है–

It means, that nobody walks slower than you.

यह पूछे जाने पर उत्तर मिला–

Ah Sir! It is wrong. Nobody walks faster than us.

Then, nobody has to reach here before you.

अब यहां Nobody शब्द को जानने में गलती हो रही है। हमारा स्वरूप भी हमसे अपरिचित होने के कारण हम अपने "मैं" को नहीं जान पाते हैं। इससे मेरा कहना यह नहीं है कि मैं की तृप्ति या इसकी दमन करने की प्रक्रियाओं में उतरना चाहिए वरन् अपने स्वरूप में हो आने से अपने से सबसे पहले अपने 'मैं' का सही बोध होता है और हमारी शक्तियां आत्म चेतना में प्रतिष्ठित होती हैं तथा मैं विलीन हो जाता है। मैं तो केवल व्यवहार के कार्य चलाने के लिए हैं–इसकी अपनी कोई भी सत्ता नहीं है। इससे मुझे यदि बोलना हो तो कहना चाहिए कि–

जैसे–मैं पानी पीता हूं।

इसके स्थान पर "रजनीश के भीतर कोई सत्ता है जो पानी पीती है।"

लेकिन व्यवहार में–शब्दों के सामान्य संबोधन से कार्य चलता है–इससे हमें किसी भी प्रकार की भ्रान्त स्थिति में अपने को नहीं रखना चाहिए।

* * *

किसी एक विशेष, मुसलमान भाइयों के पर्व के बाद का यह स्मरणीय प्रसंग है। श्री आशिक अली जी के आने पर उन्होंने अपने पर्व पर की जाने वाली क्रियाओं का उल्लेख किया। कहा गया : दिन भर रोजा रखते हैं और रात जागरण करते हैं। इसका मौलवी लोग अपने-अपने अनुसार मत व्यक्त करते हैं। इस पर आचार्य जी ने अपने विचार को व्यक्त करते हुए कहा–

मैं तो आपके शास्त्रों के उल्लेख के अनुसार इस पर्व की महत्ता से परिचित नहीं हूं। लेकिन मुझे यह दिखता है कि रोजा रखे गए दिवस पर जिसने पांचों समय

ठीक ध्यान या नमाज अदा की होगी–उसे रात को नींद आ ही नहीं सकती है। इससे रात को नींद का न आना जबरदस्ती करके नहीं करना चाहिए–वरन् ध्यान की विधि आपने ठीक की होगी तो आपको रात नींद आने का प्रश्न ही नहीं उठता है। रात का नींद ना आना तो मात्र परीक्षा है–जिससे ध्यान की सार्थकता को जाना जाता है।

इसे सुनकर तो भाई श्री आशिक अली जी भाव-विभोर होकर–हर्ष के आंसू से भर गए और बोले–आप मेरी मस्जिद में चलकर इतना भर कह दीजिए–तो हमारे ऊपर आपका बड़ा ऋण होगा... हम तो इस दिव्य वाणी को सुनने के तीव्र इच्छुक हैं–पर हमें कोई मिलता ही नहीं है–जो ठीक से इस गहरे जीवन-दृष्टि कोण को उपस्थित कर सके।....

(यह प्रसंग ज़नवरी '62 के माह का श्री आशिक अली जी के आगमन के अवसर का है जिसे ध्यान की क्रियाओ के अंतर्गत पूज्य दादाजी को समझाते हुए–आचार्य जी ने बताया था।)

3.2.1962 शनिवार

दोपहर का समय है। श्रीमती कमला जी जैन आकर बैठी हैं। बगीचे में चारों ओर खिले हुए फूल अपने संपूर्ण सौंदर्य को प्रगट कर रहे हैं। सूर्य निर्मल आकाश में अपने प्रकाश को फैला रहा है–हवा बीच-बीच में बह उठती है। वार्ता का क्रम इस प्रकार रहा।

श्रीमती जैन–मुझे तो अपने पिताजी से विरासत में क्रोध न करना और सात्विक जीवन-दृष्टि मिली है। मेरे बापूजी तो सन्त थे और इससे जितना भी उनसे अपने बच्चों को मिलना चाहिए–उतना हम सबको मिला है।....

आचार्य जी–यह आपका सौभाग्य था कि आपको इस तरह का सुयोग मिल सका। लेकिन वास्तव में हम इतना सब कुछ पा लेने के बाद भी चेतना के जगत में दरिद्र बने रहते हैं और अपने को समझाने के लिए अनेक विधि उपाय करते रहते हैं। जीवन का इतना सारा समय केवल बाह्य क्षेत्र में ही व्यतीत हो जाता है। जैसे–सागर में लहरें होती हैं–और नीचे अथाह गहराई होती है–वैसे ही हम अपने को केवल लहरों पर ही जीकर समाप्त कर लेते हैं और अनन्त गहराई से अछूते ही रह जाते हैं। इससे मैं कहता हूं कि हम ऊपर से अपने को समझा लेते हैं कि हमारा जीवन तो बिलकुल सात्विक है–लेकिन भीतर अचेतन सत्ता के जगत में हमारा मन हमें बांधे रहता है। हम चेतन जीवन के केवल एक भाग में रहा करते हैं–शेष 7 भाग तो अचेतन मन है–और जब तक हम इस अचेतन मन को पूर्ण चेतन में नहीं ला लेते हैं–तब तक आप मन को समझाने के लिए कुछ भी करती

रहिएगा—लेकिन उससे कुछ होगा नहीं। केवल मन की सन्तुष्टि चलती रहती है। इससे मैं कहता हूं कि जब सब विचार विसर्जित हो रहते हैं तब व्यक्ति की चेतना से वह परिचित हो जाता है।

''पर इस तरह पूर्ण खाली व्यक्ति क्या अपने जीवन के कर्तव्यों को कर सकेगा?''

आपका प्रश्न उठना स्वाभाविक है क्योंकि कुछ साधक इस तरह की भ्रांति फैलाया करते हैं—लेकिन जब आप चेतना की संपूर्ण जागृत अवस्था में हो आएंगी—तो आपको स्वयं लगेगा कि अब पहली बार मैं कार्य कर रही हूं। आनन्द के साथ इस तरह हमारा जीवन चलने लगता है। जब आपकी सारी शक्तियां जागृत हो जाती हैं तो पहली बार आपको लगेगा कि जिन अनैतिक कृत्यों को हम खोज-खोज कर दूर किया करते थे—वे तो कहीं थे ही नहीं, सबकी सत्ता स्वप्निल थी और भीतर एक शाश्वत सचेतन सत्ता के बोध से हम भर आते हैं। इस सबको ही जीवन में जान लेने के लिए जीवन है। इस स्थिति में होकर हम पूर्ण शान्त होकर भीतर की अतुल गहराई में—ध्यानस्थ चेतना की स्थिति में विराट् कार्य को कर लेते हैं तो भी उसका बोध कि मैंने यह कार्य किया—अपने से अलग हो जाता है।...

इसके पूर्व तक आप लाख कोशिशें कीजिए—आप अपने को द्वंद के बाहर नहीं पा सकते हैं। क्योंकि जो चेतन मन आपका आदर्श पर चलने की बात सोचता है—भीतर अचेतन सत्ता में आप अपनी पूर्व स्थिति में ही बने रहते हैं—इससे कोई आदर्श पर आप कायम नहीं रह सकते हैं। सर्वप्रथम तो प्रत्एक चेतना को अपनी समग्रीभूत सत्ता में चेतना की गहराई तक जाना होता है—तब अपने से स्वंभावत: जीवन का सारा श्रेष्ठ मूल्य व्यक्त होता है। तब फिर मूल्यों को कोशिश करके लाना नहीं होता है—मूल्य अपने से आते हैं।

चर्चा के मध्य इन्हीं प्रसंगों पर श्रीमती जैन ने अपने अनुभंव सुनाए और इसके मध्य यह विदित हुआ कि किन छोटी-छोटी सी बातों में पड़कर हम अपने को भुलाए रखते हैं और जो एक अमिट आनन्द हमसे हर क्षण बह रहा है—उसके प्रति अंधे बने रहते हैं।...

* * *

3.2.1962 से 7.2.1962 तक चर्चाओं के सार

मानव-मन अचेतन से बंधा होता है। इसी से सम्मोहन के विज्ञान मे बड़ी शक्ति होती है। आप अनिवार्य रूप से अपने अचेतन से बंधे कार्यों को करने के लिए बाध्य हुआ करते हैं। स्वामी रामकृष्ण परमहंस के समीप स्वामी विवेकानन्द

पहली बार जब गए तो पूर्ण अनास्था से भर के गए थे। लेकिन रामकृष्ण ने अपना पैर विवेकानंद पर रखा और वे 2 घंटे तक बेहोश पड़े रहे। इस बेहोशी में उनका आश्चर्यजनक परिवर्तन हुआ। इसके बाद तो विवेकानन्द पूर्ण रूपेण बदल गए और एक विशाल कार्य विश्व में किया। मैंने स्वयं भी सम्मोहन के प्रयोगों को किया और पाया कि इसमें अतीव शक्ति मन के साथ बंध जाने की होती है। इससे यह बेहोशी जब तक चला करती है–तक तक कोई भी सुधार संभव नहीं होता है। मैं इस संबंध में बहुत साफ हूं। मेरा हमेशा कहना यह रहा है कि जब तक आंतरिक पूर्ण सचेतन प्रक्रिया से हम नहीं भर आते हैं तब तक सारा बाह्य उपचार व्यर्थ होगा।

मन के संबंध में यहां हमने उल्लेख किया है–तो इसी संदर्भ की जो एक उपयोगी बात है–उसे भी यहां उपस्थित करना उचित होगा।

आध्यात्मिक शांति में होकर चेतना का समाधिस्थ हो रहना–ही समाधि का वास्तविक अर्थ है। मैं कहने में डरता हूं क्योंकि नाम के साथ हमारे बड़े पुराने भाव रहते हैं लेकिन फिर भी स्वामी रामकृष्ण परमहंस को जो समाधि लगती थी–वह एक गहरी सुषुप्ति की अवस्था होती थी–और बाद उनको आनन्द आता था। समाधि में होने के लिए बड़े बैचेन रहा करते थे और मां से समाधि में जाने के लिए प्रार्थना किया करते थे। अब मैं हैरान हूं कि यदि रामकृष्ण परमहंस की समाधि को ठीक माना जाय तो–मैं एक-एक क्षण जो पूर्ण होश से भर आने के लिए कहता हूं–वह उचित नहीं और न ही वर्तमान पीढ़ी के लिए बहुत लाभ इस प्रकार मिल सकेगा। इससे ध्यान तो अपने से आता है और चेतना अपने में होकर आश्चर्यजनक परिवर्तनों को लाती है। यह शून्य योग है।

***

एक यज्ञ की जन-सभा में अपने मुक्त विचारों को प्रगट करते हुए आचार्य जी ने व्यक्त किया कि हमारा युग दो प्रकार के लोगों से पूर्ण है। एक तो वे लोग हैं जो धर्म के नाम पर सब कुछ व्यर्थ मानते हैं और सब कुछ फेंक देने को कहते हैं। इसके विपरीत दूसरे प्रकार के लोग हैं–जो सारे अंधविश्वासों को एवं क्रिया-कांड को ही धर्म मानते हैं। ये दोनों ही भ्रांत हैं। इससे कोई उपलब्धि संभव नहीं है।

मैं तो धर्म को सीधा विज्ञान मानता हूं और इसके संबंध में जो उपेक्षा तथा अविचार से जो तरह-तरह की भ्रांतियां फैल गई हैं–उनको एक ओर कर आपको धर्म के सही मूल्यों में प्रतिष्ठित करना चाहता हूं। धर्म जीवन में होगा तो जीवन अपने से उदात्त तथा श्रेष्ठ बनेगा। आज तो सारा युग-घृणा-पीड़ा-तनाव-हिंसा-कठोरता

से भर आया है। हम पहली बार सामूहिक आत्म-हत्या के क्षेत्र में पर्दापण किए हैं। इससे मुक्ति पाना अपरिहार्य है।

प्रश्न : कैसे मुक्ति मिले? कौन सा मार्ग है—जो हमें मुक्त कर सकता है?

उ. हमारी सत्ता शरीर से व्यक्त होती है। लेकिन यौगिक प्रयोगों से यह सिद्ध होता है कि मनुष्य शरीर ही नहीं है—इसमें पहली बात जानना कि "मैं शरीर नहीं हूं।" इससे पार चले तो व्यक्ति को उसका मन उलझा लेता है। विचार हैं, इच्छाएं हैं, वासनाएं हैं—अनेक बार हम सोचते कि हमारा स्वरूप मन ही है। लेकिन जरा सा बोध बनाए रखने से आपको स्पष्ट होगा कि वह कौन है जो आपके विचारों के पार है। जैसे ही इस सत्ता का बोध आपको बना रहेगा तो आप स्वयं के बोध से भर उठेंगे—और बहुत शीघ्र गहरे परिणाम आ सकेंगे।...

(सदर बाजार-आजाद चौक में) (जबलपुर) आयोजित यज्ञ की जनसभा में (अष्ट गृह शांति यज्ञ)

(आचार्य जी का प्रवचन 8.2.1962 रात्रि ... गुरुवार...)

1 अगस्त से 6 अगस्त 1961 तक की चर्चाओं का संक्षिप्त सार

पूज्य आचार्य श्री के निकट अनेक दिव्य व्यक्तित्वों का आना होता रहता है। ये व्यक्तित्व मन, बुद्धि और चेतना के जगत में उठे हुए होते हैं। इतना अमृत-पान इन क्षणों में होता है कि बाद तो बहुत ही थोड़ा शेष रह पाता है।

श्री एस. एस. ठाकुर और श्री स्वामी अद्वैतानन्द जी इस सप्ताह प्रमुख मिलने वालों में से थे।

आचार्य जी अपनी अनुभूति में गहरे पैठे सरलतम रूप से आनन्द को व्यक्त करते और सहज चेतना का प्रकाश प्रस्फुटित होता तो सहज में ही प्रत्येक चेतना को अनुभूति का प्रकाश मिलता है। ये व्यक्ति के जीवन के सबसे कीमती क्षण हुआ करते हैं।

श्री ठाकुर से कहा गया—

मस्तिष्क तो जो सारे विचार उसमें डाल दिए जाते हैं—उनको व्यक्त करता है। हमारा मस्तिष्क तो Functional Unity है—यह स्वयं कार्य नहीं करता है। इससे चेतन और अचेतन के सारे विचारों को हम देखा करें (दृष्टा होकर) तो एक स्थिति आती है जबकि सारे विचार विसर्जित हो जाते हैं—और तब हम अपने स्वरूप में प्रगट हो आते हैं। यह असीम आनन्द में होना है। अतएव, साधना का प्रमुख बिन्दु तो हर क्षण अपने को होश में बनाए रखना होता है।

आपने कबीर के साहित्य को पढ़ा है। उसमें से आपने मेरे से सहज-समाधि की बात पूछी है-इस संबंध में आप उपरोक्त कथन को स्मरण रखें। बाकी कबीरदास को आप साहित्यकार की दृष्टि से समझेंगे तो कुछ न मिलेगा-लेकिन उन्हें समझना हो तो एक सहज जागरूक दृष्टि का होना आवश्यक है। तब आपको स्पष्ट होगा कि कबीरदास जिस सहज-समाधि का उल्लेख किए हैं-उसका क्या अर्थ है। यह अवस्था तो चित्त-मुक्ति की अवस्था है-जिसमें सारे कार्यों के बीच उस सचेतन सत्ता का स्पष्ट बोध बना रहता है। कबीरदास अपने कपड़ों का तानाबाना बिना करते-तो खूब मस्ती और आनन्द में होकर खूब मजबूत बिना करते। सांझ उसे आनन्द में परिपूर्ण होकर अपने खरीदने वाले को भगवानमय सत्ता को-बेच देते। यह सरल चित्त की अवस्था है जिसमें भेद-अभेद में प्रगट होकर उतरता है। यह है सहज-समाधिस्थ चेतना का लक्षण। इसे आप ग्रंथों में खोजिए और अर्थ ढूंढा कीजिए-तो कुछ भी नहीं मिलेगा-पर एक जीवन की छोटी सी अभिनव क्रांति महान परिवर्तन लाती है।

इन दिवसों में यू.पी. (उत्तर प्रदेश) के एक स्थान के प्रिंसिपल मिलने आए। कहा : मैं गांधी जी की स्मृति में एक कॉलेज चला रहा हूं और 25% कॉलेज के छात्र नियमित चर्खा चलाते हैं-मेरे विद्यार्थियों को तो कॉलेज घर जैसा लगता है और मैं तो सन् 1929 से बराबर चर्खा चलाता आ रहा हूं। बहुत सुखद मेरी स्मृतियां हैं-चर्खा के संबंध में।

आचार्य जी ने कहा-इसे सुन के मैं प्रसन्न हुआ कि आप एक दीर्घ काल से चर्खा चला रहे हैं। लेकिन चर्खा भर चला लेना महत्त्व का नहीं है, वरन् किस तरह आप इसे चलाते हैं यह महत्वपूर्ण है। यदि चर्खा भी आपके जीवन में और कामों की तरह केवल काम बनके आता रहता हो तो उसका जीवन में कोई भी प्रभाव नहीं छूटेगा। चर्खा तो प्रार्थना है। बस केवल तार भर सूत का निकलता है और सब विचार विसर्जित हो रहते हैं। ऐसी मन की शून्य अवस्था में-ध्यानस्थ चेतना में-चर्खा कातना सहज आनन्द का कार्य बन जाता है। इस सहज आनन्दमय स्थिति में पूर्ण शान्त व्यक्तित्व का जन्म होता है। इससे ही गांधी जी की आस्था थी कि यदि सारे लोग चर्खा चलाने लगें तो मुल्क को जहां इतने शान्त व्यक्तित्व एक साथ मिल गए-स्वराज्य प्राप्त कर ही लेगा। आज भी हम यदि चाहते हैं कि चर्खा जीवित रहे तो इस प्रयोग को आपको अवश्य करना चाहिए।

श्रद्धेय प्रिंसिपल महोदय इसे सुनकर अत्यन्त आनन्दित थे और बोले : मैं अवश्य इस क्रांतिकारी कदम से लाभान्वित होऊंगा-और एक बार मैं सहज प्रार्थना से भर आऊं तो विद्यार्थियों से यह प्रयोग कराना आसान होगा। पश्चात बड़े ही आनन्दपूर्ण भाव में प्रिंसिपल महोदय ने विदा ली।...

* * *

रात्रि के सुखद और सुहावने मौसम में श्री ठाकुर जी का आगमन बड़े ही महत्व का रहा। आपको प्रभु के प्रकाश में हो आने की तीव्र उत्कंठा है। इससे जीवन के मूलभूत आधार में क्या होना चाहिए–इस बात के उत्तर में आचार्य श्री ने कहा–

मुझे आपसे बहुत कुछ नहीं कहना है। केवल जगत में जो आत्मिक शान्ति में प्रतिष्ठित होने की बात है–वह तो विचारों के विलीनीकरण से संभव है। इससे मेरा मूलतः और आधारभूत कहना केवल एक ही रहता है कि कैसे हम विचार-मुक्त हो सकते हैं। आप खूब भटक लें–लेकिन एक बात जान लें कि अशान्त व्यक्तित्व जगत में कुछ भी करेगा तो परिणाम में अशान्ति ही होगी। इससे हम अपने स्वरूप में लौट आएं जो कि शान्त है, तो इससे बाह्य भटकन मिट जाएगी और एक सबसे बड़ी बात होगी कि अपने से बहुत कुछ अनदीखा दीख आएगा–और सहज में सब कुछ मिल रहेगा।...

इसी चर्चा के बीच श्री ठाकुर जी पूज्य लक्खू बब्बा से बातें करते रहे। ठाकुर जी ने अजीब-अजीब रहस्यमय चमत्कारों की बातें कीं–तो इन बातों को पूज्य लक्खू बब्बा बड़ी जिज्ञासा से सुनते रहे। इसी बीच आचार्य श्री ने कहा– ''बब्बा! यह सब असम्यक जिज्ञासा है। कौन क्या है–कैसा है–इसे जानकर क्या करिएगा–अपने को ही जान लिया सो आप समझिए कि आपने सब कुछ जान लिया। अपने को बिना जाने ही रह गए तो समझिए कि हमारा एक जन्म व्यर्थ गया। हम स्वयं ही एक महान रहस्य हैं।'' जब आचार्य श्री इस मूल जीवन के तथ्य को कह रहे थे–तब पूज्य श्री लक्खू बब्बा सो रहे थे।

यह घटना तो चर्चा के दौरान आनन्द का विषय बनी कि हम सारे लोग जहां जागना चाहिए वहां सोते हैं और जहाँ सोना चाहिए वहां जागते हैं।

''इससे अभी आपने जो चमत्कारी बातें कहीं–ये अपने में गलत हैं। आध्यात्मिक उपलब्धि सबके पहुंच की बात नहीं है। कुछ बातें तो बिना जाने इतनी ज्यादा प्रचारित हो गई हैं कि एक गहरी मान्यता उनके ठीक होने की बैठ गई है। इससे जिसने इन बातों को प्रचलित किया–न केवल उनको भटकना पड़ा होगा–वरन् उन बातों के मानने वाले अनेक लोगों पर उनके भटकाने का जिम्मा उन्हीं पर होगा। इससे कुछ भी प्रसिद्धि पाने के लिए लिख छोड़ना बहुत बड़ा पाप है। जब तक व्यक्ति सत्य से एक न हो गया हो–एक शब्द बोलना भी बड़ा पाप है।''

इतने आनन्द में जीवन को जिया जा सकता है, इसे पहिली बार जागृत चेतनात्माओं को देखकर समझा जा सकता है। जरा सा भी मन पर कोई तनाव न हो और सहज में सब कुछ होते जाना एक विशाल जीवन-दृष्टिकोण को

उजागर करता है। यह सहज जीवन-साधना ही व्यक्ति को अपने केन्द्र तक पहुंचा देती है। इतना केवल इससे लिखा कि आचार्य जी के करीब जो भी रहेगा-इसे अनुभूत किए बिना नहीं रहेगा।

* * *

आज स्वामी श्री अद्वैतानन्द जी (सोहागपुर) आए हैं। आपने आचार्य जी से सोहागपुर में चर्चा का लाभ उठाया था, बाद पचमढ़ी में मिलना हुआ और आज आप घर ही आ पधारे हैं। आपने अपने जीवन के अनेक वर्षों में सत्-साधना की है-लेकिन उपलब्ध तो कुछ हुआ नहीं-अनेक दृष्टा एवं योगियों का सामीप्य किया-प्रभावित हुए-लेकिन स्वयं में अभी तक परिवर्तन नहीं आया है-इसे उन्होंने बताया। महर्षि श्री रमण महाराज से खूब प्रभावित हूं।

आपका सारा जीवन बुद्धि और मन के साथ चलता रहा-लेकिन इन दोनों की सीमा के पार हमारा स्वरूप हर क्षण प्रगट हो रहा है हम उससे एक क्षण को भी दूर नहीं हुए हैं-केवल हमारी बुद्धि ने ही हमको अपने स्वरूप से विलग रखा है। इससे मैं कहता हूं, दो जीवन दृष्टियां विश्व में रही हैं-एक बुद्धि की मन की और दूसरी चेतना के सान्निध्य में हमेशा बने रहना। शब्दों की ताकत इस दूसरी विधि को व्यक्त करने में असमर्थ है। हम अपने में पूर्ण हैं-कुछ हमसे छीना नहीं जा सकता है, पर पंडित से ज्ञान विलग कर लीजिए तो वह खोखला हो जाता है-साधारण आदमी बच रहता है। इससे मैं नहीं कहता कि आप किसी भी तरह के पांडित्य में पड़िए-या कोई चमत्कार घट जाय और उससे परिवर्तन आ जाय-ऐसी कोई भी बात पर मेरा विश्वास नहीं है। सहज जीवन जागरूक हो, प्रति क्षण होश से भरा रहे-तो अपने से एक क्रांति घटित हो जाती है-और हम आत्म-स्थित हो आते हैं।

आपने अभी जो Transonet के संबंध में पूछा उसमें मेरा आपसे कहना है कि मन के जगत में तो यह संभव है-कि शक्तियों को दिया जा सके-लेकिन चेतना के जगत में यह भ्रमपूर्ण स्थिति है। इससे मार्ग है-सहज जागरूकता का जिसमें कि आप अपने मानवीय जीवन की श्रेष्ठतम उपलब्धियों में हो आ सकेंगे। यह तो मात्र इशारा है-इस पर चल के हम सहज आनंद और शान्ति में हो आते हैं-एक अनंत लोक के दर्शन करते हैं-हमें जिसकी खोज रहती है-वह मिट जाती है। सब शान्त हो जाता है तथा जगत लीला हो जाता है।

* * *

8.2.1962 से 22.2.1962 तक की सारमय चर्चा

क्या जगत में मन के साथ एक विशाल घेरा पार करना होता है—मुझे स्वयं अपने मन से ऐसा ही प्रतीत होता है। मन है और उसका अंधा मार्ग है—कोई उजाला जैसे इसे प्रिय ही नहीं लगता है। अनेक लोगों की मूल दिक्कत—पीड़ा यही होती है। लेकिन हम अपने मन के साथ छिपाव करते हैं और व्यर्थ की पीड़ा उठाने में आनन्द माना करते हैं।

इस पखवारे में प्रो. सरकार, प्रो. परिहार एवं प्रो. दबे (P.S.M., College) प्रो. मिसेस जैन, श्री राम दुबे, श्री भट्टाचार्य, डॉ. बराट साब, अन्य परिचित—अपरिचित जनों से मिलना हुआ। आचार्य जी ने केवल अपने शान्त स्वरूप में हो आने के लिए विविध भांति समझाया। इस पखवारे एक महत्त्वपूर्ण घटना यह रही है कि आचार्य जी को अमरपाटन बोलने जाना पड़ा—वहां कुछ दृढ़ साधकों से परिचय हुआ। उनमें श्री नीरज जी जैन सतना वाले जो कि पूज्य श्री गणेश प्रसाद जी वर्णी के उपासक हैं—अच्छा प्रभाव छूटा और आप इस पखवारे में मुलाकात लेने भी आए।

न जाने कितने अमृत रस की वर्षा हुआ करती है—पर शेष लिपिबद्ध करने को तो मुझ जैसे व्यक्ति की स्मृति और प्रेम में न कुछ ही बच रहता है—इससे लेकिन क्या... जो बचता है... वही एक जीवन-साधना के लिए पर्याप्त है।

एक प्रसंग तो आम जीवन का बहाव और इसमें ध्यान के वैज्ञानिक प्रयोगों में असीम परिवर्तन का था। जीवन में अपने से शुद्ध आचरण प्रगट होता है। यदि चेतना भीतर से अपने स्वरूप में जा रहती है। इससे मेरा कहना है कि पहले भीतर परिवर्तन हो जाय तो बाहर तो उसका प्रगटीकरण अपने से होगा। उसे करने जाने की आवश्यकता नहीं है। इसी प्रसंग को आचार्य जी ने युगाचार्य प्रणवानंद जी की जयंती में उल्लेखित किया और कहा—भारत सेवाश्रम संघ के केन्द्र में व्यक्ति को आध्यात्मिक समृद्धि देने की बात मूल थी—लेकिन अब आपकी इन संस्थाओं में केवल सेवा को ही धर्म मान लिया गया है—जो धर्म हो ही नहीं सकता। सेवा करते-करते आपको कोई आंतरिक केन्द्र ज्ञात नहीं हो सकता है। वरन् केवल एक सहायता मात्र इससे मिल सकती है। इससे मैं कहता हूं कि अपने आत्म-केन्द्र में स्थित होना पहली बात है—बाद तो सारी नैतिक धारणाएं अपने से पूर्ण होती हैं। आज के युग की सबसे बड़ी परेशानी धर्म के नाम पर गलत कचरा इकट्ठा हो रहा है—जिससे नाम-मात्र को भी कुछ मिलने वाला नहीं है। इससे मैं कहता हूं कि हमें बड़ी भ्रांति धर्म के संबंध में हुई है। हम सोचते हैं कि केवल कुछ बाह्य आचरण मात्र कर लेना धर्म है—पर इससे बड़ी भ्रांति और कुछ भी नहीं हो

सकती है। वरन् जीवन भर आप क्रिया-कर्मों में लगे रहे तो मन की ओर से जरूर आपको थोड़ा सा आप कुछ कर रहे हैं—इसका बोध बना रहेगा—लेकिन कुछ इससे जीवन में आमूल क्रांति घटित नहीं होती है। इससे मैं कोई भी बाह्य औपचारिकता पसन्द नहीं करता हूं। जब तक व्यक्ति अपनी चेतना की गहराइयों को नहीं जान लेता है—तब तक सब कुछ ऊपर से चिपकाया हुआ ही होगा और ऊपर से चिपकाया हुआ कब तक चल सकता है—सारा का सारा मुलम्मा जरा सी भीतर चोट पहुंचते ही उखड़ जाता है और हम अपने मूल पतित स्वरूप में दीख आते हैं।

मुझसे पूछा जाता है कि कैसे भोग का मार्ग छोड़ के त्याग के जीवन में आएं।

मैं इसका क्या उत्तर दूं। अभी तो मैं इसे थोड़ा सा समझा भी देता हूं—लेकिन बहुत संभव है बाद मेरे पास केवल ध्यान की कुछ प्रक्रियाएं भर रह जाएं—और उनसे अपने स्वरूप को जाना जाकर अपने से हम आत्म-जीवन में प्रतिष्ठित हो रहें। तब भोग और त्याग दोनों ही दीख आता है कि सब मन के घेरे के भीतर ही चलता था—मैं तो इन दोनों के पार शुद्ध आत्म-सत्ता हूं। इस आत्म-सत्ता का बोध ही पूर्ण रूपेण जीवन-दृष्टि बदलता है। इसके पूर्व और जो कुछ भी चलता रहता है—वह केवल कल्पनाओं और विचारों के जगत का खेल मात्र है—उससे कुछ भी जीवन में घटित नहीं होता है।

भोग को व्यक्ति दमन करके त्याग पर आता है। इस अवस्था में वह पाता है कि मन में द्वंद अभी भी शेष है... लेकिन इसे प्रगट नहीं करता है। ऊपर से संसार के सारे लोग उसे सम्मान देते हैं—उससे वह मजे में सम्मान के वश होकर जीता जाता है—लेकिन कुछ व्यक्तित्व में ऐसी बात घटित नहीं होती है कि उसका चित्त शान्त हो गया हो। इससे मैं नहीं कहता कि भोग गलत है और त्याग ठीक है। मैं कुछ भी छोड़ने और पकड़ने की बात नहीं करता हूं। जिस दिन भी ध्यान के माध्यम से व्यक्ति अपने स्वरूप को पा लेता है—उसी दिन उसके जीवन में क्रांति घटित हो जाती है—फिर कुछ भी छोड़ने-पकड़ने की बात नहीं उठती है—वरन् सारी बातें अपने से साफ-साफ दीख आती हैं—फिर सम्यक् रूपेण जीवन-विधि का निर्माण अपने से हो जाता है—जो मिट्टी दीखता है फिर वह अपने से छूट जाता है—उससे छूटकर भागना नहीं होता है। इसी तरह सैक्स की भी बात है। जो मानते हैं सैक्स गलत है। वे भ्रांत हैं। यह सैक्स का आनन्द भी व्यक्ति को बहुत खोकर—अल्पतम क्षण के लिए विचार से छूटकर केवल ध्यान में होने का आनन्द है। इसे प्रकृति ने सहज ही प्रत्एक व्यकित को दिया है—लेकिन यह बहुत खोकर अल्पतम पाना है—इससे योगी इस बात को समझता है—और स्थायी रूप से अपने ध्यान में होकर—अपने आनंद तथा शांति के जगत

में आता है। इससे मैं नहीं कहता हूं कि आप सैक्स से भागें—वरन् समझेंगे तो बातें स्पष्ट दीखेगी—और इससे मेरी धारणा है कि सारे गलत कार्य जो हमें आनन्द देते हैं—वह कुल जमा ध्यान का आनंद है—इसे यदि आप समझ लें तो फिर अपने से आप जीवन-मुक्त हो रहते हैं। पर ध्यान द्वार है। इस संबंध में मैं आपको जो विधि बताऊंगा उसका प्रयोग करिएगा—अपने से बहुत कुछ तो जन्म-जन्मांतर में भी नहीं मिल सका था—वह मिल उठेगा।...

एक सहज बात आचार्य श्री कहते हैं कि मन का स्वभाव शान्त तो रहने का है—जो कहते कि चंचल है—वे भ्रान्त हैं—क्योकि मन जहां है वहां नहीं रहता है—कहीं और जाता है—इसका अर्थ ही यह है कि इसे शान्त होना है। इसे चलते रहने से कोई प्रयोजन नहीं है—केवल हमारी आदत की वजह से यह चलता है—लेकिन जिस दिन भी ध्यान के माध्यम से यह शान्त हुआ कि यह अपने स्वभाव में आ रहेगा।...

* * *

24.2.1962

आज रात्रि श्री ठाकुर जी (एस.एम. ठाकुर) आ रहे हैं। मधुर चांदनी है और रात्रि का प्यारा सा सुहावना मौसम है। आप Concept of God करके एक पुस्तक लिख रहे हैं—आचार्य जी से परामर्श लेने आए हुए हैं।

आचार्य जी ने कहा—"मैं कुछ भी लिखने को तब तक नहीं कहता जब तक कि वह जीवन से न फूटे। मैं बड़े-बड़े पंडितों से मिला हूं—और बहुत दरिद्र आत्मिक जीवन में पाया है। ऐसे भी महा पंडित हैं जिन्होंने बौद्ध दर्शन पर ग्रंथ लिखे हैं—(राहुल सांस्कृत्यायन जी) और जीवन के आखिरी भाग में बीमार हैं—विक्षिप्त हैं। अब बुद्ध-चर्या में जो चला होता—तो पागल कैसे हो सकता है—इससे केवल ऊपर से जाना गया कोई मूल्य का नहीं होता है—मौत से अभी भय है—मेरा "मैं" अब मिटता है—इसका बड़ा भारी डर है। इससे सारे लोगों की एक ही ओर दृष्टि होती है कि कोई मुझे बचा ले।

मैं इस बीच बंबई पं. बेचरदास दोशी से मिला और जयपुर में पं. चेनसुखदास जी से मिला। कोई घंटे भर बात हुई—बोले आप पहले आदमी हैं—जो कहते हैं कि उससे कुछ भी न मिलेगा—अभी तक बड़ी प्रशंसा पाई थी—लेकिन समझ आया कि वह सब व्यर्थ है। पं. चेनसुख जी ने तो कोई 15 किताबें लिखी हैं—लेकिन बोले मैं इनको न भी लिखता तो भी कुछ अंतर न आता—एक किताब पर आधी टीका लिखी थी—बोले अब बस यह यहीं पर आखिरी है—इसमें अब और कुछ भी न लिखूंगा।

इस तरह मैंने इतने शीघ्र परिवर्तन पं. चेनसुखदास में पाया कि इसके पूर्व किसी भी में न पाया था। आप इस समय 67 वर्ष के हैं।

बीच अभी प्रज्ञा चक्षु पं. सुखल जी संघवी से मिलना हुआ। मैं एक मीटिंग में बंबई बोला–उसमें प्रज्ञा चक्षु जी भी थे–मुझे सुनकर घबड़ा गए और बोले मैंने यह सब बिल्कुल पहली बार सुना है–इससे मैं खंडन नहीं कर सकता–लेकिन बाद अपने मानने वालों से आपने कहा कि मैं जो कुछ बोला–वह बिल्कुल गलत है। अब इस तरह पंडित के बोल–मुझे नहीं समझ आते कि इतने सब पांडित्य के बाद कुछ पा लेने के बाद निकले हों।

इससे मैं कहता कि अज्ञान तो आत्म-मुक्ति में बाधा है ही लेकिन ज्ञान भी है। अज्ञानी तो फिर भी मुक्त हो सकता है पर ज्ञानी की मुक्ति होना असंभव है। उसका ज्ञान ही उसे बाधा देता है।

इससे जब तक अपने दृष्टा स्वरूप का बोध हमें नहीं होता है–तब तक सब कुछ किया हुआ–व्यर्थ है। आप स्वयं ही समझिए कि जब तक बात आपके जीवन से न निकल रही हो तब तक कुछ भी लिखा गया–केवल व्यक्ति तथा समाज के लिए व्यर्थ का एक बोझ बन रहेगा।...

इसे जानने के लिए सहज स्व-स्मरण रखिए–इसे जानिए कि कौन है–जो प्रत्येक क्षण हर क्रिया में उपस्थित है–कौन है जो सुनता है–जो विचारों को देखता है–तो व्यर्थ के विचारों से व्यक्ति मुक्ति पाकर अपने द्रष्टा स्वरूप में हो आता है।

प्रत्येक क्रिया पूर्ण होश में भरकर हो तो जिसकी अभिव्यक्ति हर क्षण हममें से हो रही है–उसके बोध से हम भर आते हैं। जगत अपने में सत्य है–लेकिन हमने उसके साथ जो एकात्मकता का बोध कर लिया है और जो प्रतीति हमने उसके साथ कर ली है–यह प्रतीति स्वप्नवत् है और जैसे ही चेतना अपने केन्द्र पर आती है–यह बोध बिल्कुल स्पष्ट हो जाता है। इससे ही मेरा कहना है कि इसके पूर्व तक किसी भी तरह से लड़ाई करना–या छोड़ने-पकड़ने के द्वंद में उलझना गलत है। जैसे ही व्यक्ति अपने स्वरूप में आता है–वह पाता है कि वह तो घेरे के एकदम बाहर है। जिसे कभी पकड़े था और कभी छोड़ा था जाना कि उसका कोई संबंध चेतना के जानने से नहीं था।...

इससे ही ठाकुर साहब मेरा कहना है कि कुछ और गहरे प्रयोगों में उतरिएगा तो जीवन के अपरिसीम आनंद को पाया जा सकेगा।"

* * *

26.2.1962

रात्रि के मौन हो आए शान्त वातावरण को यदि सजीव अनुभव किया जाय तो एक स्वाभाविक आनंद मिलता है। इसी आंनद के समय पूज्य श्री देवकीनन्दन दादाजी और पूज्य श्री पन्ना दास जी आकर आचार्य जी के समीप बैठे हैं। आप दोनों ही अध्यात्म के प्रेमी हैं–और गहरी जीवन-साधना में लगने की ओर कदम बढ़ाए हैं–वैसे स्वाभाविक रुचि इसी ओर है।

कुंडलनी योग पर चर्चा का सूत्रपात हुआ। इस योग का विश्वास है कि नाभि से लेकर सिर तक 6 चक्र हैं और इस योग की क्रियाओं से शरीर में इन 6 चक्रों को जगाया जाता है और जब ब्रह्मरंध पर आखिरी चक्र तक–साधना पूर्ण हो जाती है–तो व्यक्ति अपने आत्मिक आनंद में प्रतिष्ठित हो जाता है। इसी योग में एक स्थिति इस तरह की भी आती है कि जब व्यक्ति में पृथ्वी की चुम्बकीय शक्ति से न खिंचने की स्थिति उत्पन्न होती है। इस तरह अब तक जो सोवियत रशिया में अंतरिक्ष में यात्री भेजे गए हैं। उनको 4-5 वर्ष पूर्व योगाभ्यास कराया गया था और तभी वे यात्री वापिस लौटकर आ सके हैं। उनका विश्वास है कि जब तक पूरा योगाभ्यास न हो जाय–तब तक अंतरिक्ष में यात्री नहीं भेजा जा सकता है। पृथ्वी की चुंबकीय शक्ति का कोई प्रभाव न हो सके–इस कारण ही अब पश्चिम में हमारे भारतीय योग की प्राचीन परंपराओं को पुनर्जीवन प्रदान किया जा रहा है। यह तो अत्यंत हित की बात है कि भारतीय योग पद्धतियां पश्चिम के लोगों के हाथ में जा रही हैं–जिससे कि वे शीघ्र ही विज्ञान के रूप में सामने आएंगी–और विश्व का भला हो सकेगा। यह सब 50-100 वर्षों में ही संभव होगा। भारत की अनेक वैज्ञानिक परंपराएं इससे पुनर्जीवन पाएंगी और प्रमाणित होंगी।

आचार्य जी सहज जो मौलिक जीवन-साधना से गहरा सार देख पाते हैं–उसे बीज वाक्य में कह देते हैं–यह एक बड़ी नवीन जीवन-प्रक्रिया है–क्योंकि अब तक तो सामान्यत: जो कहा जाता रहा है–उसे बड़े शब्दों में बांधा जाता रहा है। लेकिन शब्द तो बस केवल शब्द हैं–उनसे सत्य का कोई संबंध नहीं होता है। इसी से आचार्य जी सत्य अनुभूतियों को व्यक्त करते समय शब्दों का आडंबर नहीं पसंद करते और शब्दों का आडंबर तो हो भी नहीं सकता है–क्योंकि जिसे सत्य दीख आया है उसे तो समान्य सहज ही व्यक्त किया जा सकता है। उसमें उलझाव का प्रश्न ही नहीं उठता है। केवल सरलतम रूप में उसे प्रस्तुत किया जा सकता है।

आज एक अत्यंत महत्त्व पूर्ण संपूर्ण जीवन-दृष्टि को लिए सर्व-समन्वयी त्रिवेणी का स्रोत व्यक्त हुआ। कहा गया–"मूलत: हिन्दु साधना-स्वांस निरोध की

साधना है, जैन साधना–वीर्य निरोध (ब्रह्मचर्य) की साधना है और बौद्ध साधना-विचार निरोध की साधना है। इससे मुझे कहीं भी विरोध प्रतीत नहीं होता है–और एक प्रत्यक्ष उपलब्धि तीनों साधनाओं में स्पष्ट दीखती है। जो ध्यान-विचारों के निरोध से उपलब्ध होता है–वही स्वांस निरोध से और वही उपलब्धि ब्रह्मचर्य की साधना से प्राप्त होती है। इससे मैं बहुत साफ-साफ देख पाता हूं कि इन साधनाओं में कहीं कोई विरोध हो ही नहीं सकता है–केवल अपनी-अपनी विधि है–और साधक को जो प्रिय हो उस साधना-विधि में जा सकता है–कोई विरोध कहीं भी नहीं है। अन्य सारे धर्मों में भी इन्हीं साधना विधियों का किसी एक को महत्वपूर्ण मानकर बाकी की विधियों को सहायक मानते हुए उपयोग किया गया है।

मैं अपने को किसी भी संप्रदाय के साथ एक कर ही नहीं सकता–क्योंकि धर्म तो अपने में एक है–वैज्ञानिक विधि है–उपलब्धि भी केवल एक शाश्वत सत्ता की है–इससे मुझे पूर्णता प्रतीत होती है और कहीं भी मैं अपने को बांटकर अलग खड़ा कर ही नहीं सकता हूं।''

* * *

27.2.1962 से 3.3.1962 तक की चर्चाओं का सार

इस सप्ताह जिन महानुभावों से मिलना हुआ–उनमें श्री एस.एस. ठाकुर साब, श्रीमान पंडया जी, प्राचार्या श्रीमती पंडया जी एवं अन्य महानुभाव।

एक ही जीवन-तत्व है और वह है ध्यान। यह मूलत: आत्मिक जगत में प्रवेश करने का द्वार है। इसे प्राप्त नहीं करना होता है–यह सहज क्रिया है–इससे मैं ध्यान को अक्रिया कहता हूं। इस अक्रिया से व्यक्ति अपने तक आ जाता है। मन के साथ दमन नहीं–वरन् इसका विसर्जन–इससे मुक्ति दिलाता है–और व्यक्ति अपने आंतरिक केन्द्र से संबद्ध हो जाता है। कैसे शरीर और मन से चेतना को हटाकर अपने मूल रूप में अनुभूत किया जाए–यही ध्यान से एकदम संभव है।''

इस ध्यान की यौगिक प्रक्रिया की चर्चा आचार्य श्री ने न केवल आगन्तुक सज्जनों से की है–वरन् 4 मार्च को ही एक सामूहिक विचार गोष्ठी में जिसमें श्री श्रीकांत भाई (Ex-commissioner Tribal welfare, present: Chairman—Gandhi Smarak Nidhi) और श्री दाते (संयोजक : म.प्र. गांधी स्मारक निधि एवं उपाध्यक्ष : वनवासी सेवा मंडल) एवं अन्य प्रतिष्ठित आचार्य गण, श्री कृष्णा स्वामी बापू बाल समाज तथा गांधी तत्त्व प्रचार केन्द्र के अंतर्गत आए हुए विचारशील युवकों से भी इस संबंध में विस्तार से चर्चा की है।

आपने कहा है–''मैं सेवा को, हरिजन सेवा को या अन्य किसी भी प्रकार

की गई बाह्य क्रियाओं को या अंहिसा आदि को कोई मूल्य का नहीं मानता–क्योंकि अभी इनका मूल्य शाब्दिक है–इससे स्वभावतः ये जीवन से प्रगट नहीं हुई है। इससे मैं कहता हूं कि हमें सर्व प्रथम उस स्थिति में होना चाहिए–जहां से अपने से ये सारे तत्व एक साथ सामने आते हैं। ये तो केवल लक्षण हैं–जो भीतर सत्य के प्रगट होते ही बाहर-व्यक्त होते हैं। लेकिन बाहर जीवन में हमें कोई भीतरी साधना तो दिखती नहीं है–उससे महावीर-बुद्ध के जीवन में हमें जो बाहर से दिखा–उसका हमने अनुकरण करना शुरू कर दिया–लेकिन इससे वह न मिल सका जिससे सब कुछ अपने से प्रगट होता है। महावीर के भीतर जो घटा उससे अंहिसा व्यक्त हुई थी–लेकिन अब महावीर को मानने वाले अहिंसा व्रत पालते हैं–पर भीतर से पूर्ण दरिद्र होते हैं–इससे अनेक अर्थों में हिंसा को स्थान मिलता है। अभी इस विचार-गोष्ठी में ही अनेक प्रश्न रखे गए हैं लेकिन वो केवल मूल तत्व को न समझ सकने के कारण ही उपस्थित हुए हैं। जैसे ही हम अपने स्वरूप को जान लेते हैं–प्रार्थना की मनःस्थिति में आ रहते हैं–तो यह असंभव है कि एक बार ध्यान करने के बाद पुनः उसे न किया जा सके। प्रत्येक व्यक्ति आनंद में रहना चाहता है–लेकिन आनन्द के स्रोत ही समाज से विलीन हो गए हों–तो फिल्मी गीत ही विद्यार्थी और अन्य वर्गों के लिए आनन्द की बात होती है। इससे एक बार आपके भीतर वह फूट आए जिससे अनंत आनंद की स्थिति में व्यक्ति अपने को अनुभूत कर पाता है तो स्वाभाविक है कि मन अपने से उस ओर प्रवृत्त होता है। लेकिन अभी तो खूब अंधेरा है–और–हम बिना जाने प्रकाश की बात करते हैं। अंधेरा प्रकाश का अभाव है–जैसे ही प्रकाश होगा–अंधेरा अपने से चला जावेगा।

अपनी ध्यान की प्रक्रिया को आचार्य श्री ने स्थानानुसार व्यक्तियों को केन्द्र मानकर संक्षेप में उल्लेखित किया। इतने मनोहारी ढंग से आचार्य श्री उसे प्रस्तुत करते हैं कि व्यक्ति पूर्ण शांत होकर–अपने को धन्यभागी अनुभव करता है। सुनते-सुनते ही आत्म-विभोर कुछ क्षण के लिए हो जाता है।

"यह ध्यान बिल्कुल स्वाभाविक है–अपने से द्वार खुल जाते हैं–प्रभु का राज्य हमें उपलब्ध हो जाता है–इसे आप महाप्रभु ईसा के एक वाक्य से सुलभता से जान सकते हैं–उन्होंने कहा है : "Ye first seek the kingdom of God, then all the things shall be added unto you."

पहले हम अपनी आत्म-स्थिति में आ रहें–तब अपने से जीवन के श्रेष्ठ मूल्य व्यक्त होंगे–लेकिन हमारे सारे प्रयास गलत दिशा में हमें ले जाते हैं–उनसे कोई दूर का भी संबंध आत्मिक जगत का नहीं है। जैसा मैं ध्यान का प्रयोग सुझाया हूं–उससे पहले आप प्रार्थना की मनःस्थिति प्राप्त कर लें–जिससे कि गांधी जी

की संपूर्ण जीवन-दृष्टि को जाना जा सकेगा और तब अपने से महान जीवन से प्रगट होगा। इसके पूर्व कुछ भी किया जाय-केवल अहं को तृप्त करना है। ध्यान होगा तो प्रेम होगा और प्रेम होगा तो सेवा होगी। ध्यान तो प्राथमिक चरण है। इससे ही अनंत आनंद को हम जान सकते हैं।..."

7.3.1962

भाई श्री कोमल जी एवं एक जैन युवक महोदय आचार्य जी को भाई श्री नरेश जी के विवाह के प्रसंग पर ले जाने को उपस्थित हुए। आचार्य जी ने क्षमा मांगी और कहा-इस तरह न करते तो मुझसे बनती नहीं है-लेकिन यदि मैं इन सारे कार्यों में भी सम्मिलित होता रहूं-तो मेरे पास तो पढ़ने को फुरसत का समय ही नहीं मिल पाता है-इससे अभी तो आपको मैं वैसे ही विदा करता हूं। लेकिन जाने के पूर्व श्री कोमल जी आधुनिक रीति-रिवाजों से प्रभावित थे और उस संबंध की चर्चा करने लगे। आप वैवाहिक जो कार्यक्रम 2-3 दिन का होता है-उसके विरोध में हैं। इसी तरह तेरहवां दिन-मृत्यु के बाद जो मनाया जाता है-उसके भी पक्ष में आप नहीं हैं।

इस पर आचार्य जी ने कहा-"पुरानी रूढ़ियां बड़ी मनोवैज्ञानिक हैं-और उनका एक विशेष अर्थ है। लेकिन इसको न तो कोई जानता है और बिना जाने आधुनिक अर्थ संकट को देख आप सब इसका विरोध करते हैं। वैवाहिक कार्यक्रम जो इतनी सारी विधियों और धार्मिक रीतियों से संपन्न भारत में किया जाता है-उसके पीछे मात्र केवल कारण इतना ही है कि जीवन में एक विशिष्ट घटना घट रही है-और उसके साथ एक बड़ी पवित्रता का बोध, जिम्मेदारी का बोध वर तथा वधू को अपने से होता है-और जो सात चक्कर (फेरे) लगाते हैं-उससे यह प्रतीक रूप से मन में घटित होता है कि अब जीवन में इसी तरह साथ चलना है-पीछे लौटना अब संभव नहीं है। इस तरह एक विशिष्ट बात या घटना घट रही है-इसका बोध देने के लिए इतना सब किया जाता है और भारत का दाम्पत्य जीवन इससे सुखद रहा है। इसके अतिरिक्त नवीन ढंग से Court marriage कर लेने में-जितनी आसानी है उतनी ही उसके टूटने में भी आसानी है। कोई भी व्यवस्था नई देने के पूर्व इससे पुरानी क्रियाओं की महत्ता कायम रहे-यह विचारणीय है। एकदम अविचार से सब व्यवस्थाओं में बदलाहट लाना गलत है।

तेरहवां दिन भी बड़ा मनोवैज्ञानिक है। जिसके घर का प्रिय बिछुड़ा है-उसे एकदम काम में लाकर दुख को भुलाया जाता है। फिर मृत्यु के 3 दिन तक चेतना-अपने शरीर के पास ही घूमती है-इतना प्रेम जीवन भर का शरीर से हो

जाने के कारण ही यह होता है। तीसरे दिन फूल वगैरह सिरा देने के बाद–तेरहवें दिन तक आत्मा–कोई नया जन्म ले लेती है। इससे इसके बाद ही सारे लोग–जिसका प्रिय बिछुड़ा है–उसके यहां निमंत्रित होते हैं–ताकि सारा दुख उसके नाम का कम हो सके। लेकिन मुझे यह रोना-पीटना प्रिय नहीं है। इससे मेरा कहना यह नहीं है कि सारी क्रियाएं बन्द की जाएं–वरन् क्रियाएं तो हों पर उस आत्मा की सद्‌गति के लिए प्रार्थनाओं का मंदिर विधि का आयोजन हो। रोने से तो आत्मा की गति बिगड़ती है। इससे यदि हम इस बात को समझाकर और मृत्यु के बाद घर के लोगों के साथ सामूहिक प्रार्थनाएं, मंदिर-विधि आदि के कार्यक्रमों का आयोजन कर सकें–तो दुख-पवित्र सात्त्विकता और प्रसन्नता में परिणीत होगा जो मृतक शरीर और प्रियजन दोनों के हित में होगा।''

* * *

8.3.1962 से 11.3.1962 तक

अनेक लोग अपने में अलग-अलग दिशा को लिए हुए–लेकिन सबका आगमन–प्रेम और आनन्द के इस अथाह सागर में गोता लगाने को होता है। कोई अतृप्त नहीं छूटते-तृप्त होते हैं और अमृत रस का पान कर जाते हैं–लेकिन बाद अपने में पूर्ण विश्वास को लिए यदि साधना के जीवन में प्रवेश किए रहते हैं तो अनन्त आनन्द के नए स्रोतों में उनका पहुंचना हो जाता है।

एक साहित्यकार (उदीयमान) को भाई श्री अब्दुल जी ले आए थे–श्री रमेश चन्द्र जी वर्मा (S.D.O., रीवा), प्रो. मिसेज जैन, श्री श्याम (बरेली) एवं अनेक आगुन्तकगणों का आगमन अपने-अपने प्रसंगवश होता रहा। सम्मिलित ही न के बराबर चर्चा का सार लिख रहा हूं–बहुत कुछ तो स्मृति से ओझल हो गया है।

''साहित्य का सृजन जब हमारा ''मैं'' मिट जाता है–उन क्षणों में अपने से होता है। अनेक प्रिय उद्धरणों से काफी लंबे अर्से तक प्रसंग चलता रहा। हमारे व्यक्तित्व के हम तीन भाग में जीते हैं।

1. जैसा हम होना चाहते हैं।
2. जैसा हम दिखाना चाहते हैं।
3. जो हम स्वयं हैं।

आप स्वयं ही थोड़ी देर विचार करिए और आप पाएंगे कि व्यक्तित्व में अनेक छिद्र हैं–हम भीतर से एकदम दरिद्र होते हैं–इससे बाहर भरने चलते हैं–लेकिन इससे आप अपने को कितना भी भर लीजिएगा–हमेशा उतने ही

भीतर के जगत में खाली रहेंगे जितने पहले कभी थे। इससे मेरा कहना है कि यदि आप इस तथ्य को समझ लें तो दौड़ अपने से मिट जाती है—और एक नए जीवन का प्रारंभ होता है—जो अपने में पूर्ण होता है और स्वयं कार्य करता है। दुनिया का सारा श्रेष्ठ जब हम भीतर से पूर्ण हो आते हैं—तब लिखा गया है। इस पूर्ण ध्यान की समाधिस्थ अवस्था में व्यक्ति का स्थित होना प्राथमिक बात है—शेष तो अपने से आ जाती है।

इससे मैं व्यर्थ की शाब्दिक चर्चा करना पसन्द नहीं करता—वरन् चाहूंगा कि आप अपने सृजन के समय में हर क्षण रहें—तो जो जीवन से फूटेगा व 'न कुछ' लिखा प्रभु प्रसाद रूप में अनन्त गुना होगा—और आप का जीवन सार्थक अपने से हो जाएगा।''

श्री अब्दुल जी के साथ आए साहित्यकार महोदय ने अपनी कुछ कृतियां सुनाईं—जिन्हें सप्रेम सुना गया।

''लेकिन सृजन के पूर्ण बोध से भर आने के पूर्व तक कुछ न लिखा जाय। जापान की एक श्रेष्ठतम कलाकृति (मगर की) एक होसू नामक कलाकार ने बनाई—लेकिन जब तक वह 2-3 वर्षों में ठीक वैसी ही अनुभूति से नहीं भर गया—उसने चित्र नहीं बनाया और जैसे ही वह भीतर से अनुभूति के गहरे तल में आ गया—तब जाकर उसने उस श्रेष्ठ कलाकृति को 15 मिनट में बना लिया—जो आज तक विश्व की श्रेष्ठतम कलाकृति है। वैसा मगर का चित्र जो वहां के एक पगोडा (मंदिर) में अंकित है—आज तक अनेक चित्रकारों ने प्रयत्न किया—लेकिन न बना सके।

मेरा आग्रह बहुत लिखने पर नहीं है और न ही मैं चाहता हूं कि खूब लिखा जाए वरन् जब भी आप लिखें—भीतर से पूर्ण होने पर ही लिखें...।''

साहित्यकार महोदय—भाव-विभोर होकर विदा लिए।

* * *

एक समय श्री आर. सी. वर्मा जी से मधुर चर्चा का क्रम चलता रहा। वर्मा जी श्री स्वामी शरणानंद जी, श्री जे कृष्णमूर्ति जी और आचार्य जी से प्रभावित हैं। और जीव में आ गए एक ही आनन्द को आप तीनों व्यक्त कर रहे हैं—यह मैं जान पा रहा हूं। स्वामी श्री शरणानंद जी से अपनी मुलाकातों का ब्यौरा देते हुए आपने आत्मानुभूति के प्रसंगों का उल्लेख किया।

आचार्य जी ने कहा—

''धर्म का एक क्षेत्र बिल्कुल शाब्दिक है। उससे जरा भी अर्थ धर्म का प्रगट नहीं होता है। दूसरा—धर्म एक वैज्ञानिक जीवन-साधना पर ले चलता है। जहां

अपने से पहली बार उसे हम पा लेते हैं जिसकी अनंत काल से खोज चल रही होती है। धर्म इससे समझदार और ना-समझदार के पार है। समझदार को अपनी समझदारी और ना-समझदार को अपनी ना-समझी को विसर्जित करना होता है-तब अपने से शाश्वत रूप प्रगट हेता है। इससे मेरा कहना है कि धर्म का दूर का भी संबंध बातचीत से नहीं है। मैं आपको एक ऐसी सुलभ विधि को बतलाता हूं जिससे अपने से आप ईश्वर की मन:स्थिति में आ रहते हैं। मैं जानता हूं कि केवल यह विधि ही उपयोग की है-जिससे आप ध्यानस्थ अवस्था में हो आते हैं।..." ध्यान की वैज्ञानिक विधि का आपने उल्लेख किया-श्री वर्मा जी बड़े हर्ष भाव से विदा लिए।

* * *

श्री श्याम जी (बरेली) का आगमन। आज से डेढ़ या 2 वर्ष पूर्व आचार्य जी के सहयोग से आपका विवाह-संबंध आपके घरवालों का सहयोग न होते हुए भी संपन्न हुआ था। लेकिन श्री श्याम जी अपने घर विवाह के बाद न लौटे थे। और काल्पनिक गुत्थियों में अपने को उलझाए हुए थे-आचार्य जी ने अपने पूज्य बड़े भाई साहब से घर मिलने को कहा है। आपने कहा-

"श्याम भाई यह सब तुम्हारा सोचना केवल कल्पना है-जैसे ही सामने घर पहुंचोगे-अपने से प्रेम के अथाह सागर में सब पूर की भांति बह जायगा। प्रेम का पूर बड़ा होता है-इससे घर हो आओ। पत्नी को ले जाना और न ले जाना तुम्हारे ही ऊपर है।" अब इस थोड़े से प्रभावशील प्रसंग ने भाई श्री श्याम जी को एकदम प्रभावित किया और श्री श्याम जी जाने को तत्पर हो गए।

यह भी कहा गया-"घर हो आने पर तुम एकदम हल्कापन अनुभव करोगे-अभी कितना भी कमाओ, सुखी रहो-सारा कुछ व्यर्थ होगा"-श्री श्याम जी स्वयं भी बहुत भारीपन और बोझ प्रतीत कर रहे थे-सुनकर प्रभावित हुए और अपने से जाने को सहमत हुए।

12.3.1962 से 17.3.1962 तक

सप्ताह पर सप्ताह निकलते जाते हैं और कुछ भी पीछे का स्मृति पर बोझ बन कर नहीं छूटता और न ही भविष्य की चिंताएं घेरे हुए रहती हैं। केवल जो है उसमें रहना होता है, इससे समय की धारा चेतना को नहीं बांध पाती है-केवल आचार्य श्री के अमृत वचनों का जो पान किया है-उसी आनंद को लिपिबद्ध करने के लिए भर बुद्धि का कार्य समय में होकर होता है। कितना आचार्य जी को बोलना होता है-और बाद लिखा न कुछ जाता है।

एकदम जादू सा परिवर्तन आचार्य श्री के निकट संपर्क में आए हुए लोगों पर होता है। श्रीमती कमला जी जैन, श्रीमती सागरिया, श्री श्याम जी, श्री मधु जी, श्री कुरेशी जी तथा अन्य जनों ने आकर अपने जीवन के केन्द्र को जाना श्री रजनीकांत सरकार ने भी आकर चर्चा की।

जो भी मानसिक और व्यवहारगत उलझनें व्यक्तियों को ध्यान के प्रयोग में हुआ करती हैं–उन पर आचार्य जी ने विवेचन किया।

ध्यान ही द्वार है जिससे हम अपने स्वास्थ्य से परिचित होते हैं। हम मन के बाहर नहीं आना चाहते–इससे ध्यान में आना–मन के लिए घबराहट का कारण बनता है। लेकिन जानिए कि मन को अपने बंधे केन्द्र के टूट जाने का डर है, इसी से उसकी घबड़ाहट है। पर प्रयोग चलने दीजिए–जो मन हमें दौड़ाता है–उसके शान्त होते ही अनंत आनंद और शक्ति अपने से उतर आती है। इस ध्यानस्थ चेतना में समय मिट जाता है और व्यक्ति अपने समय के पार चेतन–स्वरूप में स्थित हो जाता है।

ध्यान अपने में कोई क्रिया नहीं है, यह एक सहज चित्त की एक अवस्था है। इससे अपने इस केन्द्र पर जो चेतनात्माए आ रहती हैं–वे सहज मौन हो जाती हैं। महावीर साधना के बाद बोले नहीं उनके सन्देश को Telepathy के माध्यम से जाना गया। इससे आपकी ध्यान के बाद वाणी नहीं आती–इसमें कोई भी चिन्ता का कारण नहीं है।... (श्रीमती जैन को कहा गया)

एक महत्वपूर्ण तथ्य ध्यान के अंतर्गत हुई चर्चाओं के मध्य व्यक्त किया गया–उसे यदि हम जान लें तो आध्यात्मिक साधना अपने से सुलभ हो जाती है। हम भीतर से अचेतन में चलने वाली क्रियाओं के कारण वैसा कर जाने के लिए बाध्य होते हैं। अन्यथा तीव्र इच्छाएं, काम–वासना की बात सचेतन में जानिए तो बिल्कुल व्यर्थ प्रतीत होती हैं। पर सेक्स की एक Urge होती है और हम उसमें बह जाते हैं। अब कोई बात नीति की ब्रह्मचर्य सम्बन्धी बाहर चेतना में सिखाई जाती है तो ये भली लगती है–लेकिन अचेतन में उसका कोई भी परिणाम परिलक्षित नहीं होता है।–फलतः हम कहीं भी नहीं पहुंच पाते हैं–जहां थे वहीं बने रहते हैं। अचेतन के कार्य आप करने को मजबूर होते हैं–उसमें हमसे जो कुछ भी कहा जाता है–बाद हमसे वही व्यक्त होता है। मैंने इस संबंध में प्रयोग किए हैं–और पाया कि आपको यदि आपका नाम भी बदला हुआ या आपको कोई जगह दर्द हो रहा है–इस तरह के संकेत दिए जाएं तो होश में आने पर हमें ठीक वैसी ही प्रतीति होने लगती है। इससे बिना ध्यान में जाए–भीतर की गहरी बेहोशी को हम अलग नहीं कर सकते हैं। जैसे ही हम ध्यान में होते हैं कि हमारा भीतर का अचेतन समाप्त होने लगता है और हम जागृति में हो जाते हैं। इस जागृत

अवस्था में फिर अपने से शुद्ध आचरण आता है। इससे भारत की पुराने दिनों की यह धारणा रही है कि आपके जीवन के 25 वर्ष ब्रह्मचर्य से और साधना से परिपूर्ण रखे जाते थे–और ध्यान की यौगिक क्रियाओं से व्यक्ति चेतना के गहरे स्त्रोतों से और आनन्द से परिचित हो जाता था। तब जाकर उसे गृहस्थ आश्रम में ढकेला जाता था। इस बीच वह जीवन को पूरी तरह से देख–समझ लेता था–बाद अपने से निर्णय कर लेता था–तथा वानप्रस्थ होकर बाद संन्यास ले लेता था। इस तरह भारत की संपूर्ण जीवन–पद्धति थी–लेकिन उसके टूट जाने पर एक बड़ी भारी कमी हमें सबसे पहले प्रतीत हो रही है।...

आज विश्व में पश्चिमी हवा के प्रभाव में–भारत का नवयुवक पुरानी प्रचलित मान्यताओं को हंसकर अस्वीकर करता है–और पुराना रूढ़िवादी आदमी बिना किसी अर्थ के रूढ़ियों पर चलते रहना चाहता है। दोनों ही गलत दिशा में जा रहे हैं। पुराने में बहुत कुछ सार्थक है जिसे पूर्ण वैज्ञानिक रूप से हमें समझना है और व्यर्थ की रूढ़ियों को दूर कर देना है। इससे मैं जिस दिशा की बात करता हूं–वह शुद्ध आध्यात्मिक–वैज्ञानिक दृष्टिकोण को उपस्थित करती है।...

ध्यान पर अनेक विधि से चर्चा की गई। बाह्य जीवन में हमारे क्रोध व्यक्त होता है तो मूलतः भीतर अभी क्रोध विद्यमान होता है–इसी से परिणाम में उसकी अभिव्यक्ति स्वाभाविकतः होती है। अब कोई लाख चेष्टा करे–क्रोध को बाहर से मिटाने की लेकिन उसका मिटना संभव ही नहीं है। जैसे–भीतर अंधेरा होता है–तो स्पष्ट है कि प्रकाश का अभाव है। जैसे ही प्रकाश होगा कि अंधेरा अपने से विलीन हो जायगा। ध्यान सारे व्यर्थ के जमे कचरे से मुक्ति देता है। एक नवीन जीवन–दृष्टि का निर्माण प्रारंभ होता है–और अपने से जीवन में परिवर्तन आता है।...

श्री सरकार साहब ने बड़ी शंकाएं उठाईं। जगत का निर्माण क्यों हुआ? ध्यानस्थ हो रहने पर फिर सांसारिक कार्यों के करने में बाधा होगी–तब फिर क्या किया जाए–और पाश्चात्य देशों की सामान्य मान्यता–ध्यान के विरोध में है–ऐसा क्यों?

मैं आपसे केवल 6 माह तक अपने प्रयोग को चलाने को कहता हूं–ये सब प्रश्न आप बाद में पूछ लेना–और आप तब न भी पूछेंगे तो मैं उनका उत्तर दूंगा। पूर्व से ही कुछ भी जिस बावत् हम जानते ही नहीं–निर्णय ले लेना उचित नहीं होता है। एक बार ध्यानस्थ हो आई चेतना को अपनी असीम सत्ता का बोध जब 24 घंटे बना रहता है तब फिर संसार के सारे कार्यों के बीच भी उसका स्मरण बना रहता है।...

* * *

6 अगस्त 1961

सांझ की गहरी बदलियां... मौसम खुला हुआ... और हवा के तीव्र झकोरे। आचार्य श्री अपने गहर-गंभीर आनंद को अभिव्यक्त कर रहे हैं। 5-6 जन बैठे हैं और सुनने में लीन हैं।...

चर्चा का प्रारंभ किन बिन्दुओं पर हो जाय-यह जान पाना मुश्किल है। श्री राम दुबे जी ने कहा-तीन दिन पानी गिरा-आज मौसम खुल गया है-तो भला लग रहा है। इस प्रसंग पर ही आज चर्चा हुई।

हमारा मन हमेशा खण्डित आनंद को पसन्द करता है। हर तरह की शिकायतों को कर-करके हम अपना जीवन एक दुख से भरते रहते हैं। प्रत्येक व्यक्ति को शिकायत है-और दुख है-भीतर हमने एक तुलना पैदा कर रखी है-इसी तुलना से सारी परेशानियां हैं। ये अच्छा-वो बुरा, आज ठीक-कल गलत-परसों-सही-बस इसी भेद-विज्ञान में जीवन बीत जाता है। अंधेरा बढ़ता ही चला जाता है। लेकिन आप थोड़ा सा इसकी ओर सचेत रहें-तो मन की सीमाओं के पार के जगत में हम आते हैं-और तब सारा कुछ हर क्षण प्रगट होने वाला-अपने में इतना पूर्ण होगा कि अपने से हम पूर्ण सौंदर्य आनन्द के बोध से भरे रहेंगे। सब कुछ सुंदर और अखण्ड आनन्द का बोध देगा। यह हुई संपूर्ण जागरूकता।

लेकिन मानव-मन तो सोया है। इससे हमेशा भूतकाल की स्मृतियों से भविष्य की कल्पनाओं में अपने को उलझाए रखता है। इसमें सारा दुख है। जिस वर्तमान की सत्ता होती-उसमें हम होते ही नहीं हैं-इससे ही सारा दुख है। हमारे सामने सूर्योदय होता, कोयल कूकती, पेड़ अपनी मस्ती व्यक्त करते रहते, सूर्यास्त होता-बदली होती चांद होता और न जाने क्या-क्या प्रकृति के वैभव में आता रहता है-लेकिन हम एक मिनट को भी कहां अपने को समय दे पाते कि जरा इस सब को भी जान-समझ लें। आंखें-हम इस ओर कभी रखते ही नहीं हैं-इससे सारे सौंदर्य बोध के बीच भी हम अज्ञात तुलना और शिकायतों में लगे रहते हैं। इन सबका-अपने को संपूर्ण जागृत बनाए रखने पर विसर्जन संभव होता है-और हम सच्चे अर्थों में अपने भीतर में सौंदर्य में प्रतिष्ठित होकर-बाह्य जीवन में उसके मीठे स्वर बिखेरते हैं।...

* * *

19.3.1962

चारों ओर रिक्त आसमान है। दूर-दूर तक प्रकृति ने अपने मधुर आनन्द को फैला रखा है। चारों ओर एक रमणीक छटा-बसन्त की दिखाई देती है। इस

अतीव आनन्द के बीच एक मधुर चर्चा का रसपान करने को मिलता है।

इस चर्चा में दो महानुभावों ने भाग लिया। श्री जयकुमार जी (इटारसी) और प्रो. मिसेज जैन ने बड़ा ही सम्यक् विवेचन जांनने का मत व्यक्त किया।

श्री जयकुमार जी नवयुवक हैं। जीवन में प्रवेश किए हैं। पूछा है आपने कि "मैं सत्य बोलता हूं, लेकिन मुझे इसमें ऊपर से बाधा होती है।"

आचार्य जी ने कहा–आप सत्य को बिल्कुल कटु कीजिए तो उसका असर ठीक नहीं पड़ने वाला है। सत्य को भी कला के साथ संयुक्त करना आवश्यक है। क्योंकि सामने वाले व्यक्ति का भी मन है–अभिच्छाएं है, स्वयं की अपनी प्रतिष्ठा है–इस सब पर एकदम से कटु सत्य कह देने पर–बुरा लगना स्वाभाविक हो जाता है। इससे मेरा कहना है कि सत्य तो आपको बोलना ही है, पर उसे भी कला के साथ बोलना आवश्यक है। इससे यदि आपको किसी का विरोध भी करना पड़े–तो वह बहुत विनीत और श्रद्धा से तथा हित में ही किया जा रहा है–इसे ख्याल में रखकर करना उचित होता है। यदि किसी ने कुछ कहा और आपको सही मालूम नहीं हुआ तो आपको पहले कुछ ठीक बातों की गणना करनी चाहिए–बाद उसकी उस गलत बात को यदि आप इस तरह कहें कि–

"आपने जो कहा वह ठीक है, लेकिन मुझे यह ठीक प्रतीत नहीं होता है–हो सकता है आप ही ठीक हों।"

तो इससे एक सहानुभूति का वातावरण निर्माण होता है और बात पर सुविधापूर्वक विचार किया जा सकता है।

दूसरी चर्चा में श्रीमती जैन ने Gurjief की In search of miraculous नाम पुस्तक से कुछ समझा जो आपकी समझ में नहीं आया था।

चर्चा के दौरान कुछ महत्वपूर्ण तथ्य व्यक्त हुए। आचार्य जी ने कहा–

गुरजेफ के ये सारे Notes हैं–और इनका उपयोग साधकों के लिए है। बिना साधना में जाए–इनको समझना मुश्किल है। समझा ही नहीं जा सकता। अब मैं हैरान हूं कि अनेक लोग हैं–जिनकी अपनी प्रतिष्ठा है–और वे बिना साधना में गए उन तथ्यों को व्यक्त करते हैं जिनका विचारों से दूर का भी संबंध नहीं होता है। (श्री ऋषभदास जी रांका, श्री डा. धर्मवीर जी भारती, श्री डा. बेचरदास दोशी...)

इससे आप इसे पूरा पढ़ जाइए–तो आप को Self remembering का बीज सूत्र इससे उपलब्ध हो सकेगा। हर क्षण उसका बोध बना रहे तो अपने से जीवन में हम अपने मुक्त स्वरूप में बने रहते हैं। भीतर अपने स्वरूप का बोध बना रहे तो भाव-विचार और कर्म में एक Rhythm या राग का या hormony या

लय-बद्धता आ जाती है। बाद जब साधक अपनी चेतना की अतुल गहराई में प्रवेश पाता है–तो उसका भाव भी मिट जाता है–इसे ही योग-ग्रंथों में निर्विकल्प समाधि कहा गया है।

लेकिन self-rembering के लिए पूर्व में ध्यान के प्रयोग आवश्यक हैं। जो मैं आपको ब्रह्म-विचार की बात कहा–वह भी भाव निर्माण के लिए सहायक है।

(मैत्री, करूणा, मुदिता और उपेक्षा)

* * *

20 मार्च से 22 मार्च 1961 तक

आचार्य जी अपने में एक मस्त व्यक्ति हैं। जीवन के हर पहलू पर जाना है। ध्यान की उनकी अपनी प्रक्रिया है। इससे अपूर्व चेतना के लोक में हम आ रहते हैं। प्रो॰ मिसेज जैन और प्रो॰ श्री रजनीकान्त जी सरकार इस समय ध्यान की ओर बढ़ रहे हैं। आप दोनों से अलग-अलग आज मुलाकात ली गई।

प्रो॰ मिसेज जैन को बड़ा एक Detachment से भय है। इस पर आचार्य जी ने कहा–यह बात उठना स्वाभाविक है। मृत्यु में हमारी "मैं"की बांधी हुई सत्ता को और उसे शरीर तथा बाह्य जगत के साथ जो हमने एक कर रखा है–प्रकृति उसे जबरदस्ती मिटा देती है–तब एक बड़ी बैचेनी होती है–और तब हमें मिटना ही होता है। लेकिन ध्यान में साधक को यह बोध पूर्व ही हो जाता है–इससे उसे मृत्यु दुख नहीं देती है। मृत्यु को वह पहले ही अपने भ्रमित "मैं" को तोड़कर जान लेता है। इससे आध्यात्मिक साधक ही खुशी-खुशी शरीर छोड़ता है।

आज सारा विश्व तनाव से भर गया है–और इस तनाव का अन्त कहां होगा–इसकी कोई भी फिक्र किए बिना ही–दौड़ चलती जाती है। मैं इससे आज तक जितनी भी चर्चा किया हूं, उससे किस तरह शान्त व्यक्तित्व का निर्माण हो सके–कैसे अपने में व्यक्ति ध्यान को उपलब्ध कर ले और सहज जीवन के आनन्द में हो आए–इसका ही पूरा ध्यान रखा है। मेरे लिए केन्द्र में जिससे मैं बातचीत करता होता हूं–वही होता है–मैं स्वयं नहीं। इससे अब मैं एक नवीन बात पाता हूं कि सबसे अलग-अलग बात उनकी मन:स्थिति के अनुसार ही कहना होती हैं, यदि एक साथ 8-10 जन हों तो चर्चा के सामान्य बिन्दुओं को ही कहा जा सकता है।...

आपको जो डर होता है कि कैसे आपको ध्यान से कुछ नुकसान हो सकता है–भ्रान्त है। ध्यान से कुछ भी नुकसान संभव ही नहीं है, शांति से तो जीवन में आनन्द आता है। अशान्ति दुख लाती है। यह घबड़ाहट आपके मन के विसर्जन होने के कारण है–जो स्वाभाविक है–लेकिन जैसे ही आप गहराई में ध्यान में

जाने लगेंगी कि आपकी भ्रान्ति टूट जायगी–आपको सब एकदम साफ हो जाएगा।

श्री सरकार साब को अन्य 20 किस्म के व्यायाम छोड़ केवल भारतीय व्यायाम दंड और बैठक ही करने दो और खूब करीब 100 दंड तथा 200 बैठक करने को कहा गया। सामान्य शरीर ताजा और स्वस्थ होने से ध्यान शीघ्र आता है–तब चेतना का आनन्द हमें मिल आता है–जैसे-जैसे आपको ध्यान लगने लगेगा कि अपने से आपमें मन के पार जो सत्ता है–उसका प्रगटीकरण होगा। . .. आप इस प्रक्रिया को करते रहिएगा और बीच में कभी भी कुछ किसी की बात को न मिलाइएगा–परिणाम बहुत-बहुत सुखद होंगे।...

* * *

7 अगस्त 1961

मधुर प्रभात प्रातः धूप की रश्मिएं बाहर के वरंडे में आ रही हैं। सुबह का उस विराट महाशक्ति का अनूठा गीत चल रहा है। सब कुछ मनोहारी और आनन्द में परिणित हो आया है। एक अनन्त वैभव प्रकृति का रचित हो आया है। ...

श्री राम दुबे जी आ बैठे हैं। आचार्य जी ने सरल रूप में कहा–

मैं सब कुछ अपना छोड़के अब सब का हो गया हूं। मुझे सारे लोग एक जैसे अपने से हो गए हैं। सारे बुद्धिगत भेद और दीवारें समाप्त हो आई हैं। अब सारे विश्व की समृद्धि मेरी है–सारा वैभव मेरा है। हम अपने छोटे-छोटे संस्कारों में जीवन भर बंधे रहते हैं और अपनी क्षुद्रता में ही जीवन का समय निकाल देते हैं। इसी कारण एक समाज दूसरे समाज से, एक राष्ट्र दूसरे राष्ट्र से विरोध बनाए रखता है। अन्यथा जैसे ही संस्कार व्यक्ति से विसर्जित हो जाते हैं। एकता फिर लानी नहीं होती है–वह अपने से आती है। एकदम भीतर जो साकार अनुभूति होती है उससे लगता है कि हम सब एक हैं ही–केवल एक छोटा क्षुद्र घेरा मात्र हमें सबसे पृथक बनाए रखता है–लेकिन जैसे ही यह टूटता है–और असीम चेतना का आनन्द हमारी सत्ता से प्रगट होता है।

समर्पण किसी भी महान पुरुष के प्रति नहीं करना है–केवल प्रबुद्ध चेतना में अपने को समर्पित करना है। जैसे ही भगवान बुद्ध प्रबुद्ध हुए कि उनका गौतम पीछे छूट गया और वे स्वयं महा-सत्ता में समर्पित होकर–प्रबुद्ध हो आए। इससे मैं मतांधता पर या किसी गुरुवत् सत्ता पर समर्पित होने को नहीं कहता हूं–वरन् अपरिसीम सत्ता के प्रति जागृत चेतना का समर्पण हो ही जाता है।...

(श्री राम दुबे के व्यक्तिगत प्रश्नों के उत्तर में)

अगस्त 1961

आचार्य श्री सहज स्नेह में अपने करीब आए लोगों की छोटी-छोटी सी बातों पर सविस्तार आनन्द के साथ चर्चा किया करते हैं। ठीक उसी बिन्दु पर ही समझना होता है। खूब-खूब सुस्पष्ट चर्चा करना आपका स्वभाव है।

प्रातः श्री अशोक कुमार जी लाड आए। आपने दर्शन-शास्त्र में प्रथम श्रेणी में एम.ए. उत्तीर्ण किया है। आप Liberation पर शोध कर रहे हैं। आपसे मोक्ष पर चर्चा करते हुए आचार्य श्री ने कहा-

भारत में एक तीव्र धारणा जीवन-मुक्त होने की रही है। इसके पूर्व विश्लेषण में जाने पर ज्ञात होगा कि जीवन का जो समग्रीभूत दुख है-वह भारत को बहुत पूर्व दीख आया है। ऋग्वेद का ऋषि जीवन और प्रकृति के साथ आनन्द से जी लेता था। उपनिषदों से मुक्ति की परंपरा का प्रारंभ होता है। भगवान बुद्ध के युग में तो यह बात बहुत जोर लेती है। भगवान बुद्ध ने कहा भी है-समग्र जीवन दुख है। उन्हें सारे जीवन में घिरी लपटें दीख आईं और जीवन से मुक्त होने की हवा कण-कण में व्याप्त हो गई। आज भारतीय विचार क्षेत्र में मुक्ति की धारणा को श्रेष्ठतम स्थान दिया गया है।...

फिर, पश्चिमी मुल्कों में समय की धारणा को Straight line में माना गया है। पर भारत की मान्यता Circular रही है-और इसमें ही हमारा जीवन चक्कर लगाता है। इस तरह यदि कोई भी व्यक्ति समय की धारणा के साथ अपने जीवन धारण करने की बात सोचेगा-तो कोई भी घबरा आएगा-इन सारे Psychological तथ्यों को संग्रहीत करना चाहिए-जिनसे कि मोक्ष की धारणा की जड़ें पकड़ीं।...

बुद्ध ने तो मोक्ष को निर्वाण कहा। जैसे ठीक रात दिया जलाने पर सुबह दीए की लौ बुझ जाती है-वैसे ही जीवन का अंत होने पर -सब कुछ विसर्जित हो रहे-इसे भगवान बुद्ध ने निर्वाण कहा। इतने गहरे असाधारण विचारों से भारत में मोक्ष का आनंद व्याप्त हुआ।

इन सारे मुद्दों को तो आप अपनी Research में कार्य के लिए उपयोगी बना सकते हैं-और एक गहरी मेधा के साथ शोध करिये तो कुछ आपकी मौलिक देन हो सकती है।...

***

23 मार्च से 28 मार्च तक

पूज्य आचार्य श्री अपनी अनन्त शक्तियों की ओर अग्रसर हो रहे हैं। बस एक ही सन्देश है कि भीतर जो हमारे अचेतन में चल रहा है-उसे विसर्जित करें-पूर्ण चेतन में हो आएं-इसके लिए ध्यान एकमात्र मार्ग है। अनेकों लोग ध्यान की प्रक्रिया से (अपने में अक्रिया) एक नए जगत के दर्शन कर पाए हैं।

श्री प्रो॰ सरकार और मिसेज जैन–इस ओर वैज्ञानिक विधि से लगे हैं। आप दोनों ने अपने में भीतर एक परिवर्तन भी पाया है। आचार्य श्री अपनी अनुभूति को–व्यक्त करने में अतीव आनंद अनुभव करते हैं। वाणी अपने से फूटती है–क्योंकि जो सीधा-सीधा जाना गया है–उसे ठीक वैसा ही तो कह देना है–इससे शाब्दिक जाल तो होता ही नहीं है।

ईश्वर की खोज में गए हुए व्यक्तियों से कहा जाता है–आत्म चिंतन कीजिए। अब आत्म चिंतन से भ्रान्त और कुछ भी नहीं है। आत्मा जिसे कि हमने जाना ही नहीं है, उसका चिन्तन कैसे संभव है। चिन्तन हम बौद्धिक तथ्यों के विषय में कर सकते हैं–पर जिसकी सत्ता बुद्धि के पार है–उसे आप कैसे विचारिएगा। विचार से केवल भ्रान्ति में उलझ सकते हैं–लेकिन उससे कुछ जानना संभव नहीं हो सकता है।

इससे मैं कहता हूं कि केवल आत्म-बोध ही किया जा सकता है–आत्म चिंतन नहीं। इस सत्ता के बोध से हम भर आ सकते हैं–केवल-बुद्धि से मुक्ति पाना आवश्यक होता है।...

श्री सरकार साब चिंतनशील प्रकृति के व्यक्ति हैं। इससे आचार्य जी ने आपको अनेकों संस्मरण महापुरुषों के जीवन से उद्धरित कर यह दिखाया कि जो चेतना अपने से प्रबुद्ध या जागृत हो आती है–उससे अपने से सारा कुछ बाहर का एवं भीतर का कचरा धुल जाता है–उसे कोई भी शक्ति नुकसान नहीं पहुंचा सकती है। इससे ही उनके लिए सब आनन्दमय हो जाता है।

एक रात्रि जैन युवक गण–महावीर जयन्ती के उपलक्ष्य में घर आए। आचार्य जी ने कहा–

मैं अपनी सारी वैज्ञानिक खोजों के बाद इस परिणाम पर आया हूं कि धर्म –एक वैज्ञानिक पद्धति है जिसके द्वारा भीतर के अचेतन में प्रकाश आता है और संपूर्ण चेतना जागृत हो जाती है। इसे मैं आपसे इसलिए कहता हूं कि सारे बुरे विचार, वासनाएं, प्रवृत्तियां तो भीतर अचेतन में हैं और भीतर के अचेतन से जैसे ही उनका दौर शुरू होता है कि आपकी बाह्य सामान्य चेतना न कुछ कर पाती है–और अचेतन आपसे वह कार्य करा लेता है–बाद में आप पछताते हैं–इससे मेरा कहना है कि यह चक्र तो पूरे जीवन चलेगा, इससे मुक्ति तो संभव ही नहीं है–यदि आप बाह्य नियमों एवं विधानों में अटके रहे। इससे मेरा कहना है कि भीतर की अचेतन शक्तियों को जो कि 9 गुनी चेतन से अधिक है–उनको ध्यान के माध्यम से जागृत करना होता है और इस प्रवृत्ति के प्रकाश में पाया जाता है कि कुछ भी अंधेरा नहीं है–सारा अनैतिक पाप अपने से चला जाता है। जैसे प्रकाश के होने से अंधेरा चला जाता है।...

28 एवं 30 मार्च 61

श्रीमती कमला जी जैन और श्री अशोक कुमार जी लाड से आचार्य श्री की महत्वपूर्ण चर्चाएं हुई। श्रीमती जैन से In search of miraculous नामक पुस्तक पर तथा यौगिक प्रक्रियाओं पर चर्चा हुई।

ध्यान में पूर्ण गहराई उपलब्ध कर लेने पर पहली बार बोध होता है कि मृत्यु है ही नहीं। जो कहते हैं मृत्यु तो आनन्द है–वे मूलतः अपने डर को छिपाकर बाहर से केवल कहते भर हैं–उनकी केवल शाब्दिक पकड़ भर है। योगी अपनी मृत्यु के समय भी ठीक वैसा ही शान्त बना रहता है–क्योंकि उसका मैं के बोध का पूर्व ही विसर्जन हो चुका होता है–और इसके पूर्व भी वह अपने चेतना के केन्द्र पर स्थित रहता है–इससे शरीर छोड़ते समय उसे डर या दुख कुछ भी नहीं होता है। वह मृत्यु में अंतिम बार ध्यान में चला जाता है–जिसे अपने जीवन में अनेक बार कर चुका होता है। भगवान बुद्ध अपने अंतिम क्षणों में थे–देखा आसपास कहीं भी आनन्द नहीं आया। कुछ जानते थे कि दूर कहीं रो रहा होगा। बुलाया तो सचमुच ही आनन्द पेड़ के नीचे मुंह छिपाए रो रहा था। बुद्ध ने कहा–आनन्द, यह जो शरीर छूट रहा है–यह तो तभी का छूट चुका जब मैं सिद्धार्थ से गौतम बुद्ध हुआ था। संथात था जो टूटने को ही था पर बुद्ध तो है...।

श्री अशोक जी से आचार्य जी ने कहा–मुझे पंडितों पर और Scholars पर दया आती है कि वे पूरे जीवन उस कार्य में लगे रहते हैं जिससे कुछ भी आंतरिक चेतना का परिवर्तन संभव नहीं होता है। उससे व्यक्तिगत जीवन में कुछ भी घटित नहीं होता। Scholars का Trend पाश्चात्य है–भारतीय पूर्ण योग की साधना रही है। एक सामान्य व्यक्ति भी भीतर के योग-सूत्रों को दे सकता है और एकदम परिवर्तन संभावी है। इससे मैं Scholars का केवल आदर इससे करता हूं कि कुंआ खोदने जाते हैं–पर भीतर पानी न निकले–फिर भी लगे रहते हैं। इससे मेरी कोई बात Scholars से मेल नहीं खाती। जीवन में आंतरिक उपलब्धि में होना एकदम सुलभ है। पांडित्य केवल बाधा है–व्यर्थ का कचरा है जिससे केवल अहंकार की पूर्ति मात्र है–और परिणाम में कुछ भी नहीं आता है। भारत में बुद्ध ने जानकर कुछ भी नहीं लिखा और न लिखाया है, केवल इससे कि सारा लिखा मृत और बाधा बन जाता है। अनेकों लोग केवल पढ़ के इस भ्रम में पड़ जाते हैं कि वे सारा कुछ जानते हैं–लेकिन इसके कोई भी परिणाम जीवन में नजर नहीं आते हैं। इससे मैं कहता हूं कि जान लेना एक बात है–और पढ़ लेने से जान लेने का कोई संबंध नहीं है–पढ़ने से केवल सूचनात्मक ज्ञान बढ़ता है।

भारत में हमेशा से गुरु-शिष्य परंपरा रही है और कुछ यौगिक क्रियाएं दे दी जाती रही हैं जिनसे अपने से जीवन में परिणाम घटित हुए हैं। इससे लिखने पर आस्था नहीं रही है। लिखने के परिणाम भी विचित्र होते हैं। पंतजलि योग सूत्र

में कहा गया "योगी की नींद विलीन हो जाती है" अब कोई अपने जीवन में नींद कम करता चले तो इससे कोई परिणाम न होगा–वरन् विपरीत स्वास्थ्य एवं मन विकृत होगा। ऐसे ही यदि तपस्या करने चला जाए–जैसा लोग मानते हैं–तो इससे अधिक गलत कुछ भी नहीं होगा। कुछ युवक इस साधना पर चले और परिणाम गलत आए। इससे लिखा हुआ नहीं वरन् योग में जानकर रखे गए कदम परिणाम लाते हैं और अपने से सारे अर्थ प्रगट हो जाते हैं।...

31 मार्च से 5 अप्रैल 1962 तक

इन दिवसों में श्री राम दुबे जी, चिरमिरी से नव–आगुन्तक श्री धीरेन्द्र मोहन प्रसाद जी, श्री जोशी जी, श्री प्रो. रजनीकान्त सरकार, श्री मधु जी एवं अन्य अनेक महान आत्माओं का मिलना हुआ। इन दिवसों में अनेक प्रसंग इस तरह उल्लखित हुए जिनसे एकदम नव–जीवन क्रांति संभव है और एक नूतन प्रकाश की आभा में व्यक्ति अपने जीवन में सचेतन रूप से जी सकता है।

व्यक्ति की मूलतः समस्या वासना की है। वह पूरे जीवन भर वासना से मुक्त नहीं हो पाता है। कार्य कर लेता है और बाद में पछताता है लेकिन अपनी इस प्रवृत्ति से मुक्त नहीं हो पाता है। इस संबंध में ब्रह्मचर्य और जीवन–साधना पर अपनी साधना से उपलब्ध अनुभूतियों के प्रकाश में आचार्य जी ने कहा–

व्यक्ति का जीवन अपने शैशव काल में लगभग 6 सप्ताह तक जन्म के बाद द्वि–लैंगिक होता है Bi-sexual, उसमें दोनों लिंग विद्यमान होते हैं और जिसका प्रतिशत अधिक होता है वही लिंग विकास पा जाता है और व्यक्ति नर अथवा नारी के रूप में विकास पाता है। इस तथ्य को आज का physiology शरीर विज्ञान मानता है। इस तरह प्रत्येक व्यक्ति के जीवन में भीतर का जो लिंग विद्यमान रहता है उसी के कारण वासनागत संबंध आते हैं। इसका रस व्यक्ति के अचेतन मन में बना रहता है और इसके कारण पुरुष के भीतर की स्त्री बाहर किसी स्त्री में project होती है और तब फिर हमें स्त्री आकर्षित करने लगती है। वास्तव में स्त्री में कोई आकर्षण नहीं होता है वह तो हमारे भीतर विद्यमान स्त्री के कारण आकर्षण सहज हो जाता है। इसके विपरीत रचना नारी के स्वरूप में होती है। अब कोई कितनी भी बाह्य निरोध की साधना में उतरे इससे कोई परिणाम आने वाला नहीं होंगे। जब तक भीतर की स्त्री शेष है–तब तक लाख कोशिश कीजिए, कोई परिणाम आने वाला नहीं है। इसी भीतर की स्त्री को जानकर स्वामी रामकृष्ण परमहंस देव जी ने कहा–स्त्री नरक का द्वार है। लेकिन दूसरी ओर उन्होंने स्त्री की पूजा की–उसे मां माना... मां शारदा का सजीव चित्रण हमें देखने को मिलता है। अब कोई मेरी वैज्ञानिक धारणा को समझे तो ही स्पष्ट होगा कि क्यों स्त्री नरक

का द्वार है। नारी और नर तो सभी पूजनीय हैं केवल भीतर बैठी अचेतन की भावनाओं को ही हमने नरक का द्वार कहा है।

इससे इन अचेतन में बैठी वृत्तियों को दूर कोई दमन के माध्यम से करे तो गलती होगी। इन वृत्तियों को तो अचेतन को चेतन में परिवर्तित करके ही विसर्जित किया जा सकता है। इस चेतन सत्ता में होने के लिए ध्यान सहजतम मार्ग है। ध्यान उपलब्ध हो जाने पर अपने से जागृति आती है।...

एक समय श्री भट्टाचार्य जी ने अपने परीक्षा में प्रश्न-पत्र के बिगड़ने सम्बन्धी भय को प्रगट किया। इस पर आचार्य जी ने कहा—भय हमें मूलतः पकड़े हुए है। इसकी गहराई में आप जाएंगे तो आपको विदित होगा कि प्रत्एक व्यक्ति ने अपनी Personality को बाहर से खूब संजोया है और वह अपने में एकदम भला दीखना चाहता है और जब कभी जरा इस बनाए हुए व्यक्तित्व को ठेस पहुंचती है तो हमें स्वभावतः भय होता है। मेरा कहना है हमने अपने को तीन प्रकार से बनाकर रखा है :

1. जैसे हम हैं।
2. जो हम दिखाना चाहते हैं—दूसरों को
3. और, जो होना चाहते हैं।

इस दिखाने और होने में खिंचाव तथा तनाव बना रहता है। जरा भी इसमें तोड़-मरोड़ हुई तो हमें भय उपज जाता है। यह भय हमें दुख देता है और फिर हम इस दुख को तरह-तरह से भरते रहते हैं। जैसे हम हैं—वैसा हम दिखना नहीं चाहते हैं। स्वभाविक स्थिति में किसी भी तरह का भय नहीं होता है।

इस सन्दर्भ में आचार्य जी ने एक आश्चर्यजनक उदाहरण से समझाते हुए कहा कि किसी भी तरह का भय—यहां तक कि भगवान का भी भय बाधा है। इसी कारण महावीर ने अभय को मुक्त साधक का पहला लक्षण माना है और आत्मा को ही परमात्मा तक आने की स्थिति समझाई है, बीच में ईश्वर को भी नहीं रखा है, ताकि ईश्वर बाधा न बन जाय।...

कितनी असीम उपलब्धियां हमें मिली हैं लेकिन हम अपने को भय में बांधे रखते हैं और अपने अनन्त स्वरूप से परिचित नहीं हो पाते हैं। भारत के पास युगों से इस अनन्त आनंद को उपलब्ध करने के मार्ग रहे हैं और लाखों लोग इस पथ पर चलके अपने स्वरूप को उपलब्ध हुए हैं। इस तथ्य से विभिन्न उदाहरणों से सचित्र चित्रित करते हुए आचार्य जी ने जो वर्णन प्रस्तुत किया उससे उपस्थित श्रोतागण मन्त्रमुग्ध हो गए और एक स्थायी प्रभाव लेकर विदा लिए।...

11 अप्रेल से 14 अप्रेल 1962 तक

इन दिवसों में प्रमुख रूप से श्री ब्यौहार राजेन्द्र सिंह जी, श्री प्रो॰ सरकार एवं श्रीमती कमला जी जैन के अतिरिक्त नव-आगुन्तकों ने मुलाकातें लीं। बड़ी सुखद और मधुर जीवन के क्षणों में असीम आनन्द की मौलिक चर्चाएं सुनकर मानव-मन एकदम उस आनन्द में हो आना चाहता है।

श्री ब्यौहार जी पांडुचेरी श्री अरविन्द आश्रम से वापिस पधारे हैं। आप श्री अरविन्द के योग के प्रचार के कार्य में रुचि ले रहे हैं। आचार्य जी ने कहा–

श्री अरविन्द की सारी पहुंच बौद्धिक है। इसमें उनकी व्यवस्था, योग प्रणाली खड़ी करने की प्रतिभा और अनेक बातें हैं जिनने श्री अरविन्द के योग को जो उन्होंने Philosophies किया है–पश्चिमी मुल्कों में आदर और सम्मान प्राप्त हुआ है। लेकिन श्री अरविन्द की संपूर्ण साधना Concentration तक ले जाती है–कहीं पहुंचना इसके माध्यम से नहीं हो सकता है। श्री पुराणी जो उनके भक्त रहे हैं जिनने लिखा कि श्री अरविन्द जब बड़ौदा में थे तभी उनको एक साधु जी श्री लेले ने तीन दिन में उन्हें भीतर की शान्ति उपलब्ध करा दी थी। श्री लेले ने कहा–कुछ मत करो–केवल एक जागृति बनाए रखिए और श्री अरविन्द जैसे तीव्र मेधा के व्यक्ति को दीख आया कि बात क्या थी। इस अवस्था में ही श्री अरविन्द ने पाया है–बाद तो केवल अपनी बौद्धिक क्षमता का परिचय दिया है जिसमें कोई भी संबंध साधना का नहीं है। अपनी इस शून्य अवस्था में हो रहने के दो वर्षों बाद श्री अरविन्द का जब श्री लेले साधु जी से मिलना हुआ कलकत्ता में तो श्री अरविन्द को लेले जी ने कहा–ए सब तुम जो व्याख्या कर रहे हो–यह केवल तुम्हारे भीतर शैतान का निवास हो जाने के कारण है। इस पर श्री अरविन्द ने श्री लेले जी से अपना संबंध विच्छेद कर लिया और बाद एक Concentration की व्यवस्था को जन्म दिया। इससे कुछ साधक विक्षिप्त भी हुए–जिनको बाद में श्री अरविन्द ने अपने आश्रम में प्रवेश नहीं दिया। अब पढ़ने पर बड़ा पांडित्य का बोध हो सकता है–लेकिन जिस अवस्था में पहुंचने की बात है–उसमें प्रतिष्ठित नहीं हुआ जा सकता है। इससे ब्यौहार जी एक System खड़ा कर लेना और Organisation खड़ा कर लेना–मात्र होशयारी की बात है–उपलब्धि होने का इससे कोई अर्थ नहीं है। भीतर का आनन्द मिल जाना बिल्कुल एक अलग बात है। इसे श्री महेश योगी ही ठीक समझा पा रहे हैं। कृष्णमूर्ति और श्री रमण महर्षि भी इस दिशा में उस असीम का बोध किए हैं। Meditation का अर्थ इससे आपको जानना उचित होगा। Meditation का अर्थ Concentration से नहीं है। वरन् चित्त मुक्ति का विज्ञान Meditation का है। जब चित्त से सब विसर्जित हो जाता है तब ध्यान उपलब्ध हो जाता है। चित्त-विसर्जन एकदम आसान है। इससे अपने

आत्म-स्वरूप को पा लेना एकदम सुलभ है। किसी व्यक्ति को एक मिनट को सोचिए कि किसी घर का दरवाजा विदित हो तो वह एक क्षण में ही उसके भीतर हो सकता है लेकिन किसी व्यक्ति को उसके भीतर का मार्ग ही विदित न हो तो वह कितने ही समय तक भटक ले कोई परिणाम नहीं निकलेगा। ध्यान अपने आत्म-स्वरूप तक आने का द्वार है।...

ब्यौहार जी–ध्यान किस बात का करें?

यही भ्रान्ति है। जब सब विचार विसर्जित हो जाते हैं–तब अपने आत्म-स्वरूप में हो आना सुलभ हो जाता है। इससे ध्यान में किसी बात का ध्यान नहीं करना होता है–वरन् जब सब बातों का ध्यान विसर्जित हो जाता है तब ध्यान अपने से आ जाता है। यह साधना पद्धति सुलभ है। यह व्यक्ति को प्रत्एक तनाव से विलग कर लेती है और पूर्ण आनन्द तथा शान्ति में प्रतिष्ठित कर देती है। इससे विचारों को केवल शान्त होकर देखना मार्ग है–तो विचारों के पार की सचेतन सत्ता प्रगट हो जाती है और एकदम नए बोध से जो अनादि है उससे व्यक्ति भर उठता है।

इस ओर बुद्ध ने जो साधना पद्धति आष्ठांगिक मार्ग की दी है–उससे भी व्यक्ति अपनी चेतना के अनन्त आनंद में प्रतिष्ठित हो जाता है।

इसी बीच एक प्रौढ़ श्री शुक्ल जी महोदय जो चर्चा के मध्य प्रसंगवश इस तरह उपस्थित थे कि थोड़ा पानी रात्रि गिर रहा था–आपने आकर छाया ली और चर्चा के दौरान यह सब सुनकर बोले–

"क्या आप रामकृष्ण जी को जो इस युग के सबसे महान् पुरुष हुए हैं–उनसे महात्मा बुद्ध को श्रेष्ठ समझते हैं। केवल रामकृष्ण जी की समाधि के कारण–मैं तो समझता हूं कि भगवान बुद्ध को ही उनके मार्ग से बोधि मिली है और बुद्ध ने तो ईश्वर से इंकार किया है–इससे मैं तो उनको रामकृष्ण जी के समान नहीं देख पाता।"

आचार्य जी: देखिए शुक्ल जी, बहुत सी भ्रान्तियां हैं जो हम मन में केवल बौद्धिक कल्पनाओं से बिठा लिया करते हैं और उनके बारे में पूर्ण निश्चित हो जाते हैं और व्यर्थ के विवादों में आनन्द लिया करते हैं। मैं देख पाता हूं कि श्री रामकृष्ण जी की समाधि बेहोशी लाने वाली थी–वह बेहोशी तक रहती थी और होश में समाप्त हो जाती थी–फिर उनको बड़ी बैचेनी रहती थी, पुनः उस समाधि में जाने की–लेकिन भगवान बुद्ध अखंडित समाधि में अपने चेतना के आनन्द में प्रतिष्ठित हो गए थे–उनको और उनकी साधना से चलने वाले साधकों में उस तरह की घबड़ाहट और बैचेनी देखने में नहीं आती जैसी कि श्री रामकृष्ण देव जी में। इससे दोनों में साधना पद्धति का भेद है। मेरी दृष्टि में तुलना तो आती ही

नहीं है–तुलना तो मन का भेद है–पर मुझे तो अखंडित आनंद चेतना का प्रिय है। बाकी आपने जो भी भगवान बुद्ध के संबंध में सामान्य इतिहासकारों को पढ़ा है–उससे आप कुछ भी नहीं जान पाएंगे। इस संबंध में आप कुछ चीनी और जापानी साधकों को पढ़िए तब आपको चेतना के संबंध में और बुद्ध के मार्ग से पहुंचे हुए साधकों के संबंध में जानकारी मिल सकेगी। भगवान बुद्ध ने ईश्वर के होने और न होने के संबंध में कुछ कहा ही नहीं है। इसे वे अनावश्यक समझते हैं और उस स्थिति में प्रतिष्ठित हो आने की पद्धति को बताने में वे उपादेयता मानते हैं। इसी कारण अनेक नए साधक दीक्षित होने के पूर्व जो बहुत सारे प्रश्नों से भरे होते हैं उनको एक ही बात बुंद्ध ने कही है कि पहले छः महीने तक मैं जिस पद्धति का विज्ञान बताता हू उस पर चलिए–बाद मैं प्रश्नों के उत्तर दूंगा–तब तुम्हारी इच्छा न भी होगी तो मैं प्रश्नों के उत्तर दूंगा। छः महीने पूर्ण होते-होते तक उन साधकों ने पाया कि जो प्रश्न वे पूछने के लिए बड़ी तत्परता से आए थे, वे सब गिर गए हैं और अब उनका कोई अर्थ ही नहीं रहा है। इससे हमारा मन तो कल्पना की उड़ान भरने में आनन्द पाता है जबकि वास्तविकता यह है कि इससे कुछ भी जान पाना संभव नहीं है। इससे ही मेरा कहना है कि पूर्ण शान्त हो आया व्यक्तित्व ही चेतना के जगत में प्रतिष्ठित हो पाता है।

श्री प्रो० सरकार जी अपने को समय के कारण बड़ा खिंचा हुआ अनुभव करते हैं। जीवन के शेष समय में भी मन में अनेक तरह के कामों के प्रति रुचि है और हर समय अपने समय को कुछ न कुछ करते रहकर भरना चाहते हैं। हमारा जीवन भीतर के आत्मिक आनंद से भरा न होने से उसे हम कहीं से भरना चाहते हैं तो उसकी खोज बाहर के साधनों से भरने की चला करती है। समय कहीं व्यर्थ न नष्ट हो जावे–इस सब की भी बड़ी चिंता हमें रहा करती है। सो श्री सरकार जी भी इस सबके कारण पीड़ित हैं। बाकी बड़ी प्रबल इच्छा उनको आत्मिक जीवन में प्रतिष्ठित होकर परमानंद को जानने की है।

आपका मन अभी प्रारंभिक अवस्था में जिन साधनों से भी भरना चाहता हैं उसे अभी भरने दीजिए। संगीत में आपको रुचि है–तो संगीत को चालू रखिए, खेलने जाना है उसे भी प्रारंभ करिए, मित्रों से मिलना है–उसे भी करते रहिए–बाकी ध्यान की क्रिया को अवश्य करते रहिए–प्रतिदिन आधा घंटा ध्यान के लिए जरूर निकालिएगा–और जैसे-जैसे ध्यान आपका गहरा होगा परिणाम बड़े सुखद होंगे। सारा बाहर से भरने का कार्यक्रम आपका अपने से गिर जायगा–और भीतर से आप अनंत आनन्द में भर जाएंगे। उस स्वाभाविक स्थिति में हो रहने के बाद आप स्वयं पाएंगे कि आपका सारा बाहर का विसर्जित हो गया है–और कोई ताकत आपको विचलित करने को नहीं होगी।

समय का बोध भी हमको केवल मन के कारण है—हमें कुछ होना है और उसके लिए कुछ करना है—इस होने और करने में ही हम समय के चक्कर में पड़ जाते हैं। इससे जब मन विसर्जित हो जाता है और हम परिपूर्ण आनन्द में हो जाते हैं तो—पहली बार हम समय के बाहर होते हैं। अभी मैं जयपुर था। एक संगोष्ठी में सांझ बोलने पं. चेनसुखदास जी के यहां बोलने जाने को था। नियत समय 7 बजे का था। मैं अपनी सांध्य क्रियाओं में था। शौच किया—नहाया—नहाना मुझे आनन्द की बात है—और 1 घंटा तक आनंद से नहाना प्रिय है। बाहर एक सज्जन श्री हरिश्चंद्र जी गोलछा थे। उनको समय पर पहुंच जाने की शीघ्रता थी। स्नान घर के बाहर-खट-खटाकर जल्दी करने लगे। इस पर श्री भीखमचन्द जी देशलहरा जो बाहर ही थे उन्होंने गोलछा जी को कहा—आप उन्हें आनन्द से नहाने दीजिए—उनका आनन्द इसी में है। इस पर आचार्य जी ने आनंद से अपना कार्य करके संगोष्ठी में पदार्पण किया इस पर वहां के संयोजक पंडित श्री चेनसुखदास जी ने दुख प्रगट किया और निवेदन किया कि अगले समय ठीक समय पर ही आने का कष्ट करें।

आचार्य जी ने कहा—मुझे आपके यहां आने में विलम्ब हुआ—यह मैं जानकर ही किया हूं। इससे हमारे भीतर जो एक खिंचाव है—घबड़ाहट है उसका बोध होता है। हम अपने को समय में बांधे हुए हैं—भीतर जो एक गहरी अशान्ति है—उसे ही हम समय में प्रगट किया करते हैं। इससे यदि मैं भी आप जैसा खिंचा और परेशान आया होता—तो मैं ठीक समय पर जरूर आ जाता लेकिन फिर आपसे कहता क्या—मेरे पास कहने को ही क्या रहता—फिर तो आप पंडित जी को ही सुन लेते और मुझे सुन लेते तो कोई भेद होने वाला नहीं था। मैं अब चाहूंगा कि आप अपनी परिपूर्ण शान्त अवस्था को उपलब्ध कर लें और यदि इस विलंब के समय में आपने ध्यान किया होता तो निश्चित ही आपको ध्यान की परम शान्ति का आनन्द मिला होता और जब मैं अगली बार आने को हूं तो जानकर ही आधा घंटा देर करके आने को हूं ताकि आपकी शान्त मनोवस्था का आनन्द आप ले सकें।

अब सरकार साहब मैं हैरान हूं कि मुझे समय का बोध नहीं सताता—कारण ही नहीं रह गया है—और इससे असीम आनन्द में जब समय का बोध मिट जाता है—तो पता चलता है कि सब भाग दौड़ समय के भीतर ही व्यर्थ थी—उससे कुछ भी आने को नहीं था। और अब मुझे लगता है कि कुछ देरी भी हो गई तो क्या अंतर आने वाला है।...

15 एवं 16 अप्रैल 1962

आचार्य जी का तो एक-एक क्षण आनन्द और अनुभूति से भरा हुआ होता है। इसमें कोई भी आ जाए—उसका भागी हो जाना स्वाभाविक है। श्री महाजन

जी सिंगापुर के एक बहुत भले व्यक्ति हैं–आप आचार्य जी के सान्निध्य में अनेक बार आए और उनके पथ-निर्देशन में चल रहे हैं। आज मध्याह्न भी उनका आगमन हुआ था–चमत्कारों और शक्ति की अनेक घटनाओं पर चर्चाएं हुईं।

श्री महाजन जी ने अनेक चमत्कारों के बाबत् जानने की जिज्ञासा प्रगट की। आपने कहा–योगी अरविन्द मरण समाधि में जमीन से ऊंचे उठ गए थे।

इस पर विस्तार से समझाते हुए आचार्य जी ने कहा : श्री अरविन्द को अपनी योग साधना में कभी भी यह लगा होगा कि उनका शरीर जमीन से ऊंचा उठा हुआ है–यह प्रतीति उनको केवल एक ही बार हुई थी। लेकिन हम जिस व्यक्ति को भी प्रेम करने लगते हैं–तो उसके संबंध में पूर्ण प्रतीतियां बढ़ा-चढ़ाकर जोड़ लेते हैं–इससे एक नैतिक मानवीय ईमानदारी का पतन होता है। यह स्वाभाविक है क्योंकि हमारा मन किसी को खंडित प्रेम में नहीं देखना चाहता है इससे पूर्ण प्राप्ति में लोगों को संतुष्टि होती है। इससे उनका यह अर्थ निहित रहता है कि श्री अरविन्द तो महान योगी थे और मैं उनको मानने वाला। अब इससे अपने "मैं" को किस तरह बढ़ाकर दिखाया जाय केवल इसका भर बोध निहित है।

अन्यथा सामान्यत: हमारा अस्तित्व gravitation के सिद्धांत पर निर्भर है और पृथ्वी का अपना आकर्षण है। इससे ऊपर उठना तो आध्यात्मिक साधना का लक्षण नहीं है। इसे तो हठ योग की विशिष्ट प्रक्रियाओं मात्र से ऊपर उठाया जा सकता है–लेकिन इस सबमें व्यर्थ समय जाहिर करना है। इसके लिए गुरु का होना नितांत आवश्यक है। फिर सहज मजाक में लेकिन सत्य को प्रगट करते हुए आपने कहा–अरे! ऊपर उठना ही होगा तो ऊंचे पेड़ पर बैठ लेंगे–क्यों अपना इतना समय व्यय करेंगे। बाकी भारतीय प्राचीन मान्यताओं में इस तरह की प्रतीतियों का बड़ा मूल्य रहा है और योगी को एक चमत्कारी पुरुष माना जाता रहा है।

अपने जीवन में अनेक प्रसंगों पर घटी घटनाओं का वर्णन करते हुए आचार्य जी ने कहा–सब घटनाएं सांयोगिक हुआ करती हैं जब उनमें कोई चमत्कार जोड़ लें तो दोष तो व्यक्तियों की भ्रमित मान्यताओं का है। एक समय में दमोह में रात्रि अपने मित्र के निवास पर सोया। उन दिनों में रात्रि 10 बजे सो जाता था और 6 घंटे की नींद के बाद स्वभावत: उठ जाता था। सुबह मेरी नींद साढ़े तीन बजे खुली–मैने सामने रखी घड़ी को देखा और आकर लेट रहा अपने स्थान पर। इसी बीच मेरे मित्र का जागना हुआ : पूछा समय क्या होगा? मैंने कहा 20 मिनट शेष हैं 4 बजने को। समय ठीक मेरे से बताया जानकर मित्र बहुत प्रभावित हुए और यह घटना उन्होंने अपनी मां को बताई। कहा कि मुझे अंधेरे में घड़ी दिखती

है–इस पर जब मैं भोजन कर रहा था तो मां ने कहा- तुम्हें तो दिव्य चक्षु उपलब्ध हो गए हैं–बताओ न मेरी बहू को क्या होगा? अब मैं आश्चर्य में था–मैंने घटना भी पूर्ण बताई लेकिन क्यों विश्वास होने चला। आखिर मां का भ्रम न टूटा। और मैं एक विशेष योगी सिद्ध हुआ।

चांदा मैं अपनी यात्रा पर था। पूज्य मां सौ. मदन कुंवर जी पारख के यहां एक महिला अपने रोगी शिशु को लेकर आई और बोली–बस आप छू भर दीजिए। मैंने बहुत समझाया–पर वह क्यों मानने को। मैंने छुआ–और भाग्य की बात वह बाद में ठीक हो गया। अब क्या था–चमत्कार का फैलाव हुआ। बाद में दूसरे समय चांदा गया तो एक अच्छी भीड़। अब भ्रान्त साधक का इससे अपना अहंकार ठोस होता है। और वह अब बिना किसी झिझक के पेशा कर लेता है–तथा अपनी आजीविका अर्जित करता है। इस प्रकार ये केवल संयोग की घटनाएं मात्र हैं।

इसी तरह अभी मैं जयपुर में था। लौट रहा था स्टेशन-जबलपुर आने को। रास्ते में मोटर का तार वगैरह जल जाने पर कहा गया–समय हो गया है–और एक रिक्शा ला दूं ताकि आप उससे चले जाएं। अंधेरा था, इससे सोचा रिक्शा यहां कहां होंगे–कहा–तार ही ठीक कर लो–गाड़ी तो मिलेगी ही। शीघ्र ही तार ठीक हो गया और हम लोग बैठकर गाड़ी आने के पूर्व ही स्टेशन पहुंच गए। गाड़ी संयोग से लेट थी तो अभी आई नहीं थी–अब मेरे साथ जो अजमेरा जी थे उनके सामने यह घटना घटी इसमें कोई सन्देह नहीं–लेकिन उन्होंने कहा–मैं तो पूर्व ही जान गया था कि आपको आगे क्या होगा–इसका बोध हो जाता है। अब मैं नहीं जानता कि उन्होंने दूसरे दिन सारी बस्ती में क्या कहा होगा और कौन-कौन सी भ्रमित बातें मेरे संबंध में फैलाई होंगी। लेकिन मैंने कहा था कि यह बस तो मात्र सांयोगिक है–इसके भीतर कुछ भी योग का चमत्कार नहीं है।...

इसी तरह एक समय मैं इटारसी स्टेशन पर था। गाड़ी छूट चुकी थी... लेकिन कुछ खराबी थी कि वह आउटर से वापिस लौट कर आ गई। इस पर जब वह आकर स्टेशन पर पुनः खड़ी हो गई तो गार्ड मुझे देखकर बोला–बस यह केवल आपके कारण ही लौट कर आ गई है। और लोग भी अपनी पूर्व सुनिश्चित धारणाओं के आधार पर बोले–आप भी खूब हैं–कौन सा जादू जानते हैं, हमें भी बताइए ताकि कुछ कामयाबी हो सके। अब देखिए घटना मात्र को-इन्सिडैन्टल थी–लेकिन उसमें भी हमारे मन के जाल ने जादू जैसा मान लिया और उसे सीखकर कामयाब होने की इच्छा व्यक्त की! कुछ भारतीय मनोस्थिति अजीब है और इसे ठीक से समझना चाहिए अन्यथा लोगों की गतल धारणाओं में और उनकी प्रशंसा से अपने अहं को तृप्ति मिलने लगती है, फिर

साधारण मनुष्य इसी में अपने को संतुष्ट और आदरित मान लेता है। फिर तो भक्तगण इस तरह की सैंकड़ों घटनाएं एकत्रित कर लेते हैं और किसी भी व्यक्ति को एकदम ऊंचा झूठा ही उठा देते हैं। एक अनैतिक मानवीय स्थिति का विकास भर इससे होता है जो मानवता के लिए एक बड़ा भारी खतरा है।

15, 16 एवं 23 अप्रैल 1962 के मध्य

इसके पूर्व 7 एवं 8 अप्रेल को आचार्य जी ने जयपुर में श्री भारत जैन महामण्डल के अधिवेशन में भाग लिया और आपके उपस्थित रहने के कारण श्री साहू श्रेयांस प्रसाद जी ने कहा कि–यह सम्मेलन मात्र और सम्मेलनों की भांति औपचारिक नहीं था–यहां पर जो कहा गया–सुना गया–समझा और विचारा गया उसमें आत्मीयता थी, जागृति और जान थी।

बीच उज्जैन में भी आचार्य श्री ने इस वर्ष 17 एवं 18 अप्रैल, 1962 को श्री महावीर जयन्ती में भाग लिया और अपनी एक चिर-स्थायी छाप छोड़ी।...

इन यात्राओं का वर्णन बाद में करने का मन है–अभी तो एक दिवस रात्रि श्री जोशी जी की मण्डली के बीच जो आचार्य जी का कार्यक्रम हुआ, चर्चाओं का अमृतानंद सारे उपस्थित व्यक्तियों ने लूटा–उसी को वर्णित करता हूं।

श्री जोशी जी और उनकी चार-पांच नवयुवक मित्रों की मंडली रात्रि के सुखद मौन हो आए क्षणों में उपस्थित हुई है। चांद की सुखद चांदनी दूर-दूर तक फैली है। कमरे के रमणीक वातावरण में आचार्य जी अपने सहज सरल जीवन के आनन्द को बांट कर आए हुए लोगों का स्वागत करेंगे और इस तरह अपने में हो आए आनन्द को अनेक लोगों में विस्तीर्ण करेंगे। आज के इस विषम युग में इससे महान और कुछ भी नहीं हो सकता है कि युग की खो गई अंधेरी राह में आत्मा के आनन्द को कैसे अनुभूत किया जाय-इसकी वाणी को अपने अंतरतम जीवन के आनंद से प्रगट कर लोगों को अपने स्वरूप तक आने के मार्ग को दिखाया जाए।

श्री जोशी जी के मित्रगण सामान्य जीवन को कैसे भीतर की अचेतन वासनाओं से मुक्त बनाया जाय, इस संबंध में जानने को पूर्ण आतुर थे।

आचार्य जी ने कहा– आज बहुत ज्ञान है–लेकिन आचरण कुछ भी नहीं है। प्रतिदिन यह बात बड़े-बड़े लोगों के मुख से दुहरती है–पर यह भ्रान्त बात है। जब तक इस तरह का ज्ञान जिससे कोई आचरण प्रगट न हो–ज्ञान नहीं है। अज्ञान ही है। मुझे यदि कोई बात भीतर समझ में आ गई है–तो कोई कारण ही नहीं है कि उसका बाह्य प्रगटीकरण न हो। ज्ञान अपने में पूर्ण कर्म है। जैसे पूरी बात जानी कि बात पूर्ण स्पष्ट हो जाती है और स्वभावतः उसके परिणाम घटित

हो जाते हैं। जब तक पूर्ण जानकारी भीतर से न हो, बात सतह पर ही तैरती रहेगी और उसका कोई प्रभाव भी हमारे जीवन पर न होगा। मुझे या किसी और को कोई भी बात दीख आए तो क्रांति घटित हो जाती है। प्रश्न तो केवल एक बार ठीक से दीख आने का है। इससे मैं कहता हूं कि मात्र सूचना में यह जान लेना कि क्रोध बुरा है–कोई अर्थ नहीं रखता है। जब तक हम इसे जान न लें–वैज्ञानिकता इसकी स्पष्ट न हो जाय–तब तक क्रोध बना रहता है। जैसे ही हम जान लेते हैं–क्रोध अपने से चला जाता है। वासनाएं अपने से विसर्जित हो जाती है।

क्रोध आने के पूर्व यदि आप जागृत रह सकें और पूर्ण होश बनाए रखें तो क्रोध विसर्जित हो जाता है। इस तरह जीवन भीतर के आनन्द और प्रकाश से भर जाता है।

लोग आपको अक्सर यह कहते मिल जाएंगे कि 'आदमी जानकर भी गलती करता है।' इससे ज्यादा झूठ कुछ और हो ही नहीं सकता है। सूचना के तौर पर जान लेना, एक बात है और भीतर चेतना में संपूर्ण रूप से जागृति उस तथ्य के प्रति हो जाना–दूसरी बात है। जैसी ही यह आंतरिक घटना घटती है क्रि अपने से व्यक्ति वासना मुक्त हो रहता है।...

अनेक पावन प्रसंगों के बीच भी मानवीय चेतना अपने अचेतन के तम से घिरी रहती है–इससे मूलतः व्यक्ति स्व-निर्मित है–वातावरण तो बाह्य रूप से सहायक होता है।

आचार्य जी की पावन वाणी का चाहे जब पान करने का अवसर मिल जाया करता है–इसी सौंदर्य का आनंद लेते हुए ऊपर का भाग भी लिखा गया है। दोपहर की गरमी का प्राकृतिक मौसम। श्री दादा देवकीनन्दन जी आकर आचार्य जी की पावन छाया में बैठ रहे हैं। अक्सर आचार्य जी जो नया साहित्य पढ़ा करते–उसी संबंध में दादा जी की जिज्ञासा हुआ करती है। श्री मैहर बाबा पर लिखी गई एक किताब पर चर्चा करते हुए –आचार्य जी ने कहा–मैहर बाबा 26 वर्षों से मौन हैं–और उनके भक्तगण सारी दुनियां में हैं। पहिले एक एल्फाबेट बोर्ड पर अंगुली रखकर अपनी बात को कह देते थे–पर अब तो केवल इशारे मात्र हैं और उन्हीं के माध्यम से व्यक्त सन्देश को. उनके साथ रहने वाले भक्त बताया करते हैं। इनका कहना है कि मैं जब बोलूंगा–तो वे मेरे आखिरी शब्द–विश्व में आध्यत्मिक क्रांति कर देंगे। बाबा में अनेक खूबियां और शक्तिया हैं–बाकी वे तो अपने को अवतार मानते हैं–और जब भी विश्व में उत्पीड़न होता है–तब मानव रूप में आ रहते हैं। आप अपने भक्तों से संपूर्ण समर्पण चाहते हैं और अनेक लोगों ने पूर्ण समर्पण किया भी है–भक्तों की आस्था है कि किसी भी विपत्ति या संकट में बाबा हमारी सहायता करते हैं–और उन्हें (भक्तों को) अब

कुछ भी नहीं करना है–सब बाबा से मिलेगा। इसमें बहुत कुछ जानने की बातें हैं–लेकिन बाबा के संबंध में अनेक घटनाएं हैं जबकि अनिष्ट होने की आशंका थी और बाबा को पूर्ण बोध हो गया।...

24 से 27 अप्रेल 1962 के मध्य

श्री प्रो. रजनीकान्त सरकार, दादा जी, श्री उत्तम जी व उनके एक मित्र–पूज्य क्रांति दीदी और मैं–बाहर सुखद सुहावने मौसम के बीच आचार्य श्री जी अमृत वाणी का पान करने को उपस्थित थे। श्री सरकार जी अपने भीतर की सत्ता में हो रहना चाहते हैं–काफी उत्सुक भी हैं–लेकिन शीघ्रता से अभी उनकी मन:स्थिति में परिवर्तन नहीं होने वाला है। आचार्य जी ने कहा–

मन के शान्त होने का विज्ञान बिल्कुल भिन्न है। अभी हमारा मन कहीं एक जगह स्थिर नहीं रहता है–इसे चंचलता प्रिय है–इससे लोग हैं कि स्थिर करने के प्रयत्न में लग जाते हैं–और किसी एक ओर चित्त को ले जाते हैं–लेकिन इससे एकाग्रता आ सकती है–पर व्यर्थ की स्थिति में यह पद्धति ले जाती है–इसका आध्यात्मिक जीवन से कोई अर्थ नहीं होता है। चित्त की शांति भी इससे उपलब्ध नहीं होती है। इससे मेरा कहना है कि चित्त के साथ कुछ भी नहीं करना है–सब चलने देना है–केवल देखते रहना है–और एक दिन सब अपने से विसर्जित हो रहता है। इसे प्रत्यक्ष आप इस तरह से समझ सकते हैं। मेरी मुट्ठी अभी बंधी है–इसे खोलना है तो क्या करना होगा? यदि इसे हम दबाते हैं तो खुलेगी नहीं–इसे यदि हम खोलने की चेष्टा करते हैं–तो भी खोलनें में तनाव शेष रहेगा। लेकिन जैसे ही हम इसे ढीला छोड़ देते हैं–अपने से मुट्ठी खुल जाती है। इससे मार्ग दोनों के पार हैं–दमन तथा एकाग्रता के पार। ध्यान की क्रिया भी आपके विचारों को मुक्त करके शांत स्थिति में पहुंचा देती है। इस शांत स्थिति में फिर प्रशंसा और गाली का बोध मिट जाता है। भीतर कोई प्रतिक्रिया ही नहीं होती है। शेष इसके पूर्व तक जो भी घटता है उसकी अच्छी या बुरी प्रतिक्रिया होती है। इससे मार्ग उपलब्ध नहीं था। जैसे:–यह बात प्रचलित रही है कि कोई तुम्हें एक गाल पर चांटा मारे तुम उसके सामने दूसरा गाल कर दो। लेकिन इसमें अभी प्रतिक्रिया शेष है–भली ही सही–पर है। आध्यात्मिक व्यक्ति जैसे बुद्ध या महावीर–इनको प्रतिक्रिया ही नहीं होती है–इससे यह कहना कि दया के कारण महावीर ने मारने वालों को कुछ भी नहीं कहा-यह झूठ है–वरन् प्रतिक्रिया ही जब नहीं होती–तो बात ही दया और क्रोध की नहीं उठती है। जैसे आपके ऊपर राह में जाते समय कोई डगाल गिर जाए–तो आप उसे अलग कर देते हैं और आगे बढ़ जाते हैं–उसका कोई प्रभाव आप तक नहीं छूटता है–इसी तरह शान्त अवस्था में मन के पार की सत्ता में–ये सारे बोध अपने से विसर्जित हो जाते हैं।

मन के संबंध में और जानकारी देते समय आचार्य जी ने कहा–सामान्य जीवन में सब कुछ साधारणत: ठीक चलते रहने से हम समझ लेते हैं कि भीतर की शान्त अवस्था प्राप्त हो गई है। लेकिन यह ना-समझी है। अचेतन मन की पर्तें जैसे ही "मैं" का कुछ भी टूटता है–विकृति लेकर निकल आती हैं और इस तरह हमें अपनी भीतर की स्थिति को जानना चाहिए। जब जीवन के क्षण प्रति क्षण हम जागृत हो रहते हैं और भीतर के पर्दे हमसे विलग हो रहते हैं–तब हम अपने आत्म स्वरूप में प्रतिष्ठित हो रहते हैं।...

इस पर प्रो. सरकार ने कहा–तब तो हम मृत हो रहेंगे। आचार्य जी ने कहा–योगी अरविन्द ने जब अपने भीतर के लोक को जाना तब उन्होंने कहा जब तक हमने जिसे जीवन जाना था–वह तो मृत्यु थी और जिसे मृत्यु जाना था वही जीवन है। अब मैं जीवित हूं। इससे सच में जीता तो केवल योगी है–शेष तो सब मृत हैं।...

एक प्रसंग में श्री उत्तम जी के साथी बोले–लेकिन गृहस्थ कैसे यह सब कर सकता है? इस पर आचार्य जी ने कहा–मूल बीमारी तो गृहस्थ की ही हैं–सांसारिक जीवन ही मूलत: समस्या है। योगी एक बार ध्यान न भी करे तो चल सकता है–वैसे ही वह काफी सुख में है। लेकिन संसारी यदि ध्यान की शान्ति उपलब्ध नहीं करता है तो उससे तो अनेक बार गलतियां और व्यर्थ के खतरे उठा लेने की संभावनाएं हैं। इससे संसारी के लिए तो ध्यान अति आवश्यक है।

* * *

श्री नायक जी (राम दुबे के मित्र) और उनके एक साथी मित्र आचार्य जी के पास आए हैं। नायक जी बड़े खिन्न और खिंचाव से भरे व्यक्ति हैं। आप अपने किसी आसपास के झगड़े से संबंधित हैं और उसी सिलसिले में मार्ग जानने आपका आगमन हुआ है।

आचार्य जी ने कहा–मन को संपूर्ण मानवीयता के प्रति खुला रखना चाहिए–किसी भी प्रकार से उसे बंद नहीं होने देना चाहिए। वह बच्चों जैसा सरल और उदार रहे तो जीवन में आनन्द बरसता है। अन्यथा जीवन के आखिरी तक हम भीतर से कलुषित और अमानवीय हो जाते हैं। साधारणत: यही होता है। एक बार चाहे बाह्य रूप से कितनी भी हानि उठानी पड़े तो भीतर संस्कार भले रहना चाहिए–एक बार भीतर हो आया कुसंस्कार अनेक तरह से बाधा है। यह जीवन की समाप्ति है। फिर जैसे आप हो जाते हैं–उससे एक गलत जीवन का हमारा–परिवार का और समाज का निर्माण होता है। जीवन की छोटी-छोटी सी घटनाएं हमें बनाती और बिगाड़ती हैं–यदि हम अपने प्रति पूर्ण ईमानदारी से और सु-संस्कृति से भरे रहते हैं तो यह अपने में पूर्ण आनंद है। दूसरा जैसा है–ठीक

वैसे ही आप हो रहें–यह कहां का न्याय है। इससे गलत अपने प्रति और कुछ भी नहीं है। किसी भी गलत या अमानवीय व्यक्ति में भी कुछ गुण देखकर प्रसन्न हो जाना बहुत बड़ी बात है। इस सिद्धांत पर कि जब सब ठीक होंगे तो मैं भी ठीक हो जाऊंगा–भूल हमारी है। युगों के परिणाम हमारे सामने हैं–यह तो सृष्टि जैसी चलती है–सो चलेगी ही–परिवर्तन तो अपने में आना चाहिए और ये परिवर्तन ही हमें सुख देते हैं और व्यक्तित्व को निखारते हैं। पूज्य गांधीजी के आश्रम में एक खद्दर धारी व्यक्ति आया करते, वह शराब पीता था और इस संबंध में उसकी पूरे आश्रम में बदनामी थी। पर बापू जैसे व्यक्ति को वह उतना ही प्रिय था जितना कोई और। एक संध्या काका कालेलकर, दादा धर्माधिकारी और उनके मित्र घूमने निकले। दादा ने उस व्यक्ति को दिखाकर कहा–अरे! खद्दर धारी भी शराब पीता है। काका ने मुस्कुराकर कहा–यदि हम गांधी की ओर से विचार करें–तो गजब! एक शराब पीने वाला भी खादी पहनता है। अब दृष्टि भेद देखिए तो जीवन तथा मृत व्यक्ति के बीच का अंतर हमें स्पष्ट बोध होता है। इससे अपने विचार बीज जो हमारे जीवन का निर्माण करते हैं। उनको संकुचित और अमानवीय मत होने दीजिए। यह अमानवीयता आपको अनेक तरह से कांटों में उलझा देती है। इससे कुछ भी इस-तरह का करना जो कि मानवता के प्रति अविश्वास से भरता है–एकदम जीवन के प्रति गलत दिशा है। जीवन जितना हल्का और भार के बिना चले–उतने ही आनन्द की बात है। कुछ घटनाएं मैं आपसे कहूं जैसे–पूज्य विनोबा जी की मां जो भी भिखारी आता उसे कुछ न कुछ अवश्य ही दिलवाया करती थीं–कभी-कभी किसी मस्त भिखारी को आया देख हम लोग दलील दिया करते कि क्या यह कुछ कमाकर नहीं खा सकता है। इस पर मां कहा करतीं कि क्यों न देने की दलील खोजते हो। अरे! जो हमारे यहां भीख मांगने आ सकता है–वह बेचारा आया ही इसी कारण से है कि कुछ नहीं कर सकता है–अब तुम अपने अहं को दिखाने और उसे पूर्ण करने के लिए नीचा दिखाते हो। यह कहकर मां हम लोगों से अवश्य कुछ न कुछ दिलवाया करतीं। बाद विनोबा जी ने लिखा है कि मेरा संपूर्ण सर्वोदय का दर्शन इसी सब पर विकसित हुआ है। इसी तरह की घटनाएं बापू के जीवन में अनेक तरह की आई हैं। उनमें से एक घटना में तो यह हुआ कि श्री चतुर्वेदी जी और गांधी जी में young India कुछ विचार धाराओं में मतभेद था। इस पर गांधी जी सहज ही उनसे बोले–धीरे-धीरे सब ठीक हो जाएगा। पर श्री बनारसी दास जी चतुर्वेदी को आश्रम में रहना स्वीकार न हुआ और एक रात दो बजे श्री चतुर्वेदी जी आश्रम छोड़कर चले गए। आश्रम के पैसे का हिसाब चतुर्वेदी जी ही रखा करते थे और भाग्य की बात कि उसी दिन 200 रुपये आश्रम में कम थे। प्यारेलाल भाई इस पर नाराज होकर क्रोध के स्वर में बापू से बोले–"देखा बापू! कैसे हैं ये चतुर्वेदी

जी–मैंने तो आपसे पहले ही कहा था।'' पर बापू ने कहा–एकदम शीघ्र निर्णय मत लीजिए और फिर यदि चतुर्वेदी जी रुपए ले ही गए होंगे–तो उनको आवश्कता होगी–भेज देंगे। अब एक बापू का विचार देखिए। इससे मैं कहता हूं कि हम जब भी किसी और के संबंध में बोला करते हैं तो अपने ही बारे में हम बोलते हैं–दूसरे के संबंध में नहीं। इससे मानवीयता एक बड़ी बात है–शेष सब गौण है।

इतना सब जीवित जीवन को सुनकर भी श्री नायक जी बोले : 'रजनीश साब! आदर्श और व्यवहार दो अलग-अलग बातें हैं' और अपना पुराना कचरा ढोते हुए व्यर्थ की बातों में ही पड़कर यहां-वहां की बातों में ही उलझ गए।

अब देखिए मानव-मन जागृत सत्ता के समीप भी सोया रहता है तो अपने में तो वह हमेशा सोया ही रहता है। कभी-कभी जागने के मौके भी आया करते हैं, तो उनको टाल जाया करते हैं।...

28 अप्रैल से 30 अप्रैल 1962 तक

श्री राम मिश्रा जी का आगमन अनेक दिनों पश्चात् हुआ। बाकी अपनी साधना विधि में श्री राम मिश्रा जी अनवरत हैं और जीवन के मध्य चेतना युक्त अवस्था में हो आने की उत्प्रेरित हैं। साधना पद्धति में आप पूर्व बताई गई विधि–सांसों की प्रक्रिया को कर रहे हैं–और आप सांसों को विधिवत देखा करते हैं। इस प्रक्रिया के साथ ही आचार्य श्री ने कहा कि आप अपनी ध्यान की मनोवैज्ञानिक साधना को अवश्य ही रात्रि सोने के पूर्व कुछ समय कर लिया करें। इस तरह करने से हम जिस मनःस्थिति में सोते हैं–वैसी ही प्रक्रिया हमारे भीतर चला करती है–और ध्यानस्थ अवस्था में यदि हम सोने जाते हैं तो हमारा जागरण भी ध्यानस्थ अवस्था में हुआ करता है और अचेतन धीरे-धीरे चेतना में परिणीत होता आता है।

एक प्रश्न के उत्तर में, जिसमें श्री मिश्रा जी ने यह पूछा था कि–ध्यान अभी पूर्ण नहीं लगता, चींटी या मच्छर आदि के काटने का बोध बना रहता है, आचार्य जी ने कहा–लोगों की आम प्रचलित धारणा ध्यान के संबंध में बड़ी भ्रान्त है। उन्होंने एकाग्रता को ध्यान माना है। लेकिन एकाग्रता ध्यान नहीं है–एकाग्रता तो केवल चित्त की शक्ति का एक जगह संचय है। इससे एकाग्रता में तो बाहर शरीर में क्या हो रहा है–इसका बोध छूट जाता है पर ध्यान के माध्यम से हम शक्तियों को केन्द्रित नहीं करते हैं, वरन् जो हमारे भीतर अनन्त रहस्य से भरा जगत है उससे परिचित होते हैं और सारी चेतना पूर्ण बुद्धत्व प्राप्त कर लेती है। इस स्थिति में तो शरीर पर होने वाली क्रियाओं का बोध और भी स्पष्ट होगा–अर्थात् सारे

कार्य सम्यक् होंगे। पहली बार हमें एक नया जीवन मिलता है–जो वास्तविक है। इससे शेष सब धारणाएं इसके विपरीत इस तथ्य के संबंध में भ्रान्त हैं।

आप इस ओर कार्य करते रहिए–अभी जयपुर में भी और अन्य मित्रों को भी मैंने उपरोक्त जानकारी दी है।

श्री राम मिश्रा जी ने पूछा–क्या ध्यान योग से प्रकाश का उदय होता है। आचार्य जी ने कहा–हम जो ध्यान योग की साधना कर रहे हैं–इससे भीतर एक असीम शान्ति होती है और जहां न प्रकाश और अंधेरा वरन् दोनों के बीच की स्थिति का बोध होता है। इसी से हमने अपनी प्रभात और सांध्य की वन्दनाओं को संध्या कहकर संबोधित किया है। संध्या का और कोई अर्थ नहीं होता है–वरन् उसका मूलतः संबंध आत्मिक शान्ति से होता है। पर अब जब तक हमारे अंतः में वैसी क्रांति घटित न हो और भीतर अर्थ प्रगट न हों तो शब्द मात्र या आवरण मात्र हमारे हाथों में रह जाता है–प्राण तो उसका मर ही जाता है।...

13 अगस्त सन् 1961

सांझ घिर आई है–और इस प्रिय सुअवसर पर ही अनेक मित्र अपनी भटकन मिटाने को आचार्य श्री की छाया में आया करते हैं। आज के पर्व पर भी दो जैन नवयुवक और भाई श्री अब्दुल जी आकर बैठे हैं। आज की संध्या में संप्रदाय और व्यक्ति इस सम्बन्ध में महत्वपूर्ण चर्चाएं हुईं। आचार्य जी ने कहा–

मूलतः समस्या संप्रदायों के ठीक होने की नहीं है। जैसा व्यक्ति स्वभावतः होता है, वैसा ही सब कुछ ढल जाता है। इससे अब मैं पंथों की दीवारों में खड़ा होकर विचार नहीं करता। मेरा ''जैन'' होना गिर गया है और अब मैं सहज प्रेम से भर उठा हूं।... विश्व का सब कुछ इस प्रेम में समाहित हो गया है। सारी निधि मेरी हो आई है। इससे मैं कहता हूं कि आज का युग फासले को तोड़कर एक रूप में खड़े हो जाने का है। गांधी जी को सारी दुनिया के राष्ट्रों एवं धर्मों ने अपना आदमी मानने में गौरव अनुभव किया है। इसका मुख्य कारण एक ही था कि भीतर चेतना में व्यक्ति सत्य हो आता तो कोई भेद कैसे रह सकते हैं। हां असत्य में भेद हुआ करते हैं पर सत्य तो एक ही होता है। इसी से जब किसी भी समय और कहीं भी कोई जागृत चेतना हुआ करती है–तो जो कुछ उससे व्यक्त होता है–वह तो अभेद का ही हुआ करता है। हां व्यक्त होने में भाषागत भेद तो संभव हैं और इन्हीं भेदों में व्यक्ति उलझा रहे तो उसे दीवारें बन्द हैं–ऐसा अनुभव होता रहता है। इस बन्द स्थिति में बड़े विवाद और झगड़े उठ खड़े होते हैं। धर्म के नाम पर जितने कष्ट मानवीय जगत ने उठाए और जो कुकृत्य हुए हैं–उतने कष्ट किसी और मानवीय कृत्य से व्यक्ति ने नहीं उठाए हैं। हम सबका अहंकार

अपने-अपने घेरे से संयुक्त हो गया है। इससे हम सब तो उस घेरे की प्रशंसा सुनना चाहते हैं–हमारे मन सिद्धांतों को और सत्य को नहीं जानना चाहते हैं। यह विकृति हमारे मनों में इतनी गहरी बैठी होती है कि हमें जो सहज आनन्द मिला हुआ है–उसे न जानकर हम अपने अहं के पंजे में अपने को क्षुद्र बनाए रखते हैं। मुझे जितने प्रिय बुद्ध हैं–उतने ही भगवान महावीर या हजरत मुहम्मद। मैं एक बौद्ध सभा में बोला तो कहा–भगवान बुद्ध मानवीय इतिहास में सबसे बड़े क्रांतिकारी विचारक थे। इसे जब कुछ जैन बन्धुओं ने सुना... तो बोले... मुझे ऐसा नहीं कहना चाहिए था...क्योंकि मैं "जैन" हूं। अब हमारा जैन होना दिक्कत देता है–हम महावीर को सबसे ऊंची सीढ़ी पर बैठाना चाहते हैं। इसमें ही हमारे अहं की पूर्ति होती है। जबकि मूल बात यह है कि भगवान महावीर और बुद्ध में कोई तुलना का प्रश्न ही नहीं उठता है। जब मैं गुलाब पर कुछ कहता हूं तो चमेली पर तो मैं कुछ कह ही नहीं रहा हूं। उनका तो अलग-अलग क्षेत्र है। पर हम इतना सा भी ध्यान नहीं रखते कि गुलाब तथा चमेली की क्या जोड़! यह शिष्टाचार भी भारत से उठ गया है। पश्चिमी मुल्कों में अभी भी भलापन और शिष्टाचार टिका हुआ है। वहां की संस्कृति शिष्टता में तो सहज प्रशंसनीय है। कोई भी अमरीकन जब भारत यात्रा पर आता है तो सहज जो यहां की विशेषताएं होती हैं उनकी प्रशंसा करके जाता है। पर हमारी ना-समझी देखिए कि उनकी प्रशंसा पर हम समझ बैठते हैं कि हम तो विश्व गुरु हैं–हमारी प्रशंसा होनी ही चाहिएं। यहां जबलपुर में प्रांतीय शिक्षण महाविद्यालय में एक अमरीकन महिला 2 वर्षों तक रहीं। अपने विदाई समारोह में उन्होंने कहा–ऐसा माना जाता है कि किसी दूसरे राष्ट्र में आने पर मातृभूमि की याद आती है–पर यहां आकर तो मैं भूल ही गई कि मैं कहीं और आई हूं। मुझे यहां जो गुलदस्ता भेंट किया गया है–इसके जैसे आकर्षक फूल तो अब मिलना दुर्लभ हैं–और जिस देश के फूलों में सुगंध हो–उस देश का तो कहना ही क्या! ये शब्द हैं एक शिष्ट राष्ट्र की महिला के। हमारे सारे संयासियों और साधुओं को पश्चिमी राष्ट्रों में जो सहज आदर मिला करता है–वह उनके सहज भलेपन की बात है। लेकिन भारतीय वृत्ति इसके विपरीत है। जो गलत और व्यर्थ का है–उसे पकड़ लेना हमारा स्वभाव है। इससे कोई भी व्यक्ति जो भारत और पश्चिमी राष्ट्रों का मूल्य आंकेगा–वह कहेगा कि भारत से तो सहज शिष्टाचार और भलापन भी उठ गया। एक उदाहरण मैं आपको दूं–उससे और भी हमारी संस्कृति का भेद स्पष्ट होगा।

अमरीका में जब कोई दो व्यक्ति मिलते और किसी तीसरे व्यक्ति के संबंध में चर्चा किया करते और यदि यह कहा जाय कि वह व्यक्ति चोरी करता है तो शीघ्र ही दूसरा कहेगा–अरे! जाने भी दीजिए–होगा चोर! लेकिन गाता बहुत अच्छा है। पर हमारे यहां कहिएगा कि अमुक व्यक्ति गाता बहुत अच्छा है तो शीघ्र

ही कहा जायगा कि वह चोर है। इससे हम केवल छिद्रों को ही देखते रहते हैं—और अपने आपको नीचे गिराते जाते हैं।

इससे मैं कहता हूं कि हम भली बात—जो चाहे कहीं भी घटे—एक ही सत्य का बोध देती है। स्वामी रामकृष्ण कहा करते—जब तक सीढ़ियों पर था—तब तक भेद थे और झगड़े थे; लेकिन जब छत पर पहुंचा तो लगा कि सारे झगड़े व्यर्थ थे—सारे रास्ते उस छत तक ही ले आते हैं। यह है मूल बात—जहां सारे भेद गिर जाते हैं और व्यक्ति सहज सबके प्रति प्रेम, आदर तथा श्रद्धा से भर आता है। इससे मूल समस्या व्यक्ति के अपने में विकसित होने की है—फिर सारे कुछ संबंध अपने से भले और उदार बने रहते हैं—और एक समृद्ध परंपरा को जन्म मिलता है।

16 एवं 17 अगस्त 1961

सांझ रात्रि के निविड़ अंधकार में खो जाने को है। आचार्य श्री—ठाकुर जी को सहज मुक्त अवस्था पर समझा रहे हैं।

मन का अपना प्रपंच होता है जो हमारे अहं की पूर्ति करता रहता है। यहां अहं का अपना क्षेत्र बहुत सूक्ष्म है और अनेक विधि हमें यह भरता रहता है। साधारण गृहस्थ जीवन में तो यह पूरा होता ही है। लेकिन संयस्थ अवस्था में भी यह पीछा नहीं छोड़ता है और आज के युग में किताबों ने बहुत ही सुविधा निर्माण कर दी है—जो भी व्यक्ति चाहे वह थोड़ा बहुत पढ़कर धर्म के संबंध में कुछ भी बोलने लगता है। इससे बड़ा अनर्थ होता है। उनको जानकारी कुछ भी नहीं होती है—केवल पढ़ा हुआ ही दुहराया करते हैं। संयासी जो अपना सब समर्पण कर देता है—वह भी किसी के प्रति अपना समर्पण करता है—और मन की सीमाएं हमें वहां भी बांधे रहती हैं। इससे जो बांधे है—वहां समर्पण गलत हो जाता है। इससे समर्पण भी गलत है और मात्र एक साधन है परिष्कृत एवं सूक्ष्म—अपने अहं को पूर्ण करने का। फिर मूलत—''मैं''की कोई सत्ता नहीं है—यह तो भूतकाल की कुछ घटनाओं का जोड़ मात्र है। एक यौगिक (Compound) के रूप में कुछ बातों का जोड़ है—अब देखिए जिसका स्वयं का कोई भी अस्तित्व नहीं है—उसका समर्पण करने का प्रश्न ही नहीं उठता है।

एक बौद्ध साधक नागसेन, सिकन्दर के साथी मिलिन्द से मिलने गया है। मिलिन्द, नागसेन को आता जानकर अति हर्षित होता है और उठकर स्वागत करता है—स्वागत में वह कहता है—भला हुआ—आप आए। इस पर नागसेन कहता है-- मैं तो कहीं हूं ही नहीं, इससे आऊंगा क्या? मिलिन्द आश्चर्यमय था। पर नागसेन ने मिलिन्द को ले जाकर बाहर रखा हुआ रथ दिखाया और कहा

कि–जैसे हम इस रथ के पहिए अलग-अलग कर दें और शेष अंग भी अलग-अलग कर दें–तो रथ का अस्तित्व नहीं रहेगा। यह तो मात्र जोड़ है जो रथ के रूप में है–पर रथ है क्या? रथ तो नहीं है–बस ऐसे भी ''मैं'' नहीं हूं। केवल एक जोड़ मात्र है–जो आता और जाता है। इससे अब स्पष्ट है कि मैं की कोई सत्ता ही नहीं है तो समर्पण सम्भव ही नहीं है। हां ''मैं'' का विसर्जन होता है–पर जैसे ही विसर्जन हुआ कि–जो अनदीखा है वह देखने में आ जाता है।

प्रश्न–''यह विसर्जन प्रयत्न से होता है या प्रभु प्रसाद से।''

देखिए ठाकुर जी–प्रयत्न तो बाधक हैं–प्रयत्न से संसार को जाना जा सकता है लेकिन अपने को नहीं जाना जा सकता है। इससे जैसे ही सारे प्रयत्न, सारी बाधाएं, समस्त विचार छूट जाते हैं–प्रभु अपने से प्रगट हो आता है। यह सब व्यर्थ का कचरा है जो जागरूक जीवन-दृष्टि से अपने से विसर्जित हो जाता है। इससे अपने को पाने के लिए–सारे प्रयास व्यर्थ हैं।

प्रयत्न से तो विसर्जन संभव ही नहीं है–वह तो गलत दिशा है ही। लेकिन प्रभु प्रसाद से कुछ मिलेगा–यह भ्रान्त धारणा है। हमारे मन में जरूर यह चला करता है परन्तु सम्यक रूपेण जागृत रहने से सब मिल जाता है।..

19 अगस्त सन् 1961

श्री मणिराम जी शर्मा और आचार्य जी के महाविद्यालय का एक युवक, मैं तथा पूज्य क्रांति बहन चर्चा के मध्य उपस्थित थे।

मन के अपने बनाए हुए रास्तों पर विस्तार से चर्चा हुई।

आचार्य जी ने कहा–मन हमें समझाए रखता है–अनेक विधि और अनेक माध्यमों से। इसका जाल अजीब उलझा हुआ है। अनेक रास्ते हैं–मन के जिनके आधार पर यह अपने आपको संतुष्ट रखा करता है। अक्सर लोग कहा करते–अरे! मृत्यु से भी घबराना क्या... वह तो महानिद्रा है। इसी तरह की अनेक भ्रान्त धारणाएं मन के जगत् में चला करती हैं। पर इसकी यथार्थता को आप जानिएगा तो आप पाएंगे कि यह तो अपने भीतर मृत्यु से जो डर की गहरी जड़ें विकास पाई हैं–उसी का पुष्टीकरण मात्र है। हम मृत्यु से डरते है–इस डर को किस तरह छुपाया जाय–इस कारण हम बड़े-बड़े शब्दों से अपने को भरते रहते हैं–पर इससे मृत्यु से बचा नहीं जा सकता है। जो साधक होता है–उसे यह भेद एकदम स्पष्ट दिखाई देता है और वह तथ्यों को केवल मात्र तथ्यों की तरह ही देखा करता है। उसे मृत्यु के समय भी मृत्यु के पार जो अमृत सत्ता विद्यमान है–उसका बोध बना रहता है और वह शान्त चित्त अपना शरीर छोड़ता है।

21.08.1961 सोमवार

न जाने कितना असीम प्रेम का भंडार आचार्य श्री को मिलने को है–क्योंकि जहां भी जाना होता–न जाने कितना सुपरिचित समागम बन आता–एसी प्रतीति होती कि बहुत समय से सबके अंतर मन मिले हुए थे–यह है प्रत्यक्ष ईश्वरानुभूति और उसका प्रगटीकरण संपर्क के माध्यम में। इतना क्रांतिकारी परिवर्तन आचार्य श्री के संपर्क में होता है और एक जादू का सा परिणाम स्पष्ट दृष्टिगत होता है। आज युग इतना पीड़ित है कि जगह-जगह पर धर्म का शान्ति प्रिय सन्देश सुनकर मानव चेतना शाश्वत आनन्द के बोध को अनुभूत करने का मार्ग जानकर, अत्यन्त हर्षित होती है। भारत के सारे पुरातन मूल्य वैज्ञानिक ढंग से इस पवित्र भूमि पर पुनः अवतरित हो सकें–इसके लिए आचार्य जी का योग जिस प्रतिभा के साथ हमारे युग को मिल रहा है–वह ईश्वर की अनुकम्पा है। चर्चा का प्रारम्भ इसलिए हुआ कि अभी पिछले दिवसों में आचार्य श्री तुलसी जयन्ती में भाग लेकर सिवनी से वापस लौटे थे। अपनी शाश्वत स्मृति सिवनी में छोड़कर आना हुआ कि भाई श्री चन्दू जी जो वहां के प्रतिष्ठित नागरिक हैं–एक पत्र द्वारा अपनी अभिव्यक्ति करते हैं जो कि उल्लेखनीय है–और इसी कारण यह प्रसंग लिखा भी गया है–"आपका तुलसी जयन्ती में आना एक विशाल पूर को साथ लाना था। पूर में जैसे अथाहता होती है–वैसे ही आपकी अंतर वाणी ने सबको उस अनंत अथाह का बोध दिया। हम सारे जन उस विशाल वैभव से भर गए।

आपका शुभ्र खादी में दीप्ति मान मुख मंडल, आंखों में एक गहरा तेज और ओंठों पर सन्त की मुस्कुराहट सबको मोह गई है। यद्यपि अब आप 90 मील दूर हैं--पर आपकी उपस्थिति चारों ओर है। यह पत्र मेरा आपकी स्मृति में हमेशा रहे–चाहे मैं धूल में मिल जाऊं--इस आशा में समाप्त करता हूं। "

अब इसे क्या कहूं...मानवीय चेतना की पराकाष्ठा का इसमें दर्शन होता है।...

22.08.1961 मंगलवार

रात्रि की स्तब्ध रमणीयता में चारों ओर एक शान्त वातावरण दृष्टिगत हो रहा है। ऐसे ही समय पूर्ण शान्त चेतना और अशान्त चेतना का प्रगटीकरण अपने में एक गहरे आनन्द के द्योतक हैं।

श्री डीसीपुरी (रिटायर्ड लेफ्टिनेंट) और उनके मित्र श्री ठाकुर जी (वकील)। पुरी जी अपने में अशान्त व्यक्तित्व के मूल में परिचायक हैं और प्रत्एक बात पर बिना कुछ सोचे समझे–विस्तार से आंख बन्द करके चर्चा करने के आदी हैं। आज भी आपका वार्तालाप यहां-वहां की बातों से व्यर्थ का भरा हुआ था।

इस पर आचार्य श्री ने कहा–देखिए पुरी जी–जीवन के अन्तिम क्षण इस तरह व्यर्थ में मत खोइएगा। आज तक आपको इससे क्या मिला और अब क्या मिल जाने को शेष रह गया है। व्यर्थ समय खोया कि फिर कुछ भी रह जाने को नहीं है। और फिर व्यर्थ की जिज्ञासा के उत्तर भी पा लिए तो परिणाम में व्यर्थता ही बढ़ने को होगी। इससे आप समझिएगा कि यदि किसी कमरे में दो लोग हैं–तो इसे विवाद करके समझना व्यर्थ होगा। बेहतर है कि हम भीतर चलें और जान लें कि कितने लोग हैं। अतः मूलतः बात भीतर आ जाने की है, जो एकदम सहज है। आज तक किसी ने भी संसार को तो पाया नहीं है और उसे पाना लगभग असम्भव है–पर प्रभु को तो अनेकों ने पाया है और हम भी पा सकते हैं। इसका क्या विज्ञान है–इसे मात्र जान लेने से मानवीय जीवन की सार्थकता उपलब्ध हो जाती है–और विशेष कुछ जीवन में व्यर्थ की जानने की कोई आवश्यकता ही नहीं है। जो व्यर्थता विचारों की भीड़ की दिन रात चला करती है–उसे जागरूक रहकर जीने मात्र से वह व्यर्थता चली जाती है और तब जो शेष रहता है–वही दिव्य प्रभु है।

जीवन का समय मूल्यवान है। इसे व्यर्थ न खो जाने का आग्रह सन्तों ने चिल्ला-चिल्लाकर किया है।

‘चेत सके तो चेतिए, कूके सन्त सुमेर।
लख चौरासी जात है, फेर सके तो फेर।’

लेकिन मानव मन इसके विपरीत चलता है। उसे न जाने किन बातों में आनन्द आता रहता है और अंधेरा मानवीय चेतना के पास बढ़ता चला जाता है। और हमें भ्रान्ति हो जाती है कि अनेक जन्मों के पाप कर्म हैं–इनको काटने में न जाने कितना समय लगेगा। लेकिन मैं आपसे कहता हूं कि अंधेरा चाहे एक दिन का हो या लाख वर्षों का–भीतर दीया जलते ही अंधेरा अपने से विसर्जित हो जाता है। ऐसे ही हमारे चित्त पर जो अशान्ति की लहरें चलती हैं–उनके पार एक अनंत शान्ति का लोक है और जैसे हम इन विचारों की लहरों से मुक्त हुए कि व्यक्ति ईश्वरानुभूति कर लेता है। इस संबंध में जागरूकता का सहज विज्ञान है। इस पर आचार्य जी ने सविस्तार चर्चा की और समझाया कि आप व्यर्थ संपूर्ण राष्ट्र की और दूसरों की चिन्ता में मत लगे रहिए–कुछ भी प्राप्त न हो सकेगा–और समाज वैसा ही चलने वाला है–आप जो सजीव पुरी साहब मेरे सामने नजर आते हैं–केवल आप ही अपने में परिवर्तन ला सकते हैं–और जो शान्त अवस्था उपलब्ध होगी–उससे आपकी अशान्त मनःस्थिति विसर्जित हो जाएगी यही आनन्द है।

श्री पुरी जी कृतार्थ हुए और आचार्य जी के प्रति अपनी कृतज्ञता व्यक्त की।

24.8.1961 गुरुवार

श्री मणि जी शर्मा–अपने व्यक्तित्व को निखारने को उत्सुक हैं। इससे कभी-कभी आया करते हैं–आचार्य जी के समीप। आज आचार्य जी ने समझाया–

''मैं'' का विसर्जन जीवन में मुक्तता देता है और व्यक्ति विराट के आनन्द से भर आता है। किसी गुरु को माध्यम बनाके–अपना ''मैं'' समर्पण करना होता है और जो उपलब्धि होती है वह अनंतता की हौती है यह ''मैं'' का बंधन जटिल होता है–इससे खुद में क्षमता इसके विलीनीकरण की नहीं होती है। ''मैं'' को हम त्याग में भी भरते चलते हैं–इससे गुरु का महत्व है। प्रश्न यह भी अब नहीं उठता है कि गुरु कैसे हों? वरन् यदि हंमने समर्पण किया है तो उपलब्धि तो होगी ही–वह रुकने वाली नहीं है।

अगस्त के आखिरी सप्ताह से 24 सितंबर 1961 तक

इस बीच अनेक व्यक्तियों का मिलन हुआ। दूर-दूर पर्यूषण पर्व के अवसर पर दौरे किए और आत्मिक जीवन की शान्ति में किस तरह प्रतिष्ठित हुआ जाय–इसके विज्ञान की चर्चा की।

इस बीच कृष्ण जन्माष्टम्री में आचार्य जी सीता पहाड़ (जबलपुर) स्थित छावनी के केन्द्र मैं कृष्ण जन्मोत्सव के आयोजन में सम्मिलित हुए। इस आयोजन में आपने गीता के मूल सिद्धांतों का विवेचन किया। संक्षेप में एक वाक्य में कहा जाए तो गीता ज्ञान मूलक, भक्ति प्रधान–कर्म योग का ग्रंथ है। ज्ञान का अर्थ है–अपने में से परिचित होना। मैं कौन हूं यह ज्ञान है। कैसे अपने स्वरूप को जाना जा सकता है–इस पर सविस्तार आचार्य जी ने चर्चा की और बतलाया कि जब हम सारे विचारों से रिक्त हो जाते हैं तब मानवीय आत्मा की अनुभूति होती है। यह ज्ञान है। भक्ति यानि प्रेम। जब द्वैत संबंध मिटकर सारे जगत में व्याप्त एक सत्ता के बोध से साधक भर आता है – तो वह प्रेम में हो आता है। लेकिन जीवन बिना कर्म के अधूरा है। इससे कर्म भी इस ईश्वरीय प्रेरणा मात्र से करने का भाव गीता में है। अतएव गीता एक संपूर्ण योग ग्रंथ है। उसे जो ठीक से समझ लेगा–गीता उंसकी हो रहेगी और वह गीता का हो जाएगा।

कृष्ण जन्माष्टमी के अवसर पर श्री नथ्थूमल जी कोठारी (येलिचपुर) और उनके जीजा जी–मलकापुर निवासी (बुलढाणा के निकट) का आगमन हुआ।

साथ आए सज्जन बोले–आज के साधु कुछ चरित्रवान नहीं रह गए हैं। पूरी विधियों का ठीक-ठाक़ पालन नहीं करते हैं।

आचार्य जी ने कहा–यह भ्रान्त धारणा है कि बाह्य आचरण में सारी विधियों को उतारकर कोई व्यक्ति मुक्त हो सकता है। इस तरह केवल अपने को बाहर

से बदला जा सकता है—और अपने चेतन मन में साधु होने की एक भ्रान्त धारणा की जा सकती है—जो बहुत आसान है। फिर यदि इसमें कुछ कमी रह जाती है तो आप सब लोग जो बाह्य आचरण के पूजक हैं—उस कमी की पूर्ति करा लेते हैं। इस तरह हमारा साधु बिचारा भीतर से तो साधारण आदमी हुआ करता है—केवल बाहर से बदला हुआ—दमन के माध्यम से—साधु प्रतीत होता है। इसमें व्यक्ति अपनी प्रवृत्तियों को दमन करता है—और कोई सुखद परिणाम जीवन में घटित नहीं होता है। भीतर इससे एक संघर्ष और द्वंद चलता रहता है—और फोड़ा पकता रहता है—समय आने पर वह कहीं से भी फूट आता है। इससे मैं कहता हूं कि—पहले भीतर आमूल परिवर्तन हो—बाद बाह्य आचरण तो अपने से आ जाता है। भीतर अंधेरा हो—और उसे आप लाख हटाने का प्रयत्न कीजिए—अंधेरा ज्यों का त्यों बना रहता है। लेकिन भीतर प्रकाश में आते ही अंधेरा अपने से खत्म हो जाता है।

आज हम सब जो महावीर को समझते हैं कि उनको आत्मिक जीवन की उपलब्धि त्याग करने से हुई थी। यह भ्रान्त धारणा है। तपस्या तो केवल संसार से अलग करने को थी और जब्र सबसे तपस्या से भी पकड़ छूट गई—तब उन्हें सब मिल आया। इससे मैं कहता हूं कि जिस तरह संसार की पकड़ से हमारा अहं तृप्त होता है—ठीक उसी तरह से त्याग में भी हमारा अहं तृप्त होता है। जब सब पकड़ छूट जाती है—तो व्यक्ति मुक्त हो जाता है। यह पकड़ ध्यान योग की साधना से विसर्जित हो जाती है और ध्यान उपलब्ध हो जाता है। जब ऐसी सहज चेतना में व्यक्ति हो आता है तो अपने आप त्याग, ब्रह्मचर्य, क्षमा, दया, सत्य एवं अहिंसा व्यक्ति से व्यक्त होती है। इससे भीतर से मुक्त होना जड़ की बात है—शेष सारे श्रेष्ठ व्यवहार उसके लक्षण हैं—कहें हम फूल हैं। अब आपको स्पष्ट हो गया होगा कि लक्षणों पर चल के स्वभाव तक नहीं आया जा सकता है। स्वभाव में होकर ही लक्षण उससे अपने से व्यक्त होते हैं।

***

बम्बई की पर्यूषण यात्रा। अनेक लोगों का संपर्क और अपनी वैज्ञानिक पद्धति के माध्यम से धर्म के प्रति लोगों को सहज आस्था उत्प्रेरित करना—आज के युग में एक विशेष महत्व का स्थान रखता है।

परिचित मित्रों में श्री सादीलाल जी जैन, श्री डा. दोशी जी, डा. धर्मवीर भारती, श्रीमती बजाज, श्री सन्त बाल और अन्य साधुगण, साध्वी सुश्री उज्जवल कुंवर जी एवं अनेक लोगों से आचार्य जी की भेंट हुई। सारे व्यक्तियों नें जीवन-साधना से उपलब्ध अनुभूतियों के प्रति जो आनन्द भाव व्यक्त किया—और अनेक लोगों को जीवन जो भार स्वरूप दिखता था—उसमें आनन्द और हल्केपन

की एक जागृति का हो जाना–आचार्य जी की वाणी का प्रभाव और उसकी व्यापकता को स्पष्ट करता है। खुले मन से लोगों ने समझा और यथार्थता का दर्शन किया। आज जो शब्द जाल और व्यर्थ का धर्म के संबंध में व्यापार चल रहा है उससे मानवीय जीवन कलुषित हुआ है और हमारे पंडितों एवं पुरोहितों पर इसका उत्तरदायित्व आता है। अनेक साधुओं की जीवन-प्रक्रिया तो मात्र भटकन को बढ़ाने में सहायक होती है। कुछ साधुगण तो बेचारे धार्मिक विधि-विधानों में लगे रहते हैं–लेकिन परिणाम में कुछ आता नहीं है। इस सबके परे–अपूर्व शान्ति के विज्ञान के संबंध में जानकर–लोग अति हर्षित हुए–और जीवन में एक स्वाभाविक क्रांति प्रक्रिया घटित हुई। एक साधु जी तो बेचारे 30 वर्षों से इस ओर गतिशील थे–पर परिणाम में कुछ भी न मिला था–इससे आचार्य जी जैसे पथ-दृष्टा को पाकर–साधुजी धन्यभाग हुए और प्रेम-पूर्वक आचार्य जी की प्रत्एक बात को विवेक के साथ स्वीकार किया। बंबई पर्यूषण में पूज्य बब्बा जी भी साथ थे–और आपने भी आनन्द लिया।...

जैन पर्यूषण में आचार्य जी ने नगर में भी भाग लिया। जो विचार-गंगा प्रवाहित की–उसे सुनकर जीवन में एक नवीन ज्योति का संचार हुआ–और मानवीय चेतना ने अपने स्वरूप को जानने का रास्ता समझा। कहा गया–

1. युग आज खिंचाव-तनाव, हिंसा-घृणा की तीव्र दौड़ पर है–फलत: अशान्त व्यक्तियों की बहुतायत है। जीवन का अर्थ और प्रयोजन समाप्त हो गया है–सारा भीतर का आनन्द जीवन से विलग हो गया है और हम मन के अंधेरे में संघर्ष करते चले जा रहे हैं–परिणाम में अंधेरा ही दीखता है और प्रकाश विलुप्त हो गया है। ऐसी अंधेरी सदी में मानवात्मा है–इसे कोई अस्वीकार नहीं करता है–और व्यक्ति को आनन्द तथा शान्ति में प्रतिष्ठित होना है तो उसे धर्म के विज्ञान को समझना होगा। भारत से संपूर्ण रूप से धर्म के प्रकाश की आशा की जाती है–पर भारत में धर्म के नाम पर मिथ्या प्रचार हो रहा है और कोई धार्मिक अनुभूति में प्रतिष्ठित व्यक्ति धर्म में नहीं है–इससे भ्रान्ति का निर्माण हो रहा है। इससे धर्म की आंतरिक अनुभूतियों में प्रतिष्ठित हो आई मानवीय चेतना से धर्म के विज्ञान के संबंध में जानना ही उपादेय है। धर्म में प्रतिष्ठित होकर व्यक्ति आनन्द और शान्ति को जान सकता है। कोई भी व्यक्ति दुख झेलने का अधिकारी नहीं है–और सबको आनंद तथा शान्ति में होने का एक जैसा ही अधिकार मिला हुआ है। केवल थोड़े से सही दिशा परिवर्तन से व्यक्ति को अनंत गहराइयां उपलब्ध हो जाती हैं। कौन सी मूलत: वैज्ञानिक जीवन-दृष्टि धर्म के संबंध में है–इसकी आचार्य जी ने चर्चा की। आपने कहा–

(अ) बाह्य क्रिया-कांड थोथा और मिथ्या है। यह केवल, एक और दौड़ को बढ़ाने का साधन मात्र है। इससे आज तक किसी को कुछ मिला हो-बता दें। उत्तर शून्य में आता है।

(ब) इससे मैं कहता हूं कि धर्म के विज्ञान को या आत्म शान्ति के विज्ञान को समझने में सारे प्रयास बाधक हैं। प्रयास जब तक चलते रहते हैं समझिए कि आप परिधि पर ही अभी दौड़ रहे हैं–जैसे ही सारे प्रयास छूट जाते हैं, तो जो मिला हुआ है–वह प्रगट हो आता है। इससे भीतर में मूल में क्रांति घटित होने की बात है–और जैसे ही यह क्रांति घटित हो जाती है–अहिंसा, सत्य, ब्रह्मचर्य अपने से प्रगट होते हैं। मार्ग सुगम है–

1. व्यक्ति केवल शरीर नहीं है, वरन् शरीर तो उसके प्रगटीकरण का माध्यम है–'जो है'। इस 'जो है' का क्षण-प्रतिक्षण होश बनाए रखना-मुक्त कर देता है। कौन है जो उठता–बोलता, खाता-पीता है। इसका ध्यान बनाए रखना मुक्ति देता है।

2. शरीर के बाद मन का स्थान आता है। मन-शरीर की समस्त इच्छाओं का जोड़ है। इच्छाएं-वासनाएं–इन सबके प्रति होश बनाए रखना–कौन है जो सोचता है तो स्पष्ट होगा कि जो सोचने वाला है–वह सोचने से पृथक है–इतना बोध होते ही–जब मन संपूर्ण रूप से विसर्जित हो जाता है–तो व्यक्ति अपरिसीम आनन्द के बोध से भर आता है। जैसे ही यह विसर्जित हुआ कि व्यक्ति अपने स्वरूप में प्रतिष्ठित हो जाता है।

इन सचेतन प्रक्रियाओं से जो व्यक्ति गुजरता है–वह आत्म-प्रतिष्ठित हो जाता है और अपने से ध्यान में हो आता है। ध्यान में होते ही–व्यक्ति अपने ज्ञायक स्वरूप से परिचित हो आता है। इस ज्ञायक-स्वरूप के दर्शन से व्यक्ति आनन्द और शान्ति को अनुभूत करता है। बाद फिर इस ज्ञायक-स्वरूप में प्रतिष्ठित होने पर व्यक्ति सब ओर व्याप्त चेतना में एकात्म सत्ता का बोध करता है। और चारों ओर प्रभु की अभिव्यक्ति साकार हो आती है।...

श्री तारण जैन चैत्यालय में आचार्य जी का कार्यक्रम-पूज्य लक्खू बब्बा जी की प्रेरणा से हुआ। आचार्य जी ने कहा–

चर्चा का आरंभ युग के घने अंधकार से हुआ। अंधेरे युग की सदी में–कैसे आत्म-शान्ति में व्यक्ति चेतना प्रतिष्ठित हो–इस पर विस्तार से समझाया गया। चर्चा-शान्त और आनंदपूर्ण रही।...

1. त्याग से मुक्ति नहीं मिलती है। जब तक मन में कुछ छोड़ने के प्रति आस्था बनी रहती है–और मुक्ति मिलने की आशा बनी रहती है–मुक्ति नहीं मिलती है। जब सब छोड़ने-पकड़ने की दौड़ समाप्त हो जाती है–तब चेतना मुक्त हो जाती है। सन्त तारण ने इसे शून्य-स्वभाव कहा। शून्य में होते ही व्यक्ति अपने आत्म-स्वभाव में होता है। समस्त चाह छोड़ने की बात कही–इसी से मूर्ति का भी निषेध किया–कारण था कि मूर्ति जो अति सुन्दर होती है–कहीं हमारा ध्यान उसी में अटक कर न रह जाए–इससे ही मूर्ति को मुक्ति में बाधा माना गया। मूर्ति कितनी मोहक है–और कहीं यह मोहकता ही बाधा न बन जाए–इससे मूर्ति भी नहीं। कुछ भी शेष न रहे–मोक्ष की कामना भी नहीं–तभी व्यक्ति शून्य स्वभाव में–जो उसका स्वभाव है–स्थिर हो पाता है।

3. कैसे शून्य स्वभाव में आया जा सकता है। इच्छाओं, वासनाओं के घेरे को क्षण-क्षण होश बनाए रखकर देखते रहना–और बस देखते रहना–इससे सहज ही हम घेरे के बाहर आ जाते हैं और ध्यान की अवस्था उपलब्ध हो जाती है। इस ध्यान की प्रक्रिया में ही व्यक्ति स्व-स्थित होता है और आत्मदर्शन करता है।

जैन पर्युषण के आयोजन के अवसर पर ही जैन धर्मशाला, हनुमान ताल में आचार्य जी का जाना हुआ। यहां पर थोड़ा बहुत पानी गिरा पर आचार्य जी की वाणी को शान्ति से सुना गया। समझाया–

1. जीवन-मुक्त तो व्यक्ति चेतना ही है। इससे इस अवस्था का बोध करने के लिए जन्म-जन्मांतर नहीं लगते हैं–और कोई अनंत जन्म और जीवन-पाप कर्मों को धोने में नहीं लगते हैं। केवल मुक्ति का विज्ञान भर विदित होने की बात है–और प्रत्येक व्यक्ति जो परमात्म स्वरूप है–उसका बोध उसे हो जाता है। केवल थोड़ी सी बाह्य मन:स्थितियों और विचारों के घेरे में पड़कर हम नित्य उपलब्ध परमात्मा को भूल गए होते हैं। इसे जानने के लिए–

प्रत्याहार, धारणा और ध्यान की बड़ी मनोवैज्ञानिक साधना पूर्ण चर्चा आचार्य जी ने वैज्ञानिक आधारों पर की। आचार्य जी की चर्चा अंध-विश्वासों और चमत्कारों पर निर्भर नहीं होती–इससे उनका धर्म का कुछ भी अर्थ पुराने मान्य अर्थों में नहीं है–वरन् धर्म को जीवन-साधना का विज्ञान आचार्य जी मानते हैं। धर्म-शान्ति का विज्ञान है।

प्रत्याहार का अर्थ है–अपनी ज्ञानेन्द्रियों को भीतर के परमात्म स्वरूप को उपलब्ध करने की ओर मोड़ना। हमारी समस्त इन्द्रियां बाह्य ज्ञान से संबद्ध है और

उनके द्वार बाहर की ओर खुलते हैं। अपना स्वरूप बोध करने के लिए हमें इनको भीतर की ओर मोड़ना होता है। बाहर प्रकाश दीखता है–लेकिन एक घनी अशान्ति भी साथ है। इससे आनन्द और शान्ति का पथ भीतर है और उसे वहीं जाकर पाया जा सकता है।

धारणा से जीवन भीतर की तरफ उन्मुख होता है। धारणा से जीवन में आश्चर्यजनक परिवर्तन होते हैं। अभी अमरीका में लूथर बुरबांक नाम के मनोवैज्ञानिक ने एक आश्चर्यजनक प्रयोग किया। उसने एक कंटीले वृक्ष को - केक्ट्स को जो मरुभूमि में हुआ करता है–अपने बगीचे में लगाया और उस पेड़ से लगातार 13 वर्षों तक लूथर बड़े प्रेम से कहता रहा कि "मैं तेरा यहां रक्षक हूं–तू अपने कांटे छोड़ दे–और तुझे अब कोई कांटे की आवश्यकता नहीं है।" 13 वर्षों तक जब तक यह प्रयोग चलता था लोग लूथर को पागल मानते पर जब बाद में उसमें से बिना कांटे की शाखा निकली तो सारी दुनिया हैरत में थी–कि ये हुआ क्या। वास्तव में हमारे सुझाव में बड़ी ताकत हुआ करती है–और जैसा हम सुझाव देते रहते हैं–ठीक वैसा ही निर्माण हो जाया करता है। हर सांस में आते जाते यह बोध बना रहे कि मैं प्रभु हूं तो आप अपने में क्रांतिकारी परिवर्तन घटित होते पाएंगे–और आपके जीवन में मुक्त अवस्था आयेगी।

इन दो स्थितियों को पार करने पर अपने से ध्यान उपलब्ध हो जाता है। इस ध्यान की जागृत अवस्था में हमें बुद्धत्व घटित होता है–और हमें आत्म-बोध हो है।

यह जीवन-मुक्त अवस्था है।...

कार्यक्रमों की झलकियां

1. इन चर्चाओं के मध्य आचार्य श्री ने बड़े ही क्रांतिकारी ढंग से–अपने मौलिक विचारों को व्यक्त किया–जिसमें श्रोतागण जागृत होकर-विचार मग्न हो जाया करते थे। इन कार्यक्रमों की झलकियां नीचे दे रहा हूं–

(अ) आज के युग में अनेक पंथ, साधु-महात्मा, मन्दिर, मस्जिद, धर्म-ग्रंथ-धर्म केन्द्र उपलब्ध हैं–पर आदमी के जीवन से आत्म-शान्ति उठ गई है। इसी से कहना होता कि "धर्म" अफीम का नशा है। "धर्म" के साधनागत जीवन की विधि हमसें छूट गई है–और हाथ में केवल बहुत बाह्य साधन रह गए हैं। इन साधनों के परिणाम आज स्पष्ट हैं। इन साधनों को ही धर्म समझा गया है। इससे बड़े शब्द जाल की और पांडित्य की आवश्यकता होती है। पर यह सब व्यर्थ होता है–व्यक्ति चेतना इससे केवल उलझती है–मुक्त नहीं होती है। धर्म इससे

केवल बाह्य क्रिया कांडों और थोथे आचरण से संबंधित नहीं है—वरन् धर्म की मूलभूत जीवन-प्रक्रिया से व्यक्ति अपने आत्म-स्वरूप का बोध कर लेता है। इससे साधनागत जीवन धर्म की चर्चा है—यही आनन्द शान्ति का मार्ग है।

(ब) भ्रान्त हैं वे धर्म-उपदेष्टा और प्रचारक जो कहते हैं कि जन्म-जन्मांतर अपने पाप-कर्मों को धोने में लगा करते हैं। बाद में मुक्ति मिला करती है। यह बात 100 प्रतिशत भ्रांत है—मैं तो कहता हूं कि इसी जन्म में और ठीक इसी समय मुक्ति मिलना संभव है। कहें हम—कि हम अपने में मुक्त ही हैं—कोई शुद्ध-बुद्ध परमात्म सत्ता को छिपा नहीं सकता है। चाहे जितना अंधेरा क्यों न हो—ज्ञान का दीया जला लेने की बात है। जैसे ही दीया जलता कि अपने से अंधकार दूर हो जाता है।

(स) आज किसी व्यक्ति की जितनी इच्छाएं हैं—ठीक 100 वर्ष बाद भी इच्छाएं इतनी ही रहने को हैं—इनकी दौड़ अनन्त है—और एक सी दूरी हमेशा बनी रहती है। कोई भाग कर इन इच्छाओं से तृप्त नहीं होता है—अतृप्ति बढ़ती ही है। इससे इनको समझकर विसर्जन करना होता है।

(द) कोई व्यक्ति हिंसा, घृणा, क्रोध करके—किसी दूसरे व्यक्ति का पतन नहीं कर सकता है। वरन् अपने को जो उपलब्ध अनंत शक्तियां हैं—केवल उनका अपव्यय होता है। इससे हिंसा किसी और की नहीं वरन् अपनी ही होती है। इससे मैं कहता हूं कि हिंसा, घृणा, क्रोध से हमें मिली शक्तियां व्यर्थ जाती हैं—और जीवन निरर्थक हो जाता है। इससे किसी और पर दया नहीं—वरन् कृपा कर अपने पर दया कीजिए और सत्य निष्ठ आचरण से अपनी शक्तियों का केवल परिष्कार संवर्द्धन होता है।

इस बीच बैतूल से एक वकील साहब का आगमन हुआ। आप आचार्य जी से मिलने के लिए तीव्र इच्छुक थे। आचार्य जी ने ध्यान के वैज्ञानिक प्रयोग की चर्चा की। उसे तो पहिले थोड़ा उन्होंने समझा—बाद में उसमें अपनी जानकारी लगा दी—और इतनी महत्त्व की वैज्ञानिक प्रक्रिया को—व्यर्थ का बना दिया—तथा अपनी व्यर्थ की यहां-वहां की बातें करने लगे। बाद में बोले—'सौभाग्य था कि आपसे मिलना हुआ और मेरे ज्ञान में वृद्धि हुई।' अब हम सारे लोग जो चर्चा के मध्य उपस्थित थे—यह सुनकर आश्चर्य से चकित थे—कि खूब वृद्धि हुई!

श्री अबीर चन्द जी बाझल एक बहुत उत्साही व्यक्ति हैं और समाज-सुधार की तीव्र इच्छा है। आज की सामाजिक व्यवस्था से आप व्यथित हैं। आप 30 वर्षों

से सामाजिक सुधार, नैतिक उत्थान तथा चारित्रिक विकास के कार्यक्रम में लगे हुए हैं। अभी भी हिम्मत नहीं हारे हैं और अतृप्ति बनी हुई है बोल–आज के नवयुवकों का नैतिक पतन हो गया है–आचार-विचार भ्रष्ट हो रहा है–कैसे आगे कार्य चलेगा। मैं तो चाहता हूं कि किसी भी राष्ट्र के बच्चे, नवयुवक और वृद्ध यदि ठीक बनें तो नींव, दीवाल और छप्पर के सहारे मकान पूर्णतः ठीक रहेगा। इससे ही मैं इस ओर लगा हुआ हूं और कोई आपसे व्यवस्थित निर्देशन में कुछ करना चाहता हूं।

इस पर आचार्य जी ने कहा–देखिए बाझल जी–आपकी भावना ठीक है–और एक मानवीयता के नाते बिलकुल उदार तथा विशाल है। पर आप देखें तो आपको लगेगा कि इस पवित्र भावना से भी हमारा मन सूक्ष्म रूप से अपना अहंकार तृप्त करता है। अहं के पूर्ति के बड़े ही सूक्ष्म रास्ते होते हैं। एक रास्ते पर समाप्त होते लगता पर दूसरे से जैसे ही सुराख पाता–भीतर चला आता है। इससे मैं आपसे नहीं चाहता हूं कि आप समाज सुधार की ओर अब और लगे रहें। वरन् आपके भीतर जो द्वंद चलता रहता है–मैं चाहता हूं कि आप उसे क्षण-क्षण होश बनाए रखकर विसर्जित करें और तब अपने से ध्यान उपलब्ध हो आता है एवं एक नवीन क्रांति अपने से घटित हो जाती है। आप पाएंगे कि आप एकदम शान्त अवस्था में हो गए हैं और जब आप में यह एक स्वाभाविक परिवर्तन घटित होगा तो अपने से, सहज ही लोगों को आपके प्रति आकर्षण होगा और अनेक लोग आपसे दिशा-दृष्टि पाकर आप जैसे हो जाएंगे। बस समझिए कि फिर बुद्ध और महावीर के समय का समाज निर्मित हो गया। जब तक आप स्वयं अपने में निर्मित नहीं होते हैं–तब तक आपका सारा समय व्यर्थ जा रहा है। ज्योंही आपकी चेतना प्रबुद्ध हुई कि अनेक लोग आपके करीब आकर जो शांति और आनंद अनुभव करेंगे–उससे उनमें अपने से स्वभावतः परिवर्तन घटित होगा। और तब आप जो नैतिक व्यवस्था लाना चाहते हैं–वह अपने से आ जाएगी।

उपरोक्त तथ्यों को आचार्य जी ने श्री बाझल जी को अनेक मनोवैज्ञानिक तथ्यों के द्वारा कहानी के द्वारा अर्थ स्पष्ट करके–समझाया।

अनायास ही मैं अपने बैंक के ऑफिस के एक मित्र श्री राजपाल सिंह जी ठाकुर को ले आया। इनकी जिज्ञासा थी कि गृहस्थ जीवन से धर्म की ओर आना बहुत ही मुश्किल बात है। इस प्रश्न के उत्तर में आचार्य श्री ने कहा–

गृहस्थ जीवन और धर्म का कोई विरोध नहीं है। धर्म से केवल अर्थ शान्ति पाने का होता है। इससे धार्मिक अर्थों में गृहस्थ जितना ही गहरा उतरता जाता है–उसे शान्ति अपने से मिल जाती है। धर्म से शांत व्यक्तित्व का निर्माण होता है। इससे गृहस्थ के लिए तो क्षण-क्षण पर घटनाएं हैं और उनसे यदि वह

विचलित होता रहे तो कुछ भी श्रेष्ठ घटित होने को नहीं—और इस कारण उसका पूर्ण शान्त व्यक्तित्व का होना अत्यंत आवश्यक है। आज के अशान्त व्यक्तित्व और उनके पारिवारिक जीवन को आप समझिएगा तो जो ग्लानि मन में उभरती है—वह आपसे स्पष्ट है। इससे मैं कहता कि गृहस्थ का धार्मिक होना नितांत आवश्यक है।

धर्म के संबंध में अनेक भ्रान्त धारणाएं लोगों के मन में बैठी हुई हैं और उनकी पिछली भारतीय संस्कृति के कारण यह भावना बैठी हुई है कि धर्म में आत्म-स्थित होने के लिए घर छोड़ना आवश्यक है। इसका मूल कारण बुद्ध और महावीर का घर छोड़ना मात्र है। पर बुद्ध के पूर्व आत्म शान्ति का और मुक्त अवस्था में होने का अन्य कोई मार्ग प्रचलित नहीं था—इससे बुद्ध ने भी छोड़ने के मार्ग का अनुशरण किया। पर जैसे ही गौतम को बुद्धत्व मिला—बोधि हुई उन्होंने पाया कि सब पकड़ छूट जाने से व्यक्ति मुक्त अवस्था में हो जाता है। इससे घर में रहकर भी—संसार में रहकर भी हमें कुछ भी बांधता नहीं है—क्योंकि हमारा मुक्त स्वरूप कहीं बंधा ही नहीं है। केवल हम ही अपने को बांधे हुए हैं। यह बंधना दीख जाए तो हम खुल जाते हैं और मुक्त हो आते हैं। यह आसान है। यह धर्म के माध्यम से ही हो सकता है। अन्यथा घर छोड़कर जंगल में भी कोई व्यक्ति रहने लगे तो—घर उसका पीछा नहीं छोड़ता है। मूल बात संसार के विसर्जन की है। यह विसर्जन घर और बाहर दोनों ही जगह संभव है।

घर में मुक्त हुआ साधक अपना एक विशेष मूल्य रखता है। वह इस कारण कि वह संसार से गुजर कर मुक्त हुआ है—पूर्ण होता है। आपको मैं इस संबंध में एक घटना कहता हूं—एक साधु 20 वर्षों तक हिमालय में साधना किया। बाद गांव लौटा—एक मेले में आया—किसी व्यक्ति की ठोकर लगी—बस क्रोध आ गया—गाली दे उठा—अब आप देखिए एकांत स्थान एक भ्रान्त स्थिति का बोध दे सकता है—पर हो सकता है – कि मन घेरे के भीतर ही बना रहे। एकांत में अवसर ही नहीं आया करते हैं जबकि वृत्तियां अपना प्रभाव दिखला सकें। इससे गृहस्थ जीवन के बीच शान्त हो जाना और धार्मिक वैज्ञानिक पद्धति के मार्ग से—ध्यान के माध्यम से आत्म-शान्ति में होना बहुत-बहुत कीमती है।

इससे ध्यान के माध्यम से चित्त की शान्त अवस्था अनुभव होती है—और फिर समस्त कार्यों के बीच व्यक्ति आत्म-शान्ति में बना रहता है। यह संपूर्ण जीवन योग है। मैं इससे धर्म को पूर्ण योग मानता हूं—जो जहां भी है—उसे धर्म का मूल्य-वहीं शाश्वत मूल्यों में स्थित करता है और बिना जीवन का क्रम टूटे व्यक्ति सारे कार्यों को शान्ति के साथ तथा ज्यादा सुलभता से करता जाता है।...

श्री आत्माराम जी पाठक (Research Scholar, Ancient Indian History & Culture— Jabalpur University) सागर में श्री राजनाथ पान्डे–(वर्तमान में आप नेपाल में हैं) हिन्दी के आचार्य के भान्जे हैं। आपको पान्डे जी ने आचार्य जी से मिलने के लिए परिचय-पत्र दिया था। आप जब आए तो प्रारंभ की तीन-चार मुलाकातें अपने आचार्य जी से लीं–और आपसे की गई चर्चाओं के आधार पर वैज्ञानिक विधि से जीवन-क्रम को बनाया। एक वर्ष में आपमें जो परिवर्तन दृष्टिगत हुए–वे क्रान्तिकारी रहे और उन्हें एक नया जीवन प्रदान हुआ है।

प्रथम मुलाकात में आचार्य जी ने कहा–

(1) स्वास्थ्य आपका ठीक हो जाना तो सामान्य सी बात है। स्वास्थ्य भी पूर्णतः मन पर स्थित है। हर सांस के आते-जाते "मैं स्वस्थ हूं" इस तरह का Auto Suggestion इतने नवीन परिवर्तन लाता है कि जीवन में एक नवीन दिशा दृष्टि प्रदान होती है। जैसा हम अपने को निर्मित करना चाहें–आसानी से कर लेते हैं। अमरीका के एक वैज्ञानिक लूथर बुरबांक को अभी Noble Prize इस आधार पर मिला कि उन्होंने 13 वर्षों तक एक कंटीले वृक्ष को Suggestion दिया और उसमें बिना कांटे की शाखा निकल आई। जब पौधों में परिवर्तन हो सकता है तो मानव शरीर में परिवर्तन होना एकदम स्वाभाविक है।

दूसरी मुलाकात के समय आचार्य जी ने कहा–

(2) आज युग की पीड़ा व्यर्थ शक्ति व्यय करने में है। हम थोड़ा सा भी अपने को विश्राम देना नहीं जानते हैं और हमेशा खिंचाव में तथा कुछ न कुछ करते रहना चाहते है। इससे शक्तियों का अपव्यय होता है और जहां शक्तियां लगना चाहिए–वहां नहीं लग पाती हैं। जीवन बस काम...काम और फिर समाप्ति। उपलब्धि कुछ भी इससे जीवन में नहीं आती है और जो अपार आनन्द का स्रोत मिला हुआ है–वह व्यर्थ ही अनजाना रह जाता है। इससे आप इस ओर होश बनाए रखें कि कहीं व्यर्थ में ही तो शक्ति का अपव्यय नहीं हो रहा है–और जहां उन शक्तियों को लगाना आवश्यक है–वहीं लगाया जाए। आप कभी थोड़ा बहुत विश्राम का समय पाए हुए हैं–तो उसमें भी पढ़ना चलता रहता है–और इस तरह विश्राम के बाद आपको जो पुनः शक्ति वापिस मिलने की होती है और आप ताजे होकर काम में लग सकते हैं–वह नष्ट हो जाती है। इस तरह हम हमेशा दुखी और परेशान बने रहते हैं। हम अपने हाथों दुख निर्मित करते हैं। यही कारण है कि साधक को केवल 5 फीट तक ही देखने को कहा जाता है–यह नियम साधना का होता है। इन सबसे व्यर्थ में शक्तियों का ह्रास नहीं होता है।

आपको आंखों के संबंध में उनके स्वस्थ रखने संबंधी उपचार की सलाह देते हुए आचार्य जी ने कहा–

(अ) आंखों पर रात्रि में मिट्टी रखना प्रारंभ कर दीजिए। सुबह घूमना और हरियाली पर दृष्टि जाना लाभप्रद है। फिर दिन में जब भी समय मिले–दोनों हाथों की हथेलियों को आपस में रगड़कर Palming कीजिए और किसी भी ओर देर तक एकटक न देखा कीजिए–बीच-बीच में पलक झपना आवश्क है। आंखों पर मस्तिष्क का तनाव बहुत प्रभाव देता है–इससे विचार-विसर्जन आपको जो प्रक्रिया स्वांस की देखने की बताई है–उसे करते रहिएगा–तो अपने से रिलैक्सेसन आता है ओर आंखें स्वस्थ बनी रहती हैं। फिर एक बात यह है कि जनरल हेल्थ जैसे-जैसे आपकी विकसित होगी–वैसे-वैसे शरीर के समस्त अंगों का स्वास्थ्य आता है।

तीसरी मुलाकात के समय आचार्य जी ने कहा–

(3) एक पद्धति: जीवन में व्यक्ति भोग भोगता है और दूसरी ओर एक पद्धति है कि सब छोड़ता चलता हैं–और दोनों में राग मन का बना रहता है–लेकिन जब यह राग छूट जाता है और ध्यान में व्यक्ति होता है तो संसार के बीच मुक्त होता है।

आचार्य जी से इन मुलाकातों का श्री पाठक जी पर इतना व्यापक प्रभाव हुआ है कि आपका संपूर्ण जीवन अब एक नवीन जीवन-दृष्टिकोण से भर आया है। उनको वास्तविक जीवन मिला है।...

1 मई से 18 मई 1962 तक

दिनांक 1 मई से 9 मई तक आचार्य जी चांदा थे। बीच 3 दिवस रुक कर आप 11 मई को कानपुर गए थे और 15 की सांझ लौटना हुआ। कानपुर आपने अहिंसा विश्व सम्मेलन में भाग लिया और अपने मौलिक विचार-बीजों से उपस्थित विद्वत जनों और अनेक बाहर से आए प्रतिनिधियों को–लाभान्वित किया। आचार्य श्री को अनेक-अनेक लोगों का प्रेम और प्रीति मिली है–न जाने कितना कुछ आपको मिलने को है–एक उत्कृष्ट जीवन-सत्ता को सभी कुछ मानव-समाज देने को उत्सुक है–ऐसी स्पष्ट प्रतीति आज के इस विषम आर्थिक युग में भी लगती है। पूज्य श्री रेख चन्द जी पारख चांदा ने एक टेप इतना सुन्दर भेंट किया है–कि दिव्य वाणी के प्रचार और प्रसार का अमूल्य अवसर उन्होंने दिया है। इसका एक अपूर्व लाभ यह भी हुआ है कि आचार्य जी अभी कानपुर

गए हुए थे–वहां के भाषण टेप तो हुए ही साथ ही अनेक लोगों ने भी इस टेप के माध्यम से भाषण टेप किए और जीवन में जो क्रान्तिकारी परिवर्तन इस माध्यम से संभव हो सकेंगे–उसका उपयोग हो सकेगा। जबलपुर इस बीच जो रुकना हुआ इसके बीच प्रो. मिसिज जैन, श्री कोमल चन्द जी जैन, श्री प्रो. रजनीकांत जी सरकार, श्री नायक जी, श्री राम मिश्रा जी और परिवार के लोगों ने चर्चा का लाभ आचार्य जी से उठाया।

श्रीमती प्रो. मिसिज जैन ने प्रारंभ में "In Search of Miraculous" ऑस्पेन्स्की की लिखी पुस्तक पढ़ी और ध्यान की भी साधना की। इससे आपको परिणाम अच्छे उपलब्ध हुए। लेकिन बाद में आपने श्री J. Krishnamurti की लिखी हुई Commenteries on Living II Volume का अध्ययन किया और समझा कि कृष्णामूर्ति तो किसी भी पद्धति का उपयोग करने को नहीं कहते हैं–केवल Understanding से ही समस्त उपलब्ध हो जाएगा–इस बात की चर्चा करते हैं। इससे आपने भी अपने भीतर जो अहं था उसकी पूर्ति करने के लिये कुछ भी आवश्यक न समझा–और स्वयं के बोध ने उनको इतना आ घेरा कि आपके प्रारंभ के आए उचित परिणाम–सब व्यर्थ हो गए।

आचार्य जी ने कहा–कृष्णामूर्ति जी जो कहते हैं–वह बिल्कुल ठीक है और उससे भी व्यक्ति पहुंच सकता है। लेकिन उनको पढ़ते तक तो व्यक्ति को सारा कुछ ठीक लगता है और जैसे ही किताब छूटती है कि व्यक्ति के भीतर कुछ मूलभूत परिवर्तन तो होता नहीं है–इससे वह फिर सामान्य हो जाता है–और इस तरह अनेक लोगों को रुग्णावस्था में रखे रहने का भार कृष्णामूर्ति जी पर है। वे बिचारे ठीक ही कहे हैं–पर दूसरा जो जान और समझ पाता वह बिल्कुल वैसा नहीं होता–इससे दूसरा व्यक्ति कहीं पहुंच नहीं पाता है। अब मैं कृष्णामूर्ति का विरोध केवल इस तरह करता हूं कि उनका कहना बिल्कुल ठीक है–पर जब तक मानव-मन का ज्ञान व्यक्ति को न हो–तब तक उनका कहा हुआ विरोधी परिणाम लाता है–और अनेक लोगों को भटकन में छोड़ देता है। इससे मानवीय मन के लिए बीच में उस स्थिति तक पहुंचा देने के लिए कोई पद्धति का होना आवश्यक है–क्योंकि मन जब भी कुछ करेगा–किसी पद्धति को वह अपनाकर करता है–इसी बात को जानते हुए ही बुद्ध ने साधना विधि दी है। मैं भी आपको जो ध्यान की विधि दिया हूं–उससे आसानी से व्यक्ति अपने स्व तक पहुंच जाता है। सब आनन्दमय हो आता है। फिर मानवीय स्वभाव अलग-अलग हैं और इसका ध्यान रखना आवश्यक है। किसी को कोई पद्धति प्रिय हो सकती हैं–किसी और को कोई और। इस तरह से धर्म एक पद्धति है जिसके माध्यम से व्यक्ति 'स्व' तक आता है। विभिन्न धर्म की अलग-अलग पद्धतियां हैं और जिनको जो प्रिय हो–उस माध्यम से उस स्वरूप की प्राप्ति कर लेते हैं–जिसकी

निरन्तर हमें चाह है। आप भी जो मार्ग प्रिय हो उस पर चलिए। ध्यान योग आपको अच्छे परिणम ला रहा था—उसी को आप करते रहिए।

* * *

एक दिवस रात्रि आचार्य जी के समीप श्री राम मिश्रा जी और भाई कोमल जी उपस्थित थे। श्री राम मिश्रा जी ने यह कहा कि मैंने 40 वर्ष बाद पूर्ण साधना में उतरने को कहा था—और आज जबकि मैं 40 वर्ष का हो चुका हूं—मेरी इच्छा अभी टालने पर है। इस तरह स्थगन (Postponement) चला करता है—और आपने कहा था कि ठीक इसी क्षण से कुछ भी प्रारंभ होता है—और आगे के लिए टालना केवल मन पर निर्भर हो रहना है। आज मैं उसे समझ और देख पा रहा हूं—और अब अपनी साधना प्रारंभ करता हूं। क्या साधना का जीवन प्रारंभ करने के लिए—एक समय ही भोजन करना चाहिए?

इस पर आचार्य जी ने कहा—बड़ी भ्रान्त धारणाएं हमें पकड़े रहती हैं। खाना छोड़ना केवल उनके लिए संभव है जो शरीर से ज्यादा श्रम नहीं लेते हैं—और केवल शरीर-रक्षण का भर जिनके सामने प्रश्न है। पर आप तो दिन भर श्रम करते हैं और उसमें हमारी शक्ति व्यय हुआ करती है—इससे उस शक्ति की पूर्ति करने के लिए—आपको भोजन आवश्यक है जिससे कि जितने कैलारी गर्मी शरीर को चाहिए वह मिल सके। यह तो साधारण सी वैज्ञानिक बात है। इससे मैं आपको ऐसा कुछ भी नहीं कह सकता जो अवैज्ञानिक हो और व्यर्थ के धार्मिक विश्वासों पर आधारित हो फिर आपको दोनों समय भोजन करने में कुछ दिक्कत हो रही हो तो भी कुछ इस तरह का सोचा जा सकता है—अन्यथा व्यर्थ है। इससे आप तो मजे से दोनों समय भोजन लीजिए—यही उचित है।

श्री कोमल जी कानपुर जाने से रुक गए। इसका मूल कारण उनको पागल कुत्ते ने काट लिया था। इस पर आपने आचार्य जी से कहा—क्या यह कर्म फल या जिसे भाग्य कहें—वह है?

आचार्य जी ने कहा—मूलतः कर्मवाद के संबंध में बड़ी भ्रान्त धारणाएं प्रचलित हैं। हमारे देश में सब कुछ हमें अपने से कर्मों द्वारा मिला है। जैसे हमने कार्य किए हैं—उसी का प्रतिफल हमें मिलता है। लेकिन आज आप सोवियत रूस को देखिए—और वहां के परिणामों को देखिए—तो विज्ञान ने आज वहां गरीबी मिटा दी, बच्चों की पैदावार नियंत्रित हुई, उद्योग-व्यवसाय का शीघ्र विकास हुआ—जीवन की भौतिक सामग्री उपलब्ध हो गई है—तथा राष्ट्र खुशहाल है। अब अपने देश में यह सब कुछ कर्म पर निर्भर है—तो पूछा जा सकता है कि अब यहां पर सबके बाह्य भाग्य एक से हो गए—फिर कर्मवादक कहां रहा? तो मैं कहता हूं कि ये सब तो बाह्य व्यवस्थाएं हैं—और जैसी व्यवस्था दी जाए—वैसे ही

परिणाम प्राप्त होते हैं। इससे अब हमारी पुरानी रूढ़ि को कोई स्थान नहीं है–केवल बाहर तो संयोग उपस्थित होते हैं–और संयोग का घट जाना अनेक बातों पर निर्भर करता है। अब मेरा कहना है कि आधुनिक विश्व में कर्मवाद केवल एक मानसिक तथ्य के रूप में रहने वाला है। इसे आप जानिए–जैसे आपको कुत्ते ने काटा–अब कोई इसे अपने मानसिक स्तर के अनुसार दुख का कारण समझेगा और कोई एक तथ्य मात्र मानकर कि कुत्ते ने काटा–तो ठीक इसमें दुख-सुख की क्या बात है और ईसा ने पागल कुत्ते के काटने पर–उसके सुन्दर दांतों की प्रशंसा की–और पुचकार कर उसे खिलाने लगे। अब एक दृष्टिकोण यह है जो अनोखा है–और एक विशाल जीवन दृष्टिकोण को प्रगट करता है। इससे बाह्य घटनाएं तो मात्र सांयोगिक हैं–उसमें हमारी मानसिक स्थिति भर अपनी छाप छोड़ती रहती है–और इसे हम कर्मफल कह सकते हैं। अभी मैं कानपुर था। वहां जैन मिशन की ओर से एक अहिंसा विश्व-सम्मेलन था। उसमें डा॰ कालीदास जी नाग भी आए हुए थे। आपको 14 की रात्रि कलकत्ता वापिस लौटना था–व्यवस्थापक महोदय बेचारे अनेक प्रकार के कार्यों में लगे रहने के कारण–ट्रेन से लौटने का प्रथम श्रेणी का आरक्षण न करा सके। इसकी सूचना उन्हें सभा के पूर्व ही मिल गई–इस पर डा॰ नाग एकदम तीव्र गुस्से में–अब देखिए डा॰ नाग जिस कार्य के लिए आए थे–वह तो गौण हो गया–और बोलने खड़े हुए तो 2-3 मिनट में बिना काम की बातें बोलकर बैठ गए–मुंह से शब्द भी न निकलता था। इतना गलत असर आरक्षण का देखकर बेचारे व्यवस्थापक जी परेशान थे–और किसी कारणवश मेरा मूड भी ऑफ न हो जाय बेचारे मेरे से बोलकर गए कि आपको हम इलाहबाद तक कार से सुबह भेजेंगे। अब सुबह मुझे लौटना था–मैंने पूछा कि कार यदि आपकी आती है तो ठीक है–वरना मैं ट्रेन से लौट जाऊं। कार की व्यवस्था तो न हो सकी थी–बेचारे बोले कि आपका आरक्षण न हो सका था–इससे ही हमने आपको कार के लिए कहा था। मैं बोला–तो क्या हुआ आप पचास कार्यों में व्यस्त थे–इससे आरक्षण न हो सका तो इसमें क्या हो गया। इस पर मंत्री जी बोले–देखिए आप यह कह रहे हैं और डा॰ कालीदास जी नाग–ने इतना सब किया और उन्होंने उपरोक्त वृतांत कह सुनाया। आप भी कहीं नाराज न हो उठें–इससे आपको कार के बारे में कहा गया था। मैं–हंसा और बोला–अजीब बात है–जब बिना आरक्षण के भी प्रथम श्रेणी में सीट मिल जाती है–और उनको भी मिल ही गई –तो इसमें तो परेशान होने की क्या बात थी। फिर इतनी भी घबराहट और दौड़ किसलिए हो–आज नहीं तो कल जाना हो जाता आखिर बिगड़ता क्या है।

अब आप देखिए घटना तो दोनों के साथ एक सी घटी–पर परिणाम अपने मानसिक स्तर के अनुसार मिला करते हैं–इससे मैं कहता हूं कि कर्म का केवल

संबंध मानसिक वृत्तियों से है। अब डा॰ नाग बड़े आदमी हैं—उन्होंने वहां कानपुर में तो दुख झेला ही--रास्ते भर भी इसी सोच में रहे होंगे कि मैं जिस कार्य से गया था—वह पूरा नहीं हो पाया। अब इनका संपूर्ण समय व्यर्थ ही दुख—परेशानी उत्ताप और पीड़ा से भरा हुआ है—यही है कर्म-फल।

रात्रि का घना गहरा अंधकार। चारों ओर एक अतीव शान्ति। सब कुछ नीरवता में खो गया है। आचार्य जी से ऐसे समय एक उच्चतम शिखर बिन्दु पर चर्चा का सौभाग्य प्राप्त होता है। भाई अरविन्द जी ने अकलंक जी की सहमति के आधार पर कहा—आत्मा मुक्त हो जाती है--पर उसे चेतना जगत में रहना होता है—फिर पुनः उसे चेतना के रूप में नए जन्मों में आना होता है--इससे मुक्त होने का तो कोई भी अर्थ ही नहीं होता है: जैसे—पानी का विश्लेषण हो--और जो तत्त्व प्राप्त हो--ओषजन तथा उद्जन—वे नष्ट नहीं होते और पुनः मिलकर पानी बनाते हैं।

इस पर आचार्य जी ने कहा—आत्मा का रूप शक्ति में नहीं है। शक्ति का अस्तित्त्व होता है—और जब तक मन की शक्ति बनी रहती है—उसे जन्मों में आना होता है। इस तरह आप आत्मा को सत्ता के रूप में जानिए--आत्मा की सत्ता होती है। अंग्रेजी में दो शब्द हैं Existence और Subsistence सत्ता में होकर व्यक्ति आनन्द में होता है। इसका बोध होता है—और इससे जब कहा जाता है कि बूंद सागर में खोकर सागर हो गई। तो इसमें बूंद का अस्तित्व तो मिटता है पर उसकी सत्ता रहती है। इसे बुद्ध ने इस तरह समझाया है—हमें शरीर के पैरों का अस्तित्त्व तभी पता होता है—जब हमें पैरों में फोड़ा होता है। लेकिन फोड़ा न रहने पर—हमें पैरों के स्वस्थ होने पर उसका पता नहीं होता कि पैर हैं। केवल बोध भर होता है। इसी तरह से जितना हमें शरीर का अस्तित्व पता होता है--तब तक हमें आत्मा की सत्ता का बोध नहीं होता है। पर ज्योंही शरीर का अस्तित्व समाप्त होता है--हम अपनी सत्ता में होते हैं।

अब इस सत्ता का अनन्त विस्तार है—और चेतन शक्ति का अस्तित्त्व का अन्नत विस्तार है—जो आत्म स्थित होता है—वह असीम आनंद में होता है और जो अस्तित्व में रहा आता है—उसे अनेकों कष्ट संसार के लगे रहते हैं। बाकी मुक्त स्थिति के बाद जन्म नहीं लेना होते क्योंकि जो जन्म-मरण का बीज है—वह जल जाता है दग्ध स्थिति में हो आता है। इसी से बुद्ध ने कहा है—कि हे! गृह—स्वामी जन्मों के दाता—अब मैं तेरे बंधन से मुक्त हूं—मुझे अब और जन्म नहीं लेना पड़ेंगे।

20 मई से 11 जून, 1962 तक

इस बीच आचार्य जी गाडरवारा 20 से 29 मई तक रहे। संयोगवश मैं भी 29 से 8 जून तक होशंगाबाद और गाडरवारा प्रवास में था। 8 जून के और 11 जून के मध्य एक अपरिचित सज्जन श्री जैन साहब (बड़जात्या जी) (B.D.O., खरगोन, इंदौर के निकट) कृषि कॉलेज के एक प्रोफेसर श्री नेमीचन्द जी जैन के साथ आए। आपने 1951 में वर्ल्ड जैन मिशन का सक्रिय कार्य किया था और उसके कार्यक्रमों को भी आयोजित कर–प्रचार कार्य में हिस्सा लिया था–सोचने-समझने वाले विचारशील युवक हैं। आपने कहा कि : "मैं धार्मिक जीवन-दृष्टि को Negation का (निषेध का) विज्ञान मानता हूं। यह छोड़ना–वह छोड़ना और त्याग के माध्यम से जीवन में अहिंसा आ जाना और सारे सद्‌गुण आ जाना जीवन का मूल लक्ष्य है।"

आपका सोचना मूलत: चलता आया है। लेकिन इससे कोई अहिंसा नहीं आती है। केवल कायरता आती है। अहिंसा अपने से जीवन में आती है। इसके लिए अभय होना आवश्यक है। अभय आता है तो जीवन में अहिंसा अपने से आती है। लेकिन हमें भीतर उपलब्ध हुआ अभय तो दीखता नहीं है–जो महावीर और बुद्ध के जीवन में प्राप्त हुआ है–हमें तो उनसे बाहर जो क्रियाएं घटित हुई हैं–सत्य की, अहिंसा की, ब्रह्मचर्य की, त्याग और अपरिग्रह की–वे दिखाई देती हैं–और हम इन क्रियाओं को साधने चलते हैं–लेकिन इससे कोई धार्मिक जीवन उपलब्ध नहीं होता है। केवल नैतिक जीवन-दृष्टि में व्यक्ति प्रतिष्ठित हो जाता है। यह नैतिकता साध लेना ऊपर से कुछ छोड़ देने से संभव है–यह निषेध का विज्ञान है। लेकिन इससे कोई आंतरिक परिवर्तन संभव नहीं होता है। आंतरिक जीवन में परिवर्तन होना–कुछ और ही बात से सम्बन्धित है।

मानव जीवन में व्यक्ति का संगठन–चेतन और अचेतन मन से होता है। बाहर ऊपरी जो क्रियाशील भाग है–वह चेतन मन है–इसमें समस्त परिणाम जो अचेतन के कारण चलते होते हैं–उनके कारण दिखाई देते हैं। अचेतन में वासना, इच्छा के, लिप्सा के बीज हुआ करते हैं–और उनका परिणाम चेतन मन में आता है–तो हम सीधा आक्रमण चेतन पर करते हैं–लेकिन इससे थोड़ा बहुत हेर-फेर होता है–लेकिन अचेतन मन के वासना के बीज फिर कहीं से छूट आते हैं–और इस तरह जीवन में एक द्वंद चलता रहता है। अब लोग यह समझते हैं कि इस द्वंद के बाहर आ जाओ–लेकिन उनका मार्ग बाहर बदलने का होता है। यह बड़ा विचित्र है। इससे विचित्र और गलत कुछ भी नहीं। यह केवल ऐसा ही है कि हम 'बीमार से कहें कि बीमारी छोड़ दो'–यह बीमारी सभी कोई छोड़ना चाहते हैं लेकिन भीतर जब तक उपचार की व्यवस्था न हो तो बाहर स्वास्थ्य नहीं आ

सकता है। अत: धर्म भीतरी उपचार है।–इसे हमारे भारतीय साधकों, ऋषियों और दृष्टाओं ने योग के रूप में दिया है। इस योग के माध्यम से भीतर प्रकाश आता है–एक चेतना की स्थिति बनती है–और भीतर का अंधेरा अपने से चला जाता है। वह योग Positive Science है। भीतर इससे शान्ति की घटना घटित होती है। अचेतन मन से वासनाएं विसर्जित होती और परिणाम में अभय आता है। तब पहली बार–अहिंसा, प्रेम और ब्रह्मचर्य अपने से आता है।...

पर क्या जो प्रचार कार्य हमारे द्वारा हुआ है–उससे व्यक्ति इस ओर अग्रसर होता है–और फिर आगे बढ़ता है–यह गलत है?

सारा प्रचार बिना प्राण के मृत है। इससे अहित ही हुआ है–और मानवता का विनाश हुआ है। योग के माध्यम से भीतर सृजन होता है और परिणाम में आनन्द तथा अमृत आता है। उपचार के साथ लिए हुआ प्रचार ठीक होता है।

श्री जैन साहब : आभार व्यक्त किए। बोले–और गहराई से जो आपने Negative की जगह Positive Science का मार्ग बतलाया है–उस पर विचार करूंगा–रविवार की संध्या पुन: आने का वायदा कर–खूब प्रसन्नता से विदा लिए।

श्री जैन साहब B.D.O. महोदय–रविवार की संध्या को आ पधारे हैं। आप इस ओर उत्सुकता से रुचि लेते हैं। आचार्य श्री अपने भोजनोपरांत सहज जीवन विधि के अनुसार–बाग में आ बैठे हैं। श्री जैन साहब को आपने ध्यान की प्रक्रिया का उल्लेख किया।

सर्वप्रथम पूछा गया–इसके पूर्व आप जो भी ध्यान के संबंध में जानते हैं–या करते हैं–उसे बता दीजिए–और मैं जो आपको ध्यान का प्रयोग बताने जा रहा हूं–उसमें अपना कुछ भी मत जोड़िए।

''कहा कि पहले ओम् पर ध्यान केन्द्रित करता था।''

अब तो उसे करना ही नहीं है और सबसे महत्वपूर्ण बात जानिएगा कि Concentration और Meditation बिल्कुल अलग बिन्दु है। एकाग्रता में चित्त को कहीं एक ओर लगाना होता है–और इससे एक तनाव पैदा होता है–जो व्यक्ति को आत्मिक जीवन में तो कहीं नहीं पहुंचाता है–और इस तनाव से विक्षिप्तता आ सकती है।

एकाग्रता में कुछ शक्तियां अवश्य उपलब्ध हो जाती हैं और हमारा वासना ग्रस्त मन उन शक्तियों का उपयोग वासना पूर्ति में करवाता है–इससे यह निम्न स्तर का प्रयोग है। और व्यक्ति है कि वासना प्रिय होता है–इससे वह इस कार्य को करने में हिचकता नहीं है।

अब मैं आपको ध्यान योग पर समझाता हूं। आप संपूर्ण Relax होकर–रात्रि सोने के पूर्व आधा घन्टा बैठे रहिएगा। शुरू के 2 मिनट अपने को सुझाव दीजिए कि शरीर ढीला छूट गया है। बिल्कुल मुर्दा जैसा हो रहा है। कोई आसन वगैरह लगाने की चेष्टा मत कीजिए–जैसे बैठने का अभ्यास है–वैसे ही बैठ जाइए। अब आंखों को भी ढीला छोड़ दीजिए–और भीतर मन को सुलाने के लिए कोई भी एक नाम जैसे–ओम् को बोलना शुरू कीजिए। धीरे-धीरे और लगातार ओम का पाठ करते रहिए। यह पाठ केवल एक आत्म सम्मोहन (Auto-Hypnosis) है–मन को सुलाने के लिए। प्रारंभ में 4-6 सप्ताह तक बैठने पर बीच-बीच में विचार आ सकते हैं–उन्हें केवल आने दीजिए–बाद अपने से विचार नहीं आएंगे और ओम् का अखंडित पाठ चलता रहेगा। एक दिन ऐसा भी लगभग 2 माह बाद प्रारंभ होगा कि ओम् भी छूट गया है–और अब तो शून्य की स्थिति में व्यक्ति अवस्थित हो जाता है–यह शरीर और मन के पार चेतना की स्थिति है। यहां असीम आनन्द है। पहली बार जीवन में अमृत का बोध होता है। अंततः तो आप ध्यान में बिना ओम् के आने लगेंगे–यह ध्यान का प्रारम्भ है–इसके पूर्व समस्त तैयारी थी। इसकी गहराई में उतरते चलना बहुत-बहुत सुखद है।....

"पर क्या इससे परिवार का जीवन, बाह्य संसार का जीवन–निष्क्रिय न हो जाएगा।"

यही भ्रान्ति है। पहली बार आपको मूलतः शारीरिक और मानसिक स्वास्थ्य इससे उपलब्ध होता है–अब पूर्ण शान्त चित्त व्यक्ति क्यों निष्क्रिय होने चला। उसकी अद्‌भुत शान्ति–परिवार में प्रेम को बढ़ाएगी–और पहली बार वास्तविक प्रेम से वह व्यक्ति अपने परिवार के प्रति भर आएगा। बाह्य जगत में–अब नैतिकता अपने से आयेगी–और व्यर्थ के गलत रास्ते अपने से दूर हो रहेंगे।

"क्या इंसके लिए एकान्त चाहिए।"

देखिए–मैं कोई शर्त नहीं रखता हूं। भय होता है कि हमारा मन जो कि ध्यान से बचना ही चाहता है–साधन उपलब्ध न हो सकें–इसी कारण इस ओर न आए–इससे एकान्त मिले तो अच्छा है–वरना कहीं भी समय मिलने पर किया जा सकता है। अनेक लोग हैं–जो इसे जब भी समय पाते हैं–करने लग जाते हैं–आनन्द जो इसमें मिलता है। इससे आप भी जैसे-जैसे आगे गहराई में उतरेंगे–ऐसा ही होगा।

"पर क्या इसके परिणाम स्वास्थ्य पर गलत नहीं होंगे।"

देखिए आपको जब रात्रि नींद आती है तो अब वैज्ञानिक मानते हैं कि केवल स्वप्न रहित (Dreamless sleep) नींद 10 या 8 मिनट आती है और तब हम

पूर्ण सुसुप्ति में चले जाते हैं–और उस समय शरीर की जो अवस्था होती है–ध्यान में भी ठीक वैसा ही अनुभव होता है। अब पूर्ण आनन्द निद्रा से हमें केवल इस स्वप्न रहित अवस्था से ही प्राप्त होता है और मन अपनी खोई शक्ति पुनः प्राप्त कर लेता है। यह पूर्ण विश्राम में होता है। इसी तरह ध्यान में हम मन को विराम देते हैं–और पुनः अद्‌भुत शक्ति तथा आनन्द का बोध होता है। इससे शरीर पर इसका स्वस्थ और एकदम भला असर होगा। पहली बार जब हम ध्यान में होते हैं–तो परिणाम में मानसिक शान्ति भी अपने से आती है तथा स्वस्थ शरीर भी खूब विकसित होता है। ध्यान मूल केन्द्र है–और उसे जान लेने पर सब तो अपने से हो जाता है।

***

11 जून के पश्चात् 19 जून तक तो खूब अमृत रस बरसा। इस अमृत रस और स्वस्थ धार्मिक वैज्ञानिक परंपरा के बीच भी व्यक्ति अपने से कितना पलायन करता और किस तरह बचता रहता है–इसे तो सम्यक् विवेक को उपलब्ध करने में रत् व्यक्ति जान सकता है। हवा के कण-कण में धार्मिक और वैज्ञानिक जीवन है। और इस अमृतमयी वातावारण में रहकर–भगवान बुद्ध और भगवान महावीर के संघ में रहने वाले साधकों का जब 10,000 तक की संख्या का स्मरण हो आता है–तो लगता है कि एक जीवन क्रांति के लिए इतना अनुकूल वातावरण का होना अत्यंत आवश्यक है।

मैंने इतना इस कारण लिखा कि ध्यान की प्रक्रिया और जीवन में जागृत होने के इच्छुक श्री जैन साब 17 तारीख को आ रहे थे–साथ ही श्री सेठ बालकिशन दास जी भी इस बीच आकर जीवन के संबंध में श्रेष्ठ होने का, जागृत होने का मार्ग समझने आ उपस्थित हुए थे।

श्री जैन साब ने कहा–"मैंने ध्यान प्रारंभ कर दिया है, लेकिन एक बात जो मुझे लगी कि अब मेरी नींद शीघ्र टूट जाती है–तो क्या बात है?"

कहा आचार्य श्री ने–"आपको यह अनुभव हुआ, औरों को भी यह अनुभव हुआ है। उसका मूल कारण केवल एक ही है कि ध्यान में व्यक्ति के मन को विश्राम मिलता है और ध्यान से वापस आने पर वह स्वस्थ हो जाता है। जो बात नींद से होती है–अब वह ध्यान से संभव हो जाती है–इस कारण नींद का कम होना स्वाभाविक है। योगी की इसी कारण नींद कम हो जाती है–क्योंकि उसे योग से पूर्ण विराम मिल जाता है। इसी से कहा जाता है कि जब सब सोते हैं–तब योगी जागता रहता है–इसके पीछे मूल कारण सिर्फ यही है। यह हो सकता है कि आपका शरीर थका हुआ हो–और विश्राम की आवश्यकता अधिक समय के लिए हो तो इस अवस्था में लेटे रहिए-उठिए मत–और मन में ध्यान करिए। अभी

मैं बुलढाणा था तो वहां एक वृद्ध महोदय ने यही कहा कि मैंने 20 वर्ष पूर्व ध्यान की क्रियाएं की थीं–लेकिन उससे नींद कम हो गई थी–अब मैं डरता हूं कि कहीं अब नींद कम हो जाय तो स्वास्थ्य पर प्रभाव हो। तो मैंने उनसे यही कहा जो मैंने आपसे कहा है।...

श्री जैन साब ने आचार्य श्री से यह कहकर कि आप मुझे एकाग्रता पर भी ठीक ऐसी ही अपनी दिव्य वाणी से कृतज्ञ कीजिए–तो मैं आपसे पूर्ण जीवन दृष्टि पाकर लाभान्वित ही नहीं वरन् जीवन उद्धार हो सकेगा–विदा ली।

यद्यपि आचार्य श्री ने कहा कि अभी आप सुनिए–ध्यान में इससे आपको बाधा उपस्थित होगी–किन्तु श्री जैन साब के इस आग्रह पर कि मुझे स्पष्ट बोध हो सकेगा–फिर कभी बताने को आचार्य जी ने कहा।

श्री सेठ बालकिशन दास जी इसके पूर्व जब आकर मिले थे–तो आचार्य जी ने कृष्णामूर्ति के साहित्य को पढ़ने का परामर्श दिया था। आज जब आप आए तो आपने कहा–

"कृष्णमूर्ति साब को पढ़ लेने के बाद चित्त की स्थिति तो स्पष्ट होती है–लेकिन उस तक किस पद्धति से पहुंचा जाय–यह स्पष्ट बोध नहीं होता।"

कृष्णमूर्ति का ऐसा जानना है कि जो भी उनको पढ़ेगा और जानेगा तो बात स्पष्ट हो जाना चाहिए–जिससे कि जिस स्थिति का उल्लेख श्री कृष्णमूर्ति महोदय ने किया है–वह आ सके। ठीक से जानना–पर्याप्त है तो मन के पार की साक्षी चेतना में व्यक्ति हो जाता है। यह जानना चेतन और अचेतन दोनों में चलने वाली स्थिति के प्रति होना चाहिए तो हम अपने से तीसरी स्थिति के प्रति होश से भर आते हैं–और अपनी सत्ता का स्पष्ट बोध होता है।

कृष्णमूर्ति ने Right Awareness की बात स्पष्ट की है। उसे आप दिन के किसी भी हिस्से में प्रयोग में ला सकते हैं। अभी हम अपने समस्त कार्यों के प्रति यांत्रिकता (Mechancial Process) से भरे होते हैं–और इस कारण हम जागरूक नहीं हो पाते हैं। इससे हमारे कार्य बेहोशी में चला करते हैं।

"साब हम कार्य तो बेहोशी में कर ही कैसे सकते हैं, जैसे खाता-बही का देखना और हिसाब करना-बेहोशी में कैसे हो सकता है।"

इसे आप ठीक से जान पाएंगे–तो समझेंगे कि यह सब केवल हमने जो व्यवस्था मन (Mind) को मशीन (Machine) के समान कार्य करने की सिस्ट्म (System) दी है–उससे अपने से हुआ करता है। इसके पीछे कोई भी जागरुकता नहीं है। अब आप जागरूक रहकर कार्य करेंगे तो आपको भेद स्पष्ट होगा। जागरूक रहकर आप कार्य करेंगे–तो विचार अपने से विसर्जित हो रहेंगे–और

तब केवल क्रिया होगी–और आप क्रिया से एक हो रहेंगे। तब आपको अपनी सत्ता का बोध हर जागरूक समय में बना रहेगा। और एक नया जीवन आनन्द अपने से आएगा। तब केवल पहली बार आप पाएंगे कि आपने क्रिया की है। इसमें कर्म कुशल होगा। गीता में कहा भी है–कि योगी कर्म–कुशल हो जाता है। उसके सारे कार्य कुशल अपने से हो जाते हैं।

"साब यह प्रक्रिया तो समस्त मानव की है–इसमें कोई हिन्दू और मुसलमान का भेद खड़ा ही नहीं होता है। गीता भी तो यही कहती है। पर यह तो ऊंचाई की बात है कि हर क्षण होश बना रहे।"

अभी प्रारंभ में तो केवल आप इसे एक समय विशेष में 15-20 मिनट तक ही करिए–बाद में आनन्द आने से अपने से समय बढ़ जाएगा।

* * *

इस बीच श्री प्रो. रजनीकांत जी सरकार भी आचार्य श्री से भेंट लेने आए। आप इस ओर तीव्र गति से बढ़ रहे हैं–आपने इस बीच अपने एक परिचित भक्त श्री मित्रा जी से भी मुलाकात ली। श्री मित्रा जी सगुण साधना (साकार साधना) के संबंध में ही जोर देते हैं–और धार्मिक जीवन में सफलता की ओर ले जाने का उनका यही मार्ग है–निराकार पर उनका मत पक्ष में नहीं है।

मित्रा जी का ख्याल केबल विचारों का है। विचारों के पार जो देखता है–और सत्य में प्रतिष्ठित हो आता है–उसे स्पष्ट दीख आता है कि कोई साधना साकार होकर वहां नहीं पहुंचाती है जहां कि हमें जाना होता है। स्वयं रामकृष्ण परमहंस देव जी ने अपने जीवन के आखिरी दिनों में एक योगी के माध्यम से उस स्थिति को पाया–जहां कि कुछ भी शेष नहीं रह गया था–मां भी नहीं–और कुछ भी नहीं। इसे जानकर ही श्री रामकृष्ण परमहंस देव जी पूर्ण हुए थे। यह बात एक अंग्रेजी की पुस्तक Adventures in Vedanta में उल्लखित भाग से--आचार्य जी ने समझाई।

"अरे! मुझे तो आज तक किसी ने भी यह नहीं कहा–रामकृष्ण के किसी भी भक्त ने नहीं और इस कारण आपने एक नवीन तथ्य मुझे दिया है।"...

बाद में सरकार साब ने आग्रह किया कि आप मित्रा साब के यहां चलिएगा–तो अच्छा होगा।

इस पर आचार्य श्री ने कहा–कि मैं चलने को चल सकता हूं–लेकिन चलने में उलझन है कि सामने वाला व्यक्ति विवाद और खींचातानी की स्थिति में होता है। और उसके अहं को चोट पहुंचती है--यदि कुछ भी उनके द्वारा जो कहा गया है–उसे न माना जाए--तथा नाराजगी की और क्रोध की स्थिति उत्पन्न हो जाती

है। यह मैं आपको अपने बनारस में हुए श्री लालजी राम जी शुक्ल के मुलाकात के अनुभव के आधार पर कह रहा हूं। अतः आप उनको किसी दिन यहां पर ही ले आइएगा–तो कुछ प्रीतिकर संबंधों के बीच चर्चा की सार्थकता होगी।...

* * *

इस बीच श्रीमती कमला जी जैन नित्य प्रति मध्याह्न बेला में आकर आचार्य श्री की अमृत वार्ता का लाभ लेती रहीं। आप अपने मन के प्रति पूर्ण जागरूक रहकर विचार करती हैं–और योग साधना से जीवन में क्रान्तिकारी परिवर्तन लाना चाहती हैं। अनेक बुद्धि युक्त आपके प्रश्न होते हैं–और गुरुजियफ नाम के साधक को पढ़ने के बाद उनका मन उसी से (विचारधारा से) भर आया है–और अब आप समझकर अपने मन के घेरे से बाहर निकलना चाहती हैं। खूब रस वर्षा इस बीच हुई है–थोड़ा ही स्मृति में सन्चित हुआ है–इससे ज्यादा दुख की बात और क्या हो सकती है। खूब अनंत शाश्वत आनन्द के बीच कोई रहे और अपनी अनन्त शक्तियों में प्रतिष्ठित न होकर उसके आनन्द-वर्षा की भी पूर्ण स्मृति न रह पाए–यह एक व्यक्ति का दरिद्र भाग्य ही तो है।

प्रश्न हुआ "जागृत जीवन में आने से तो कष्ट बढ़ता ही है–अनेक प्रकार से समस्याएं सिर उठाती हैं–तो क्यों न सुप्त जीवन जो चलता आया है–उसे चलने दिया जाय।"

आपने अपने मन के प्रति जागरूकता रखना प्रारंभ की है–तो अपने से अचेतन की पर्तों से जो अभी तक चला करता था–भला-बुरा कैसा भी–अब उसे नहीं चलने देना है–और पूर्ण जागृत चेतना को उपलब्ध करना है–फिर मन से ऊपर उठने के कारण उसकी अपनी समस्याएं उठेंगी–पर इन समस्याओं से आपको प्रारंभ में कष्ट होगा–क्योंकि मन की आदतें हैं–और उनको हम तोड़ रहे हैं। अब मार्ग स्पष्ट है कि जीवन जैसा चलता था–उसी में आपको भला लगता हो–तो चलने दीजिए। पर उसमें दुख पग-पग पर है–इससे इस ओर आना ही है। शुरू में आपको लोग इससे अव्यवहारिक मान सकते–जैसा आपने बताया–पर क्रमशः यह भ्रान्ति शीघ्र ही टूट जाती है और आप अपने को दूसरों के प्रति वास्तविक प्रेम से भरा पाती हैं। यह पहली बार आपको लगेगा कि आप अब पूर्ण व्यवहारिक हैं।

जागृति में–हमें मन के अचेतन के 9 भागों से अपने को विवेकशील बनाकर चलना होता है–और मन टूटता है–तो इसे कष्ट तथा घबड़ाहट होना स्वाभाविक है। यह एक बहुमूल्य अवसर है–इसे खो दिया तो हम जो मृत चले आते हैं, उसी में हो आते हैं। यह अपने को अमृत में आ रहने का अवसर है–जिसे थोड़ा सा कष्ट देखकर तो नहीं खोया जा सकता है।...

* * *

एक दिवस चर्चा अपने पूर्ण उठान पर रही। अद्भुत बात आचार्य श्री ने ध्यान योग के संबंध में उल्लिखित की।

प्रश्न हुआ "श्री रामकृष्ण परमहंस देव जी समाधि में जाने पर बेहोश हो जाते थे–और वापस आते ही उसमें जाने की भावना व्यक्त करते–रोते–मां–वापस समाधि दे दो। यह क्या बात थी।"

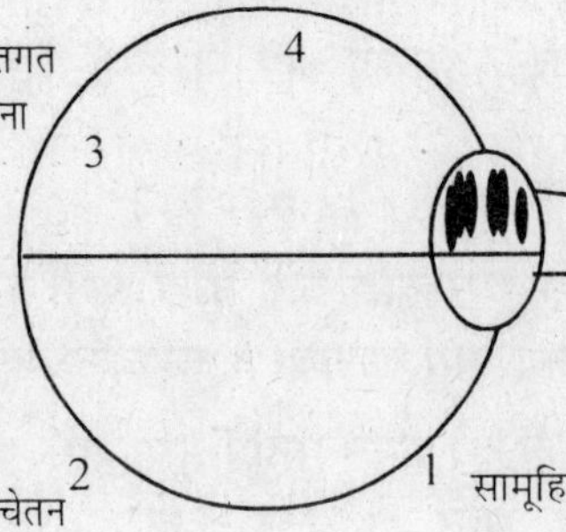

मानवीय मन के चार विभाजन हैं। इनमें प्रकृति अपने विकास की परंपरा को जन्म देती है। प्रकृति से लेकर ब्रह्म की समस्त विकास–सारिणी इसमें समायोजित है। नीचे से चलें तो सामूहिक अचेतन है–इसमे जड़ पदार्थों से लेकर जानवर तक आते हैं। फिर व्यक्तिगत अचेतन व्यक्ति के मन का एक भाग है और इसमें मनुष्य तथा मनुष्य की विकास परंपरा के नीचे के पशु आते हैं। बाद व्यक्तिगत चेतन मन है और इसमें व्यक्ति जन्म पाकर–अपने को प्रकृति के पार ब्रह्म की चेतना से संयुक्त करता है। यह योग की और मनोविज्ञान की अद्भुत देन है।

योग के माध्यम से व्यक्ति अपनी इस अचेतन मनःस्थिति को पूर्ण चेतन में बदलता है और ब्रह्म के आनन्द में हो जाता है। अमृत में हो जाना जागृत अवस्था में–व्यक्ति की श्रेष्ठतम उपलब्धि है।

इस आनन्द में हो जाने की दो यौगिक परंपराएं प्रचलित रही हैं। एक में व्यक्ति मन के नीचे हिस्सों में उतरता–बेहोश हो जाता है–और चेतन को खोकर–सामूहिक अचेतन से संयुक्त होता है। इसका भी अपना बेहोशी का आनन्द है–और व्यक्ति शीघ्र इसमें उतरने लगता है। Immediate process है–अपने इस जड़ स्वरूप में आकर–आनन्द पाने की। इससे भी Relaxation का आनन्द मिलता है–पर यह व्यक्ति को दिव्य नहीं बनाती।

दूसरी ध्यान की यौगिक प्रक्रिया रही है–जो व्यक्ति को अपने अचेतन से मुक्त करके पूर्ण चेतन में लाती है–और व्यक्ति सामूहिक चेतन में आकर ब्रह्म

हो आता है। यह व्यक्ति का प्रकृति के पार का विकास है। दिव्य मानवीयता है–भागवत् चेतना को पा लेना है। इसमें हो आना समय लेता है। बाकी क्षमतानुसार घटना को घटने में तो अन्तर आता ही है। यह होश में परिपूर्णता पा लेना–व्यक्ति के जीवन की आश्चर्यजनक घटना है।

भारत की श्रेष्ठतम खोज–प्रकृति के पार विकास की यौगिक प्रक्रिया को पाना रहा है–जिसमें व्यक्ति ब्रह्म से संयुक्त होता है। आज हवा में यह बात न रह जाने से एक–अजीब सी स्थिति मालूम होती है। इससे इस राह भूले युग में योग की साधना अपना जड़ का कार्य करेगी और परिणाम में अपने से फूल आएंगे।

दिनांक 22.6.1962

श्रीमती जैन साब दोपहर मध्याह्न की सरस पानी बरसती रमणीक बेला में–प्रकृति के मधुर और संगीतमय वातावरण के बीच आ रही हैं।

प्रश्न किया–पहले पाठक जी को हमने मना किया था–पर कल आए–संध्या को–बोले–'मैं तो आपके यहां ही बैठा करूंगा–ध्यान करने को–मुझे आपकी आवाज सुन पड़ती है तो ध्यान लगता है।'

आचार्य श्री ने कहा–अभी उनको आप बैठने दीजिए।

नागार्जुन एक सिद्ध हुआ। वह एक राज्य से गुजरता था। राजा प्रभावित हुआ। बोला–मुझे कुछ छोड़ना न पड़े–राज्य भी ऐसा बना रहे–तो ही कुछ करने को कहिए। नागार्जुन ने कहा–ठीक तुम अपने मणि को (अंगूठी के) 5 मिनट तक रोज 1 वर्ष तक देखा करना। राजा बोला–इसमें क्या बात है–मैं तो वैसे भी देखता हूं–आप कहते हैं तो अब देखूंगा ही।

राजा ने तो उसे 1 वर्ष तक देखा किया और धीरे-धीरे अचानक वह 24 घन्टे के लिए शून्य चित्त–खाली चित्त हो गया। अब वह नागार्जुन के पास पहुंचा और बोला अब मैं राज्य से अलग हूं–खाली बच रहा हूं।

नागार्जुन ने अपने साथी से कहा–देखते हो कुहप्पण मैंने इसकी कमजोरी को साधन बनाया–और इसे साध्य मिल गया।

एक समय एक चोर–आया था–नागार्जुन के पास–चोरी करने–नागार्जुन जिस बर्तन को छूता वह सोने का हो जाता। उसके पास एक पात्र था–चोर चाहता था उसे–इस पर नागार्जुन ने उसे खिड़की से बाहर फेंका। मिला उस चोर को तो उसके चुराने की हिम्मत न हुई। सामने आया और बोला–यह क्या! मैं आया था चुराने और अपने मुझे यह भेंट दे दिया। मैं आपसे बहुत प्रभावित हूं–बोलिए मैं क्या करूं।

नागार्जुन ने कहा—"मित्र, चोरी करने जाना—तो चोरी के समय ही शून्यता को जानना।" चोर तो 3-4 माह बाद लौटा—खूब आनन्द, शान्ति में हो आया हूं। अब शून्य हो गया हूं।

नागार्जुन ने कहा—देखते हो कुहप्प्ण मैंने इसकी चोरी को साधन बनाया—और साध्य मिल गया।

इससे हर बुरे और भले मार्ग से—कोई कहीं भी हो—उसे जान सकता है—जो अमृत है।

नैतिक साधक—गांधी जी जैसे महामानव—साधनों की पवित्रता और शुद्धता पर साध्य की पूर्ति मानते थे। पर नागार्जुन की परंपरा ने यह बताया कि साधन कोई भी हो—सम्यक् विवेक से उस तक आया जा सकता है। साध्य तक।

इससे अभी प्रारंभ में चलने दीजिए पाठक जी का ध्यान—बाद अपने से सब ठीक होगा।...

ध्यान के संबंध में अपने अनुभवों को बताते हुए कमला जी ने कहा—कल मैं ध्यान में थी—तो 3-4 सैकेंड्स के लिए खूब सुन्दर रंग—मय फूल दिखे और मुझे बड़ा अच्छा लगा। दसूरी बात—मुझे गहरे ध्यान के समय यह लगा कि नेत्र के नीचे की पलकें खुली होती हैं। तो मैं उनको वैसा ही रहने देती हूं—तनाव लाकर बन्द करना ठीक नहीं समझती।

उत्तर: देखिये—जब हमारे चित्त की स्थिति शान्त होती है तो इस संगीतपूर्ण और शान्त अवस्था में रंगों का दिखना प्रारंभ होता है। लेकिन साधक को इसी पर रुक नहीं जाना चाहिए। अक्सर यह होता है कि हम इन्हीं पर उलझ जाते हैं—क्योंकि रूप और ध्वनि शीघ्र हमारे भीतर अपने नए-नए रूप बनाकर आती है। पर यह भ्रान्त है—और साधक को इसके पार होना ही होता है।

रही बात—आंख की नीची पलक खुली रहने की—सो यह स्वाभाविक है। बाकी तनाव देकर ऐसा करना या बन्द करना—ध्यान में बाधा है। उन्हें ढीली ही रखना चाहिए और जो स्वाभाविक अवस्था हो—उसमें रहने देना ठीक है। अभी मुझे एक सज्जन मिले—बोले—विनोबा जी ने योग मुद्रा में जो आधी आंख खुली रहती है—उसके लिए बताया कि आधा ब्रह्म बाहर है और आधा भीतर है—ऐसा वेदान्त में उल्लेख है। इससे योग साधना में ऐसा रहना आवश्यक है।...

अब देखिए—योग की ठीक परम्पराओं से परिचित न होने से—इस तरह की भ्रान्त धारणाएं जड़ पकड़ लेती हैं और मन उनकी व्याख्या सोचकर अपने को समझा लेता है।

श्रीमती जैन साब अपनी वाक-पटुता में निगुण हैं—काफी साहस है—और

अनुभव लिया है जीवन का। अपने पूर्व जीवन के रायपुर के स्मरण कहते हुए आपने कहा कि–रजनीश जी–मुझे बचपन का अपना पूरा स्मरण है कि एक पास ही ज्योतिषी जी रहते थे–अपने काम में पूर्ण निष्णात थे। उनका कहा हुआ–100 प्रतिशत सही बैठता था। कुछ आपने घटनाएं सुनाईं–और उनके आधार पर आपके ऊपर जो प्रभाव छूटा है–उसका उल्लेख किया।

आचार्य श्री ने कहा–मूलत: ज्योतिष अपने में कुछ नहीं है। क्योंकि विभिन्न देशों में अलग-अलग माध्यमों से ज्योतिष का विवरण दिया जाता है। इससे जो ज्योतिष जानता है–ठीक-ठीक वह भीतर से कोई और घटना चलती है–पर बाहर प्रगटीकरण वह किसी न किसी माध्यम से करता है। भीतर वह अपने तांत्रिक ज्ञान के आधार पर सामूहिक अचेतन में प्रवेश पाता है–और वहां से जो स्थिति का बोध होता है उसे प्रगट करता है। इससे ज्योतिष में भी मंत्र-साधना चलती है–और यही उस स्थिति में व्यक्ति को पहुंचा देती है–जहां से कि हम तथ्यों को जान पाते हैं।

लेकिर ये सभी मंत्र-साधनाएं व्यक्ति को एक तरह का सुख देती हैं–और मन हमें उलझा लेता है। लेकिन इनका कोई वास्तविक आध्यात्मिक जीवन से कोई संबंध नहीं है। इन मंत्रों का अपनी एक विशिष्ट अवस्था में सिद्धि होने से संबंध हुआ करता है–और चमत्कार इनके माध्यम से हुआ करते हैं–लेकिन ये सब व्यक्ति को अपने वास्तविक लक्षण से दूर करते हैं।...

रायपुर में प्रारंभ में मैं था–तो वहां सांझ को देवी के मन्दिर में पूजा हुआ करती है–और श्री पदुमलाल पुन्नालाल जी बख्शी वहां जाते थे। एक दिन मुझे भी चलने को कहा। मैं साथ गया–पर बाहर था। अब वहां सामूहिक अचेतन में पहुंचने का पूरा प्रयास किया गया है–और ठीक वैसे आधार पर ही पूजा होती है।

खूब पहले धुआं किया गया–लोभान और गंधक का। अब जोर-जोर से मन्दिर में शंख ध्वनि की गई और पूजा के अन्य वाद्य बजाए जाने लगे। इस तीव्र अवस्था में पुजारी ने नृत्य प्रारम्भ किया–अब ऐसी अवस्था में व्यक्ति अपने सामूहिक अचेतन में प्रवेश पा जाता है–और एक मूर्छा का, बेहोशी का आनन्द उसे प्राप्त होता है।

अब मूल बात केवल जानने की यह हुआ करती है कि कौन सी साधना–मूर्छा में उतारती है–और कौन सी साधना जागृति में उतारती है। आध्यात्मिक साधक के लिए केवल यही बात जानने की प्रधान है।

श्रीमती जैन साब की ऑस्पेन्सकी की पुस्तकें का अध्ययन कर रही हैं। उसमें चेतना के केन्द्रों (Centres) की चर्चा की गई है।

उनके संबंध में बताते हुए आचार्य जी ने विस्तार से उल्लेख किया–लेकिन स्मृति के इस पुंज में केवल थोड़ा ही शेष रह पाया है। जो रहा है: वह इस प्रकार है–

व्यक्ति के अलग-अलग स्तर हुआ करते हैं। ये स्तर मूलत: उसके केन्द्रों से संबंधित हुआ करते हैं। सामान्यत: व्यक्ति नीचे के केन्द्रों से संबंधित हुआ करता है--और इस कारण उसका चेतना स्तर नीचे के स्तर की बातों से शीघ्र प्रभावित होता है और उसके शरीर के अंग वैसा कार्य करना प्रारंभ कर देते हैं। आज हवा में जो नीचे के स्तर की बातें तैरा करती हैं–व्यक्ति उसमें अपने को संतुष्ट मानता है–और उनके प्रभाव में बहता चला जाता है।

अब व्यक्ति ध्यान की साधना से परिपूर्ण शान्ति में हो आता है तो उसकी चेतना के स्तर गहराई में जाते हैं–और उससे निकलने वाली शान्ति तथा आनन्द से–ऊंचे केन्द्र पर हो आए व्यक्ति पर अपने से प्रभाव पहुंचता है।

एक बात और कि हम जो भी बोलते हैं, वह नष्ट नहीं होता है। विद्युतीय तरंगे उनकी रहा करती है–और कोई चेतना जब प्रबुद्ध होती है–तो वह उन सन्देशों और वचनों को जान पाती है–जो कि किसी प्रबुद्ध हो आई चेतना ने कहे होंगे। इससे–कुछ घटनाएं घटती हैं–जबकि इस तरह के तथ्य सामने आते हैं कि लोगों ने बुद्ध के वचनों को सुना–और उनके चित्र को देखा। अब यह बात वैसे सुनने में आश्चर्य प्रतीत होती है–लेकिन वास्तविक तथ्य है। इसमें और कोई बात नहीं, केवल चेतना के वैसे केन्द्र पर होने से हम सुन और देख पाते हैं। जिस तरह आप कुछ किरणें चलकर–आप तक पहुंचने से मुझे देख पाते हैं–ठीक वैसे ही–चेतना की एक स्थिति हुआ करती है–जबकि हम उन दिव्य वचनों को सुन पाते है और उन प्रबुद्ध पुरुषों को देख पाते हैं।

शब्दों को ध्यान की गहराई में–मैंने पहुंचाने का प्रयोग किया और पाया कि उस स्थिति में बिना बोले–जो मन के भीतर कहा जाए वह दूसरा व्यक्ति तत्काल सुन पाता है। इस प्रयोग को तो वैज्ञानिकों ने एक व्यक्ति को एक ऐसे कांच बन्द कमरे में बैठाया जिसमें कि हवा के माध्यम से विद्युत तरंगे न जा सकें–और बाहर से पहुंचाए गए संदेश को जब भीतर सुना गया–तो पाया गया कि बात चेतना के स्तर से चलती है।

बौद्ध साधना में भगवान बुद्ध के समय–महिलाएं भी दीक्षित होना चाहती थीं–तो प्रारंभ में बुद्ध ने दीक्षित नहीं किया–लेकिन जब आनंद भगवान का प्रिय शिष्य नहीं माना तो बुद्ध ने दीक्षा देना शुरू की। लेकिन कहा–आनन्द अब जो बुद्ध धर्म 1000 वर्ष तक चलने को था–वह केवल 500 वर्षों में ही नष्ट प्राय हो जाएगा और ऐसा हुआ।

भगवान बुद्ध के दीक्षा न देने का कारण मूलतः वैज्ञानिक था। महिलाएं और पुरुष के साथ रहने पर प्रकृति उनको जोड़ती है। प्रकृति की विरोधी व्यवस्था जो है। शरीर से विद्युत किरणें चला करती हैं—और वे जब तक साधक पूर्णता प्राप्त नहीं कर लेता है—अपना आकर्षण रखा करती हैं। इससे यह शरीर के स्तर पर साधना में बाधा बनती है और भगवान बुद्ध की साधना में—काया स्मृति-मन स्मृति—सब के प्रति सम्यक् रूपेण जागरूक रहने को कहा गया है। अब इससे स्पष्ट हो गया है कि जो व्यक्ति के केन्द्र से सम्बन्धित चेतना की बात है—उसमें कितनी वैज्ञानिक अद्‌भुत व्यवस्था कार्यशील रहती है।...

श्रीमती जैन साब ने श्री आस्पेन्स्की द्वारा रचित गुरजेफ नामक साधक पर अध्ययन किया है और उनकी योग साधना के प्रभावित हुई हैं।

प्रत्येक योग दर्शन के अपने अलग-अलग कुछ मूलभूत तथ्य रहे हैं। इस पर आचार्य श्री ने पूर्णतः एक गहरी दृष्टि दी। आपने अपनी दिव्य वाणी में कहना प्रारंभ किया:

गुरजेफ कहता था कि सबमें आत्मा नहीं है। केवल बीज रूप में वह है। उसे जगाना है—और जीवन एक मौका है जबकि उसे जगा लिया जाए—अन्यथा आत्मा खो सकती है और अनेक मौके हैं जबकि आत्मा खो जाती है।

अब जरा सोचिए कि ऐसा क्यों कहा गया। इसे पंडित और विद्वान मान लेंगे कि यह उसका सिद्धांत है। पहले मैं भी ऐसा सोचता था—पर जब से दीखना प्रारंभ हुआ है—कैसे तो मन में एक विरोध बैठ जाता है और लगने लगता है कि यह धर्म है—वह हमारे धर्म से विरोधी है। इस तरह दीखने पर तो केवल ऊपरी तथ्य भर प्रगट होते हैं—गहरे जाने पर नया प्रकाश मिलता है और उसी का मूल्य भी है।

एक प्रसंग में आचार्य श्री और मिसिस जैन की वार्ता के मध्य—आचार्य श्री ने कहा—गुरजेफ की परंपरा यूरोप के मुल्कों में अब जीवित नहीं बची। कोई परंपरा से जब तक पिछली परंपराएं सम्बुद्ध नहीं होती हैं—तब तक कोई भी परंपरा जो वर्तमान में चलती है—वह जीवित नहीं रह सकती है।

भारत में पिछले 3000 वर्षों से जो एक आध्यात्मिक जागरूकता रही है और प्रबुद्ध पुरुषों की शृंखला रही है, उससे यहां की हवा में आज भी और बात है। बुद्ध ने जब अपनी प्रबुद्धता को जाना तो कहा—मैंने जो जाना है—वह नया नहीं है—वह तो था—केवल उसे एक विशेष चेतना की स्थिति में जाना है। यह धर्म की सनातन चलती आई परंपरा में भारत की अपनी विशिष्टता है। इस सनातन परंपरा में कुछ नया कहने और जानने को नहीं है—केवल उस विशिष्ट स्थिति में हो आने से व्यक्ति अपनी सनातन धार्मिक निधि को जान लेता है। इससे बुद्ध का कहा

हुआ–समाप्त होने को नहीं है। वह तो धर्म की सनातन परंपरा में अपना स्थान ले लिया है। वह शाश्वत है।

****

एक दिवस मिसिज जैन साब–अपने मन की चलती आई प्रति क्षण की विचारों की कल्पना और उसके आधार पर बड़े-बड़े विचित्र ख्यालात बनाते जाना इस पर समझ रही थीं।

इस सन्दर्भ में आचार्य श्री ने एक बहुत सुगम कहानी के आधार पर समझाया। कहा आपने कि तिब्बत में नागार्जुन एक सिद्ध हुआ। उसके पास भिक्षा का पात्र था–उससे छू जाने पर वह सोने का हो गया था। उसे एक चोर ने चुराना चाहा, चोर खिड़की के बाहर था। नागार्जुन ने उसके छिपे भाव को जाना और वह स्वर्ण पात्र बाहर खिड़की में से फेंक दिया। चोर तो हतप्रभ था–उसे इसकी कभी कल्पना तक न थी। इससे वह साहस के साथ सामने आया–बोला–माफ कीजिए–आपने ये क्या किया? मुझे और भेंट दी–इसे तो लेता हूं–पर प्रभु मुझे ऐसा कुछ करने को कहें–जिससे इस तरह का उपाय हो कि मैं प्रभु को पा सकूं। मैं आपसे बहुत प्रभावित हुआ हूं–और चरण छुए। नागार्जुन ने कहा कि मैं एक मंत्र देता हूं–ठीक हो जाओगे। पहले इस स्थान पर 12 वर्ष तक यह सोचा करो कि सिर पर सींग आ रहे हैं–और बढ़ रहे हैं। ठीक 12 वर्ष बाद जब श्री नागार्जुन झोपड़ी में पहुंचे, तो चोर बोला–बहुत दर्द सिर में होता है, सींग जो छप्पर से लग गए हैं। देखा तो–लगा कि केवल कल्पना में सोचते रहने से सींग होने का बोध हो आया था। तब नागार्जुन बहुत प्रसन्न था। सोचा, जो 12 वर्षों तक केवल इस तरह बैठकर साधना कर सकता है–उसे उठाया और उस साधक को अपने साथ ले लिया।

अब देखिए, हम हर क्षण अपने मन में विस्तार देते रहते हैं–और जो एकदम निकट है, उसे हम जान नहीं पाते हैं। प्रति क्षण इतना अपने में पर्याप्त है कि हम व्यर्थ ही भूत और भविष्य के चिन्तन में अपने को व्यर्थ–खोए रहते हैं। और इसके कोई परिणाम उचित नहीं आते हैं। जीवन में यह क्रम इतना घना हो जाता है कि हम एकदम संकीर्ण हो जाते हैं–अपने में टूटे-टूटे। इसमें जो अनंत सत्ता हर क्षण है–उसका बोध यदि हम वर्तमान क्षण में होश में रहकर करें–तो जीवन में कोई भी दुख रहता ही नहीं है। सारी कल्पनाएं गिर जाती हैं–और हम आनन्द से भर आते हैं।...

****

एक दिन (22 तारीख से 26 तक के बीच) श्री आसिफ अली जी और भाई अब्दुल जी आ रहे हैं। आशिफ अली जी अभी अपने दिल्ली और आगरा

प्रवास से वापस लौटे हैं। आगरा में आपने बताया कि–"वहां पर कुछ मित्र मंडलियां बैठा करती हैं–जो आपस में चर्चा किया करती हैं–और इन मित्र-मंडलियों में सभी जन अपने विचार व्यक्त स्वतंत्रता पूर्वक किया करते हैं। मुझे भला लगा।"

इस पर आचार्य श्री ने कहा–देखिए–मुल्क के अनेक भागों में इस तरह लोग बैठा करते हैं–और आपस में चर्चा किया करते हैं–लेकिन इससे केवल मनोरंजन के अतिरिक्त और कुछ नहीं होता है। और यदि कोई भ्रान्त साधक बीच में होता है–तो उसकी बातचीत से–एक बड़ा अहित हो जाया करता है। इससे जब तक इस तरह की विचार गोष्ठियों में–कोई एक व्यक्ति जब तक आत्मिक जीवन में प्रतिष्ठित हुआ न हो–तो सब व्यर्थ है। केवल बातचीत का आनन्द ले लेना और मनोरंजन में उलझे रहना–सार्थक नहीं है। कोई बात जब तक भीतर से निकलने को न हो–तब तक सब कहा हुआ भ्रान्त है। जब बात भीतर से फूट आती है–तो उसका अपना प्रभाव होता है–और जीवन की दिशा सही चलती है। एक बार सही पथ-दर्शन प्राप्त हो जाए तो फिर जीवन अपने से आगे आता है। उसका निखार होता है। ठीक पथ-दृष्टा होना अत्यंत आवश्यक है। बिना ऐसे महान केन्द्र के अभाव में–सब कुछ केवल घूम फिरकर मनोरंजन है।...

****

एक दिन श्री एस. एस. ठाकुर जी आ रहे हैं। आप बहुत दिन पश्चात् आचार्य श्री से मुलाकात लिए हैं। इस बीच अपने शान्ति पथ और मानस-सुधा नामक दो पुस्तकें लिख डाली हैं। स्वयं आपने प्रकाशित करवाई हैं और लगभग 2000 रु. व्यय किए हैं। इस चर्चा लिखने के पूर्व आप मानसिक रूप से अस्वस्थ रहा करते थे (लगभग 8-9 माह पूर्व) और उस समय आचार्य श्री के मार्ग पर चलकर आपने मानसिक स्वस्थता प्राप्त की थी। अब आपको पुनः न जाने मन की किन लहरों ने पकड़ा कि फिर 'शान्ति पथ' और 'मानस सुधा' नामक दो पुस्तकें प्रकाशित कर डाली हैं। वास्तव में लोग कैसे उन पुस्तकों को लिख डालते हैं जिनका उनके स्वयं के जीवन से कोई प्रगटीकरण नहीं होता है।

आपसे पूछा तो कहा–वास्तव में शान्ति को उपलब्ध हुए व्यक्तियों को जानने पर पता होता है कि शान्ति क्या है? जयशंकर प्रसाद ने काव्य लिखा–उससे उनकी शान्ति की झलक–झलकती है।

आचार्य जी ने कहा : देखिए केवल शान्ति की बातचीत कर लेना एक बात है–इसे तो कोई भी कर सकता है। एक बहुत ज्यादा अशान्त व्यक्ति भी–शान्त होने की और उस संबंध की प्रशंसा कर सकता है। इससे किसी व्यक्ति की शान्त स्थिति का बोध नहीं होता है। शान्त हो जाना अपने में कुछ और ही अर्थ रखा

करता है। किसी के काव्य को और उसके सम्बन्ध में दूर से जानकर तो कुछ भी इस तरह का निर्णय नहीं लिया जा सकता है–कि उनका जीवन शान्त हो आया था। यह एक अद्‌भुत क्रान्ति की बात है और उसके जीवन में घटती है, उसे एक आश्चर्य का जगत मिल जाता है–ठीक है आपने दो पुस्तकें लिख डाली हैं–लेकिन अब आप कुछ इस ओर (साधना की ओर) लगिएगा–तो भला होगा।...

श्री ठाकुर जी की पुस्तकों के संबंध में आचार्य श्री ने एक Medical College के विद्यार्थी से कहा कि किताब जितना झूठ बोलती है–उससे ज्यादा झूठ और कोई बोल ही नहीं सकता है। बिल्कुल सुविधा किताबों ने प्रदान कर दी है–और व्यक्ति के जो मन आए लिख सकता है। अब उस लेखक को यह तो नहीं मालूम कि इनको कोई पढ़ लेगा और फिर वैसा करने लगेगा–और परिणाम कुछ न आएगा तो कितना अहित न होगा। भारत में पिछले वर्षों में यह जोर से हुआ है। इससे कुछ भी व्यर्थ का कचरा धर्म के संबंध में पढ़ लेना-बहुत भ्रान्त है।

आध्यात्मिकता तो पूरा विज्ञान है। उसकी अपनी एक अद्‌भुत व्यवस्था है। जब तक इससे कोई चेतना अपने इस स्वरूप में प्रतिष्ठित नहीं, हो जाती है–तब तक सारी दी गई व्याख्या और जानकारी अंधी होती हैं। जब कोई जानकार इस संबध में बताता है तो वह मूल्य का होता है। उसमें अर्थ होता है। जब धीरे से मन विसर्जित हो जाता है–तो व्यक्ति में आश्चर्य का लोक घटित होता है। वह पूर्ण आनन्द से भर आता है। पर इसका विज्ञान है। कोई किताब पढ़कर इसे नहीं जान सकता है। किताबों के पार से सब आता है। सब दीख पड़ता है–और जब स्पष्ट बोध हो आता है–तो अपने से चेतना अपने पर लौट आती है। लेकिन आज तो किताबों से बड़ी सुविधा हो गई है–और हर कोई कुछ पढ़के लिखने का शौक पूरा कर लेता है। इससे समाज में केवल सूचनाओं का विस्तार हुआ है और आध्यात्मिक जीवन जो कि बिल्कुल इस सबके पार है–गिर गया है।

यह विद्यार्थी बेचारा 2-3 माह पूर्व आया था–तब भला था–अच्छी बातें नीति की करता था बीच में उस मुलाकात के पूर्व आया तो विक्षिप्त जैसे और पीड़ित था। उस पर आचार्य जी ने ध्यान की प्रक्रिया को पूर्ण वैज्ञानिक आधार पर समझाया और कहा कि बाह्य जीवन में श्रेष्ठ अभिव्यक्ति तो भीतर के संपूर्ण आंतरिक परिवर्तन से आती है। जब भीतर चेतना की स्थिति में परिवर्तन आ जाता है तो बाह्य परिणाम तो अपने से मूलतः आ ही जाते हैं।

आज दिवस आपने कहा–आध्यात्मिकता मात्र दिखावा नहीं है। पूरा विज्ञान है। इस संबंध में कोई भी कुछ भी कहने का अधिकारी नहीं है। इससे जो मैं कहा हूं–उसे करते चलो–वह करने जैसा कुछ भी नहीं है–यह तो अभी पूर्व में थोड़ा

करने जैसा है–बाद तो अपने से सब सहज चलता है और अचानक एक दिन पाओगे कि जो वर्षों की मेहनत से नहीं आ पा रहा था–वह अपने से आ गया है। जीवन श्रेष्ठ अनुभूतियों तथा श्रेष्ठ गुणों से भर आया है।...

विद्यार्थी बड़ा भली मन:स्थिति का है। कृतज्ञता प्रगट कर विदा लिया।

7 जून से 2 जुलाई 1962 तक

आज के युग में मात्र सूचनाओं का प्रसार हुआ है–और व्यक्ति की जानकारी बहुत उथली रह गई है। यह इस कारण लिखा गया कि आचार्य जी का केवल क्षेत्र अपने जीवन के गहरे पैठे हीरों को जानना रहा है। इससे मात्र अखबारी जानकारी के आधार पर निर्मित समाज का जो नक्शा आज बन रहा है–उससे हम किस भीषण युग में प्रवेश किए हैं कि आज मानवीयता का संपूर्ण विनाश हो रहा है। अब अपने उसी एक जीवन के कार्यकाल में एक महान चेतना अनन्त आनन्द के बीच रही आती है और सारा विश्व पीड़ा उठाता रहता है। इसके मूल में एक गहरी जीवन-दृष्टि का अंतर है। लेकिन मानव-मन सुलाए रखता है–और जीवन के सारे आनन्द से मानव-चेतना को वंचित रखता है।

यह गहरी जीवन-दृष्टि कितनी दूर तक अनन्त गहराइयों के बीच व्यक्ति को ले जाती है कि इसका जानना तो केवल संपर्क में आया व्यक्ति ही कर सकता है। श्री अब्दुल जी अजीज एक मुसलमान युवक हैं–आपकी समस्त श्रेष्ठ भावनाएं आचार्य जी को अर्पित हैं।

आपका आगमन मानवीय जीवन की दिव्यता को पाने के लिए हुआ करता है और आप खूब अमृत आनंद से भरकर बिदा लेते हैं।

आपका आचार्य जी से हमेशा यह कहना रहा करता है कि आप तो हमेशा मेरे मन में जो रहता है–ठीक उसे ही जानकर सब कुछ बता दिया करते हैं–इससे अधिक आश्चर्य और क्या हो सकता है। अनेक बार ऐसे प्रसंग आए जबकि यह हुआ–और चेतना के असीम सम्बन्धों का बोध हुआ है।

सद्भावनाओं और शुभकामनाओं के प्रसंग पर उल्लेख करते हुए आचार्य श्री ने कहा–

प्रत्येक धर्म की प्रार्थना में जो शुभकामनाएं रहा करती हैं और हम अपने शुभ मन से जब उन सन्देशों को पहुंचाते हैं तो एक श्रेष्ठ मानवीय जगत का निर्माण होता है। यह एक बहुत बड़ी बात है जो कि किसी भी समाज के विकास में अपना योग देती है। इनके बड़े दूरगामी परिणाम हुआ करते हैं–और जीवन में आनन्द अपने से आ जाता है।

श्री अब्दुल जी इतने प्रसन्न थे–जिसका कहना ही क्या। बोले–मैं सुबह नमाज के बाद की आयतें पढ़ा करता था–उसमें जो शुभ-सन्देश अन्त में दिए होते हैं–उनका अर्थ सोचता था–पर कुछ ठीक समझ में भी न आया। अब आपसे जानकर अति प्रसन्न हुआ हूं और अर्थ की स्पष्टता समझ आ जाने से–एक आन्तरिक आनन्द का बोध हुआ है।...

अनन्त आनंद की असीम गहराइयों के बीच श्रीमती जैन नित्य प्रति आ उपस्थित होती है। आपके मन में अनेक प्रकार के प्रश्न हुआ करते हैं।

चर्चा के मध्य आचार्य श्री ने कहा–भगवान बुद्ध, कृष्णमूर्ति की परंपरा में या गुरजेफ के मार्ग पर कोई गुरु की आवश्यकता नहीं है। इन मार्गों पर चलने वाला साधक अपने से पथ-निर्माण करता चला जाता है। अनन्त संभावनाएं व्यक्तित्व के विकास की हुआ करती हैं। इस मार्ग पर चलने वाला अपने व्यक्तित्व का विकास स्वयं करता चलता है। इसमें कोई शरीर को, स्वांस को और मन को साधने की प्रक्रिया नहीं करना पड़ती है। वरन् सम्पूर्ण रूप से अपनी चेतना में प्रतिष्ठित हो रहने की ध्यान योग की प्रक्रिया में–साधक स्वतंत्र है। इससे इस प्रकार के पहुंचे हुए व्यक्तियों ने–समस्त प्रकार के बंधनों को व्यर्थ माना है–यहां तक कि गुरु की भी आवश्यकता को नहीं माना है।

वह केवल एक चर्चा का प्रासांगिक टुकड़ा है–जिसे उद्धृत किया गया है।

कितनी अमूल्य वाणी चर्चा के बीच प्रगट होती है कि वह प्रकाश में आ सके तो सारे मानव-समाज का उससे लाभ हो सकता है। वैसे तो जो मूल साधना की बात है–मूल केन्द्र बिन्दु है। शेष अन्य तो अपने से आता है। जिसे आचार्य जी के शब्दों में रखें तो–ध्यान अपने में जैसे ऊपर से कूदना है। बस केवल जैसे कूदने की क्रिया साधक को करनी होती है–उसके बाद का सारा कार्य जमीन की आकर्षण शक्ति कर लेती है–इसी तरह केवल हमें शून्य में उतरना होता है–शेष सब अपने से भीतर से उतरता है। पाया जाता है कि हम खींच लिए गए हैं। ईसा ने एक जगह बाइबल में कहा है : "Seek yee first the kingdom of God & all else shall be added unto you."

ध्यान की प्रक्रिया की चर्चा करते हुए–आचार्य श्री ने कहा–

मैंने जो ध्यान योग पर आपको काम करने को कहा है–वह बस पर्याप्त है। उस पर चलने वाला साधक किस वैज्ञानिक पद्धति से गुजरता है–इसे मैं चित्र से स्पष्ट करता हूं।

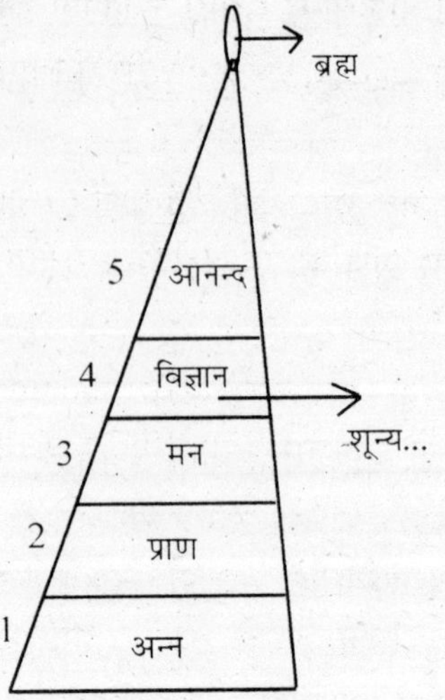

मानव चेतना को 5 भागों में बांटा जा सकता है। इन प्रत्एक स्थितियों में आनन्द तो है। लेकिन जो व्यक्ति अपने अन्न मय, प्राणमय और मनोमय शरीर की चेतना को–बाह्य सुख की तरफ ले जाता है–उसे बहुत खोकर वह आनन्द प्राप्त होता है जो कि सहज ही उपलब्ध है। बहुत ज्यादा शक्ति का व्यय है–लेकिन आनन्द बहुत क्षणिक है। इससे यह स्वाभाविक मार्ग है आनन्द पाने का इसमें कुछ बुरा भला नहीं है। लेकिन मैं कहता हूं कि इससे भी ज्यादा आनन्द और बिना किसी शरीर की शक्तियों के अधिक व्यय किए उपलब्ध है–तो क्यों न उसे जाना जाए। मानव का आना इस ओर स्वाभाविक है। अब रही उपयुक्त–विवेक मय और वैज्ञानिक साधना पद्धति की मूल बात जिससे व्यक्ति अपने स्वरूप तक आता है। अपने में व्याप्त आनन्द को जानता है।

साधना पद्धति में–हठयोग के साधक हैं–जो शरीर की साधना को करते हैं। पश्चात् स्वांस रोक कर करने की प्राणायाम की प्रक्रियाएं हैं–बाद मन को एकाग्र करने की चित्त की शक्ति को पाने की साधना है। इसके बाद शरीर, प्राण और मन पर अधिकार पा लेने वाला साधक और आगे ब्रह्म के आनन्द को जानने चलता है–इस तरह इस स्थिति तक पहुंचा व्यक्ति कहता है कि ''मैं ब्रह्म हूं।'' यह शक्ति की साधना है–और इस पर चलकर पहुंचना बहुत कम व्यक्तियों का संभव होता है–मार्ग निश्चित दुरुह है। इन पद्धतियों में श्रेष्ठ गुरुओं की आवश्यकता है।

लेकिन मैं आपको जिस ध्यान योग की चर्चा किया हूं–वह विज्ञान से प्रारंभ होती है–और व्यक्ति को अपने से अपने स्वरूप में खींच लेती है–तथा व्यक्ति अपनी सत्ता का बोध अलग से करता है।

इस वैज्ञानिक सुलभ प्रक्रिया में : सारी वैज्ञानिक पद्धति की समायोजितता है।

1. पहले हम अपने को Suggest करके—शरीर को एक मृत अवस्था में ले आते हैं।

2. दूसरे, शरीर के मृत अवस्था में आते ही प्राण (स्वांस) से धीमी होकर चलने लगती है। शरीर और प्राण का एक अद्‌भुत संयोग है। इस कारण ऐसा होना स्वाभाविक है।

3. तीसरे, मन को अपना कार्य बन्द करने के लिए—हम एक विशेष पद्धति का उपयोग करते हैं और मन अपना कार्य करना बन्द कर देता है।

जैसे ही हम इस अवस्था में पहुंचते हैं कि हमारा संबंध—विज्ञान से होता है और हम अपने भीतर एक शून्य की अनुभूति करते हैं—जो हमें सहज में आनन्द की असीम गहराइयों से परिचित कराता है।

इस जागरूक अवस्था में ही व्यक्ति कहता है कि—शून्य है—और अपने आंतरिक आनन्द को अनुभूत करता है। यह शान्ति का योग है। सुलभ है—प्रत्येक व्यक्ति स्वयं अपना पथ-दर्शक है। कोई गुरु की इसमें आवश्यकता नहीं है—सब कुछ अपने से आता है। मूलतः पूर्ण वैज्ञानिक प्रक्रिया का जानना आवश्यक होता है।

इसमें व्यक्ति ब्रह्म तक पहुंचता है—पर शान्ति और आनन्द की अनन्त सत्ता के बीच वह ब्रह्म का बोध करता है।...

एक दिन श्रीमती जैन को आचार्य श्री इस तरह समझा रहे थे—

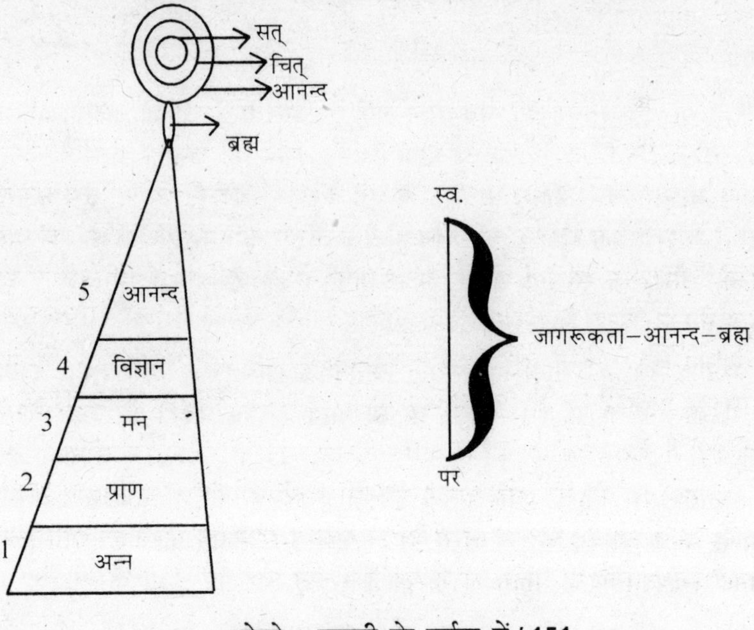

शरीर के 5 कोष हैं। इनमें प्रत्येक में—पहले तीन में—पर केन्द्रित सत्ता, चित्त और आनन्द की अवस्था होती है। अन्न मय शरीर का कोष भी दूसरों पर लगा होता है और आनंद भी पर केन्द्रित होता है। जैसे ही व्यक्ति अपने इन केन्द्रों से—स्व केन्द्र की ओर आता है—तो जो 'पर' से छोड़कर 'स्व' पर आया—यदि उसने 'स्व' को पकड़ रखा तो निश्चित मानिए कि अभी उसकी पकड़ बनी हुई है। इसे हम चाहें तो आत्मा की संज्ञा दें—या कुछ और कहकर संबोधित कर लें—लेकिन जब तक 'स्व' का बोध शेष है—तब तक हम मुक्त नहीं हुए। इससे बुद्ध ने कहा—आत्मा नहीं है—अनन्ता कहा। अब हमें स्पष्ट होगा कि जो 'पर' और 'स्व' के बीच का बोध जागरूक स्थिति का है—मात्र केवल वह मुक्त अवस्था के साधक का है।

इसके पूर्व एक दिवस आचार्य श्री ने इन 5 कोषों के बीच जो चार शरीर में चक्र हैं—और जो तांत्रिक साधना से संबंधित हैं—उन पर चर्चा की थी।

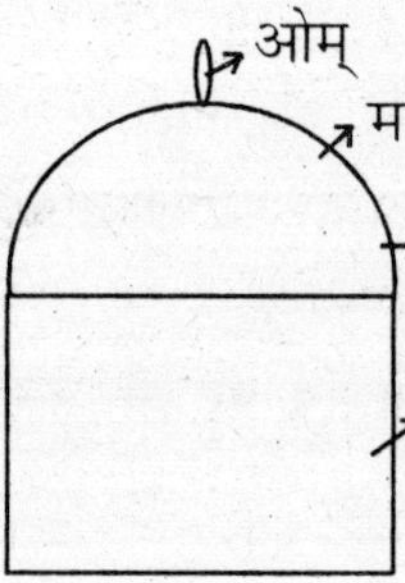

कहा था—तिब्बत में चार चक्र माने जाते हैं—और मठों का जो नक्शा बनाया जाता है—उसका एक विशेष महत्त्व होता है। इन चक्रों को जगाना होता है—और तिब्बत में जो यह चार अक्षरों का मंत्र चलता है ओम, पदम्ने, मणि, हुम उससे व्यक्ति के शरीर में जो यौगिक परिवर्तन होते हैं—उनसे तांत्रिक साधना के अनुसार व्यक्ति को आंतरिक साधना में पूर्ण हुआ मानते हैं। बौद्ध धर्म ने भी चार चक्रों को ही स्वीकार किया है।

आज के युग की मानसिक स्थिति कितनी उलझी हुई है कि स्वतंत्र, सरल और पूर्ण मानवीयता से भरे व्यक्तित्व को क्षति उठाना पड़ती है। यह इससे लिखना पड़ा है कि हमने सबकी सीमाएं बांध कर रखी हैं—और उन सीमाओं के भीतर ही जब हम किसी व्यक्ति को चलता देखते हैं—तो ही उसे हम अपने माप-दण्ड के अनुसार स्वीकार करते हैं। अन्यथा हम आक्षेप करते हैं। यहां तक कि किसी साधु पुरुष के प्रति हमारी पूर्व निश्चित धारणाएं हुआ करती हैं।

प्रसंग कुछ ऐसा बना कि एक दिन आचार्य श्री ने–सहज आगुन्तकों के साथ हंसने में भाग ले लिया। बस–अब तो जो महानुभाव आए थे–और जिसने साधना प्रारंभ की है–जिन्हें अनेक तरह से समझना हुआ है–उनके मन में विचार-प्रवाह शुरू हो गया। **जब इस पर चर्चा हुई तो आचार्य जी ने कहा**–मैं अपने को किसी संप्रदाय में बांधने से तो रहा–असंभव है। फिर जितना सरल व्यक्ति हो इसमें क्या बात है। बोधि धर्म नामक भिक्षु भगवान बुद्ध के बाद जब चीन, धर्म साधना के प्रचार के लिए गया–तो स्वागत में राजा-मय साज-सज्जा के साथ आया था। स्वागत में बोधि धर्म ने कहा–यह जो स्वागत आपने किया–इससे कुछ न मिलेगा, करना तो कुछ और ही होता है। लोगों को अप्रसन्न देखा तो कहा–ठीक अभी मैं बिना समझे कहा था–अब समझ गया हूं–लेकिन पहले जो समझा है–उसे वास्तविक मानना और अब जो कहूंगा–उसमें औपचारिकता होती है–लेकिन एक प्रसन्नता व्यक्ति के मन में बनी रहती है। और अब उसने जो कहा उसमें–आगुन्तकों को देखकर कहा था। बोधि धर्म के संबंध में और भी इसी तरह की सहज बातें हैं–जिनसे इस व्यक्ति के सामान्य न होने से–अनेक लोगों को दिक्कत हुई है। लेकिन साधना–व्यक्ति को कहीं एक उलझे हिसाब-किताब में बांध दे तो फिर तो एक यांत्रिक जीवन हो जाता है और व्यक्ति का सरल एवं स्वतंत्र विकास रुक जाता है। श्री जे. कृष्णमूर्ति टेनिस खेलते हैं–सामान्यत: होटल में बैठकर चाय पी लेते है–तो इसमें आपत्ति करने का अनेक लोगों को अवसर मिला। लेकिन यदि सरल होने में साधुता नहीं है तो फिर मैं ऐसे कृत्रिम साधुता का क्या करूंगा? सहज जीवन की सरलता ही साधुता है और जिसने अपने को उस अवस्था में जान लिया है, उसकी साधुता तो कहीं से भी खंडित नहीं होती है। जब तक अपनी स्थिति का बोध नहीं होता है–केवल तब तक ही व्यक्ति व्यर्थ के भुलावे में रहा आता है।

आगुन्तकों का भ्रम था–सो दूर हुआ। प्रसन्नता लौट आई है।...

साधना के संबंध में प्रचलित मान्यताओं को विलग करते हुए आचार्य श्री ने दो मूलभूत तथ्य प्रगट किए। कहा आपने–

1. यह एक अजीब सी बात है कि साधना तो दुष्कर है और शरीर को तपाना पड़ता है। लेकिन मैं कहता हूं किं इसमें तो अनन्त सौंदर्य, शांति और आनन्द का सम-स्वरता से संगीत बजता है। अद्भुत जीवन को प्रकाशित करने की क्षमता इसमें है। यह बात यदि आज के नवयुवकों को वैज्ञानिक आधारों पर समझाई जाए–तो उनको एकदम समझ में बात आती है। कारण स्पष्ट है कि हम जिस जीवन-संगीत में चलते होते हैं–वह इतना बेसुरा बजता है कि यदि दूसरी ओर के संगीत का बोध व्यक्ति को हो जाय–तो

निश्चित जानिए कि कोई भी उस संगीत से वंचित रहने क्यों जाएगा। उसका मन तो अपने से उस ओर आ रहता है। गांधी जी का युवावस्था का चित्र देखिए और बुढ़ापे का चित्र देखिए–तब आपको स्पष्ट होगा कि कितना सुन्दर उनका चेहरा होता जाता था। ज्यों-ज्यों कोई व्यक्ति जीवन में सौंदर्य, आनन्द और शान्ति को उपलब्ध करता चला जाता है–उसमें सौंदर्य की अभिव्यक्ति भी ठीक वैसे ही बढ़ने लगती है। रवीन्द्रनाथ ने लिखा कि जैसे–पर्वत के शिखर पर आने से सब बर्फ से पूर्ण सौंदर्य हो उठता है–ठीक वैसे ही–अपनी अन्तिम अवस्था में समस्त शुभ्र बालों के बीच व्यक्ति अपने जीवन के अनन्त सौंदर्य और आनन्द से भर आता है।...

2. साधना एक तो शक्ति की है–हठयोग, प्राणायाम और एकाग्रता की–इससे व्यक्ति को एक लम्बा समय और जन्म-जन्मांतर लग जाते हैं। वास्तव में दुरुह है–और एक दक्ष गुरु की आवश्यकता इसमें होती है। लेकिन यह गलत चुनाव है। ठीक वैज्ञानिक आधारों पर यदि साधना प्रारंभ की जाए तो घटना एक क्षण में घट जाती है और व्यक्ति अपने स्वरूप से परिचित हो रहता है। इसे मैं अनेक जगह चर्चा किया हूं–और जो ध्यान योग की प्रक्रिया सुझाया हूं–वह चूंकि विज्ञान से प्रारंभ होती है–इससे हम शीघ्र ही ब्रह्म में हो आते हैं।

अब लोगों से यह कहा जाए कि साधना तो अत्यन्त कष्टकर है और प्रभु को पाना बहुत कठिन है–तो सच में व्यक्ति निराश हो जाता है और उसे ऐसा लगता है कि वह तो मेरी पहुंच के बाहर की बात है–और मैं क्या पा सकता हूं–जन्म-जन्मांतर की साधना की बात है–वह तो मेरे बस के भीतर नहीं है। इस तरह की धारणा जिस व्यक्ति के अंतर मन में बैठ जाती है–उसका साधना के क्षेत्र में आना वास्तविक रूप से जटिल हो जाता है–क्योंकि यह भाव–एक दीवार की तरह काम करता है और व्यक्ति इस ओर अग्रसर नहीं हो पाता है।

इससे मैं कहता हूं कि जिन्होंने यह भाव मन में बैठा दिया है–उन्होंने बड़ा पाप किया है। उनसे बहुत अहित हुआ है। लेकिन अब इस बात को आप जानिए तो आपको लगेगा कि यह बहुत सरल बात है–इससे आसान और कुछ भी नहीं है। अपने स्वरूप में आ रहना एक सहज बात है–क्योंकि वह हमसे अलग कहां है।

4 जुलाई, 1962

विचित्र व्यक्तियों का हाल है। कुछ थोड़ा सा पढ़ लें, सुन लें–और बस अनुभूति हो जाती है। अब बड़ा मुश्किल है जिसे यह भ्रम हो गया हो–कैसे उसे तोड़ा जा सकता है जो अभी उस ओर बढ़ा नहीं है, उसे तो मार्ग बताया जा सकता है–पर भ्रम पूर्ण स्थिति को तोड़ना बड़ा जटिल है।

एक युवक Medical College में है। आप एक समय आचार्य जी के निकट दयानन्द सरस्वती जी के ऊपर बोलने को कहने आए थे। आपसे कहा–मुझे दयानंद जी की बातें उचित प्रतीत नहीं होतीं–अब आप कहें तो चला चलूं–अन्यथा किन्हीं अन्य को ले जाएं हो ठीक होगा। युवक समझदार था–बात मानकर चला गया। बाद 5-6 माह बाद आया–तो झिझका था–और आने में जटिलता अनुभव कर रहा था। मैंने देखा तो बुलाया–बोला–बहुत परेशान हुआ हूं–मन से व्यर्थ का जाता ही नहीं है। सोचता हूं कि यह सब व्यर्थ है–लेकिन परेशान किए हुए है। मैं इस बीच स्वास्थ्य भी खोया हूं और मन की शक्ति भी खोया हूं। मुझे आप बताइए क्या करूं?

इस युवक को आचार्य जी ने केवल 7 दिन के लिए वैज्ञानिक आधार पर ध्यान की प्रक्रिया करने को कहा। खूब श्रद्धा में–पूर्ण विश्वास में था–कोई अपने साथ गुरु की किताब भी लाया था–उसे आचार्य जी ने पढ़ने को मना किया–तो चुपचाप मान लिया–और काम किया। बाद तो वह हंसता हुआ आया–और चरण छू कर बोला–सब बदल गया।

अब मैं जानता हूं कि जितने विश्वास से भर के इसने कार्य किया था–परिणाम भी उतने ही शीघ्र आया। ऐसे अनेक उदाहरण मिलते हैं–कि श्रद्धा से व्यक्ति को पूर्णता मिलती है। श्रद्धा–अंधविश्वास के प्रति नहीं। विवेकपूर्ण श्रद्धा–जीवन को परिवतर्तित कर देती है।

इसके विपरीत मैं अनेक युवकों को जानता हूं–और महीनों लोगों को समझाता हूं और परिणाम में कुछ भी नहीं आता है। अब एक कार्य पूर्ण मन से किया हुआ व्यक्ति को शीघ्र ठीक परिणामों पर पहुंचा देता है।

6 जुलाई, 1962

आचार्य जी के निकट अपने से इस तरह की महान् आत्माओं का मिलन होता है कि एक अद्भुत जीवन-दृष्टि मिलती है। आज रात्रि एक युवक महोदय जो कि आधे गांव के निवासी हैं–आपने अपनी योग आसनों का प्रदर्शन किया। अनेक प्रकार की योग आसन आपने बतलाई और अन्त में जो–आपने प्राणायाम का प्रदर्शन किया–उसमें तो आपने अपने शरीर के हृदय की धड़कन को बन्द कर दिखाया।

आसनों से शरीर में लचक, सौन्दर्य, कान्ति और जीवटता का निर्माण होता है।...

एक दिन आचार्य श्री...श्री नायक जी को ध्यान योग की साधना पर समझा रहे थे। आचार्य श्री ने कहा–ध्यान अपने में अद्भुत आनन्द है और क्षण में यह उस

स्थिति पर पहुंचा देता है–जहां अन्य किसी मार्ग से चले हुए साधक जन्म-जन्मांतर में आ पाते हैं। यह मार्ग चुनने पर निर्भर करता है। ध्यान की असीम गहराइयों में जैसे ही व्यक्ति उतरता है–कि वह आनन्द से संयुक्त हो जाता है–और चित्त भी एक शान्त स्थिति में आ जाता है–साथ ही उसकी सत्ता का बोध स्पष्ट होता है–जो हम हैं। यह आनन्द और शान्त स्थिति के बाहर की चीज है। इससे एक दिवस चर्चा के मध्य आचार्य श्री...श्रीमती कमला जी जैन को जब समझा रहे थे तो कहा था–मन हमारा ध्यान के आनन्द और शान्ति पर ही रुक जाय और स्व-बोध जो कि 'साक्षी चेतना' है–उसे अनुभूत न करे–तो समझिए कि मन ने उलझा लिया है। इसके पार जो साक्षी चेतना है–वह ही केवल ध्यान की आनन्द और शान्त स्थिति को देखती है–जब तक यह स्थिति नहीं आ जाती है–हम अपने केन्द्र तक नहीं आ पाते हैं। ... इससे साधना में केवल आनन्द और शान्ति ही मन को रमा ले–तो समझिए कि अब आप भ्रान्त अवस्था में उतर गए हैं।

ध्यान से अपने में इतना अद्‌भुत आनन्द और शक्ति की स्थिति में व्यक्ति हो आता है कि अनेकों लोग जो इस ओर प्रयोग कर रहे हैं–उन्होंने दिन में जब भी समय मिला है–ध्यान की प्रक्रिया में अपना समय दिया है। श्री तिवारी जी ने ध्यान को तीन बार करने के लिए जब पूछा तो इस प्रसंग में आचार्य श्री ने यह कहा।–

एक दूसरे प्रसंग के मध्य कहा गया कि जीवन में मन के विसर्जन का विज्ञान अति सूक्ष्म है। जैसे : मस्तिष्क के ऑपरेशन से बाल बराबर हिस्सा भी यदि भूल से कट जाता है–तो 700 शिराएं इसके असर में आ जाती हैं। मन का विज्ञान तो अति सूक्ष्म है। सबसे जटिलतम है। अब हर कोई सड़क छाप व्यक्ति इसे धर्म में लगाने की चर्चा करता है। जानता वह कुछ भी नहीं है। इससे बड़ी उलझन पैदा हुई है। धर्म तो एक सूक्ष्मतम विज्ञान है–और पूर्ण प्रबुद्ध व्यक्ति के माध्यम से ही–इसका प्रयोग होना–उपादेय है। अन्यथा इससे गलत और कुछ भी नहीं है।

6 जुलाई, 1962 से 14 जुलाई, 1962 तक

मानवीय जीवन के विकास की अद्‌भुत परंपराए हैं और जब कोई इस दिव्य आत्मिक स्थिति में हो आता है–तो जो निकट के लोग होते हैं, उनमें अपने से परिवर्तन आना प्रारंभ हो जाता है। अनेक-अनेक लोग आचार्य श्री के अमृतमयी वचनों से अपने से जीवन में लाभान्वित हो रहे हैं। बहुत कुछ कहा हुआ ओझल होता लगता है लेकिन एक वाक्य भी किसी जीवन को परिवर्तन करने के लिए सार्थक हो सकता है–इसी से लिखने का साहस कर लेता हूं।

एक समय आचार्य श्री...श्री मणि जी शर्मा और नायक जी से चर्चा किए कि वास्तव में हम यदि अपने जीवन में केवल बुराई देखते रहे और उस संबंध में एक-दूसरे से रस लेकर चर्चा करते रहेंगे-तो यह परिणाम आता है कि हम दरिद्र बनते जाते हैं। आपके भीतर श्रेष्ठ भावनाओं का विकास रूक जाता है। लेकिन इसके विपरीत भी स्थिति संभव है। यदि हमने सारे लोगों की केवल श्रेष्ठतम बातों को ही चुना है तो हम ठीक वैसे ही लोगों के बीच रहकर कुछ और ही अनुभूत कर लेते हैं। यह केवल एक ऑटोसजेशन (Auto suggestion) है जो चला करता है-और उसके माध्यम से बाहर परिणाम आते हैं। यदि हम बुराई को पकड़कर चलते हैं-जो कि आसान है तो ठीक वैसी ही चित्त की स्थिति बन जाती है। बुराई का भी ऑटोसजेशन (Auto suggestion) भीतर रहता है-और हम परिणामतः छोटे होते चलते हैं। ठीक इसके विपरीत भी संभव है। हम कैसे भी लोगों के साथ हों और अपने में विश्वास बांधकर यदि हम चलते हैं-केवल उनकी श्रेष्ठतम जो भी आदतें हैं-तो अपने से ऑटोसजेशन (Auto suggestion) के माध्यम से व्यक्ति में श्रेष्ठ मानवीय गुणों का विकास होता है।

आज क्षुद्रता में आनन्द लिया जाता है और इस कारण मन में छोटे होने का ऑटोसजेशन (Auto suggestion) अपने से चलता है और जीवन गंदा होता जाता है।

लेकिन मैं आपसे कहता हूं कि हर व्यक्ति में कुछ श्रेष्ठतम खोजा जा सकता है और इस तरह हम हमेशा भला अनुभव कर सकते हैं-जबकि ठीक वैसे ही व्यक्तियों के बीच व्यक्ति अपने में पीड़ा उनकी निंदा में रस लेने में उठाता है और उसके जीवन में हर समय संकीर्णता आती जाती है।

इस बीच आचार्य श्री अपने एक परिचित मित्र के जन्म दिवस के उपलक्ष्य में भाग लेने हेतु गए थे। (डा॰ सराफ गढ़ा) इस अवसर पर एक कर्मठ और त्यागी व्यक्ति जो कि स्थानीय महाकोशल महाविद्यालय में राजनीति के प्रधान प्राध्यापक हैं-भी उपस्थित थे। आप तो आचार्य जी से चर्चा करने को पूर्व से ही तैयार थे।

आचार्य जी ने चर्चा के मध्य कहा-देखिए-आपको मैं जो आपका क्रम चलता आया है, उसे छोड़ने को नहीं कहता हूं-उसके परिणाम तो आपने देखे ही हैं-अब मैं जो आपसे कहता हूं-उसे भी आप कर देखिए-यह करना न करने जैसा ही है-और फिर आपको जो ठीक लगेगा, वह अपने से रह जाएगा-शेष सब व्यर्थ का चला जाएगा।

अब डा॰ साब को डर है कि कहीं उनका सब गलत हुआ जिसे उन्होंने अभी तक चलाया है तो सच में एक बड़े पछतावे की बात होगी। इससे किसी तरह बचने के लिए मुझसे कहलवाना चाहते हैं कि गांधी जी और विनोबा जी तब

आपके अनुसार गलत करते रहे हैं। अब मैं कुछ भी किसी के संबंध में नामों को जोड़कर नहीं कहना चाहता हूं। क्योंकि नामों के साथ हमारा मोह होता है और जब कुछ विपरीत कहा जाता है तो हममें से कुछ टूटता लगता है और दुख होता है। इससे आचार्य जी ने कहा–डा॰ साब मैं किसी के सही और गलत होने के संबंध में विचार नहीं करता हूं–मैं तो आपसे जो विचार की बात कही–उसे मात्र जानता हूं और मैं ये देखता हूं कि आप भी इसे अपने भीतर घटित करेंगे–तो आप अपने से खाली हो रहेंगे और तब जो आप परिणाम पाएंगे उसे और आपके द्वारा चलते आए प्रयोग में वास्तविक को आप जान सकेंगे।

* * *

कल रात्रि दिनांक 14 जुलाई को कुछ नवयवुक आकर बैठे थे। उन्होंने जानना चाहा–

"अहं (Ego) को कैसे दूर किया जाए।"

आचार्य जी ने कहा–अहं या मैं क्या है। ममीत्सेन राजा के (सिकन्दर के समय) पास नागसेन एक बौद्ध साधक जाता है–उनके निमंत्रण पर। राजा पूछता नागसेन आए। साधक ने कहा–नागसेन यहां कहां है? राजा ने तो आश्चर्य में कहा–वह जो आपका इतना बड़ा शरीर–तो क्या आप आए नहीं। नागसेन राजा को बाहर खड़े रथ की ओर ले जाता है–और पूंछता है–राजन् रथ की–रास, उसके पहिए, धुरी, छत्र–सब अलग कर दें तो क्या रथ रहेगा? रथ जैसे अपने में कुछ नहीं है–सबका केवल जोड़ रथ है–ठीक वैसे ही सबका इकट्ठा जोड़ व्यक्ति है।

अब मैं आपसे कहता हूं कि मैं की कोई सत्ता नहीं है। उसे आप दिखाकर नहीं कह सकते हैं कि यह मेरा मैं है। मैं केवल चित्त की समस्त विचार प्रक्रिया का जोड़ है। अब जैसे ही हम विचार शून्य हो जाते हैं–तो हम मैं के बाहर ही जाते हैं। ध्यान की गहराईयों में यह बात और भी स्पष्ट होती है।

अब इस अहं को दूर करने के लिए लोग विनय अपनाते, त्याग करते और इस सबमें अब मैं जो अभी विचारों में बना हुआ है–रस लेने लगता है–समाज है कि आदर और सम्मान इस तरह के व्यक्तियों को देने लगता–तो यश और प्रतिष्ठा का आनन्द आने लगता है। इसी में अहं पूरा होता है। इससे कोई अहं को काटते चले–और कुछ हेर-फेर करता रहे तो उसे जानना चाहिए कि अहं पर सीधा आक्रमण किया ही नहीं जा सकता। अहं तो समस्त विचार प्रक्रिया का जोड़ है। जब यह विचार प्रक्रिया बन्द हो जाती है–तो व्यक्ति अपने से अहं के घेरे को दूर खड़ा पाता है। इससे अहं के विसर्जन का वैज्ञानिक मार्ग है। बिना वैज्ञानिक बुद्धि के कुछ भी संभव नहीं है।

अब मैं कुछ साधुओं से मिला और चर्चा की–विचार शून्यता की–तो पाया कि उनका मन तैयार नहीं है। क्योंकि अभी तक जिसे वे शान्ति और आनन्द जानते रहे–वह वास्तव में है ही नहीं है–इससे उनके भ्रम टूटने में बड़ा दुख होता है। अब ये सारे लोग एक स्थिति में खड़े हैं–और इनका कुछ भी टूटना दुख देता है–फिर चाहे उनका कुछ भी वैज्ञानिक हो अथवा न हो। मुझे सन्त बाल जैसे वृद्ध जैन साधु ने बम्बई में कहा कि यदि आपका कहना हम मान लें–तो मेरे नीचे की जमीन सरकती नजर आती है। अब डा॰ श्रीराम शर्मा जी को–व्यर्थ तो दीखता है–जो वे कर रहे हैं (पानी ही कम पीना, नमक न खाना, वाहन का उपयोग न करना) लेकिन 16 वर्षों की लंबी साधना इस सबके पीछे है–इससे मन छोड़ने को भी तैयार नहीं होता है।

लेकिन मैं कहता हूं कि इससे क्या–जो गलत और अवैज्ञानिक दीख आया उसे कितने दिन तक खींचिएगा–विसर्जन ही मार्ग है।...

ध्यान के संबंध में बड़ी भ्रान्तियां प्रचलित हैं। लोग पूछा करते–विचार विसर्जन ही हो रहेंगे–तो काम कैसे करेंगे?

बड़ी भ्रान्त बात है–यह। ध्यान से अपने से एक गहरी शान्ति उतरती है और विचार जब आना चाहिए–तभी आते हैं–शेष समय बन्द रहते हैं–इससे अपने से एक सुरक्षित शक्ति जो पहले व्यर्थ बहा करती थी–विचार-विचार में–वह सृजन करती चलती है–और व्यक्तित्व निखार पाता है। शान्त व्यक्ति चाहे कहीं भी हो–वैसे भी सारी कार्य-प्रणाली को अब पहले की अपेक्षा और भी दक्षता से करने लगता है। इससे यह भ्रान्ति कि ध्यान गृहस्थ कैसे कर सकता है और जिम्मेवारियों से हटाता है–भ्रान्त है। अवैज्ञानिक है।...

कुछ विद्यार्थी दूर शहर से हॉस्टल से सांझ आचार्य जी के पास आया करते और ध्यान सीखते। आचार्य जी ने कहा कि आप रोज तो आ नहीं सकते काफी समय व्यर्थ जाता है। इससे जो सजेशन (Suggestion) यहां दिए जाते हैं–उनको आप हॉस्टल में ही बैठकर–और मुझे स्मरण कर उनको आपको दिया जा सकता है। आपंको सजेशन (Suggestion) सुन पड़ेंगे और आप जैसी सहज बुद्धि से उनको स्वीकार करते हैं–उससे परिणाम बहुत सुखद आने को है।...

इन सब चर्चाओं में पूज्य श्री मां साब (सौ॰ मदन कुंवर जी पारख) उपस्थित थीं। आपकी उपस्थिति जीवन में एक नए अध्याय को जन्म देती है। जैसे आचार्य श्री का जीवन हर क्षण विकासशील है–ठीक वैसे ही पूज्य मां साब का भी है। दोपहर श्रीमती जैन अपनी एक परिचित महिला (चच्ची) को साथ ले उपस्थित थी।

'क्या सजेशन (Suggestion) से जो शक्ति मिलती है–उसका उपयोग व्यक्ति गलत दिशा में नहीं कर सकता है।'

देखिए सजेशन (Suggestion) से जो शक्तियां मिलती हैं–उनका अपने में कुछ भी उपयोग गलत दिशा में व्यक्ति को ले जाता है। अभी तक बिना ध्यान को उपलब्ध हुए व्यक्तियों को जो शक्ति मिल जाती है–उसका दुरुपयोग हुआ है।

इससे मैं केवल जो व्यक्ति ध्यान को उपलब्ध हुआ है–उसी से सजेशन (Suggestion) के संबंध में चर्चा किया हूं और अब मैं सजेशन (Suggestion) के माध्यम से ध्यान में ले आने का प्रयोग किया हूं।

इससे एक शान्ति में हो आया व्यक्ति किसी भी तरह से सजेशन (Suggestion) के विज्ञान का दुरुपयोग नहीं कर सकता।...

जब विचार-प्रक्रिया समाप्त हो जाती है–तो मैं का कार्य केवल काम चलाने के लिए होता है। इसके अतिरिक्त इसका और कोई अर्थ नहीं रह जाता है।

केवल मात्र इस स्थिति में व्यक्ति पूर्ण मालिक होता है। इसके पूर्व तक वह पूर्णत: अपने में गुलाम होता है। स्वामी रामतीर्थ–अमरीका में थे–तो अपने को बादशाह राम कहते थे। इसी तरह पम्पाई द्वीप में जब ज्वालामुखी का विस्फोट हुआ–तो सारे लोग उस नगर को छोड़कर–सामान ढो रहे थे और जल्दी-जल्दी जा रहे थे–ताकि वापिस आकर कुछ और सामान ले जा सकें। इसी भीड़ में एक ऐसा भी व्यक्ति था–जो बिना कुछ साथ लिए आराम से चलता था–लोगों ने पूछा तो कहा–मेरे पास अपने को छोड़कर और हो ही क्या सकता है–सो कुछ ले जाने की बात ही क्या है?

ऐसे व्यक्ति जिनकी अब मांग ही कुछ नहीं रह जाती है–बादशाह हो जाते हैं। अपने में परिपूर्ण और आनन्द, शान्ति तथा ध्यान की सत्ता में स्थित।

ये कुछ प्रसंग थे जो चर्चा के मध्य आ उपस्थित हुए थे। एक समय बुद्ध जब पहिली बार–वापस कपिलवस्तु लौटे तो सारे लोग स्वागत को उपस्थित थे। यशोधरा ने राहुल को भी भेजा था–राहुल ने मां से कहा–जानूंगा कैसे पिता को! यशोधरा ने कहा–जहां भी परिपूर्ण शान्ति में प्रतिष्ठित व्यक्ति दिखें–जानना कि वे बुद्ध हैं–बुद्ध तो एक ही सबमें अलग दिखेंगे। उन्हें पहचानने में–कोई बाधा न होगी।...

बुद्ध-प्रबुद्ध होने के बाद जब घर वापस लौटते हैं–तो यशोधरा व्यंग में कहती है कि राहुल पिता से–दायभाग (अपना हिस्सा) मांग ले–तेरे लिए जो उन्होंने छोड़ा है।

बुद्ध ने आनंद से कहा–आनन्द–राहुल को मेरा भिक्षा पात्र ला दे–और दीक्षित कर ले। सबने कहा–ये क्या करते हैं–राजवंश मिट जाएगा। बुद्ध ने

कहा—एक पिता अपने पुत्र को दायभाग में केवल वही तो दे सकता है—जो उसके पास सर्वश्रेष्ठ है। मेरे पास सिवा इस अनन्त और असीम आनन्द को देने के अतिरिक्त और क्या हो सकता है।

* * *

बीसवीं शताब्दी और जीवन का वैज्ञानिक हो जाना। प्रत्एक पग विज्ञान से भर आया। सारा कुछ वैभव उपलब्ध है—पर व्यक्ति को नींद भी लेना होती है तो दवा लेनी पड़ती है, जीवन में गहरा तनाव व्याप्त हो गया है, सब तरह से दुख और पीड़ा उभर आई है—जितना व्यक्ति संतुष्टि खोजने चला पाया कि वह और अधिक असन्तुष्ट हो गया है और पाशविक चेतना में हो आया है। नग्न स्त्रियां प्रदर्शन को हैं, सुरा और सामान्य भोग-लिप्सा का गहरा नशा—आम बात है। लेकिन इसमें प्रकृति का नशा टूटा नहीं है—और अधिक बढ़ा है—परिणाम में व्यक्ति भीतर से टूट गया है। वह भीतर से टूट गया है और दुख में स्थित है। परिणाम में—स्वास्थ्य तथा मानसिक स्वास्थ्य अपने से गिर गया है—व्यक्ति भीतर से खंडित हो गया है—मानसिक विक्षिप्तता है और आत्म-हत्याओं की संख्या बढ़ती जा रही है। जीवन को व्यक्ति ने कुंठा में ले जाकर खड़ा कर लिया है, जिसके पार अब कोई मार्ग युग को नहीं दीखता। ऐसी विषाक्त स्थिति में युग को दृष्टि चाहिए और बड़ा मजा है कि इस दृष्टि को देने में अंधे ही नेता बने हैं। एक स्पष्ट खतरा और बड़ा भारी युग पर है। अब केवल कल्पना पर खड़े किए गए और जीवन में कोई क्रान्ति घटित न करने वाले मार्ग-दर्शन व्यर्थ होंगे। युग को अब द्ष्टा चाहिए—जो जीवन को पूर्णत्व में ला खड़ा कर सके। युग-द्ष्टा ही जीवन को बदलते हुए मूल्यों के बीच दिशा दे सकता है और विश्व का अंधेरा विसर्जित हो सकता है। इसी दिशा में आचार्य जी का प्रकाश दीप है जो अनन्त: अनन्त युग-पथिकों को अनन्त युगों में प्रकाशित करेगा। अभिनव जीवन-क्रांति दृष्टि है—जिसका पूर्ण वैज्ञानिक निखार है जो अपने में पूर्ण है। एक-निष्ठ चेतना का जीवन-स्वर है—जो जीवन में सोए पथिकों को जागृत कर रहा है और करता रहेगा।...

मन को विसर्जित करने का जीवन-विज्ञान है। मूर्छा मन है। कैसे मूर्छा टूटे—इसके लिए ही जीवन योग है। मन के साथ व्यक्ति अतिशय पर चला जाता है। सामान्यत: एक ओर व्यक्ति भोग को पकड़े चलता है और अपने को तृप्त करने चलता है। दूसरी ओर साधु हैं जो त्याग करते चलते हैं—और भोग के विपरीत त्याग की अति पर पहुंच जाते हैं। जो मन भोग में रस लेता था, वही मन अब त्याग में रस लेने लगता है। दोनों ही मन की सीमाएं हैं। एक तीसरा सम्यक् संतुलित जीवन-मार्ग है जहां पूर्ण जागृति के प्रकाश में ज्ञात होता है कि कुछ भी

पकड़ने और छोड़ने जैसा नहीं है। जो आवश्यक और जीवन के लिए संतुलित दृष्टि है, वह ही केवल व्यक्ति को करते चलना है, और जानना है कि शेष सब व्यर्थता है। यह जीवन-दृष्टि भीतर घटित होती है और बाहर परिणाम में सम्यक् संतुलन घटित होता है। आज चारों ओर बाहर से साधुता लादने की बात है—सन्तत्व को भीतर से कोई उपलब्ध नहीं करना चाहता है। जानना है कि भीतर सन्तत्व उपलब्ध होता है और बाहर परिणाम में दिव्यता घटित होती है लेकिन मन तो अनेक-अनेक रूपों में प्रगट होता है और व्यक्ति को समझाए चलता है। इस मन की समाप्ति तब तक नहीं होती—जब तक व्यक्ति प्रभु-सत्ता में नहीं हो आता है, जैसे ही व्यक्ति प्रभु-सत्ता में होता है—वह पाता है कि मन विसर्जित हो गया है और तब संतुलित वैज्ञानिक जीवन-दृष्टि में व्यक्ति हो आता है। ठीक से जानें तो प्रभु-चेतना में होना ही प्राथमिक है, शेष आचरण तो अपने से घटित होता है। सन्तत्व में हो आना है, साधुता तो परिणाम में अपने से आती है।

सन्तत्व को खोजने नहीं जाना है—खोज से व्यक्ति दूर निकल जाता है और मन की परिधि पर ही उलझ जाता है। केवल सारे क्रम के बीच व्यक्ति को अपने को खो देना है—खोने से ही व्यक्ति जिसकी तलाश में होता है—वह उपलब्ध हो जाता है और जानता है कि बूंद समुद्र में खो गई और समुद्र की हो गई। कैसे कोई व्यक्ति अपने को खो दे—इसे जानना ही श्रेयस्कर है। जब समस्त पर जो भी बाहर का है, मन का है—छूट जाता है तो अपने से व्यक्ति भीतर की असीम चैतन्य सत्ता में हो आता है। कैसे 'पर' बोध से व्यक्ति बाहर हो—कोई पद्धति नहीं है—अनायास जाना जाता है किन्हीं क्षणों में कि व्यक्ति असीम में हो आया है। केवल कुछ सम्यक् वैज्ञानिक प्रयोग हो सकते हैं जिनके माध्यम से व्यक्ति जागृति में हो आता है और कभी मन की इकाई टूटती है और व्यक्ति संपूर्ण जगत-सत्ता से एक हो आता है।

प्रत्येक क्षण में व्यक्ति पूर्ण होश से भर आए और मन के प्रति जाग जाए तो व्यक्ति मन से मुक्त हो जाता है। सबके बीच जो साक्षी चैतन्य है, द्रष्टा बोध में व्यक्ति होता है, यह द्रष्टा-बोध ही व्यक्ति को जीवन-दृष्टि देता है जिसमें जो भी जानने जैसा है, उसे जान लिया जाता है। ध्यान योग का प्रयोग भी चैतन्य बोध को विकसित करता है और परिणाम स्वरूप व्यक्ति भीतर खींच लिया जाता है। वह अनायास ही पाता है कि जीवन-दिशा परिवर्तित हो गई है। वह अपने केन्द्र पर आ जाता है और पाता है कि सारी खोज व्यर्थ थी, केवल भटकन थी और जीवन में उस खोज का कोई अर्थ न था। रवीन्द्रनाथ ने गाया कि खोजता फिरा, जन्म जन्म तक-मिलना न हुआ, अनायास अब दीखा तो पाया कि वहां खोजने की कोई बात ही न थी, वह तो निरंतर था और मैं ही गलत भटकता फिरा और

खोजता फिरा। फिर इस खोज का ही आनंद है। खोज का रस है। बात ही कुछ और है। वे ना-समझ हैं और न जाने कैसे पत्थर दिल हैं, जो एकदम खोज लेना चाहते हैं। कोई भी संवेदनशील व्यक्ति असीम धैर्य से कुछ भी न मिले, पर चलता चला जाता है। उसकी अपनी मौज और है। मौज है, उसकी खोज, रवीन्द्रनाथ ने गाया, प्रभु तुझ तक पहुंचता है, पर भीतर दरवाजा खोलने का मन नहीं होता है और दबे पांव लौट आता हूं-कहीं तू मिल ही न जाए और जीवन का सारा रस ही खोज के समाप्त होते, विलीन न हो जाए। मुझे नहीं प्रतीत होता कि जीवन में एकदम से कुछ भी मिलने जैसा हो जाए-फिर प्रभु में, विराट सत्ता में होने के लिए-सौदा करना-शीघ्रता करना-ना समझी है। तुम्हारे कोई भी प्रयास उस तक नहीं ले जा सकते हैं। केवल सम्यक् साधनागत प्रयास जो कि केवल एक स्थिति को लाने में सहायक हैं-व्यक्ति को करना है और प्रतीक्षा करना है। अपने से कभी सारे प्रयास गिर जाते हैं और व्यक्ति जीवन-सत्य में हो आता है। प्रतीक्षा का सुख लेना है और कभी अपने से सारा कुछ हो जाता है। मुझे नहीं लगता कि जन्म-जन्म भी यदि लगे-तो क्या अन्तर आता है। मनुष्य को लग सकता है कि उसकी 60-70 वर्ष की जिन्दगी बहुत बड़ी है, लेकिन पृथ्वी के क्रम में और सूरज के तथा अन्य गृहों के अनुपात में जो कि अरबों वर्षों से है, मनुष्य का जीवन अत्यंत अल्प है। इससे क्या अन्तर आता है। जन्म-जन्मों का कोई भी फर्क नहीं पड़ता है। घटना का घटित होना जरा सा भी तनाव शेष रहा-तो असंभव है-सब कुछ निश्चिन्त मन है-प्रभु हाथों में छोड़ रखा है। तो ही इस सहज शान्त शून्य स्थिति में ही कभी अनायास व्यक्ति खींच लिया जाता है और जगत-सत्ता के हाथों पूर्ण हो जाता है।...

व्यक्ति के पास मन की अद्‌भुत क्षमता है। ठीक से मन पर प्रयोग किए जाएं तो परिणाम निरन्तर श्रेष्ठतम आते हैं। सारा कुछ मन पर है। हम सम्यक् प्रयोग करना जानते ही नहीं-अन्यथा जीवन में बहुत कुछ आसानी से घटित हो जाता है। सामान्य व्यक्ति केवल शक्ति की साधना में उलझ जाता है। मन की सोई हुई शक्तियां हैं, उन्हें वह जागृत कर पा लेता है। शक्ति उपलब्ध होते ही-वासना पूर्ति सहज में होती है। इससे मैं नहीं कहता कि कोई शक्ति में या चमत्कार में उतरे, उससे उलझाव बढ़ता है और मात्र मन का खेल है। सब मन का है। बाकी मन पर प्रयोग करके मन के बाहर हुआ जा सकता है। जब व्यक्ति भीतर से पूर्ण शान्ति में हो आता है-तब सहज जो सृजन के लिए मन का उपयोग है-वह कर पाता है, अन्यथा सारे जीवन भर व्यक्ति मन का उपयोग केवल उलझाव के लिए भर कर पाता है। सम्यक् ध्यान योग की विधि मन पर प्रयोग करते चलने की है और परिणाम में सहज कभी व्यक्ति मन के पार हो जाता है। मूलतः हम ध्यान में पूरे मन से भाव करते हैं और भाव-पूर्ण प्राण-मन में बैठता

जाता है–तथा व्यक्ति शून्य में, शान्ति में स्थित होने लगता है। इसकी अंतिम परिणति में सन्तत्व उपलब्ध होता है और तब भीतर सहज चेतना का प्रवाह होता है और व्यक्ति द्वंद के पार हो जाता है। यह द्वंदातीत अवस्था ही व्यक्ति की अटूट जीवन-साधना की परिणति है जिसमें सम्यक् वैज्ञानिक योग साधना का प्रतिफल है और आन्तरिक वैभव का उत्कर्ष है। यह पूर्णत्व है।

सहज जीवन ही अपने में मूल का है। जहां सारी स्थितियों के बीच क्या उपादेय है, वह घटता चला जाता है। इसमें सारा श्रेष्ठ आचरण घटित होगा, लेकिन मन में क़ोई भी तनाव न होगा। अन्यथा खींच कर किए गए आचरण में हमेशा द्वंद उपस्थित है और मैंने किया यह भाव-बोध भी उपस्थित है। व्यक्ति अपने साथ कितना गहरा भ्रम पैदा कर सकता है–इसे नहीं कहा जा सकता है। वह सामान्यतः जो हमेशा दुहराता रहता है भली बातों को–उनसे वह बाहर आदर पाता है और समझता कि उसने भी ठीक उस सत्य को जान लिया है। मैं अभी अनेकों साधुओं से मिला, उनकी स्थिति को जाना और पाया कि भारी भ्रम है। स्वयं साधु रो दिए और बाद में अपने को बड़ा हल्का पाया जब कह सके कि केवल बातों में उलझकर जो एक बड़ा भ्रम पाल रखा था, अचानक आपके सान्निध्य में टूट गया और अब जाना कि भीतर चेतना की उस स्थिति में स्थित होना है–जहां पर सहज आचरण घटित होता है और जीवन द्वंद के बाहर आ जाता है। वास्तव में, अब मैं देख पाता हूं कि आदमी अपने में कितना क्षुद्र है और कहीं से भी मन की सीमाओं में उलझ जाता है। उसे पूर्ण एकनिष्ठ चेतना में–जहां सारे विरोध गिर जाते हैं, वहां हो आना है। इस हो आने में मन सहायक है। पूरे मन से भाव करने की बात है और व्यक्ति सत्य में हो आता है। एक बार अनुभूति हो जाए तो जीवन का क्रम अपने से परिवर्तित हो जाता है। सारा क्रम अपने से भीतर से सहज घटित होने लगता है। मालूम भी नहीं पड़ता और भीतर से अचानक कभी फूल की खिलने की बेला आ खड़ी होती है। यह ठीक वैसा ही है–जैसे कभी किसी क्षण पाया जाता है कि बोंडी खिलकर फूल हो आई है। यह सब सहज विकास है। एक ग्रोथ (Growth) है। इससे मैं नहीं कहता कि कुछ भी खींचकर जीवन में करना है। खींचकर आज तक जीवन में कुछ भी संभव नहीं हो सका है–वह भ्रान्त दिशा है। सहज सब अपने से चलता रहता है और जीवन में व्यक्ति कभी अनायास शान्ति और आनन्द में अपने को पाता है।

इससे प्रयास की बहुत बात नहीं है वरन् सम्यक् साधना की और प्रतीक्षा की बात है। पूर्ण मन से व्यक्ति को अपने को सम्यक् साधना में करना है–शेष सब परिणाम अपने से घटित होते हैं।

व्यक्ति को ठीक से जानना चाहिए कि वह कितनी बातें जानता है और कितनी उसकी केवल सुनी हुई बातें हैं। सुनी हुई बातें जीवन में कोई अर्थ की

नहीं है, उनसे कोई जीवन्त-सत्य प्रगट नहीं होता है। जब तक पूर्ण जीवन्त-सत्य प्रगट न हो, तब तक उसका कोई अर्थ नहीं होता है। ठीक स्थिति का बोध तो व्यक्ति को तभी ही होता है, जब वह जाने कि वह कितनी बातें जानता है-जो अनुभूत हुई है और कितनी केवल सिर्फ सुनी हुई है। इसे जानने के बाद ही भीतर सृजन घटित होता है। अन्यथा भ्रम में ही जी लेना बहुत आसान है। जब तक तथ्य अनुभूत न हो, उनकी अपनी कोई महत्ता नहीं होती है। इससे ही अनेक चर्चा-प्रसंगों में स्पष्ट हुआ है-कि केवल जानना और जानते ही ज्ञान होता है और तब सहज श्रद्धा तथा आस्था अपने से चली आती है। ज्ञान को कोई पूर्व श्रद्धा तथा आस्था की जरूरत नहीं है। वह अंधापन है। ठीक से तथ्य दीख जाएं-तब जो हो-उससे सहज जीवन्त-सत्य प्रगट होता है। उसमें श्रद्धा तथा आस्था अपने से होती है।...

बहुत बार व्यक्ति केवल बुद्धि पर ही उलझ जाता है और उसका जानना मात्र विचार और भावना तक ही हो पाता है। जहां सारा कुछ शान्त है और व्यक्ति द्रष्टा मात्र रह गया है, इस स्थिति को जानना-विचार और भावना के पार है। सामान्यत: विचारों में ही या केवल भावनाओं में व्यक्ति खो जाता है, जहां अनुभूति का कोई प्रश्न ही नहीं होता है। इससे सब छोड़कर-सहज अप्रयास में जो दीखता है, उस जीवन्त-सत्य की अनुभूति के पार फिर सारा कुछ व्यर्थ हो जाता है। इस सम्यक् बोध को उपलब्ध होने के बाद ज्ञान फूटता है, भाव बहते हैं और सहज कर्म उद्भूत होते हैं। यह पूर्ण जीवन योग है, जिसमें जो वृत्तियां होती हैं, वे परिष्कृत होकर, सहज फूटती हैं।...

मूलत: जीवन-दृष्टि का होना ही जीवन है। सारे के बीच जो भला है, उसे चुना जा सकता है और जीवन में व्यक्ति, सारी विकृतियों के बीच भी भला और सृजन में हो जाता है। यह शुभ खोज पाना, व्यक्ति के भीतर से जब सहज में उद्भूत होता है-उस व्यक्ति के आनन्द को जानना और बात है। अब केवल शुभ ही उसकी दृष्टि में होता है-और वह सृजन के बीच खड़ा होता है। जो भी शुभ है, सुन्दर है और सत्य है-वह उसका सहज में हो जाता है। कोई विरोध उसका नहीं होता है जो भी सृजन के लिए सहयोगी है, वह सारा उसका हो जाता है। विरोध से नहीं, जीवन में सहयोग से विकास होता है। संघर्ष से जीवन टूट जाता है। मेरा देखना है कि प्रत्येक स्थल पर संघर्ष करके व्यक्ति ने अपने को तोड़ लिया है। छोटी-छोटी बातों में व्यर्थ ही विरोध और आलोचना, भ्रान्त है। जीवन बहु-विध है, उसकी विविधता में व्यक्ति भीतर से सहयोग में हो आए तो कहीं भी जीवन में अभाव नहीं होता है। मन के साथ भी कोई विरोध में या दमन में नहीं उतरना है, सहज उसे देखते चलना है और कभी अनायास पाया जाता है कि सारा कुछ श्रेष्ठतम हो गया है।...

जीवन को किस कोण से देखा जाए, उससे बहुत अन्तर आता है। उसमें सब शुभ है और उसे पूर्ण शुभ में देखा जा सकता है। भीतर सहज जीवन-मुक्त चेतना में हो आया व्यक्ति अपने से पाता है कि इस जगत का सारा कुछ उसे सहज में-चाहे भला-बुरा कुछ भी हो-स्वीकृत है। उसका विरोध विसर्जित हो जाता है और Total Acceptance सब स्वीकृत है, इससे सहज में पूर्ण आस्तिकता आ जाती है। यह दृष्टि जीवन में आ जाए, तो ही व्यक्ति जीवन में प्रभु-चैतन्य में हो पाता है, इसकी प्रतीति होती है। भीतर तब व्यक्ति विराट में हो आता है, तब उसे जो बोध होता है-उस बोध में मन का घेरा विसर्जित होता है-इस सम्यक् स्थिति में ही व्यक्ति पाता है कि वह सारी स्थितियों और सारे जीवन के बीच से-विरोध के पार हो जाता है। कहीं अब उसे बुरा दीख नहीं पड़ता है। विरोध नास्तिकता है। प्रभु के इस जगत में पूर्ण स्वीकृति-ही आस्तिकता है। अच्छा-बुरा कुछ भी प्रभु के इस जगत में नहीं है। इस सत्य में हो आना-ही प्रभु-सत्ता में हो आना है।

इस सत्य में हो जाने पर पाया जाता है कि जीवन से सारे विरोध विसर्जित हो गए हैं और सारा कुछ सहज में उद्भूत है। हर छोटी से लेकर जीवन की बड़ी घटनाओं में-व्यक्ति सहज में जो शुभ है, उसे जान लेता है और सारा जीवन शुभ में हो आता है। सहज में जीवन-पूर्ण विकास में हो आता है।...

साधना के क्षेत्र में और प्रश्नों के उत्तर में एक केन्द्रीय तत्व है कि जो सत्ता सारे दृश्यों के बीच है, सारे खेल के बीच है, वह ही केवल है-जो सत्य है। शेष सारे ख्याल और विचार उलझाव हो सकते हैं। इससे ही समस्त दिखने के पीछे जो अनदीखा है-केवल वही सत्य है। उनके संबंध में कुछ भी पूर्व धारणा, विश्वास, विचार, भाव या तर्क जो कि सारे मानसिक स्तर पर हैं-व्यर्थ हैं। उनसे जो अनदीखा है, उसे नहीं जाना जा सकता है और जीवन में एक विकृति में व्यक्ति उलझ जाता है। इससे केवल भीतर मन को शान्त करना है और इस शांति में जो भीतर सत्य है-उसे जानना है। ध्यान योग इससे आपकी भूमि तैयार करता है-जिस पर धैर्य की खाद से अनायास कभी फूल आ जाता है। केवल प्रयास व्यक्ति को उस भूमि पर खड़ा कर देते हैं, जो व्यक्ति को जीवन-मुक्त स्थिति में लाने में किसी क्षण सहायक होते हैं।

यह अवश्य है कि व्यक्ति अपने-अपने प्रकार से जीवन में प्रयास करता है और उसका यह प्रयास-तत्परता व्यर्थ नहीं जाती-केवल खुले मन से प्रयास हो और जब परिवर्तन की दिशा मिले, तो सहज में जीवन में परिवर्तन हो सके। फिर प्रभु को प्रयास से नहीं, वरन् जब सारे प्रयास छूटते हैं-तब अपने से उपलब्ध कर लिया जाता है। वह तो निरंतर है-केवल उसे अनुभूत करना है। अब प्रयास क्या कर सकते हैं-केवल जीवन में जो 'मैं' का अहं का पर्दा होता है, उसे भर

गिराया जा सकता है और पर्दा गिरते ही व्यक्ति सत्य के उद्घाटन में प्रतिष्ठित हो आता है।...

उपलब्ध हुए तथ्य की भूमि पर जो मुक्त चेतनाओं ने कहा है उसे केवल साधना से जाना जा सकता है। पूर्व में कुछ भी अर्थ लगाया जाय वह मात्र कल्पना का और मन का होगा। बुद्ध ने कहा है जब तक बुद्धत्व की अनुभूति न हो, तब तक कुछ भी अर्थ मन का लगाया जा सकता है, जो कि सबसे बड़ा झूठ होगा।

इसी भूमि के आधार पर अनेक जीवन-मुक्त चेतनाओं ने कहा है कि—जो लिखा है, उसका जो अर्थ था—ठीक वैसा ही लिया जाएगा इसकी कोई संभावना नहीं है। बुद्धत्व में हो आने के बाद ही भीतर चेतना का लोक-खुलता है और तब जो जाना जाता है उससे ठीक अर्थ दीखना प्रारंभ होता है। इससे पूर्व में सारा पढ़ना कोई अर्थ का नहीं है, जब तक जीवन में अंतर्दृष्टि उपलब्ध न हो, तब तक सारा पढ़ा गया व्यर्थ है—उसका कोई मूल्य नहीं है। ज्यादा संभावना सामान्य स्तर के व्यक्ति की यही है कि वह केवल किसी भी तरह के प्रभाव में बह जाए और एक व्यर्थ की उलझन अपने साथ खड़ी कर ले। इससे प्रत्एक को बहुत विवेक से यह तय करना होता है कि केवल सम्यक जीवन-साधना से उपलब्ध हुई भूमि पर ही जो पढ़ा जाएगा—वह अर्थ का होगा और उससे केवल जो भीतर घटित हुआ है, उसका प्रमाण प्राप्त हो जाता है। कोई भी भारतीय ग्रन्थ जो योग-सूत्र से संबंधित है, उनको पूर्व पढ़ने की अनुमति नहीं है—केवल भीतर सन्तत्व उपलब्ध होने के पश्चात् उनको जाना जा सकता है। पूर्ण जीवन-दृष्टि के उपलब्ध होने के बाद ही—यह तय किया जा सकता है कि क्या पढ़ना उपादेय है और तब फिर जो पढ़ना होगा, उसके आनन्द को उस स्थिति में होकर ही अनुभूत किया जा सकता है। जब भीतर सारा कुछ गल जाता है और व्यक्ति स्व सत्ता से संयुक्त होता है, उस क्षण का बोध ही व्यक्ति को हो—जिसके लिए वह इस निरर्थक जीवन को भी जिए चलता है। इसके पूर्व सारा कुछ एक वृहत प्रकृति का सहज खेल है। उसके एक छोटे से हिस्से में हम भी उस विराट आयोजन के एक अंग हैं, जिसमें व्यक्ति स्वभावतः जीता चलता है। यह जी लेना मात्र पर्याप्त नहीं है और न ही कोई विशेषणों को लगाकर जीना अर्थ रखता है। सारे विशेषण अहं पोषक हैं। अहं जैसे ही गिरा ज्ञात होता है कि वह सहज सामान्य व्यक्ति है और इन अर्थों में आध्यात्मिक जीवन को उपलब्ध हुआ व्यक्ति सहज में पूर्ण सरल हो जाता है। कोई जरा सी भी रेख भीतर कठोर होने की नहीं छूटती है और परिणाम में सब सहज आनन्द में परिणत हो जाता है। यह मानवीय जीवन की पूर्ण चरम सार्थकता है।

कितनी सहज जीवन की स्वीकृति है–कि सब स्वीकृत है। सबमें आचार्य जी का प्रेम व्याप्त हो आया है। चाहे कोई किसी भी मन:स्थिति का हो, सब सहज में स्वीकार है। इससे अभिनव जीवन सूत्र घटित हुआ है, पहले व्यक्ति हैं–जो कहते हैं और जानते हैं, देखते हैं, सत्य को अनुभूत करते हैं और अमृतत्व को दे रहे हैं–जिसमें कोई भला और बुरा नहीं है। अन्यथा साधु है, पंडित है–जो पैर भी नहीं रखने दे सकते–यदि सुन रखे समाज की मान्यताओं के खिलाफ–आने भी दें–तो हीनता का बोध भर देंगे–जो व्यक्ति को एकदम हीनता में ले चलता है। बाह्य प्रतिज्ञाएं लिखा देंगे–जो बिना अंत: से फूटे–पूर्ण नहीं हो सकतीं–और जब प्रतिज्ञाएं खंडित होती हैं तब एक आत्म-ग्लानि से व्यक्ति भर जाता है। यह सब मुल्क में एक बड़ी सीमा तक है–जिससे व्यर्थ में शक्ति का अपव्यय होता है और परिणाम में केवल आत्म कुंठा है। यह सब नीचे स्तर पर बिना वैज्ञानिक दृष्टि को उपलब्ध हुए व्यक्ति ही करते रहें–जिन्होंने साधुता को केवल बाहर से लादा है–भीतर से कोई साधुता घटित नहीं हुई है–जो स्वयं गहरी अशान्ति में है, लेकिन प्रतिदिन शान्ति और आनन्द का सन्देश देते हैं–परिणाम में एक गहरे अंतर्द्वंद में हमेशा साधु पीड़ित रहता है–केवल बाहर से भर प्रसन्न होने का भाव करता है।...

आचार्य जी का देखना–पूर्ण वैज्ञानिक और जीवन को स्वीकार करके चलता है। जीवन का कोई निषेध नहीं है। पूर्ण स्वीकृति है। कुछ विरोध नहीं है। मुक्त भाव से कहते हैं। पिछले जून, जुलाई और अगस्त माहों में आचार्य श्री की अमृत वाणी का पान करने को मिला। जीवन को बहुत गहरे से समझा है। उससे असीम सौंदर्य और आनन्द अभिव्यक्त हुआ है। सारे मुल्क में एक तीव्र उत्कंठा निर्मित हुई है, उस दिव्य आनन्द में हो आने के लिए। हर आंख में एक प्यास है और तृप्ति चाहती है। ना-समझ हैं वे, जो कहते हैं कि धर्म के प्रति रुचि नहीं है। मैंने आज तक किसी ऐसे व्यक्ति को नहीं जाना, जो पूरी तरह से भीतर से आनन्द और शान्ति के लिए अतृप्त न हो। पूर्ण चैतन्य में हो आई आनन्द और शांति में प्रतिष्ठित आंखें दीखें, जिनमें सत्य का तेज हो–तो अपने से बाह्य जीवन में उलझे व्यक्ति भी सहज ऐसे जीवन में हो आने की इच्छा से भर आते हैं। मुझे तो हर तरह के व्यक्ति मिले और सब बड़े आदर-भाव से जीवन के श्रेष्ठ स्वरूप में हो रहना चाहते हैं। उन्हें ठीक निर्देशक, पथ-द्रष्टा चाहिए। आज के समय का प्रणेता-बुद्ध चाहिए। आचार्य श्री की वाणी में यह तेज है, जिसमें व्यक्ति अपने से खिंचकर श्रेष्ठ जीवन में होने के लिए उन्मुख होता है।...

हमारा युग आंतरिक दारिद्रय में खो गया है, अन्यथा दिन थे कि जगह-जगह आनंद और शान्ति में प्रतिष्ठित दिव्य चेतनाएं-उपलब्ध थीं और सारे समाज के

जीवन में उनका अपना आंतरिक गौरव था–जन–जीवन पूर्ण उत्प्रेरित था। आज और संभावनाएं विकसित हुई हैं कि एक घनी अंधेरी रात्रि के बाद सुबह के प्रकाश का उदय हो। पश्चिम की समग्र दौड़ व्यक्ति को जिस पीड़ा में ले गई है, उससे व्यक्ति बहुत अतृप्त है और अब योग का प्रभाव बढ़ने को है। अभी योग पर बहुत काम हुआ है, और युग की अपनी अशान्ति में इस ओर आए बिना कोई विकल्प नहीं है। आज जीवन में गहरी निराशा, चिन्ता, परेशानी दुख और दारिद्रय व्याप्त हुआ है। स्पष्ट है कि सब ओर गहरा अंधेरा है और ये सदी एक प्रभात के उदय का कारण बन सकती है, यदि हमारे धार्मिक जीवन–दृष्टि कोण वैज्ञानिक आधारों पर आनन्द, शान्ति और दुख–निरोध का मार्ग प्रशस्त कर सकें। आज तो मात्र आचरण–शुद्धि, व्यवहार शुद्धि और अन्य ऊपरी बातों का आवरण मात्र चलता है, उससे कोई जीवन परिवर्तित नहीं होते और न ही जीवन में कोई अंतर आता है। ऐसे व्यक्ति हों–जिनके जीवन से आनन्द और शान्ति झरती हो, जिनको देखकर लगे कि मैं भी ऐसे आनन्द और शान्ति में न हो रहूं, तो जीवन व्यर्थ है। एक असन्तोष व्यक्ति के भीतर हो रहे, और सम्यक वैज्ञानिक जीवन–साधना उसे दी जा सके, जिससे व्यक्ति की चेतना परिवर्तित हो सके, तो ही जीवन का कोई हल है जिससे कि व्यक्ति अपने भीतर प्रकाश में हो सके।

मैं साथ जाकर देखा और पाया कि जन–जीवन बहुत आतुर है और जीवन के सत्य में प्रतिष्ठित होना चाहता है। अनेक जगह के शिविर चलाने के आयोजन हैं–लोगों की घनी उत्सुकता है और बड़े प्रेम से सारा कुछ करने को तत्पर हैं। अभी अगस्त माह भ्रमण में गया, सितंबर में भी अनेक कार्यक्रम हैं। क्षेत्र बढ़ता ही चला जा रहा है और तीव्र पिपासा को शान्त करने का पूरा प्रयास आचार्य श्री भी दौरा करके कर रहे हैं। इन प्रयासों में एक केन्द्रीय तत्व है, व्यक्ति की चेतना में क्रांतिकारी परिवर्तन करने की। आचार्य श्री की वाणी में आज विश्व का भविष्य सुरक्षित है। इतनी विनाशक तैयारियों के बाद भी यह विश्वास खोता नहीं है कि आदमी को बचा लेंगे। उसके जीवन में शान्ति और आनन्द के प्रकाश को तरंगित कर, उसके जीवन में सृजन का तेज बिखर जाने को है।

* * *

(प्रवास यात्रा– इन्दौर, बम्बई, भोपाल और अन्य स्थानीय स्थलों पर आयोजित वार्ताओं के आधार पर एक केन्द्रीय मोटी रूप–रेखा)

ठीक शान्त हो आया व्यक्ति जानता है कि जीवन का अपने मे कोई अर्थ नहीं है। उसमें व्यक्ति ने सामान्य जीवन में क्या किया, इसका कोई बहुत मूल्य नहीं है। आदमी की भूल वहां से शुरू हो जाती है जब वह इस प्रतीति से भर जाता है कि वह बड़े महत्वपूर्ण कार्य में संलग्न है और उसका अपना महत्वपूर्ण स्थान

है। इस भाव-बोध में व्यक्ति हो आता है कि वह कुछ कर सकता है। यह जीवन-दृष्टि कोण ही केवल व्यक्ति को उलझा लेता है। ठीक प्रतीति में हो आया व्यक्ति जानता है कि वह मात्र अनन्त चेतन-सत्ता में उठा क्षणिक बबूला है, बुलबुला है और कभी उसमें विसर्जित हो सकता है। यह प्रतीति व्यक्ति में हो जाए, कर्त्ता भाव से व्यक्ति मुक्त हो रहे, तो वह अपने को अनन्त सत्ता के हाथों में छोड़ देता है और जीवन में सहज प्रवाह में बहने लगता है। उसका तैरने का जो भाव-बोध रहता है कि वह कुछ तैर के कर सकता है, अपने से विसर्जित हो जाता है। अब वह समस्त आयोजनों के बीच मात्र द्रष्टा होता है, कोई जीवन के प्रति अस्वीकृति नहीं होती। सहज में सारा कुछ स्वीकार होता है। इतनी सरल मन:स्थिति का व्यक्ति अपने से हो जाता है। एक साधु के संबंध में घटना सुनाते हुए आचार्य श्री ने कहा—एक प्रसिद्ध साधु हुआ, चीन में। गांव के बाहर उसका झोपड़ा था। गांव में बड़ा आदर और सम्मान था। एक समय गांव में एक अविवाहित युवती के पुत्र हुआ। उस युवती ने कहा—बच्चा साधु का है। लोग तो उतप्त हो आए, लाल हो गए। साधु को पूरा अनादर दिया और बच्चे को उसे लेने को कहा। साधु सारी स्थिति के बीच शान्त रहा और केवल 3 शब्द बोला "Is It So" (क्या ऐसा है।) और सहज में बच्चे को स्वीकार किया। बच्चे को अब पालने की बात थी। गांव में अनादर था, भिक्षा भी नहीं मिली। तो दूध कहां से मिलता। उस युवती से यह देखा नहीं गया, उसने गांव वालों से कहा—क्षमा करें, मैंने लड़के के पिता को बचाने के लिए ही ऐसा किया था। साधु का वह बच्चा नहीं है। लोग दौड़कर गए, साधु से क्षमा-याचना की और बच्चे को वापस लेने को कहा। साधु ने फिर वही कहा : "Is It So" (क्या ऐसा है) तो ले लो।

अब यह जीवन-स्थिति है, जहां सहज में सारा कुछ स्वीकार है। यह मात्र व्यक्ति के भीतर से द्रष्टा-बोध में हो आने से ही संभव होता है—जब सब शान्त है और कहीं कुछ भी हलचल नहीं है—सारी प्रतिक्रियाएं विसर्जित हैं—अब केवल व्यक्ति अपनी शुद्ध सत्ता में होकर—मात्र शुद्ध कर्म में—केवल सहज क्रिया में हो आया है, जीवन की पूर्णता में व्यक्ति हो आया है।

इस सहज मन:स्थिति में होकर ही सारे जीवन को व्यक्ति खेल में परिणित कर लेता है। उसके लिए जीवन एक खेल हो जाता है और उसमें वह श्रेष्ठ अभिनय कर लेता है। सारे कर्म सहज में चलते हैं। इससे वह जीवन से टूटता नहीं है, वरन् और गहरा जीवन से जुड़ जाता है।

जब व्यक्ति अपने भीतर की शुद्ध सत्ता में होता है, जानता है कि वह कुछ करने वाला नहीं है, उस सहज शान्त अवस्था में ही केवल वह जानता है कि जगत में सारा कुछ अपने से हो रहा है, मात्र उस घटनाएं हैं और उनमें वह सहज

अपने को बहने देता है, तो जीवन के सारे उत्ताप के बीच वह अपने शान्त स्वरूप में रह पाता है। फिर जैसे ही व्यक्ति स्व-बोध में होता है, उसे दीख पड़ता है कि सारा कुछ स्थिर है–कुछ भी 'जो है', वह रहेगा, गति नहीं है–सब कुछ रहने को है, तो अपने से सारे जगत के बीच व्यक्ति परिपूर्ण शांति में होता है। इससे ही आत्म-द्रष्टा अपने में अद्भुत धैर्य को, अभय को और आनन्द को उपलब्ध हो जाता है।...

आदमी प्रत्एक चीज को बाहर से पकड़ता है, इससे अहिंसा को हिंसा के विरोध में जानकर बाह्य जीवन में अहिंसा लाने लगता है। लेकिन अहिंसक हो रहना इतना सस्ता सौदा नहीं है। जब भीतर क्रांति घटित हो जाती है, व्यक्ति चेतना से परिवर्तित हो जाता है और अभय चेतना के परिणाम में व्यक्ति अहिंसक हो रहता है। यह चेतना के पूर्ण विकास पर अपने से होती है। पहले अभय है, बाद अहिंसा तो उसका खिला फूल है, अंतिम परिणति है। मेरा देखना क्षुद्र बातों पर नहीं है, मांस खाने या न खाने से कोई अहिसंक नहीं हो जाता है। चेतना के अंतिम विकास की यह परिणति है। फिर जो सहज आचरण होता है, वह अहिंसक होता है। कृष्ण ने जो अर्जुन को कहा–'सब छोड़ कर तू मेरी शरण आ'–उस एक में जब व्यक्ति होता है–तो मृत के घेरे के पार हो आता है और कर्त्ता भाव के विसर्जन से–सहज कर्म जो है, उसमें प्रवृत्त हो जाता है। तब ही केवल बाहर से हिंसक दिखने वाला भी पूर्ण अहिंसक होता है। वैसे सामान्यत: चेतना के क्षेत्र में होकर व्यक्ति, असीम आनन्द के बीच बाह्य हिंसा से अपने से मुक्त हो जाता है। उसे एक प्राण का बोध हो आता है।

जीवन में अहिंसा परिणाम में आनी चाहिए। उसे बाहर से नहीं लाना होता। हमारे पिछली सदी के सरदार जो तलवारें निकाल कर–युद्ध किए या तलवार को साथ लिए उन पर आने वाली सदी हंसेगी। निश्चित कहा जाएगा कैसे भयग्रस्त व्यक्ति थे, तलवार रखने की क्या बात थी? आज युग ज्यादा विवेक को और अहिंसा को उपलब्ध हुआ है। अहिंसा के संबंध में उसकी समझ ज्यादा बढ़ी है और युग को ठीक वैज्ञानिक चेतना परिवर्तन का मोड़ दिया गया, तो अपने से उचित आधारों पर वैज्ञानिक जीवन दृष्टि से अहिंसा पर अच्छे परिणाम आ सकेंगे। पिछले 2-2$^{1/2}$ हजार वर्ष का भारत बस चेतना के परिवर्तन की दृष्टि से बहुत समृद्ध था और काफी लोग कुछ जागृत चेतनाओं के प्रभाव में जीवन-मुक्त चेतना में होते थे। आज युग के पास द्रष्टा चेतना में हो आए प्रबुद्ध महान ऋषियों का अभाव है, इससे दरिद्रता दिख सकती है, पर कोई कारण नहीं कि इस बुद्धि के विकसित युग में ठीक जीवन-दृष्टि को जन्म दिया गया तो अपने से शीघ्र न फैल सके। बाकी केवल संस्कार जन्य आधारों पर कि कोई मांस खाए या न

खाए, ऊपर से लादना–मात्र अवैज्ञानिक है। भीतर चेतना में क्रांति हो और वह कह सके, जान सके कि हिंसा का कोई मूल्य नहीं। हिंसा भीतर से जीवन से गिर जाए–अभी मेरे परिचित कुछ बोले–शान्त होने का प्रयोग करते-करते, अचानक अब हिंसा गिरने लगी है और मांस खाना कठिन हो गया है। इस स्थिति में तो बात मूल्य की है और भीतर से घटित हुई है, कभी अपने से इस तरह हिंसा में कोई मूल्य न रहे, वह मिट्टी हो जाए, तो जानना चाहिए इसकी बात ही कुछ और है। यह सहज आनन्द से उद्‌भूत घटनाएं हैं। हम सोचते हैं कि महावीर को लोगों ने चोटें पहुंचाई और कष्ट दिया, लेकिन महावीर ने क्षमा की, दया की–यह भ्रान्त है। हम जब महावीर पर सोचते हैं तो अपनी ओर सोचते हैं, और यहीं पर भ्रान्ति हो जाती है। महावीर भीतर जिस चेतना के आनन्द में थे, वहां कोई चोट छूती ही नहीं है। इससे दया करने का प्रश्न ही नहीं उठता है–वे सामान्य प्रतिक्रियाओं से बाहर थे और एक भिन्न चेतना की स्थिति में थे, जहां पर यह सारा आयोजन मात्र स्वप्न में होता है। ठीक महावीर की, बुद्ध की, ईसा की चेतना में व्यक्ति को होना है और तभी वह जीवन-मुक्त होता है। इसके लिए वैज्ञानिक रास्ते सुझाना है, जो भर केवल उपादेय हो सकते हैं–और शेष सारा शब्द-जाल है। इस केन्द्रीय बिन्दु पर जब मैंने मुल्क के बड़े साधुओं से चर्चा की तो पाया कि वहां भी मात्र पांडित्य है–और एक गहरा भुलावा है। ठीक वैज्ञानिक जीवन-योग नहीं है। मैंने सार रूप में योग पर चर्चा दी, तो उत्तर पाया कि इतना ही बस समझाना हो तो–फिर और उपदेश क्यों दें? अब उपदेश जैसे मात्र धंधा हो–इसके अतिरिक्त व्यक्ति के सारे जीवन को देखो तो एक बड़ी अजीब सी झलक दृष्टिगत होती है। वह भागा चला जा रहा है, न जाने क्या पा लेगा? सब यांत्रिक क्रम में बंध गया है और एक क्षण को भी जीवन को रुक कर देख लेने की उसे सुध नहीं है। जीवन में जैसे सारे यांत्रिक जाल में और बड़े बोझ को सिर पर ढो लेना ही एकमात्र–जीवित रहने का ढंग हो गया है। सब कुछ हमारी सभ्यता ने निष्प्राण कर डाला है। जीवन के सारे मूल्यों में हमने Commercial Values को स्वीकार कर लिया है। इससे आप भ्रम पाल सकते हैं कि आप जो कर रहे हैं, उसमें स्वयं में कोई मूल्य है–आप तह में जाएंगे तो सारा कुछ व्यापारिक क्रम में बंधा पाएंगे। इससे व्यर्थ में जीवन में कहीं भी गलत दिशा में अपने को उलझाकर–बड़े-बड़े सिद्धांतों में बंधकर अपने व्यक्तित्व को निपट खोखले आवरण से मत छिपाइए।

और कुछ नहीं–यह स्थिति हो तो क्या आशा करें? इससे प्रत्एक को अपने भीतर उचित वैज्ञानिक योग के मार्ग से शांति में हो आना है जो युग-दृष्टा से ही संभव है–शेष आचरण अपने से होता है।

एक ओर व्यक्तित्व का इतना खोखलापन है, तो वहीं दूसरी ओर इस खोखलेपन को भरने का सारा उपक्रम है। सारे जीवन हम इस कारण बाहर की

दौड़ में उलझा लेते हैं और एक विषाक्त जीवन को जन्म देते हैं। व्यक्ति यांत्रिक जीवन में अपने को उलझा ले, अन्य मानवीय संबंधों में अपने को उलझा ले, बाहर बड़े कामों में, पद में, प्रतिष्ठा-मान-सम्मान में, पैसे में, वैभव में–तो भी उससे वह तृप्त नहीं होता है। **केवल एक तीव्र आकांक्षा का और स्पर्धा के जीवन को जन्म मिलता है।** परिणाम में बाहर केवल एक ऐसे समाज का जन्म होता है–जिसमें प्रत्येक की अपनी आकांक्षाएं हैं और उन आकांक्षाओं की पूर्ति के लिए स्पर्धा है। स्वभावत: घृणा को जन्म मिलता है और जीवन में एक विषाक्त प्रवाह व्याप्त हो जाता है। यह घृणा ही अंतिम रूप में युद्ध को लाती है। हम सारे लोग इस घृणा को व्यापकता देने में भागी हैं और अब जीवन का अन्त होगा यदि व्यक्ति घृणा से अपने को अलग न कर सका।

जानना है कि हमें जो भीतर की आकांक्षाएं बाहर स्पर्धा के जन्म होने में सहायक हैं–उनका पूर्ण जागृत चित्त से प्रतएक प्राणी को विसर्जन करने की दिशा में लगाना है। इससे सहज परिणाम में आकांक्षाओं के कारण स्पर्धा को और अंतत: घृणा को जन्म मिलता था, वह अपने से नहीं होगा–व्यर्थ शक्ति का व्यय न हो सकेगा और अब सहज कार्य के करने में व्यक्ति लग सकेगा। काम में उसका प्रेम व्याप्त हो जाएगा। काम में निपुणता अपने से आ रहेगी और व्यक्ति का जीवन स्वाभाविक विकास क्रम से बिना किसी घृणा का सहारा लिए विकसित हो सकेगा।

प्रतएक व्यक्ति का केन्द्र कार्य होगा, कार्य उसका आनन्द होगा और व्यर्थ में कार्य से जो फलाकांक्षा थी–वह न होगी। तब काम ही केवल बचेगा और शेष सारी व्यर्थता समाप्त हो जाएगी। यह एक क्रान्तिकारी जीवन-विज्ञान है, जिसमें पूरे मानवीय जगत का विकास-सूत्र है।

अभी तो जो दिखता है–वह एक घनी आकांक्षा–आगे बढ़ने की प्रवृत्ति–काम में व्यर्थता और फल में सार्थकता–जैसे बहुत सतह पर जीवन चलने लगा है। यह सब बहुत दुखद है। इससे कोई जीवन-निर्माण संभव नहीं है। अभी जो आगे हैं, उनमें एक आगे रहने की प्रवृत्ति जोर पाती है, शेष सब बेचारे हीन भावना से जकड़ जाते हैं। यह बहुत घातक है। यह दोनों ही ओर घातक प्रवृत्ति है। दोनों की ही चेतना इससे कुंठित होती हैं।

अब यह और नहीं चल सकता। चलता रहा–तो परिणाम स्पष्ट है। बुनियाद में व्यक्ति की चेतना में परिवर्तन की बात है। तब जो होगा स्थायी होगा। सहज जीवन में प्रतिस्पर्धा का अन्त होगा। समाज में व्यक्ति को उसके भीतर व्याप्त रुचियों को विकसित करने का अवसर मिल सकेगा। उसकी मन:स्थिति में ही एक जड़ का अंतर हो जाता है। पहले वह आकांक्षा से भरा था, उन आकांक्षाओं

के लिए प्रतिस्पर्धा थी और अंततः घृणा थी। अब कोई आकांक्षा रही नहीं—कि आगे बढ़ जाएं और दूसरे की हीनता प्रगट कर दें। सहज जिसकी जितनी गति है, उस गति से भीतर आनंद से काम का उदय होगा। अब काम में आनन्द होगा और सहज में कहें कि आनन्द से कार्य निकलेगा। काम में कुशलता अपने से बढ़ जाएगी और सहज स्वाभाविक क्रम से बिना स्पर्धा और घृणा को जन्म दिए—एक आकांक्षा-विहीन समाज का निर्माण होगा। यह आकांक्षा विहीन समाज ही समाजवाद के लिए ठोस आधार है।

प्रारंभ में तो मूल प्रश्न है—कैसे यह संभव हो? इसके लिए हमें प्रयोग करना होगा—जैसे— सोवियत रूस में उन्होंने परीक्षाओं को समाप्त कर दिया—इससे व्यर्थ की प्रतिस्पर्धा और हीनता की भावना समाप्त हुई। शिक्षण में प्रेम उतरा और शिक्षण अपने में क्रांतिकारी जीवन के निर्माण में सहायक हो सका। इस तरह काम में प्रेम जगाया जा सका है, आज भी हम भीतर से काम में प्रेम ले आएं—तो फिर एकदम आसानी से कार्य पूरा हो जाता है। कठिन कार्य भी सहजता में और आनन्द के बीच सम्पन्न हो जाता है। हमारे राष्ट्र में इस क्षेत्र में कदम रखना उपादेय होगा। ...

* * *

जुलाई के पश्चात् अनेक वास्तविक जीवन से संबंधित मूलभूत प्रश्नों पर चर्चाएं हुईं—अनेक स्थलों पर भ्रमण हुआ और जीवन की अनन्त प्रवाह श्रृंखला में नूतन दिव्य जीवन की सृष्टि हुई। कितनी जीवन की पीड़ा है, लेकिन उसका खेल है कि वह व्यक्ति को व्यर्थ के भुलावे में उलझाए रखती है—और न जाने कहां-कहां के प्रश्नों में व्यक्ति उलझा रहता है। इन व्यर्थ के तथ्यों को जानने में ही व्यक्ति की सारी शक्ति और समय का लोप हो जाता है—और व्यक्ति जीवन के वास्तविक प्रश्नों को जानकर उन पर चलने का समय ही नहीं निकाल पाता है। जानना है प्रत्एक को क्या उसकी वास्तविक जिज्ञासा है—और उसका जीवन में क्या उपयोग है? इसे जाने बिना केवल यह जान लेना कि सृष्टि की रचना कैसे हुई? कौन इसका सृष्टा है—या कौन सा धर्म कितना प्राचीन है या कौन-सी संस्कृति श्रेष्ठ है—? इस सबका कोई उपयोग और अर्थ जीवन में नहीं है। वो सारे प्रश्न एक व्यक्ति के वास्तविक जीवन से कोई संबंध नहीं रखते हैं। मैं तो अभी देश के बड़े-बड़े लोगों से मिला और आश्चर्य हुआ, जब उनकी जिज्ञासाओं से परिचित हुआ। बंबई में मेरा मिलना पं. बेचरदास जी दोशी से हुआ। आप संस्कृत और जैन धर्म के पंडित हैं। आपने बताया कि वे पिछले कुछ वर्षों से इस शोध-कार्य में लगे हुए हैं कि बुद्ध और महावीर में उम्र में कौन बड़ा था? मैं तो इसे कल्पना भी न कर सकता कि इस तरह के भी प्रश्न हो सकते हैं—इनका कोई भी संबंध जीवन से नहीं है। असल में व्यक्ति अपने को भुलावे में रखता है और

वास्तविक प्रश्नों से पलायन करता है। मैंने तो अब नियम ही बनाया है कि केवल वास्तविक प्रश्नों भर का उत्तर देना है, शेष सारे प्रश्नों में व्यर्थ समय खोना है। इससे क्या वास्तविक है यह व्यक्ति पूछे तो निरंतर अपने से परिवर्तन संभव होता है।

मुझे कोई पूछता है कि चित्त अशान्त है या वासना है, घृणा है, हिंसा है, भय है, स्पर्धा है? तो लगता है कि प्रश्न ठीक है और जीवन की असलियत से संबंधित हैं। इन प्रश्नों से ही जीवन विकसित होता है और आगे बढ़ता है। इससे प्रत्एक को अपने मन के भीतर की जटिलता के प्रश्न ही पूंछना उपादेय होता है और उससे जीवन विकास होता है। वास्तविकता ही जीवन के साथ चलती है, शेष सारा मन का आयोजन पलायन है। उससे जीवन का कोई हल पाना संभव नहीं है।

प्रश्न—सर्वज्ञ तो अनन्त को जानता है, तो फिर अनन्त कैसे रह जाता है?

यह प्रश्न श्री कानजी स्वामी जी से साधक ने पूछा था—पर उत्तर मे कोई अंतस अनुभूति न थी। आचार्य श्री के समक्ष भी यह प्रश्न रखा गया—उन्होंने कहा—सर्वज्ञ केवल अपनी चेतना की अनन्तता को जानता है। वह स्व-ज्ञान को मात्र जानता है। ज्ञान 'स्व' का ही हो सकता है। बाह्य पदार्थों का ज्ञान हो ही नहीं सकता है। वे सारे पदार्थ इन्द्रियों के माध्यम से जाने जाते हैं, इस कारण उनको तो हम जान ही नहीं सकते हैं। उनका तो केवल उपयोग ही जाना जा सकता है। पर का ज्ञान हो ही नहीं सकता है। इससे सर्वज्ञ बाह्य जगत के ज्ञान से कोई अर्थ नहीं रखता और जो रखने का दावा करे, जानना चाहिए कि अभी उसे स्व ज्ञान उपलब्ध नहीं हुआ है। ज्ञान तो केवल चैतन्य का ही हो सकता है। जड़ पदार्थों का कोई ज्ञान संभव नहीं है। हम केवल उनके उपयोग जान सकते हैं, उनका विश्लेषण जान सकते हैं, लेकिन वे क्या हैं, इसका कोई ज्ञान हम नहीं पा सकते हैं।

'स्व-ज्ञान' ही केवल ज्ञान है, शेष सारा पर के संबंध में जानना है, और कुछ नहीं। पश्चिम की सभ्यता उपयोगितावादी सभ्यता है। उसमें वस्तुओं के उपयोग को प्रधानता दी गई है। इससे सर्वज्ञ वस्तुओं के अनन्त क्रम को जान भी नहीं सकता है, केवल अपनी चेतना के भर अनन्त स्वरूप को ज्ञात कर सकता है। 'स्व' ही ज्ञान है—शेष सब दृश्य जगत की सत्ता को ज्ञात नहीं किया जा सकता है, उसे उपयोग के माध्यम से इन्द्रियों के द्वारा केवल जाना भर जा सकता है।

* * *

(जबलपुर में नवंबर में एक प्रसंग पर विश्लेषण)

उस अनन्त सत्ता को क्या कहूं—जिसने मुझको एक अवसर दिया है कि मैं उस अनन्त सत्ता में हो जाऊं। सभी तरफ से प्रकाश है—और पूर्ण दिव्य जीवन

का भागवत् सहारा है। जीनव को जानना और समझना आज तक युगानुकूल कितने महामानव समझ पाए हैं–कहना कठिन है। मैं तो नहीं समझ पाता कि जैसा और आज के युग में मुझे बड़े भैया का युग-पथ मिला है, वह कभी किसी को उपलब्ध हुआ हो। यह अपने भाग्य पर पूरा गौरव हो–इस कारण ही लिखा गया हो–और इसके पूर्व भी अवसर व्यक्तियों को मिले हों–लेकिन अपने व्यक्तिगत जीवन में तो मैं कितना निहाल हो गया हूं, मैं नहीं कह सकता हूं। सभी जन एक सा ही अनुभव कर पाते हैं और इस दिशा में विशेष गति कर पा रहे हैं।

यह बात और है कि प्रत्येक की अपनी सीमाएं हैं, और चित्त की अपनी स्थितियां हैं–इस कारण जीवन मे जो जन घर के आचार्य जी के निकट आए हैं–उनमें अपनी-अपनी गति है। लेकिन एक बात तो पूर्ण स्पष्ट है कि सारे जन प्रयास की ओर उन्मुख हुए हैं और उससे कभी अपने से जीवन-पुष्प खिल उठेगा।.. केवल मात्र प्रयास सहज वैज्ञानिक पद्धति से और शेष सारा का सारा परम-सत्ता के हाथों छोड़ दिया है। केवल एक दिशा में चलते चले जाना और उसमें कुछ भी आकांक्षा न रखना, यह आकांक्षा कि मुक्त हो जाऊं–अपने में बंधन है। जब मन आकांक्षा-शून्य हो जाता है और उसमें कुछ भी ऐसा नहीं होता जो कुछ चाह रहा है–केवल सम्यक् प्रयास भर कर रहा है–तो अपने से कभी मन-मुक्त अवस्था में हो जाता है। इस प्रबुद्ध सन्देश के अतिरिक्त और क्या चाहिए?

***

(एक विशेष चित्त की शान्त स्थिति में लिखा गया)

20. 11. 1963

कितना अनोखा बरसता है कि मैं तो अपने में कुछ खोया सा रह जाता हूं। सोचता तो लगता कि क्या यह सारा स्वप्न में हो रहा है या प्रत्यक्ष घट रहा है। अद्भुत विश्लेषण है।

कहा गया–सामान्यतः तीन तरह की चित्त की स्थितियां होती हैं।

1. जिसमें कुछ व्यक्ति को पता ही नहीं होता है कि क्या हो रहा है, केवल अपनी चित्त की अशान्त स्थिति में कुछ भी जो उसे लगता है–करता चला जाता है। सम्यक्-असम्यक् इसका कोई होश ही नहीं रहता है–केवल बस कार्य मात्र करते जाना है। वह व्यक्ति बहुत सक्रिय जान पड़ता है।

2. जो व्यक्ति चित्त के शान्त होने के प्रयोग में चलता है–बीच में वह पाता है कि Dullness आ रही है। निष्क्रियता आ रही है। यह निष्क्रियता का आना स्वाभाविक है। वास्तव में जब चित्त शान्त होने की ओर उन्मुख होता है–तो अपने

से वह कभी पाता है कि बीच-बीच कार्य के मध्य शान्ति में खोने लगा है और बाहर चलते कार्यों से विशेष कोई संबंध नहीं रह गया है। बाहर जिनमें पहले अर्थ को जाना था, वह खोने लगता है और भीतर अभी शान्त चैतन्य पूर्ण नहीं होता–तो एक बीच संक्रमण सरकता है। बाहर से संबंध ढीले हो गए लगते हैं और भीतर अभी विशेष ज्ञात नहीं होता है। इससे एक स्वाभाविक घबड़ाहट पैदा होती है। भीतर भय होता है–कि बाहर जो ज्ञात था, वह छूटता है–लेकिन भीतर अभी ज्ञात कुछ भी नहीं होता है। वास्तव में व्यक्ति को अज्ञात का भय होता है। इससे बार-बार वह ज्ञात में लौटकर आना चाहता है। वह ज्ञात तथ्यों पर ही अपने को टिकाए रखना चाहता है। इससे वह ईश्वर के संबंध में भी पूर्व जानकारी बना लेता है। वहां भी वह अपने मन में कुछ ज्ञात सीमाएं इकट्ठी कर लेता है। यह मात्र भुलावा है। इससे कभी भी साधक अपने भीतर नहीं उतर पाता है। भीतर उतरना अज्ञात में उतरना बड़े साहस का कार्य है। इससे मेरा देखना है कि तप वह नहीं है–जो धूप में खड़ा होकर और खाना न खाया जाए, वरन् एक बार पूरी निष्ठा से साहस करके जब बाहर का ज्ञात छूटने लगे और चेतना अज्ञात में भीतर प्रवेश करने लगे–तो उस क्षण साहस करना है। इससे बीच के समय में जब एक चित्त की बनी-बनाई आदत से वह मुक्त होता है और निष्क्रियता आती है, उस समय साहस करना होता है। जो साहस कर लेगा, उसका कभी चेतना के जगत में छलांग लगाना हो जाएगा। मेरे परिचित मित्र जो ध्यान का प्रयोग कर रहे हैं, उन्होंने बताया कि कभी तो अचानक घबड़ाहट होती है ओर मृत्यु का भय पकड़ने लगता है। अब ध्यान करने का मन नहीं होता। मेरा देखना है कि जब ऐसी घबड़ाहट बने और मन बाहर लौटना चाहता हो, ऐसी स्थिति में जो मृत्यु को साहस से वरण कर लेगा, वही केवल ज़ीवन-मुक्त हो सकेगा। वह मृत्यु के अनुभव में से होकर लौटेगा। इससे योगी को मृत्यु का भय नहीं होता है, वह मृत्यु में से अनेकों बार गुजर चुका होता है। इतने साहस से ही जीवन विकसित होता है। उससे कुछ निखरता है। बीच में इससे संक्रमण के समय कुछ भी हो तो, उसे केवल धैर्य से देखना है–और जो धैर्यवान हैं वे उसको पा लेंगे, जिसे पाने के लिए सारा उपक्रम था। अंतिम सोपान मिल गया। वास्तव में यही साधक का या तो संसार में लौटना हो जाता है या अपनी चेतना में लौटना हो जाता है। जहां एक ओर सारी भीड़ चलती है, वहां साधक केवल अकेला चलता है और एक बार मन जरूर होता है कि कहीं वह गलती तो नहीं कर रहा है। मन उसे संसार में बार-बार वापस ले जाना चाहता है। भीतर रुकने नहीं देना चाहता। इससे साधक को अब यदि अज्ञात में खो जाना पड़ता है और उसमें भय होता है, तो जानना चाहिए कि यही स्थल है, जब उसे पूर्ण साहस के साथ अपने में भीतर उतर जाना है। इससे भीतर एक शान्त चैतन्य की स्थिति में व्यक्ति का होना प्रारंभ होता है और जब

शान्त चैतन्य के पूरे जीवन क्रम में व्यक्ति हो आता है, तो अनायास अपने से अब वह जितना बाहर आवश्यक है–जीवन के लिए करता चलता है। अब ठीक अर्थों में व्यक्ति सक्रिय होता है।

यह चित्त की सहज अपनी विकास की अवस्था है, जब सारे मानसिक वेग विसर्जित होकर व्यक्ति आनन्द में हो आता है। इस शान्ति से जो कर्म अब बाहर होते हैं, वे पूरे मन से सहज में होने लगते हैं। चित्त की इस स्थिति में बाहर सक्रियता का होना ही जीवन में अर्थपूर्ण है। शेष सारी सक्रियता अपने में कोई मूल्य की नहीं है। उससे कोई भी भीतर स्थिति नहीं बनती है। इस स्थिति में व्यक्ति के जीवन से महाकर्म घटित होते हैं, परन्तु जरा भी चित्त पर उसका प्रभाव नहीं होता है। गांधी जी के जीवन का आपने उल्लेख किया और जो उनसे घटित हुआ, उसका कोई उदाहरण नहीं मिलता है। इससे ही ठीक शान्त होने के पूर्व एक संक्रमण की स्थिति में से गुजरना होता है। वह संक्रमण पार हो जाए तो बाद में अपने से एक विशाल चैतन्य के स्तर पर कार्य चलता है।...

इसलिए मेरा देखना है कि जब तक कोई व्यक्ति उत्पीड़न की गहरी घनी अंधेरी से न गुजरे जीवन में कुछ भी संभव नहीं है। बीज जब नीचे गलता है और अपने को प्रकृति के साथ एक करता है, तब उसमें अंकुर आता है। बीज नष्ट होता है, तब पल्लव आता है। जीवन में भी तब व्यक्ति अपने को पूर्ण मृत्यु के साथ लिए हुए ही, मृत्यु से गुजरता है–तंभी वह जीवन को उपलब्ध होता है। इससे मृत होना होता है, तब जीवन खिलता है। इससे प्रारम्भ से साधना को बिना जाने कुछ भी करना, कोई अर्थ का नहीं है।

जो भी व्यक्ति अपने भीतर उतरेगा वह पाएगा कि एक संक्रमण से गुजरना अनिवार्य है। यह तो साधना का पथ है। यहीं पर सद्‌गुरु चाहिए। जो कहेगा कि–पूर्ण शून्य में खो जाओ। यही मार्ग है, जो सारे भीतर के जगत में छलांग लगवा दे और व्यक्ति पूर्ण शान्त चैतन्य को उपलब्ध हो सके।

आचार्य श्री का देखना अद्‌भुत है। उसमें जीवन समग्र स्वीकार है। आज तक व्यक्ति जीवन के कुछ भाग को स्वीकार करता आया है और कुछ को अस्वीकार करता आया है। यह जीवन दृष्टिकोण ही बाधा है। इससे जीवन नियमों में बंध जाता है। कोई स्वतंत्र अभिव्यक्ति संभव नहीं होती है। बंधने के साथ, व्यक्ति के अपने अहंकार संयुक्त हो जाते हैं और फिर वह एक भ्रान्त स्थिति में जीता चला जाता है।

एक व्यक्ति को ब्रह्मचर्य से रहने का ख्याल पकड़ गया। पुरानी परंपराओं और रूढ़ियों ने इसे पकड़ा दिया। अब जब यह ख्याल पकड़ गया, तो बिना विवेक से व्यक्ति उलटा–सीधा करता चलता है। उसके परिणाम में वह जीवन

में अपने अहंकार से बंध जाता है। ब्रह्मचर्य तो उपलब्ध होता नहीं है, केवल एक बाह्म अहंकार और उसके साथ संयुक्त हो जाता है। इस तरह से, जीवन विकृति को उपलब्ध होता है, सृजन और सौंदर्य को नहीं उपलब्ध होता है।

आचार्य श्री का देखना अद्‌भुत है। उनका देखना है कि क्यों व्यर्थ मन को जकड़ते हो। मन से कुछ बुरा कहते हो—और कुछ अच्छा। दोनों ही मन की क्रियाएं हैं। जो मन पकड़ता है, वही पकड़ने से तृप्त नहीं होता है, तो छोड़ता है। छोड़ने में मन रस लेने लगता है। भीतर चेतना में कोई क्रान्ति घटित नहीं होती है। फिर किसे आप बुरा कहते हैं? वासना को? वासना में मैथुन में आप क्या चाह रहे हैं? अपने को आप अपूर्ण पाते हैं, तो कहीं अपने को पूर्ण करना चाहते हैं। यह पूर्णता आपकी वासना से कभी नहीं आती दीखती है—तो आप फिर पूर्ण होना चाहते हैं। वासना की चरम परिणति ही पूर्णता तक व्यक्ति को ले आती है। इससे क्या बुरा है—मैं आज तक नहीं जान पाया हूं। जो भी है—उससे ही व्यक्ति प्रभु चैतन्य में हो आता है। आप तृप्त होना चाहते हैं—सब तरफ से तृप्ति की चाह है। पर जहां आप तृप्ति खोजते हैं, वहां अगर नहीं मिलती, तो आप अतृप्त होकर तृप्ति की ओर उन्मुख होते हैं। इससे मेरा देखना वैज्ञानिक है कि प्रत्एक क्रिया प्रभु तक ले जाने का मार्ग बन जाती है। उसका वैज्ञानिक बोध होना जरूरी है। भारत की खोज अद्‌भुत रही है, और प्रत्एक व्यक्ति को जीवन में—जीवन के बीच—समग्रता का बोध होना स्वाभाविक रहा है। जीवन का प्रत्एक दृष्टिकोण वैज्ञानिक रहा है। उस विज्ञान के होने से ही—हमारे यहां का व्यक्ति काम-वासना की क्रिया से—प्रभु चैतन्य तक व्याप्त हुआ है। सीमा से असीम में हो आया हैं। लेकिन आवश्यक है खुले मन से प्रत्येक बात को सुन-समझकर, उसकी वैज्ञानिक जीवन-पद्धति से चला जाए—तो बहुत कुछ भीतर घटित होता है और जीवन परिवर्तित हो जाता है।

कितना अद्‌भुत जीवन-दर्शन है कि सहज में सारा कुछ स्वीकार है। सभी जीवन की अपनी स्थितियां हैं। सभी व्यक्तियों को पात्रता है। केवल व्यक्ति होना आवश्यक है। सभी प्रभु-चैतन्य तक उठ आने के अधिकारी हैं। प्रभु-चैतन्य में ही कोई भेद नहीं है। सारे जीवन के बाह्य स्तरों पर भेद संभव है लेकिन केवल आनन्द और शान्ति में हो आने में ही कोई भेद नहीं है।

आचार्य श्री का देखना है कि जो पाप मे जितने गहरे गर्त में गया है, एक उद्दाम वेग जो मूर्च्छा का उसे वहां ले गया है, वही वेग व्यक्ति को दिशा परिवर्तन होने पर प्रभु-चैतन्य तक उठा देता है। सन्यस्थ चेतना में हो आना, बड़े साहस की बात है। जानना है कि जब भीतर चेतना में व्यक्ति इतना शान्त है कि बाहर सारे अवसर उपस्थित रहने पर भी, उसका चित्त विचलित नहीं होता है। इससे मैं अपराध को बुरा नहीं जानता हूं। वह भी मात्र एक मानसिक बीमारी है। उसका

मनोवैज्ञानिक उपचार होना चाहिए। शरीर से कोई व्यक्ति अस्वस्थ होता है, तो उसका उपचार किया जाता है। फिर मन से अस्वस्थ व्यक्ति को हम दंडित करते हैं। गलत है। उसका वैज्ञानिक उपचार होना आवश्यक है। और हो सकता है कि ठीक चेतना के विकास की दिशा दी जाए, तो अनेक व्यक्ति जिन्हें समाज हत्यारा, पापी समझता है, उनका श्रेष्ठ भागवत् जीवन में परिवर्तन हो सके। मूलतः हमारा समाज उनको दोषी समझकर, गलत दिशा दे देता है और अनेकों साधु चरित्र व्यक्ति अपने में नीचे वेगों में कुंठित हो जाते हैं। जानना है कि सामान्य व्यक्ति (Medicore), संन्यास की चेतना को उपलब्ध नहीं हो सकता है। संन्यास एक असामान्य घटना है और उसके लिए एक असामान्य जीवन-वेग का होना आवश्यक है। कुछ भी बुरा कहां है? उसमें क्या बुरा तुम देखते हो? जो भी, वह सामान्य है। सहज है। यह खाद है—और साधना से निखर कर जो सौंदर्य उपलब्ध होता है, आनन्द और शान्ति में व्यक्ति हो आता है, उसका यह प्राण है। इसे सहज लो। अपने से कभी परिवर्तित रूप में सारा कुछ खिल उठेगा।...

* * *

(आचार्य श्री की चर्चाओं के केन्द्रीय जीवन-दृष्टिकोण दिसंबर-1963, जनवरी-1964)

इन दिनों और माहों—पिछले क्रम में जो घटित हुआ है, उसका उल्लेख अब केवल स्मृति पटल पर शेष है। जीवन्त अनुभूति तो चरम परिणति पर ही संभव है। केवल स्मृति ही है, जो अब शब्द देगी। इस पर बाद में विवाद हो जाते हैं। कारण शब्द-स्मृति तो नितांत वैयक्तिक है। उससे उलझाव ही बनते हैं। जीवन अनुभूति का प्रकाश ही केवल सार्वजनिक है। उसके प्रकाश में ही सारे अभेद तत्व दर्शित होते हैं। अन्यथा उलझाव और जटिलता बढ़ती है। उसमें कोई सुलझाव नहीं आता है।

आचार्य श्री ने कहा—मूलतः झगड़े केवल स्मृति के हैं। स्मृति को शब्द देना और बाह्य बुद्धि के लिए अच्छा एक आवरण दे देना, बहुत आसान है। फिर अंतस अनुभूति को व्यक्त करने के—केवल बाह्य शब्दों पर अच्छा विवाद हो जाने को होता है। इससे शब्द नहीं—सत्ता, प्राण-तत्व, जगत में कोई उलझन ला ही नहीं सकता है। जहां एक ही प्रवाह प्रवाहित हो—उसमें भेद कैसा। कभी इससे लगता है कि व्यर्थ में शास्त्र-स्मृति में न उलझिए, पार चलिए—जो दिखे उसे जान लेना। तब ही अंत:दर्शन में जीवन का रस निहित है। प्राण है। इसके विपरीत सारे रास्ते—केवल एक भ्रम में व्यक्ति को रखते हैं और जीवन की अधिकांश शक्ति को व्यर्थ में नष्ट करवा देते हैं।

मेरा स्वयं का साहस नहीं होता, शब्द देने को। पर यह जानकर कि पूर्व अंर्तदर्शन, बाद शब्द-स्मृति ऐसा क्रम होगा-तो वैज्ञानिक होगा। यह आने वाले साधकों के लिए उपादेय होगा।

इसी ख्याल से, तथा भविष्य में स्वयं अपने लिए-शब्द अपने ही दे लेता हूं। समग्र जीवन-दर्शन की भूमि पर आचार्य श्री का विज्ञान खड़ा है। जीवन के भौतिक और अंतस जगत दोनों की संतुलित स्वीकृति आचार्य श्री के दर्शन में है। मैं तो लिखने में भी न कुछ ही संकेत दे पा रहा हूं-जो थोड़े-बहुत शेष बचे हैं-केवल उनको ही शब्द दे रहा हूं-शेष तो जो चर्चा का अमृत आनन्द ले चुके हैं-वे ही इसे समझ सकते हैं कि यह अपने में न कुछ है।

विज्ञान ने शक्ति दी। अणु की विशाल शक्ति दी। सारा भौतिक आयोजन दिया। युग की एक भाग-दौड़ की स्थिति और तनाव की स्थिति ला दी। सारे मनुष्य के आयोजन उसे अति तनाव की ओर ले जा रहे हैं। मनुष्य खंडित और विकृत हो गया है। उसके पास पश्चिम में सारा वैभव है, लेकिन वह उतप्त और दुखी है। सोचा था-समृद्धि सुख का कारण बनेगी-पर केवल भौतिक-समृद्धि ही विकसित हुई। उसने व्यक्ति को केवल मानसिक रूप से तनाव ग्रस्त (Tense) कर दिया। विक्षिप्त बना दिया। उसके पास सब है, लेकिन भीतर उसके इतनी उथल-पुथल है कि वह ठीक से भोग भी नहीं पाता है। कहें हम कि पश्चिम की संस्कृति में यांत्रिक समृद्धि है-मन रोग-ग्रस्त हो गया है।...

भारत ने झूठे धार्मिक होने की प्रवंचना की। बड़े-नीति के बाह्य आदर्श खड़े किए-भीतर मन की कुंठा सामान्य बनी रही और बाहर भी यांत्रिक सभ्यता का विकास न हो सका। भारत ने अपना वैज्ञानिक आधार खो दिया। अब पहली बार भारत दरिद्रता के जीवन-स्तर की ठोकरें खा रहा है। उसकी आंतरिक चेतना भी विकसित नहीं हुई और न ही बाह्य पदार्थ के जगत में समृद्धि हुई। भारतीय जीवन, परिणाम में अस्त-व्यस्त और खोखला हो गया है। पहली बार अब सबको ठीक सम्यक् वैज्ञानिक मूल्य खड़े करना है-जिससे जीवन विकसित और संतुलित आधार पर खड़ा हो सके। यह अत्यावश्यक है। मैं एक समग्र-संस्कृति (Integrated Culture) के रूप में ही-भविष्य का सुखद चित्रण देख पाता हूं। जिसमें बाह्य समृद्धि के साथ-साथ आंतरिक चैतन्य का विकास हो। तभी ठीक व्यक्ति का निर्माण संभव हो सकेगा। इससे प्रत्एक इकाई को बाहर पदार्थ के जगत में अपने को विकसित करना है और इसी बाह्य जीवन के साथ आंतरिक चैतन्य के जागरण के प्रयोग करना है। तभी संगठित व्यक्तित्व (Integrated Personality) का विकास होता है। इसके अभाव में केवल पदार्थ की सत्ता का विकास-दुख का, तनाव का, पीड़ा का और परेशानी का कारण बनता है। इसके विपरीत केवल

आंतरिक चैतन्य का विकास–एक बाह्य दरिद्रता का कारण बनता है इससे केवल आंतरिक शान्ति ही नहीं, वरन् बाह्य शक्ति भी अपेक्षित है। दोनों के संयोग से ही एंक विकसित संस्कृति का निर्माण होना संभव है। अन्यथा केवल शक्ति–विनाश की ओर ले जाती है, जैसा आज हुआ है और केवल चैतन्य का जागरण व्यक्ति के बाह्य जीवन को विकसित होने में बाधक हो जाता है। उसके कार्य के अनेक स्रोत कुंठित हो जाते है। अणु की विभीषिका–केवल चैतन्य के जागरण से ही शान्त होने को है। अन्यथा कोई हल नजर नहीं आता है, जिससे कि जीवन अपने में पूर्ण हो सके, वरन् एक व्यर्थ का उत्ताप भर पैदा होगा–जिससे कोई हल होना संभव नहीं है।

सम्यक् संतुलित वैज्ञानिक जीवन की विधियों का विकास हो, जीवन अपने में पूर्ण हो सके, तभी इस विविध चित्त के जगत में एक संगीतमय जीवन विकसित हो सकेगा। उसके माध्यम से ही एक पूर्ण विकसित संस्कृति का उदय हो सकेगा। भारत की संस्कृति में यह विशेषता रही है–और भारत इस महान् कार्य में पूर्ण योग दे सकता है। भारत के लिए यह आसान है। भारत के जन–जीवन से यह सब संभव है। एक–एक व्यक्ति को अपने में समग्र होना है और जो जीवन विकसित हो, उसके आधार पर ही समग्र मानवता के लिए मार्ग खोजना है।

विश्व और मानव–जीवन के समक्ष यही सबसे बड़ी प्रधान–जीवन–साधना है जिससे सम्यक् जीवन का उदय हो। अनेक महान आत्माओं का संसर्ग होता है। सबको जानने–समझने का अवसर आता है। उनके अपने जीवन के अनुभव सुनने को मिलते हैं। हमेशा एक शाश्वत जीवन की अभिव्यक्ति हुई है। आचार्य श्री की सम्पूर्ण–अभिव्यक्ति से–ओत–प्रोत मानव हृदय केवल यह कहता है–आचार्य श्री में उस अनन्त की अभिव्यक्ति है–जिसे युग–युग में मानव–मन खोजता फिरता है और उसे कुछ भी प्राप्त नहीं होता है। आचार्य श्री के निकट आने से पहली बार–उस अनन्त के प्रति प्यास होती है और अनन्त में हो आने का सुलझा हुआ सुलभ शाश्वत मार्ग का दर्शन होता है। यह एक अनन्त जीवन–दर्शन का मिलना–बहुत दुर्लभ हो गया है।

* * *

मुल्क के कोने–कोने में–अनेक स्थलों पर कॉलेजों, विश्वविद्यालयों, जन–समारोहों, बौद्धिक विचार संगोष्ठियों–आदि में आचार्य जी ने अद्भुत जीवन–दर्शन को रखा है और पहली बार केवल शिक्षित नर–नारियों में बड़ी गहरी प्यास परिलक्षित हुई है। मेरी यह प्रतीति घनी होने लगी है कि जीवन अपने में न कुछ है। उसमें व्यक्ति खूब चलता दीखता है–अनन्त दिशाओं में सुख खोजता है–लेकिन मिलती सारी परिधि पर घूमकर केवल–सुख–दुख के बीच

डोलती चित्त की कलुषता। यह वैषम्य है। कोई भी दिशा में व्यक्ति डोलता रहे–लेकिन उसका स्वार्थ उसे परितृप्त नहीं होने देता और वह भटकता ही रहता है। आचार्य श्री ने निरंतर कहा है–यह भटकाव–मानव जीवन का विधायक तत्त्व है और तब तक चलता है, जब तक चेतना परम शान्ति को उपलब्ध नहीं होती है। मनुष्य की सारी जीवन की विविधताएं वरदान हैं और उनसे गुजरकर व्यक्ति परम आनन्द में हो आ सकता है।

जीवन में अनेक अवसर आते हैं, जब व्यक्ति मुक्त हो सकता है। पर, उन अवसरों पर हम मन को कहीं भुला देने में लग जाते हैं। यह भुलावा बहुत बड़ा अभिशाप है।...

वास्तव में दुख-संताप-पीड़ा–सारा कुछ सौभाग्य है। उस बीच मार्ग-द्रष्टा का मिलना जरूरी है। वह दुःख के पार की सत्ता में ले जाता है। दुख को भूलना नहीं, वरन् दुख को अनुभव करना–इस अंतिम सीमा तक कि एक विस्फोट हो और जीवन में जो अनदीखा था–यह दीख आए। यह अद्‌भुत जीवन क्रान्ति है। इसलिए मैं कहता हूं कि दुख सौभाग्य है। वरदान है। उससे बचना नहीं, उसे पूरी तरह अहसास करना है। युग की अपने में विशेषताएं होती हैं। कुछ सामयिक और कुछ शाश्वत होती हैं। जो सामयिक हैं–वे समय के साथ समाप्त होती हैं और जो शाश्वत हैं–वे समय में न होकर–केवल होती हैं–इससे समय के होने और न होने में–वे नहीं होती–बस केवल होती हैं और शाश्वत हैं और इससे ही समय की सीमा में नहीं हैं।...

ऐसी ही विशेषताओं में आचार्य श्री के उल्लखित वचन हैं। उनमें शाश्वत निधि है–जो भी जान लेगा, अपने को सीमाओं के पार कर लेगा। जो भी देखा है, दर्शन हुआ है–सही ज्ञान का अंग होकर–अभिव्यक्त हुआ है।

साधना में जाते साधकगण जब पूछते हैं, तो उसमें एक गुह्य अर्थ होता है–जो अनन्त पथिकों को अनेक युगों में–एक ही सम्यक् राह का बोध देता है। इससे ही अनेक जीवन पथिकों को यह ज्ञान-गंगा का सुलभ पावन जल है जिसे पीकर-अपने से व्यक्ति अमृत में हो आता है।...

पूछा था : ध्यान में विचार-शून्यता का होना ही केवल आवश्यक है–या कुछ और भी है?

विचार शून्यता–तो अनेक स्थितियों में होती है और उसकी भिन्न-भिन्न पद्धतियां रही हैं, लेकिन केवल विचार-शून्यता ही आवश्यक नहीं है। तब मूर्च्छित अवस्था में भी संभव है, गहरे दुख या सुख में या गहरी चोट में या साधना

की अनेक पद्धतियों में–विचार शून्यता होती है। अनेक साधना विधियों का योगी उपयोग करते रहे हैं लेकिन उससे कोई भी अर्थ ध्यान का पूरा नहीं होता है। सम्यक् ध्यान का होना आवश्यक है। मेरे देखने में ध्यान तल्लीनता और एकाग्रता तो नहीं ही है, जिसे स्पष्ट किया है। **तल्लीनता–मात्र सम्मोहन है–और उसमें खो जाने का सुख है। अपने को भूल जाने का। इसमें मन की सीमा है। एकाग्रता में भी मन की सीमा है।** ध्यान मन के पार होना है। जहां शुद्ध चैतन्य बोध मात्र हो। इससे मेरा देखना है–ध्यान में विचार शून्यता होती है और परिपूर्ण जागृति होती है।

Thoughtlessness + Awareness = Meditation

विचार शून्य और परिपूर्ण जागृति हो–उस अवस्था को ध्यान में होना कहा गया है। इसे आप अनुभूत कर पा रहे होंगे। ध्यान की पूर्णता तो तब पूर्ण होती जब व्यक्ति केवल चैतन्य-बोध में है, और ध्यान में बैठने को कुछ भी शेष नहीं होता है। यह सम्यक् ध्यान योग की अंतिम पराकाष्ठा है।

****

(जबलपुर–योगेश भवन–जून प्रथम पक्ष–1963)

भारतीय लोक मानस में कुछ दिव्य होने का एक ख्याल है। जब इस ख्याल की पूर्ति में व्यक्ति निकलता है, तो उसे सहज में कुछ चमत्कार घटित हों या अन्य शक्तियां उपलब्ध हों–जिससे लोग प्रभावित हों–तो वह अपने को दिव्य मानता है। आचार्य श्री के निकट आकर पहली बार उसे मानसिक और आध्यात्मिक जीवन–के बीच एक स्पष्ट बोध होता है।...

साधकगणों ने कुछ मानसिक क्षेत्रों में घटी घटनाओं का उल्लेख किया और पूछा, यह सब क्या है?

आचार्य जी ने कहा–सारा कुछ जानना है कि मानसिक है। मन की बहुत सी सोई हुई शक्तियां हैं और उनके जागरण के प्रयोग यदि किए जाएं–तो अपने से आपको बहुत कुछ स्पष्ट होगा जिसका कि अभी आपको कोई पता नहीं है। मनुष्य के मस्तिष्क की अनेक कोशिकाएं (Cells) हैं जिनमें से बहुत से सामान्यतः कार्यशील नहीं होते हैं। उन Cells की अपनी कार्य क्षमता है। वैज्ञानिकों के विश्लेषण से यह अभी व्यंक्त हुआ है। अल्बर्ट आइन्सटीन के कुछ ज्यादा Cells कार्य करते थे–ऐसा उसकी खोपड़ी के अध्ययन से अभी विदित हुआ। अब किसी भारतीय योगी की खोपड़ी का अध्ययन हो तो विदित होगा कि उसके

Cells के संबंध में क्या स्थिति है? अब सारा कुछ वैज्ञानिक आधारों पर उपलब्ध है और उसका विश्लेषण आपको यह बोध देगा कि जो भी मानसिक है, उसे केवल मानसिक ही जानें। उसमें कुछ भी दिव्य नहीं है। अनेक घटनाओं के संदर्भ में–मनुष्य के अपने मान्य स्वीकृत ख्याल होते हैं–जो उसके सरल मन में बैठे होते हैं और वे ही ख्याल साकार होकर–कुछ असामान्य घटनाओं को जन्म देते हैं। हमारे यहां का आदमी सरल और श्रद्धा से युक्त होता है–इस सरलता और श्रद्धा में उसके अनेक मान्य विचार होते हैं–परिणाम में अनेक घटनाएं घटित होती हैं–जो भी उसके मन में सुझाव रूप में विचार होते हैं, वे ही घटित होकर हमारे लिए प्रश्न खड़ा कर देते हैं।...

अब तो स्पष्ट विज्ञान है और केवल जो भी मन का है, उसे मन का ही जानना है। इससे एक स्पष्टता जीवन में आती है और सम्यक् बोध में व्यक्ति भर जाता है। आप जिस ध्यान योग के प्रयोग से चल रहे हैं, उससे मन अपने से शान्त होगा और जीवन में एक चरण सार्थकता का आप अनुभूल कर पाएंगे।

आज का युग पूर्ण वैज्ञानिक है। सभी कुछ सन्देह ग्रस्त हो गया है। इसका अपना लाभ हुआ है कि जीवन से व्यर्थता चली गई है। अंध-विश्वास उठ गए हैं। पर युग की जो सरल मन:स्थिति थी–वह खो गई है और उस कारण कुछ भीतर का टूट गया है। सरलता को खोकर व्यक्ति के जीवन से जो श्रेष्ठता थी–वह विलीन हो गई है। परिणाम की भी उत्सुकता तीव्र न थी। सरलता से और धैर्यता में होकर–व्यक्ति साधना में जाता था–तो पूरे जीवन से जो भी उसमें श्रेष्ठ होता–निखर आता था। आज तो स्थिति उलटी है। जो भी विकृत होता वह पूरी तरह उभर आता है। इससे एक सृजन विनष्ट हो गया है। युग का वैज्ञानिक होना तो समझ में आता है, पर सरलता का खोना–घातक परिणाम दे रहा है। वैज्ञानिकता और सरलता में होकर–बिना किसी परिणाम के व्यक्ति अपने भीतर उतरेगा–सब छोड़कर–तो बात पूरी हो जाती है। अनायास घटना हो जाती है और जो भी पाने जैसा था, वह पा लिया जाता है। अनेक प्रसंगों पर मन की पकड़ को आचार्य श्री ने स्पष्ट किया है। मन संतुलित और स्वस्थ नहीं होता है। वह प्रत्एक दिशा में अति पर जाता है। सहजता और सरलता से वह व्यक्ति में कुछ भी घटने नहीं देता है। इससे ध्यान के प्रयोग से भीतर एक मनोभूमि बनती है–मन की जकड़ छूटती है और मन सहज हो आता है। इस सहजता में चित्त हो आता है तब अनायास कभी भीतर से सब शान्त हो आता है–और जाना जाता है कि अपने से सब पूरा हो गया है। मेरा देखना है कि जब मन से असीम शान्ति में हो आने की समस्त पकड़ छूट जाती है–और यह भाव कि कहीं कुछ भीतर से होना है–तब उस शान्त मन:स्थिति में अपने से अनायास पाया जाता है कि बात पूरी हो गई है।

इस मनःस्थिति का होना मूल्य का है, शेष सब अपने से होता है। मन में सब पाने की और भीतर से कहीं कुछ हो आने की स्थिति में जब व्यक्ति नहीं होता–केवल सहज और सरलता से ध्यान के प्रयोग को करता है–तो कुछ करने को शेष नहीं होता है। अपने से सब हो आता है। कबीर ने गाया–समुद्र बूंद में समाया और जब व्यक्ति अपने को सम्यक् सहज स्थिति में सारे प्रयास छोड़े हुए पाता है–तो अपने से प्रभु उसमें हो जाता है। उसे फिर कुछ पाना नहीं होता है, जो भी पाने जैसा होता है, वह पा लिया जाता है। अपने से प्रभु सत्ता में वह होता है। इस भाव बोध को कबीर ने कहा–'बूंद में समुद्र समाया'–भीतर जब व्यक्ति का क्षुद्र 'मैं' विसर्जित होता है तो वह अपने में विराट समाया पाता है। मेरा देखना है कि सब छोड़कर–क्या हुआ, क्या नहीं हुआ, कब होगा, कैसे होगा, सरल है–कठिन है–सारी मन की बातें अलग रखकर, मात्र सहज स्थिति में ध्यान योग की भूमि पर चलते चलें, अपने से कभी अनायास सब शान्त और आनन्द में हो आया है, यह आप अनुभूत कर पाएंगे। यह अपने से होगा और जब होगा तो दिखेगा कि वहां सारे प्रयास व्यर्थ थे। इससे ही व्यक्ति को अपने भीतर सब खुला छोड़ देना है, और प्रतीक्षा करना है। ताकि जब भी प्रभु आए तो उसे स्थान मिल सके। एक गीत समझाते हुए आपने कहा–पढ़ता था, एक रात्रि एक गांव में आयोजन हुआ, बड़ा महोत्सव था, प्रतीक्षा थी 'रात के राजा' के आने की। सारी पूजाएं, अर्चनाएं समाप्त हुई, रात देर हुई–सब सो गए–तभी दरवाजे पर खटखटाहट हुई–पास सोए हुए व्यक्ति ने कहा–हवा का झोंका होगा–बाद प्रभात के फूटने के पूर्व फिर आवाज हुई, दरवाजा बन्द ही रहा–सोचा अब तो सुबह होने को है–अब कहां प्रभु आने को है। यह गीत रवि बाबू ने लिखा रात का राजा मुझे प्रिय लगा। प्रतीक्षा थी, तो प्रभु न था, प्रतीक्षा समाप्त हुई, प्रभु आया–पर वहां उसके लिए कोई खुला स्थान न था–सब सोया हुआ था–प्रभु न आ सका। यह गीत एक दिशा देता है। कुछ न करें–केवल अपने को खुला छोड़ दें–ताकि जब प्रभु आए तो समा सके। उस समय भी भीतर से व्यक्ति यदि बन्द हुआ–तो कभी भी उस दिव्यता में नहीं हो सकता है। केवल अपने को खुला छोड़ें–शेष सब अपने से होगा। आपके हाथ में केवल इतना है कि अपने को भीतर से पूर्ण रिक्त कर लें, सब शून्य हो आए–तो अपने से व्यक्ति उस असीम स्त्रोत में हो आता है जिसमें हो आने के लिए–उसकी निरंतर प्रतीक्षा थी। यह सब अनायास होता है और जब होता है–तो अपने से जाना जाता है कि इसके लिए सारे प्रयास बाधा थे–मैं प्रभु को अपने प्रयास से लाना चाहता था–और अपनी सीमा में बांधना चाहता था–यह भ्रम था–जिसे मैं अपनाकर संपत्ति की तरह रखना चाहता था–वह मात्र क्षुद्रता का स्वप्न था–जाना अब कि वह विराट तो निरंतर था, केवल मेरी सीमाओं के कारण वह पृथक था–जैसे ही समस्त सीमाओं के पार हुआ कि जो निरंतर था–उसमें सहज हो आया।...

धार्मिक होना–एक बड़े साहस की बात है। वही जीवन को ठीक अर्थों में जीता है। शेष सब तो अपनी लाशें ढोते चलते हैं–सब मुर्दा अवस्था में जीते चलते हैं। जीवेषणा है–गहरी मूर्च्छा है जो व्यक्ति को नशे में अपने साथ घसीटे ले चलती है। एक अरब की घटना का आपने उल्लेख किया है–अरब में साधुओं की लाशों को नीचे सुरंग में सुरक्षित रखा जाता है–इस स्थान पर एक साधु नया रखा गया–जिसे व्यक्तियों ने भूल से मृत समझ लिया था। उस साधु को वहां होश आया, घबड़ाया पर आप सोचते हों कि उसने आत्म-हत्या कर ली हो–सो नहीं–आप भी होते तो आप भी न करते। होश आने के बाद वह प्रतीक्षा करने लगा कि कब ऊपर से वह स्थान खोला जाए और वह ऊपर वापस लौटे। इस बीच वह वहां के मुर्दों में पैदा हुए कीड़े खाने लगा, ऊपर से जो पानी टपकता था–उसे चाटने लगा, मुर्दों के कपड़े इकट्ठे कर लिए और जीने लगा। यह कहानी नहीं, सत्य घटना है। आप भी क्या करने में लगे हैं। मात्र मुर्दों के बीच--अपनी लाश को ढोए चले जाते हैं–सारा कुछ विकृत उसमें आप करते रहते हैं। यह एक अजीब सा घटित हुआ है–और ठीक जीवन जहां से आता है, वहां से टूटकर–सारा कुछ मृत हो आया है। धार्मिक व्यक्ति अपने जीवन-केन्द्र में होकर--ठीक अर्थों में जीता है। इस धार्मिक को समझ पाना आसान नहीं है। आंतरिक जीवन के केन्द्रों में होकर ही–समझना हो पाता है।...

लेकिन इस जीवन्त-सत्य में हो आने का एक महज ख्याल व्यक्ति को होता है। अभी मैं आपको प्रभु-सत्ता में ले आने का सुगम मार्ग हूं–प्रभु ही आपको दूं–तो आप विचार में उलझ जाएंगे कि–अभी लूं किं न लूं। सारे मन के धागे–आपको उलझा लेंगे और जो धागों में हमेशा उपस्थित है–उससे आप हमेशा पृथक बने रहेंगे। यह आदमी की एक अजीब उलझाव की स्थिति है। इसे देखकर लगता है–व्यक्ति के हाथों सब होकर भी–वह सब खोए रहता है और गहरे दुख, पीड़ा, विषाद, तनाव, नशे के सुख में उलझा रहता है। इस सबके पार और जिससे होकर ये सारी घटनाएं अभिभूत हैं, उसमें व्यक्ति का सहज में हो आना संभव है, केवल एक गहरे साहस में व्यक्ति को हो आना है और शेष सब सम्यक वैज्ञानिक मार्ग से अपने से होगा।...

धर्म को जानना–परिपूर्ण जीवन को सुवासित कर लेना है। धर्म में प्रतिष्ठित हुए व्यक्तियों के जीवन से जो आनन्द, शान्ति, सौन्दर्य, संगीत, अमृत और तेजस्विनी गरिमा प्रवाहित होती थी, उस परिधि के कारण कोई भी उस व्यक्ति के निकट आता तो निकटतर होता जाता था। एक वाक्य भी कानों में पड़ता तो–व्यक्ति उसमें खिंचा आता था। सब कुछ परिवर्तित हो जाता था। यह औपचारिक शास्त्रीय ज्ञान, पांडित्य और बौद्धिक विश्लेषण से नहीं होता था। आज बहुत सूचनाएं, बुद्धि और तर्क–धर्म से संबंधित व्यक्ति देते दिखते हैं–लेकिन

जीवन में कोई वैसा आचरण नहीं है। परिणाम यह है कि जो व्यक्ति धर्म के प्रति जितनी रुचि लेकर पहुंचता है, सब सुन चुकने के बाद वह अपने को अरुचि में और एक उकताहट में पाता है। मैं अनेकों व्यक्तियों से इस बीच संबंधित हुआ हूं और ज्ञात हुआ कि प्रचलित धार्मिक परंपराओं और विचारों ने–उनकी धर्म के प्रति जो रुचि थी–उसे भी क्षीण कर दिया है। मन में धर्म के प्रति एक उपेक्षा भर आई है। धर्म के प्रचारकों और पंडितों ने धर्म ठीक है या नहीं है–आस्था और अनास्था–दोनों स्थितियों के पार एक तीसरी और सबसे विकृत स्थिति उपेक्षा में लाकर व्यक्ति की मन:स्थिति को खड़ा कर दिया है। सामान्यत: व्यक्ति गीता को बिना भीतर उसके अर्थ खुले सुनता या पढ़ता है–तो बात यांत्रिक और कष्ट देने वाली हो जाती है। कोई प्रभाव उस पर नहीं पड़ता है। पूर्व में उसकी जो संग्राहक क्षमता (Receptivity Capacity) रहती है, वह क्षीण होती जाती है और धीरे-धीरे शून्य हो जाती है। जैसे–आप एक सुगन्धित बाग में आए हों, तो उसकी सुगंध आपको पहले मोह लेगी, धीरे-धीरे आप पाएंगे कि ठीक जो है–सो है–उसमें अब कुछ खास आनन्द नहीं होगा। ठीक बिना धर्म में प्रतिष्ठित व्यक्ति के करीब जाकर या यांत्रिक क्रम में ग्रंथ अध्ययन किए पंडित के पास जाकर व्यक्ति में जो थोड़े-बहुत प्रभाव ग्रहण करने की क्षमता होती–वह शून्य हो जाती है और जीवन एक गहरी यांत्रिकता में होकर चलने लगता है। हजारों लाखों बार पाठ करने वाले व्यक्ति भी भीतर से पूर्ण सामान्य होते हैं, कुछ भी उनमें असामान्य घटित नहीं होता है। यह वस्तु-स्थिति है।

यह प्रभाव संग्राहक क्षमता ठीक धर्म में प्रतिष्ठित हुए व्यक्ति के निकट होकर विकसित होती है और भीतर साधना से हुए दर्शन में सारा कुछ स्पष्ट झलकने लगता है। व्यक्ति अपने भीतर एक शान्त, आनन्द और दिव्य बोध से भर आता है। बुद्ध के निकट आकर व्यक्ति परिवर्तित हो जाता था और उसे बुद्ध की आनन्द तथा शान्ति अनायास अपनी ओर खींच लेती थी। बाद साधना में होकर–वह अपरिसीम आनन्द, शान्ति तथा सौन्दर्य में हो आता था। यह एक जीवन-दिशा थी–जिससे हजारों साधक जीवन-मुक्त हो पाए थे। आज खोया हुआ है–केवल शब्द, उनके अर्थ और तर्क पर ही धर्म को आधारित किया है। परिणाम में प्राण विलीन हो गया है और औपचारिक हाथ रह गया है, जिससे अब कुछ होता दीखता नहीं है। आस्तिक भी है तो मात्र कहने को, जरा में आस्तिकता खंडित हो जाती है। इस सबके विरोध में नास्तिक खड़ा होता है–सो उचित ही है–क्योंकि जो भी धर्म के नाम पर है–उसका कोई संबंध आनन्द और शान्ति से नहीं है। गांधीजी की जो आस्था थी–उससे पं. नेहरू सहमत न हो सके, नेहरू जी साफ कह सके–बापू को ईश्वर ओदश दे सकता है, पर मुझे सूझ नहीं पड़ता

कि ईश्वर भी कुछ हो सकता है। सारा कुछ केवल मन का ही है। अब नेहरू जी मुझे नैतिक साहस के व्यक्ति दिखाई पड़ते और जो उन्हें लगता है–इस संदिग्ध धार्मिक वातावरण में भी कहते हैं। मेरा देखना है कि ठीक आस्तिक होने के लिए–एक गहरी नास्तिकता से गुजरना जरूरी है। अभी मैं बुलडाणा था–एक एडवोकेट से मिलना हुआ, तीन दिवस आपने प्रवचन सुने, बाद ध्यान में, मैं बैठाया। बोले–मैं 75 साल का बूढ़ा हूं और नास्तिक हूं। मुझे नहीं लगता कि कोई ईश्वर जैसी सत्ता है और ये तो आप जानते ही हैं, कि मैं यह युग अवस्था के जोश में नहीं कह रहा हूं–तो क्या मैं भी ध्यान में शामिल हो सकता हूं। आपका कहना ठीक है, पर मेरा जानना है कि बीमारी कैसी भी हो, भीतर स्वास्थ्य होगा तो अपने से बीमारी नहीं होती है। यह तो आप जानते हैं कि आप अशान्त हैं और ध्यान केवल शान्ति का प्रयोग है। वो ध्यान में बैठे और बाद भी प्रयोग में लगे रहे–तो जाना कि उनकी नास्तिकता गिरती जा रही है। उन्होंने सन्देश पहुंचाया कि जैसे-जैसे शान्त होता जाता हूं–पाता हूं कि नास्तिकता अपने से पिघलती जाती है और प्रतीत होता है कि शरीर के अतिरिक्त चैतन्य की सत्ता है।

मेरा देखना है कि सम्यक् ध्यान का प्रयोग हो तो व्यक्ति अपने से जो भी पाने जैसा है–उसे पा लेता है। आस्तिक की कच्ची आस्तिकता अपने से विलीन हो जाती है और नास्तिक की–नास्तिकता भी गिरने लगती है। यह भीतर जब घटना घटती है–तभी संभव होता है।

भारत की हवा रही है कि व्यक्ति का जीवन प्रारंभ होता तो सहज में वह उस अनुभूति की झलकों को पा लेता। जीवन जैसे-जैसे बढ़ता कि वह गहरा चलता जाता है और सांस के डूबने के साथ उसका भी पूर्ण विराट में डूबना हो जाता है। मैंने इस तरह के व्यक्तियों को जाना और लगा कि प्रति वर्ष वो निरंतर गहराई में चलते जाते हैं। कोई एक सम्यक् ग्रंथ को ले लिया–पढ़ने को तो जीवन के अंत तक पढ़ते रहे–भीतर जैसे-जैसे उतरना होता जाता कि ग्रंथ के शब्द छूटने लगते–गहरा अर्थ दीखता और अंततः जब पूर्ण बोध होता तो अर्थों के प्राण में वह प्रतिष्ठित हो आता–सब घना शान्त हो आता है–और कुछ शेष नहीं होता है। इससे कोई बड़े ग्रंथों में उलझने की जरूरत नहीं है–छोटा सा ग्रन्थ भी बहुत बड़ा हो सकता और एक वाक्य भी अमृत में व्यक्ति को ले आता यदि भीतर से पहले व्यक्ति सम्यक् साधना में होकर अपने भीतर शान्ति और आनन्द से संयुक्त हो आया हो। साधना से अपने से जीवन में गहरे अर्थ खुलना प्रारंभ होते हैं और व्यक्ति की दिव्य जीवन में अपने से गति होती चलती है।

* * *

अनन्त अमृत आनन्द और जीवन-सत्य को सुलभता से, सरलता से प्रवाह देने वाले जीवन-प्रसंग हैं। इनमें से सारे उल्लेख कर पाना तो संभव नहीं होता

है–केवल थोड़े से ही जो बच पाते हैं–उनको लिख लेता हूं। इस लेखनी से जो भी श्रेष्ठतम संभव हो सकता है–वह लिखाता है। इससे और बड़े सौभाग्य की बात क्या हो सकती है कि इस लेखनी का उपयोग एक अमृत शाश्वत आनन्द की वाणी को लिख पाने में हो रहा है। प्रसंगों के प्रवाह ही प्रवाह हैं–कोई चाहे तो एक क्षण में सारा कुछ घटित हो सकता है। सब कुछ अपने में पूर्ण परिवर्तित हो जां सकता है।...

आत्मिक जीवन में गति करने के लिए सद् प्रयास चाहिए। सतत् उसी दिशा में लगे रहना होता है। एक साधारण सा कुआं खोदना हो तो–काफी श्रम करना पड़ता है। फिर आत्मिक जीवन में तो खोदते चलना होता है। कभी खुदना पूरा होता है–तो बात अपने से पूर्ण हो जाती है।

लेकिन इस बीच व्यक्ति जो आत्मिक जीवन में गति करता है, उसे जानना चाहिए कि अभी बीज अंकुरित ही हुआ है, उसका रक्षण करना आवश्यक है–बागौड़ लगाना होता है, जब पूर्ण विकसित हो जाए पौधा और पेड़ बन जाए तो अपने से बागौड़ व्यर्थ हो जाती है। व्यक्तित्व में भीतर सृजन चलता हो तो उसका प्रारंभ में रक्षण करना आवश्यक है। कोई भारी चिन्ता या अन्य किसी का बोझ लेना अर्थ का नहीं है। उससे गति क्षीण होती है और व्यक्ति पुनः उसी स्थिति पर आकर खड़ा हो जाता है। फिर वहां तक उठने में समय लगता है। जानना चाहिए कि जीवन इतना अल्प है कि इसमें मेरी स्वयं की चिंताएं ही बहुत विस्तार लिए हुए हैं–अब जब तक मैं इनसे मुक्त न हो रहूं तब तक दूसरों की चिन्ता हल तो क्या होने को है–केवल एक भार और बढ़ जाने को है। फिर जहां भीतर कुछ सृजन होता है तो अपने से ये सब बाधाएं आती हैं, भीतर कुछ न हो तो बाधाएं आती भी नहीं। बाग हो तो चरने जानवर आते, व्यर्थ का घास-पात हो तो कौन आता है। इससे विवेक रखना होता है कि अभी तो मेरा शान्त होना ही मेरे लिए प्राथमिक है–फिर कुछ हो सकेगा–तो उस शान्ति से अपने से निकलेगा–कुछ और करना न होगा। चिन्ता न सरकेगी–शान्त, सहज भाव से फिर कुछ दूसरों का हो सके तो ठीक–अन्यथा कोई प्रारंभ में व्यक्ति को भार नहीं लेना है। लेकिन जो भी घटता है, अच्छा होता है, उससे विवेक जागता है और पुनः जब कभी वैसा घटने को होता है तो पूर्व होश होने से व्यक्ति उससे मुक्त हो पाता है।

* * *

दमन से जीवन में एक तनाव बढ़ता है और व्यक्तित्व टूटता है। ब्रह्मचर्य पर अनेक व्यक्ति साधना करते हैं, लेकिन परिणाम में केवल आत्म-कुंठा, पीड़ा और विकृति आती है। कोई सृजन नहीं होता है। व्यक्तित्व से कोई आनंद तथा शान्ति नहीं झलकती है। कोई आंतरिक वैज्ञानिक मार्ग विदित न होने से–जिससे वृत्ति विसर्जित हो जाती–परिणाम मे केवल विकृति होती है। भीतर वैज्ञानिक

साधना से–विसर्जन होता है और परिणाम में सृजन होता है। जानना है कि भीतर जो भी है, उसे दमित करके–आज तक कोई भी अपनी वासना से मुक्त नहीं हो सका है। वासना का वेग जब तक शक्ति होती है, उसे दबाया जा सकता है, लेकिन जैसे ही 45 वर्ष की अवस्था के बाद शरीर की शक्ति क्षीण होने लगती है तो फिर वेग तीव्रता से उभरता है और अनेक साधु इस उम्र में–खंडित होते देखे जाते हैं। इससे दमन नहीं–विसर्जन मार्ग है।

दमन करना–केवल नैतिक है। गांधी जी ने सारे जीवन साधना की और परिणाम में पाया कि ब्रह्मचर्य पूर्ण नहीं हो पाया–लिखा आत्म-कथा में कि (दिन तो कोई विचार नहीं आता है लेकिन रात वासनाग्रस्त स्वप्न आते हैं।) गांधी जी साफ और बड़े नैतिक साहस के व्यक्ति थे। इससे ही अपनी जीवन-साधना के ठीक-ठीक परिणाम दे सके। आत्म-कथा को उन्होंने 'सत्य के प्रयोग' कहा। प्रयोग किए–और परिणाम दिए। गांधी जी साधु थे। बाह्य साधना पूर्ण थी–लेकिन अंतस में उतरने की कोई साधना –पद्धति विदित न होने से गांधीजी सन्तत्व नहीं उपलब्ध कर सके थे। साधु बाहर से साधकर सन्त हो सकता–पर भीतर से सन्त नहीं हो पाता है। यही साधु और सन्त का पृथक होना होता है। सन्त अपनी भीतर की गहराइयों में उतरता चलता है और परिणाम में बाहर ब्रह्मचर्य की उपलब्धि होती है। स्त्रियां अब भी साथ होंगी–ठीक सारी संवेदनाएं होंगी–पर स्त्री के प्रति वासना मुक्त होगा। ठीक अर्थों में पुरुष स्त्री के साथ संबंध बना पाता है और स्त्री पुरुष के साथ संबंध बना पाती है। सारा कुछ सहज होता है और उसमें कोई घबड़ाहट तथा परेशानी और खंडित होने का प्रश्न ही नहीं उठता है। अब सब सहज और आनन्द के मध्य घटित होता है। कोई भी स्थिति में उसे भागना-दौड़ना नहीं है–सब भीतर शान्त है और उस शान्त मन:स्थिति में अब कोई भी संबंधित हो–कोई अंतर नहीं आता है। यह विसर्जन से एक सन्त के जीवन में संभव है। इसमें पीड़ा और परेशानी नहीं है।

सारे विशेषण केवल अहंकार जन्य होते हैं। मेरा धर्म, मेरा देश, मेरा समाज, मेरा गुरु, मेरी संस्कृति, मेरा दर्शन–श्रेष्ठ और बाकी सब कम श्रेष्ठ–ऐसा भाव केवल अहंकार का है। मैं इस बीच अनेक तरह के और संस्थाओं से संबंधित हुआ, लेकिन पाया कि मूल में अहंकार है। केवल अपने मैं को बड़ा करके व्यक्ति दिखाना चाहता है। इस कारण ही सारे आयोजन चला करते हैं। सबके पीछे पकड़ केवल अहंकार की होती है और व्यक्ति अपने इस अहंकार की पूर्ति में जीवन भर लगा रहता है–बाद पाता है कि इस छोटे से घेरे में जीवन चला गया–और सारा कुछ जो सीमाओं के पार था–उसे जान ही न सका।...

यह अहंकार की दौड़ सामान्य व्यक्ति में हो तो कोई बात नहीं होती है, लेकिन सारे साधुओं से मिलने के बाद विदित हुआ कि अहंकार की दौड़ वहां

भी ठीक वैसी की वैसी ही बनी हुई है। तब बड़ी हैरानी होती है। इस संबंध में घटनाओं का आपने उल्लेख किया और कहा कि–भीतर कोई शान्ति और आनन्द में न हो आने के कारण–दौड़ बाहर बनी रहती है और परिणाम में व्यक्ति इस दौड़ को साधु होकर पूरा करता है, बाद फिर वहां भी अहं पूर्ति के मार्ग खोज लेता है और इस अहं की परिधि में उसका जीवन चलता रहता है। ठीक से आप इस ओर देखेंगे तो पाएंगे कि कुछ भी तो आप ऐसा नहीं करते–जिससे आपका अहं पूरा न होता है। सारे आयोजनों के बीच खेल उसका ही चलता होता है। इस अहं के कारण ही व्यक्ति अपने में दरिद्र है। सब कुछ पास होते हुए भी–चारों ओर केवल अहं का घेरा संयुक्त होता है। भीतर पूर्ण समृद्धि का स्रोत है–लेकिन व्यक्ति हर तरह से अपने को दरिद्र बनाए रखने के आयोजन में लगा रहता है। जितना व्यक्ति अपनी इस सीमा में बंधता चला जाता है, भीतर उसके कुंठा और एक आत्म-पीड़न प्रारंभ हो जाती है। वह सिकुड़ता चला जाता है और छोटे से घेरे में बांधकर अपने को सुखी-दुखी मानने लगता है। अहं से मुक्ति–व्यक्ति को असीम आनंद के स्रोत में ले आती है। मन जैसे ही शून्य होता है कि जो पूर्ण सत्ता है–उसमें व्यक्ति हो आता है। यह सम्यक् ध्यान योग के प्रयोग से होता है और परिणाम में व्यक्ति अहं-मुक्त होता है।

इससे धर्म का कोई संबंध विशेषण से नहीं है। धर्म मूलत: व्यक्तिगत साधना है। उसमें संगठन, परंपरा और मान्यताओं को स्थान नहीं है। ठीक धर्म में प्रतिष्ठित व्यक्ति सारी सीमाओं के बाहर होता है। संगठन, संप्रदाय, धार्मिक-परंपरा और देश, संस्कृति का गौरव–इस सब विशेषणों से जो मात्र अहंकार जन्म देते हैं–वह उनसे मुक्त होता है।...

पांडित्य केवल अहं तृप्ति देता है। इससे पंडित बेचारा मान-सम्मान चाहता है। ज्ञान उसे उपलब्ध नहीं होता है। पांडित्य से जीवन में भार बढ़ता है और व्यर्थ का बोझ व्यक्ति घसीटता चलता है। ज्ञान में होकर व्यक्ति–अपने चैतन्य बोध से भर आता है–और जीवन में सम्यक् वैज्ञानिकता घटित होती है। वह जीवन में अति से बचता है। जो भी विवेकयुक्त और संतुलित है–उसे वह करता चलता है। इससे–भीतर से साधना में होकर ज्ञान की घटना प्राथमिक है–शेष सब अपने से होता है। अन्यथा जीवन में व्यर्थता चलती चली जाती है और असम्यक् जीवन में व्यक्ति होता है। इस तरह अनेक व्यक्ति अपने जीवन को बिना ज्ञान को उपलब्ध हुए–केवल पांडित्य में ही और अतिशयता में खो देते हैं। उससे कोई जीवन का अर्थ प्रगट नहीं होता है और असंतुलन में ही जीवन समाप्त हो जाता है। सामान्यत: एक ओर भोग की अति होती है, व्यक्ति उसमें सुख लेता है, फिर वह त्याग में जाता है तो वहां भी वह अति करता है और जो सुख वह भोग में

लेता था, यहां त्याग में होकर अपने को बड़े त्यागी होने में लेने लगता है। ये दोनों ही गलत दिशाएं हैं। संतुलित जीवन-क्रम वैज्ञानिक है। यह भीतर ज्ञान की घटना से अपने से आता है। वह जानता है कि इच्छाएं केवल तभी तक बांधे हैं—जब तक भीतर उनका रस शेष है। जैसे ही रस विसर्जित होता है कि फिर जाना जाता है कि बंधन तो केवल उनके प्रति आसक्त होने का था—ज्ञान की घटना से यह आसक्ति अपने से विसर्जित होती है और अब इच्छाओं का दमन नहीं होता है—वरन् जो भी सम्यक् आचार है—वह अपने से परिणाम में आता है। फिर सम्यक् आहार, सम्यक् व्यायाम, सम्यक् निद्रा, सम्यक् क्रियाएं—अपने में पूर्ण संतुलन को लिए चलती हैं।...

इससे पांडित्य और अहं—साथ चलते हैं और प्रत्एक क्रिया में अहं का रस पूरा होता है। जैसे ही साधना में होकर ज्ञान की घटना घटती है तो व्यक्ति सरलता से अपनी जीवन-क्रियाओं में सम्यक् हो जाता है। साधारणत: तो विचार प्रवाह व्यक्ति का चलता रहता है। हजारों विचार सम्यक्-असम्यक् उसके चलते रहते हैं। अनेक घटनाएं घटती रहती हैं। सहज में जीवन का प्रवाह चलता रहता है। इस सबके बीच से व्यक्ति जिन संस्कारों से भरा होता है, उस पर वे विचार प्रभाव डालते हैं और शेष विचारों के प्रति उसकी गति मंद होती है। स्वभावत: मनुष्य प्रकृति के अनुसार मूर्च्छित है, उसमें बहुत कुछ है जो अंधा है और उसके प्रति विवेक सोया होता है। यह अंधा क्रम अनेक बार दुहराता है। उसमें असंगति दिखती है, लेकिन वह चलता जाता है और व्यक्ति दुख-सुख में अपने को उलझाए रखता है। यह मात्र मूर्च्छा है। सारे बड़े समझदार व्यक्ति भी इस तरह की भूलें करते दिखते हैं—ये मात्र संस्कार हैं। प्रकृति का अपना क्रम है।...

इस क्रम को व्यक्ति अनेक साधनों से पूरा करता है। भक्ति से, नशा से या sex से—सबमें एक, मूर्च्छा होती है—चैतन्य सोया रहता है और प्रकृति का मूर्च्छित सम्मोहन होता है। सारे साधु केवल इसी मूर्छा का सुख लेने के लिए नशीले पदार्थों का उपयोग करते रहे हैं। इस मूर्छा में विचार नहीं होते हैं—लेकिन चेतना सुप्त होती है—केवल एक नशा का, सम्मोहन का सुख होता है। सामान्यत: व्यक्ति इसी सुख से परिचित होता है—और इसी कारण वह इसमें अविवेक जानते हुए भी बार-बार इसमें जाता है। वह मात्र इस सुख से ही परिचित होता है।...

ध्यान के प्रयोग से भीतर क्रान्ति घटित होती है और चैतन्य-बोध अपने से बढ़ता जाता है। कभी क्षण आता है कि व्यक्ति परिपूर्ण चैतन्य के बोध से भर जाता है और उसकी चेतना जिन केन्द्रों पर सोई होती है, वहां वह जाग्रत हो जाती है। सारा अंधेरा अपने से विसर्जित हो जाता है। मूर्च्छा विसर्जित हो जाती है। तब पहली बार विचार-शून्य स्थिति में पूर्ण चैतन्य बोध शेष होता है। इसके होने से व्यक्ति चेतना के स्वरूप से परिचित होता है और जो शान्ति तथा आनन्द की

अनुभूति है–उसमें हो आता है। यह व्यक्ति की शुद्ध-सत्ता है। जिसमें केवल होना (Being) मात्र होता है। यह बोध समाधिस्थ चित्त की अवस्था में अपने से होता है।...

अभी हमारा होना–जितना हम बाहर से बंधे हैं–उतना प्रतीत होता है। धनी को, यशस्वी को–अपने होने का गहरा बोध होता है। गरीब को उतना नहीं होता है। एक निर्जन स्थान में जहां उसके कोई बाह्य संबंध से होना शेष नहीं है, उसमें जब वह शुद्ध अपने स्वरूप में जो है–वह ही उसका होना (Being) है। जहां अब कुछ भी पर शेष न होकर केवल 'स्व' ही बच रहा है–वह व्यक्ति का शुद्ध होना है।

इस शुद्ध होने में–कोई भी विकृति या बुराई या जिसे हम पाप कहते हैं–बाधा नहीं है। केवल जो शक्ति–अपार शक्ति एक सहज प्रकृति के कार्य के लिए व्यय होती–निकृष्ट वासना की पूर्ति में–जब वह व्यक्ति अपनी चेतना की गहराइयों में उतरता है तो वही शक्ति श्रेष्ठ को अभिव्यक्ति करने का माध्यम होती है। दुनिया के सारे बड़े लोग किसी गहरी पाप की प्रवृत्ति से–जब मुक्त होकर श्रेष्ठ जगत में उठे हैं–तब उनकी सारी सृजनता केवल अपरिसीम शक्ति के कारण ही है। वही शक्ति सृजन में विकसित होती है। असाधारण या असामान्य सृजन उससे होता है। इससे गहरा पाप का जो विकृति का अंश है मात्र वृत्ति का–विसर्जित होता है–तो उसमें निहित शक्ति दिव्यता को प्रगट करने का माध्यम बनती है। बड़े लोग–जगत को प्रेम दे सके–प्रेम उनसे निकला–फूटा और बहा–उसके मूल में उनका बहुत वासनाग्रस्त होना था। अंगुलीमाल बुद्ध से दीक्षित होकर–जो बुद्ध का निकटतम शिष्य हो सका–उसके मूल में उसकी तीव्र हिंसक भावना थी–जो उसे बाद लोगों के सताए जाने पर–पूर्ण अहिंसक में और पत्थर मारने पर–मुस्कुराते हुए रख सकी। मैं इस बात को पूर्णतः दर्शन कर रहा हूं और देख रहा हूं। सारे मुल्क में इसे मुझे कहना है कि बुराई में (प्रकृति के सहज प्रवाह में) कहीं भी कोई गलती नहीं है–वह सहज है–और जो उसे दबाएगा, दमन करेगा–उसके जीवन से बुराई तो जायगी नहीं–जो उसकी शक्ति थी–वह विनष्ट होगी और परिणाम में जीवन में कुरूपता आएगी। सृजन, सौन्दर्य और दिव्यता वहां न होगी। मैं–इन सारी बातों की चर्चा–जबलपुर सेंट्रल जेल में किया–बाद कोई 14 सौ कैदियों में से आधे रो आए–वे सारे लोग शक्ति के धनी व्यक्ति हैं। उनमें क्षमता है। वह सृजन में लग सकती है। कहा उन्होंने–ऐसा कभी सुना न था, यह तो अद्‌भुत है और समझ में आता है। अब मौका मिले–तो इस ओर परिवर्तन हो सकता है–क्योंकि अभी तक तो हम पापी हैं, अपराधी हैं–यह सब कुछ सुनते आए थे। कैदी–अपने जीवन में ऐसा सुनकर जिस गहरी

आंतरिक संवेदनाओं से भर आए—वह अनूठा था। सामान्य भले लोग—भी इतने भले नहीं होते—जितने हमारे अपराधी माने जाने वाले कैदी।...

दर्शन और चिन्तन के अंतर्गत हजारों प्रश्नों के उत्तर दिए गए हैं। यह पाश्चात्य परंपरा रही है। मनुष्य जैसे ही सामान्य जीवन से साधना के जीवन में या धार्मिक जीवन में जाता है तो सहज जीवन के बीच उसका मन जो प्रश्न उठाया करता था और उत्तर पा लेता था—वही मन अब यहां भी प्रश्न उठाता और उत्तर पाने की कोशिश करता है। वह पूछता है जगत क्यों है? मुक्ति कैसे है? इन प्रश्नों के उत्तर भी लोग देते दिखते हैं—लेकिन जानना है कि अगर ये सारे प्रश्न ठीक वैसे के वैसे ही बने रहे हैं और **कोई** उत्तर से व्यक्ति सन्तुष्ट नहीं हो पाया, तब जानना चाहिए कि कहीं कुछ **गलत है**। मेरा देखना है कि जगत में आज तक जो भी है—उसके संबंध में उत्तर देना **मात्र** भ्रान्त है। ये सारे प्रश्न- अशान्त मन से उठते हैं—वही अनेक रूपों में अनेक विधि प्रश्न उठाता रहता है और वही उत्तर भी खोजंता रहता है। यह मन की अशान्त होने की सूचना देता है—जैसे बीमार अपनी बीमारी होने की सूचना देता है। अब बीमार को अनेक प्रकार का उत्तर दो तो बीमारी जाने को नहीं है। उसे वैद्य की आवश्यकता है। अशान्त मन से उठे प्रश्नों का भी उत्तर देना भ्रान्त है—केवल मन को शान्त करने के वैज्ञानिक प्रयोग चाहिए। मन जैसे ही शान्त होता है—पाया जाता है कि उत्तर नहीं मिला वरन् जो अशांति के कारण प्रश्न थे, वे गिर गए और अब रहे ही नहीं। शान्ति की भीतर घटना घटते ही और सारा कुछ जो भी जानने जैसा है—वह जान लिया जाता है। केवल मन को शान्त करने के प्रयोग ही सार्थक वैज्ञानिक प्रयोग हैं—शेष सारे प्रश्न और उनके उत्तर खोजने की, और पाने की और जो लोग उत्तर देते हैं, वे ना-समझ होते हैं।

प्रश्न—'मन के शान्त होने पर कर्म—फिर क्या मन से आएंगे या कि फिर शुद्ध-चेतना से होंगे?'

शुद्ध चैतन्य में होने से—कर्म अपने से सहज में होते हैं। इसे हम स्पोनटेनियस एक्ट (spontaneous act) कहें। उसमें कोई सोचना-विचारना नहीं होगा। सब सहज होगा और चित्त पर स्मृति की कोई रेखा नहीं छूटेगी। जैसे—पानी पर कोई रेखा खींचे और रेखा समाप्त हो जाय। ठीक कर्म में व्यक्ति होगा तो सहज होगा—जैसे ही कर्म समाप्त हुआ कि कोई उस संबंध में कहना नहीं होगा। नदी में कोई डूबता हो—तो उसे देखकर आप ये नहीं सोच पाएंगे कि बचाऊं कि नहीं, कौन है—क्या है—आप अपने से पाएंगे कि पूरा चैतन्य आपको बचाने के लिए कूदा देगा और आप उसे बचाकर निकाल लाएंगे तो बात आई गई और समाप्त हो जाएगी। यह क्षण-क्षण जीना होगा (Moment to moment living)। इसमें कुछ और अपेक्षा नहीं

होगी। यह शुद्ध कर्म–शुद्ध चैतन्य बोध में हुए व्यक्ति से अपने से होगा। जैसे–लालटेन में ज्योति होती है और कांच होता है। कांच-गंदला–साफ हो सकता और प्रकाश उससे आता है। लेकिन उसमें कांच शेष है। कांच हटा दें–तो शुद्ध ज्योति होगी। ठीक ऐसे ही शुद्ध चैतन्य में सारे कर्म-सहजता में बिना किसी अपेक्षा के अपने में पूर्ण होते हैं। इसे चेष्टित नहीं किया जा सकता–अन्यथा परिणाम भूल भरे होंगे। पश्चिम ने सहज प्रकृति के प्रवाह में बहना प्रारंभ किया–तो परिणाम में पूर्ण विकृति शरीर और मन की उभर आई। भारत ने इसके विपरीत किया और ऊपर से सारा कुछ दबाया–परिणाम में भीतर से घाव पकता रहा और एक विस्फोटक कुरूप स्थिति भारत में उदित हुई है। सम्यक होश के जागरण के प्रयोग से–ये दोनों भ्रान्त स्थितियों से व्यक्ति मुक्त होता है और चैतन्य बोध से भर आता है–तब सब सहज घटित होता चलता है।...

नागपुर से एक शिक्षक महोदय आए। आप योगी श्री महेश जी की ध्यान की साधना पद्धति पर कार्य कर रहे थे। आपने कहा–जप करते-करते मन शान्त होता है और ऐसी स्थितियां भी आईं जबकि क्रोध के अवसर थे पर मन में सौम्यता बनी रही। लेकिन अभी कुछ समय से जप छूट गया है–तो मन की चंचलता पुनः–अपने स्थान पर है। फिर साधकों ने अनुभव दिए कि पहले तो बड़ा अच्छा लगा–बाद में तो जप और अच्छा होता था–लेकिन उतना अच्छा नहीं लगा। योगी जी ने कहा था–अभी इसे चलने दीजिए, फिर तो जप भी बन्द हो जायगा–शरीर शिथिल होकर गिर भी जायगा और सब शान्त हो रहेगा।...

आचार्य श्री ने सारा कुछ सुनने के बाद कहा–आपको जानना है कि जप मन में करते हैं, इससे विचार शान्त हो जाते हैं, पर जप की जो ध्वनि है वह मन को एक सम्मोहन की भाव स्थिति में ले आती है। यह पद्धति आपको भली लग सकती है लेकिन जानना कि इसमें विचारों से हटकर मन शान्त होता है, परन्तु व्यक्ति मन की सीमा में ही होता है। जानना है कि जो भी मन का है उससे मन के पार नहीं हुआ जा सकता है। मेरी महेश जी से चर्चा हुई थी और आज नहीं कल उनको जवाब देना होगा कि प्रक्रिया मानसिक है–उससे व्यक्ति आत्म-स्थित नहीं होता है। केवल मन का सम्मोहन है और मन सुख लेता है।...

आपसे पद्धति का विश्लेषण मैंने सुना और लोगों से भी इस संबंध में जाना–लेकिन पाया कि सब मानसिक है। इसकी खूबी है–कि मन को हर नवीन कार्य में सुख मिलता है–इससे प्रारंभ में जो सुख-बोध होता है–वह बाद में क्षीण होने लगता है और मन को फिर ठीक वैसा ही सुख बोध नहीं रह जाता है यह मानसिक प्रक्रियाओं की विशेषता है। ठीक सम्यक वैज्ञानिक ध्यान की विधि हो जो आत्म-बोध तक व्यक्ति को ले जाती हो–तो आनन्द दिन पर दिन अपने से

बढ़ने लगता है और गहरा होता जाता है—और कभी जब व्यक्ति अपनी परिपूर्ण आत्म सत्ता में होता है वह अपरिवर्तनीय आनंद में होता है। उसका आनन्द क्षीण नहीं होता—वह अपरिसीम आनन्द के स्रोत में होता है। यह ठीक वैज्ञानिक आत्मिक स्थिति में होने से अपने से होता है। जो भी प्रक्रिया व्यक्ति को मन के पार ले चलती है उसमें होने से अपने से यह स्थिति होती है। व्यक्ति आनन्द शांति और चैतन्य-बोध में हो आता है।...

जगत में कुछ भी रुका हुआ नहीं है। सब गतिशील और प्रवाहित है। इससे कुछ भी जो एक स्थिति और समय में उचित होगा—स्थिति बदलने पर अपने से व्यर्थ हो रहेगा। इतना सब प्रवाहशील है। एक नदी में जिसमें आप उतरते—ठीक दूसरे क्षण दूसरा प्रवाह उसमें होता और अब आप ठीक उस नदी में हो ही नहीं सकते हैं। सारा कुछ इतना तीव्र गतिशील है। व्यक्तित्व में भी अनंत प्रवाह चलते रहते हैं और जीवन गति में होकर चलता जाता है। इससे ही—व्यक्ति को सारा कुछ परिवर्तन करते रहना होता है, नई दिशाओं और नए जीवन क्रम के बीच सम्यक् आधारों पर खड़े रहना होता है। इससे आपको कुछ भी ऐसा नहीं कहा जा सकता है—जो हर स्थिति में ठीक हो। आपको चित्त की शान्त भूमि अवश्य दी जा सकती है—जिसमें होकर आप प्रत्एक स्थिति में सम्यक् वैज्ञानिक क्या है—उसे देख सकें और कर सकें। ध्यान का प्रयोग आपको इसी दिशा में ले चलने का प्रयोग है—जिससे आप प्रत्एक स्थिति में जो भी करने जैसा है, उसे देख पाएं और सहज कर्म में उतर सकें। वैसे अनेक व्यक्ति कुछ भी आप पर आरोपित कर सकते हैं लेकिन वह मृत हो जाता है और समय के साथ उसका कोई अर्थ नहीं होता है। वैसा कुछ मैं आपको नहीं देता, मैं तो आपको वह दृष्टि दे रहा हूं—जिसमें होकर आपको सम्यक् और असम्यक् दिख सके और जो भी सम्यक् है—वह आपके जीवन से घटित हो सके। यह सब सहज आत्मिक जीवन दृष्टिकोण है—जो गतिशील जगत में आपको एक शान्त चित्त की भूमि से—हर समय और हर स्थिति में जो भी उपादेय है—उसे करने का बोध देगा।

प्रश्न—क्या कुछ बंधा क्रम हो सकता है—जिसका उपयोग कर व्यक्ति शान्त कर सके?

भारत में—मैं अनेक लोगों से भाग्य की बात सुनता हूं। लेकिन जानते नहीं कि भाग्य क्या है—और भाग्य को स्वीकार करना कितने बड़े साहस की बात है। केवल हार से और हिम्मत-परस्त व्यक्ति भाग्य का सहारा लेता है सो भ्रान्त है। कुछ भी विजय होती है तो उसमें उसका फिर भाग्य नहीं—वह तो स्वयं वहां प्रधान हो जाता है। यह सामान्य सी दृष्टि है।

भाग्य को स्वीकार करने का अर्थ है—अब जो भी है—वह सब सहज होगा। उसमें दुख और सुख की प्रतीति भ्रान्त है। सहज जो भी है—वह सब अभी बंधा

है–और समय पर सब घटित होता चलता है। जिसे हम कहें कि सारा कुछ है और (unfold) अप्रगट है–समय आने पर वह सब उभरता है और उसमें फिर कुछ भी प्रतीति का होना गलत है–सब सहज स्वीकार है। कोई शिकायत नहीं होगी। यह सहज वैज्ञानिक जीवन-दृष्टि बहुत साहस की घटना है और पूर्ण शान्त व्यक्ति के लिए ही यह संभव है। जिसे सब शान्त मन से स्वीकार है–कोई प्रतिक्रिया का होना अब शेष नहीं है। सारी स्थितियों के बीच वह शान्त खड़ा है और सब स्वीकृत है। यह पूर्ण साहस की घटना है और पूर्ण भीतर से चैतन्य-बोध में हो आए व्यक्ति के लिए ही यह संभव है। ऐसा व्यक्ति त्रिकाल-दर्शी होता है–उसे हमने त्रिकालज्ञ कहा है। जो सबके प्रति शान्त है–और जीवन में कोई शिकायत नहीं है।

* * *

[श्री अंबिका जी निगम के हमेशा यह कहने पर कि–सब किस्मत है, और किस्मत ने उनको काफी ठोकरें दीं–इस पर हुआ चर्चा प्रसंग।]

जीवन में कितना गहरा व्यक्ति अपने भीतर उतर सकता है कि उसकी अनंतता को जानना–पूर्णता को जानना है। इस गहराई में कैसे व्यक्ति उतरता चले और समस्त सीमाओं के पार वह अपने को स्थित कर सके–इसके लिए आचार्य श्री का सुलभतम वैज्ञानिक जीवन-योग है। इसमें अनेक व्यक्ति संबंधित हुए हैं और एक उदात्त जीवन-क्रम में हो आने में गतिशील हैं। सार-रूप में जो चर्चाओं के मध्य जाना–उसमें सब कुछ है। उसमें जीवन्त सत्ता है, सौन्दर्य की श्रेष्ठतम अभिव्यक्ति है, ज्ञान का अनन्त विस्तार है, सहजता की पूर्णता है–और अपने में दिव्यता है।...

पूर्ण जीवन-योग की अभिव्यक्ति में–एक चर्चा प्रसंग में कहा गया–सामान्यतः जमीन में गंदे तत्व भी होते हैं। उसमें बीज अंकुरित और पल्लवित होकर पौधा बनता है उसमें फूल आते हैं और फूल से सुगन्ध बिखरती है। अब यदि कोई जमीन से जो उसकी शक्ति है–गंदे तत्व हटा दे तो फूल की वह सुगंध नहीं होगी। ठीक जीवन में जो शक्ति है–उसे मिटाकर कोई दिव्यता अभिव्यक्त नहीं होती है। जो भी जीवन में है–वह जीवन के विकास में अनिवार्य है। इससे कुछ भी जीवन से विलग नहीं करना है–मात्र जो मूर्च्छित है–उसे भर सम्यक् जागृति और ध्यान के प्रयोग से विसर्जित करना है–और शेष सब अपने से श्रेष्ठतम परिणाम को अभिव्यक्त होता है।

मूर्च्छा-विसर्जन के अनेक प्रयोग आचार्य श्री ने सुझाए हैं–जिन पर विवेक से प्रयोग करके व्यक्ति मूर्छा से बाहर हो जाता है। ध्यान का प्रयोग चैतन्य-बोध को विकसित करने में अभूतपूर्व है। साथ में, जो भी क्रिया व्यक्ति करे, उस समय

पूर्ण होश को बनाए रखे, पूर्ण जागृति में होकर क्रिया करे—तो मात्र क्रिया में पूर्ण चैतन्य-बोध बढ़ता चलता है ओर अकेली क्रिया ही शेष होती है। गांधी जी ने लिखा—चरखा जब वे कातते होते हैं—तो क्रिया पूर्ण सम्यक् हो जाती है—और केवल सूत कतना ही शेष रह जाता है। सूत-कातना और लिपटता है—बीच का 'मैं' विलीन होता जाता है। शुद्ध कर्म फलाकांक्षा रहित होता है, सब निष्काम पूर्ण चैतन्य के बोध में कर्म होता है। व्यक्ति समस्त क्रियाओं के बीच इस चैतन्य-बोध से भरा रहे—तो सहज में सम्यक् सृजन होता रहता है। इस सम्यक् जागृति के प्रयोग को समस्त क्रियाओं में चलते हुए विचारों के प्रवाह में क्षण-क्षण **व्यक्ति** होश बनाए रखे—तो अपने से भीतर क्रान्ति घटित होती है और व्यक्ति सारे **जीवन** के क्रम के बीच शान्त होता चलता है। यह पूर्ण वैज्ञानिक जीवन-योग **है।...**

इस सम्यक् जागरण के प्रयोग से—व्यक्ति चैतन्य बोध से भरता चलता है और मूर्च्छा पाई ही नहीं जाती है। सूर्य से पूछा—अंधेरे को जाना है? उत्तर था—कभी अंधेरा देखा ही नहीं—केवल प्रकाश को जाना है। पूर्ण चैतन्य बोध में हो आया व्यक्ति पाता है कि वह पूर्ण जागृत चैतन्य सत्ता है, मूर्च्छा को वह पाता ही नहीं है। इस प्रयोग को मात्र व्यक्ति करता चले—बहते आए विचारों को न प्रवाह होने में सहयोग करे और न विरोध करे—मात्र होश को भर बनाए रखे—सब अपने से घटित होता जाता है। पूर्ण चैतन्य में जो अनन्त विस्तार है—चैतन्य का वह उतर आता है और व्यक्ति पूर्ण हो जाता है।...

जीवन में भीतर प्रतिशोध है, इससे वह क्रोध के माध्यम से व्यक्त होता है। क्रोध के व्यक्त होते ही दूसरी ओर घृणा आती है और परिणाम में सारा कुछ विकृति में चलने लगता है। तब फिर मानवीय संबंध औपचारिक हो जाते हैं और सारा जीवन विषाक्त हो जाता है। इस सारे मन के खेल को जिसमें मात्र मूर्च्छा और बाद दुख उठाने के अतिरिक्त और कुछ भी नहीं है—समझना है और इस खेल के बाहर होना है। जैसे ही—कुछ मन को तीव्र वेग घेरने लगे कि उसके प्रति जागरण या होश को बनाए रखना है, या कुछ रुककर आधे घंटे बाद उस मन के वेग को आप अभिव्यक्त करने का क्रम रखें—तो आप पाएंगे कि आप अपने पर हंसेंगे और उस स्थिति के पार होकर शान्त हो रहेंगे। यह शान्त बोध है। धीरे-धीरे जिन स्थितियों में आप सहज उद्विग्न हो उठते, आप पाएंगे कि भीतर कोई प्रतिक्रिया नहीं है और भीतर गहरी शान्ति है। यह जीवन की आपकी श्रेष्ठता को उभार देगा और व्यक्तित्व सृजित हो सकेगा। अनेक मधुर प्रसंग आपने जागृत व्यक्तियों के कहे और वैज्ञानिक आधारों पर सारे मन के उलझाव के अंधे क्रम को और उसके विषाक्त परिणामों को समझाया।...

बुद्ध अपनी यात्रा पर होते—कभी लोग गाली देते या असद् व्यवहार करते—बुद्ध सुनके बाद सहजता से बोलते—"बात पूरी हुई, अब मैं चलूं।" लोग

कहते- "हमने कोई बात नहीं की है—गाली दी है, उसका विरोध आपको करना है।" बुद्ध कहते—"तुम तो बाहर से आग देते, पर मेरे तक आते वह पूर्ण ठंडी हो जाती है और बात मेरे तक आती ही नहीं। तुम कुछ भी कहो, मेरे में वे अब केन्द्र ही नहीं रहे, जो गाली को पकड़ें और उताप्त हों—वहां पूर्ण शान्ति है। सब घनी निस्तब्धता में मौन है।" गांधी जी अभी हमारे युग के शान्त हो आए व्यक्तियों में से थे। लुई-फिशर एक अमरीकी विद्वान अखबारों में तीव्र आलोचना किया करता और यह क्रम जारी रहा। वह भारत यात्रा पर दिल्ली आया—गांधी जी का पत्र था—बिना मिले जाना ठीक नहीं—वर्धा जरूर आना। एक क्षण सोचा लुई-फिशर वर्धा आए, स्वयं गांधी जी जो कभी किसी को स्टेशन लेने नहीं जाते थे—गए-स्वागत किया और कार में बिठाकर आश्रम ले गए। फिशर पूरी तैयारी में था कि गांधी जी कुछ भी कहें और वह क्या दलीलें दे। लेकिन तीन दिन तक कोई चर्चा नहीं हुई बाद घूमते समय फिशर जो भीतर से बेचैन था—बोला—बापू, जो मैं लिखता रहा आपके संबंध में, उस संबंध में आपने कुछ भी न कहा। गांधीजी बोले—तुम बिल्कुल ठीक लिखते हो, उससे मुझे प्रेरणा मिलती है—आखिर मैं मनुष्य हूं—तुम लिखना छोड़ना मत, उसे जारी रखना। फिशर तो पानी-पानी हो गया और लिखा उसने—गांधी अद्‌भुत शान्त व्यक्ति है, सब्जी छीलने से लेकर वायसराय को पत्र लिखने तक सारे कार्यों में पूर्ण शान्ति है। कहीं कोई छोटे-बड़े कार्यों का भेद नहीं है, और बाद तो लुई-फिशर ने गांधीजी पर एक श्रेष्ठ किताब लिखी। यह भारतीय मन:स्थिति है—जिसका परिणाम पूर्ण शान्त और एक आलौकिक वातावरण को जन्म देना है। यह एक पूर्ण शान्त हो आए व्यक्ति से ही संभव है।

फिर सारे शरीर में कुछ ग्रन्थियां होती हैं और जब मन के आवेग उठते हैं तो शरीर में वे रस फैल जाते हैं और शरीर कुछ भी गलत करने को सक्षम हो जाता है। सब जहर फूट आता है और शरीर में तीव्र आवेग उठने प्रारंभ हो जाते हैं। इस विषाक्त अंधी मन:स्थिति में व्यक्ति जो भी बुरा है वह करता है और घातक परिणामों को जन्म देता है। पॉवलफ ने जो रूसी वैज्ञानिक है—इस संबंध में प्रयोग किए और कहा कि जब भी क्रोध का वेग उठता है—तब शरीर में जहर फैलता है और शरीर कुछ भी करने को तैयार होता है—बाद परिणाम चाहे कुछ भी आए।

अब इस वैज्ञानिक तथ्य को जानना है, और जीवन में सृजन हो-इसका वैज्ञानिक मार्ग खोजना है। कुछ साधक क्या अनेक साधक भ्रान्त दिशा पकड़ लेते हैं और जो भी शरीर में शक्ति देने वाले तत्व हैं—उन्हें विनष्ट कर डालते हैं—पौष्टिक पदार्थ न खाकर—लेकिन वृत्ति तो बनी होती है—अब जब वह उठती है तो उसका प्रभाव शरीर न ले और क्रिया न करे, पर भीतर एक कुंठित, आत्म-घातक भाव होता है—जिससे व्यक्तित्व रूखा, कुरुप हो जाता है। जानना

है कि शरीर की शक्तियों को नहीं विनष्ट करना है, वरन् शरीर तो सब तरह से पूर्ण सक्षम और सशक्त हो—केवल जो भी वृत्ति है वह विसर्जित हो—तो परिणाम में वही शक्ति ओज और गरिमा देती है और पूर्ण शान्त अभिव्यक्ति होती है। यह व्यक्तित्व की पूर्णता है। सारे रस-सृजन में लगकर—शान्त जीवन की अभिव्यक्ति में मुखरित होते है।...

भारत में पुराने दिनों एक हवा थी, उस हवा का अपना प्रभाव था। साधक गुरु के पास जाता, श्वेत केतु—उद्दालक के पास गया—ब्रह्म ज्ञान को जानने—उद्दालक ने कुछ गाएं दीं—ओर कहा—इनको जंगल ले जाओ—रुकना वहां, जब गाएं हजार हो जाएं तो लौट आना। श्वेतकेतु चला गया दूर—सुबह होती—सूरज उगता, सांध्य ढलती, चांद आता—रात्रि की सघन नीरव कालिमा होती—सब कुछ के बीच श्वेतकेतु गहरी शान्ति में होने लगा। भीतर सब शान्त हो आया। इतना शान्त हो आया कि ख्याल भी न था—कब गाएं हजार हो गईं और उसे लौटना भी है। तब कथा है कि गायों ने उससे कहा अब हम हजार हो गए, वापस लौट चलो। श्वेत केतु—गायों के साथ वापस लौट रहा था—दूर से उद्दालक ने देखा और पाया कि बात पूरी हो गई है। सब जो भी होना था—हो चुका। श्वेतकेतु—चरणों पर झुका और उद्दालक ने कहा—तू ठीक है—यह घटना है जो कहती है कि गुरु केवल प्रमाण देता था—कि घटना पूर्ण है। यह पहचान (Recognition) लेने भर को गुरु आवश्यक था—कैसे इस घटना में हो आएं।

व्यक्ति इतनी जल्दी बाहर से प्रभावित होता है कि जो भी दीखता और सुनता-पढ़ता—उस सबको वह करने लग जाता है, बिना इस बात का होश बनाए कि यह जो वह कर रहा है—उसका विकृत प्रभाव मन पर होगा और जो वह कर रहा है उससे कोई शान्ति और आनन्द की ओर वह उन्मुख नहीं हो रहा है। हजारों साधक बाहर के जीवन को पकड़ लेते हैं और भीतर कोई शान्ति तथा आनन्द उद्‌भूत नहीं होता है। परिणाम में सब खिंचा हुआ चलने लगता है। उसमें उसे भार वहन करना होता है और कोई सहजता में आचरण घटित नहीं होता है। मेरा देखना है कि भीतर आनन्द और शांति की घटना प्राथमिक है—तब फिर सहजता में आचरण होता है। इससे कोई बाह्य नकल में किसी को नहीं उतरना है—उससे मात्र भीतर एक गहरा द्वंद चलता है और व्यक्तित्व टूटने लगता है। ठीक भीतर सहज ज्ञान की घटना घटित हो, और आनन्द तथा शान्ति में व्यक्ति हो आए तो बाह्य आचरण में अपने से सारा कुछ घट जाता है, तब सम्यक् आचरण अपने से होता है।...

जब व्यक्ति समस्त पर—जो शुभ और अशुभ दोनों में बंधा है—उसके पार होता है—और स्व-स्थित होता है तो सम्यक् दर्शन होता है परिणाम में सम्यक् ज्ञान

और आचरण अपने से आता है। यह अंतः क्रान्ति है–जिसके घटित होने से परिणाम अपने से सहज आते हैं और समस्त द्वन्द तथा विकृतियों के पार व्यक्ति हो जाता है।...

अभी अनेक साधुओं से मिलना हुआ, लिखा बहुत है, अध्ययन किया है, घंटों बोल और विचार कर सकते–पर भीतर शान्ति में न होने से कोई अर्थ नहीं है। जिसे खोजने गए थे, वह खोजना तो हुआ नहीं–पाया कि उसके और दूर होते गए। अनेक प्रसंगों पर आचार्य श्री ने कहा है–जो खोजेगा–वह खो देगा। दूर कहीं खोजने नहीं जाना है, अपने को खो देना है–ताकि जो है–उसमें व्यक्ति हो आए। इस दिशा-दर्शन और क्रान्ति की घटना को–आचार्य श्री ने पूरे मुल्क में प्राण दिया है–और सहजता में उसके प्रीतिकर परिणाम आए हैं।

संपूर्ण योग केवल शान्ति का योग है। शान्ति की पूर्णता में ही सारा कुछ निहित है। पूरा जीवन-दर्शन समाहित है। इसमें होकर व्यक्ति अपनी जीवन की अनंतता को जानता है और कृतज्ञता के बोध से भर आता है। सामान्यतः व्यक्ति को अज्ञात का भय होता है। इस कारण ही उसे मृत्यु का भय होता है। किस तरह मृत्यु व्यक्ति को पकड़ लेती है और उसे कहां जाना होता है और जो भी बाह्य संबंध है–जिनमें वह जिया है–वे सब टूटते हैं, ये सारे कारण उसे भय-ग्रस्त कर देते हैं और व्यक्ति तीव्र घबड़ाहट में हो आता है। ध्यान और मृत्यु दोनों-एकांगी घटनाएं हैं–इसमें व्यक्ति को अकेला जाना होता है। कुछ भी किसी तरह का सहयोग नहीं है। इस कारण ही, ध्यान में जब सारा कुछ छूटता तो भय का होना स्वाभाविक है। लेकिन इस भय में जो साहस करेगा और केवल साक्षी होकर–देखता रहेगा–तो अपने से भय विसर्जित होगा और वह गहरे शून्य में खो जाएगा। पूर्ण ध्यान में होकर जिसमें व्यक्ति एकाकी और समाधि में होता है उस स्थिति में ही जाना जाता है कि वह कुछ है जो जीवन और मरण के पार है। इस जीवन्त सत्य की अनुभूति व्यक्ति करता है तो परिणाम में मृत्यु का भय विसर्जित होता है। योगी नित्य ही ध्यान में होकर–मृत्यु को अनुभव करता है और जो भी घटनाएं मृत्यु में होती है और चेतना पीछे जाती है, उससे वह पूर्ण परिचित होता है। इससे ही वह भय-मुक्त होता है।

भय-ग्रस्त चेतना जीवन-मुक्त नहीं होती। पुराने समय में प्रचलित वाक्य कि 'किसी को न डरो, पर प्रभु को डरो' भ्रान्त है। उसमें सत्य नहीं है। डर चाहे कैसा भी हो, जीवन-बंधन है। आपने फासान साधु का उल्लेख किया और कहा–दूर जंगल में पहाड़ी पर वह साधना में था। उसके संबंध में प्रसिद्ध था कि शेर-की गर्जना उसे कम्पा नहीं सकती। एक दिन एक युवक साधु उससे मिलने गया था। फासान बैठा था, सिंह पास गर्जा। युवक साधु कांप गया। फासान

बोला–भय है–तो बंधन है। युवक ने इस बीच पानी बुलाया। फासान कुटी में पानी लाने गया, इस बीच युवक ने उस पहाड़ी पर जहां वह बैठता था एक पवित्र वाक्य लिखा। लिखा–'नमो बुद्धाय' फासान लौटा–तो उस पवित्र भगवान के नाम पर बैठने को झिझका–युवक बोला–डर अभी शेष है, फासान को दिखा और उसी क्षण वह भय-मुक्त हुआ। भय चाहे कैसा भी हो–व्यक्ति मुक्त नहीं हो सकता। अभय–मुक्ति है।–

ध्यान में भय के पूर्ण विसर्जन की पूर्णता है और जीवन की जो भी श्रेष्ठता है, वह अपने से उभार में आती है, व्यक्ति मृत्यु-भय से मुक्त होता है–और परिणाम में अमृतत्व बोध में होकर–जीवन्त सत्य की अनुभूति में होता है।...

ध्यान से विचार-शून्यता आती है। परिणाम में शरीर और मन अपने से पूर्ण स्वस्थ होता है। तब व्यक्ति अज्ञान से मुक्त होकर–ज्ञान में होता है और प्रौढ़ता को भीतर से उपलब्ध होता है। अनेक लोग इतिहास में हैं–जो भीतर से विचार से, मन से–इतने प्रौढ़ होते हैं कि शरीर की उम्र उनकी 50 वर्ष हो–लेकिन अंतः उम्र उनकी 250 वर्ष होती। वे साधारण से असाधारण होते हैं और इस कारण उम्र में बड़े होते।

इससे यह जो कहा गया कि–'बिना विचारे जो करे, सो पाछे पछताय',–बहुत बचकाना है। मैं तो आपसे उस अमृत तत्त्व की चर्चा कर रहा हूं–जो अजन्मा है, जन्म-मरण के बाहर है–और पूर्ण चैतन्य की अनुभूति है। इसमें विचार-शून्यता मात्र सहायक है। जब भीतर व्यक्ति स्थिर होता है तो पूर्ण चैतन्य-बोध में होता है और शरीर तथा मन से पूर्ण स्वस्थ होता है। वह प्रौढ़ होता है। उसके जीवन में अनंतता होती है और पूर्ण विवेक जागृत होता है। अब तो अमूर्च्छा में वह होता है–और जीवन की हर छोटी-बड़ी घटना में पूर्ण शान्त, जागृत तथा विवेक को उपलब्ध होता है–इससे कुछ भी गलत उससे घटित नहीं होता है। वह पूर्ण मन से भीतर से प्रौढ़ होता है–और शरीर प्रौढ़ता में न होकर पूर्ण युवा होता है और अधिक सक्षम, कार्यशील तथा निपुण होता है। वह पूर्ण योगी होता है। स्वभावतः शरीर से पूर्ण स्वस्थ और मन से भी वह पूर्ण स्वस्थ होता है।...

मात्र सूचनाएं याद कर लेना और अपने को भीतर प्रवंचना में बनाए रखना–बड़ा भ्रम है। जो भी सुना-पढ़ा है–जब तक उसे जान न लूं, देख न लूं–तब तक उसका कोई अर्थ नहीं है–ठीक दर्शन हो और ज्ञान का अंग हो–तब उसकी सार्थकता है। अनेक जीवन केवल सूचनाएं मात्र इकट्ठी करने में व्यतीत हो जाते हैं और जीवन की वास्तविकता से अपरिचित रह जाते हैं। ऐसी सूचनाओं के आधार पर जो व्यक्ति सन्तुष्ट हो जाते हैं, वे महा अज्ञानी होते हैं। उनका केवल सारा जानना अपने को सन्तोष भर करना है। आत्मा अमर है, मैं डरता नहीं

हूं, ईश्वर सत्य है–या अन्य कोई भी इसी तरह की सूचनाएं–केवल भीतर जो एक भय की स्थिति; अशान्ति और घबड़ाहट है–उस पर भर बाह्य आचरण डालना है। अन्यथा जो इन सारी स्थितियों के पार हो जाता है, उसे यह सब कहने की आवश्यकता नहीं होती है–वह तो निरंतर उस स्थिति में है–अब उसका प्रमाण तो वह स्वयं है। उसके जीवन से वह सारा घटित होता है–जो उसमें होता है। अभय को सत्य को उपलब्ध हुआ व्यक्ति जानता है कि वह अमृत और अविनाशी सत्ता है। इस कारण स्थितियों के पार होता है।...

परिपूर्ण शान्ति और आनन्द में हो आने की घटना प्राथमिक है–श्रेष्ठतम सत्ता में होते ही जो निकृष्ट है–बाधक और साधक दोनों ही नहीं है। अंधेरे का होना–जैसे प्रकाश को बाधक और साधक नहीं है–ठीक ऐसे ही चेतना की शान्त, निर्मल और सहज स्थिति में सारे बाह्य जीवन के काम-वासना के आकर्षण व्यर्थ हो जाते। वह कोई त्याग नहीं किया है, केवल जो उसे श्रेष्ठ जीवन का आनन्द मिला है–उस कारण निम्नतम अपने से विसर्जित हो जाता है। इसे ठीक से जानना है। आत्म-जीवन को उपलब्ध हुआ व्यक्ति–भीतर से पूर्ण शान्त होने से सारे बंधनों से बाहर होता है। उसे विवाह व्यर्थ है या विवाह भी होगा–तो रामकृष्ण परमहंस जैसा। पत्नी-अब पत्नी न रही–मां हो आई। दामपत्य जीवन में भी अंतिम परिणति मां-बेटे के संबंध में न हो तो जानना चाहिए कि दामपत्य असफल हुआ। गांधीजी श्रीलंका में एक जन-सभा में थे–साथ 'बा' भी थीं। वहां परिचय में कहा–गांधी जी के साथ उनकी मां भी है। सारे लोग हतप्रभ थे–पर गांधी जी बाद बोले–आज भूल से मेरा ठीक परिचय दिया। बा मेरे लिए–15 वर्ष हुए मां है।... यह सहज उत्कृष्ट परिणति है।...

बुद्ध-बुद्धत्व में होकर 12 वर्ष बाद घर गांव लौटे। सारा नगर स्वागत को उपस्थित था, यशोधरा न थी। बुद्ध घर यशोधरा से मिलने गए और जो कहा वह स्मरणीय है, कहा यशोधरा से–मैं तुझे पहले प्रेम करता ही कहां था, अब ही प्रेम करता हूं और जब प्रेम करने योग्य हुआ तो वह अब सब पर सहज है। बंधा न रहा। यह प्रतीति है–आत्मिक जीवन में उपलब्ध हुए साधकों की–मुक्त जीवन-पुरुषों की–जो विराट सत्ता में सबके प्रति सहज रूप में प्रेम में हो जाते हैं। सारी सीमाएं और बंधन व्यर्थ हो जाते हैं। सब सहजता में आनन्द तथा शान्ति में–प्रेम में हो जाता है।...

जगत का क्रम द्वैत से बंधा है। सब जगह विरोध है–और इस कारण ही जीवन में जीने का अर्थ है। अशान्ति है तो भीतर गहरी शान्ति की स्थिति भी है। मैं अभी बोलता हूं तो भीतर सहज मौन है। आपने गर्मी में धूल का चक्र देखा होगा, चारों ओर धूल तीव्रता से–चक्कर लेती है लेकिन बीच में खाली केन्द्र होता है

जो शून्य होता। गाड़ी का चाक होता है, धुरी स्थिर होती है तो ही चाक उस पर घूमंता है। यह सारा जगत का क्रम द्वैत पर है। अशान्ति, पीड़ा और परेशानी है तो भीतर आनन्द के केन्द्र भी हैं।...

योग का विकास इसी आधार पर हुआ है। योग का बहुत विस्तार और गहराई इसी कारण संभव हुई है कि व्यक्ति दुख और पीड़ा के पार जा सकता है। अनन्त आनन्द की संभावना है। योग के इस विश्वास के कारण ही–जीवन मे अनेक विधि प्रयोग व्यक्तियों ने किए और कौन–कौन माध्यम से व्यक्ति शान्ति और आनन्द में हो सके–इसके सहज मार्ग खोज निकाले। यहां भी एक पूर्ण वैज्ञानिक यौगिक प्रक्रिया का हम उपयोग करके–पूर्ण शान्ति के केन्द्र में संयुक्त होते हैं। इस प्रक्रिया के तीन चरण हैं–शरीर, स्वांस और मन को बिल्कुल ढीला छोड़ देना है–कोई भी मन में किसी तरह की अपेक्षा नहीं रखना और क्रम से जो सुझाव मैं देता हूं–उन्हें सरलता से ठीक वैसा ही अनुभव करना है–इन सुझावों में तीन वैज्ञानिक सुझाव हैं–

1. शरीर–शिथिल और शून्य हो रहा है।
2. स्वांस–शान्त और मौन हो रही है।
3. मन–शान्त और शून्य हो रहा है।

इन सुझावों को ठीक से अनुभव करना है और घटना अपने से पूर्ण हो जाती है। व्यक्ति की चेतना जो इन तीन केन्द्रों से संयुक्त है, वह इन केन्द्रों से विलग हो जाती है और व्यक्ति शुद्ध चैतन्य के बोध में हो आता है। यह घटना सहज और यहां समझने से ही यह घट सकती है और व्यक्ति आनन्द तथा शान्ति के केन्द्र में अपने से हो आता है। यहां आप इस प्रयोग में बैठें–तो अपने से सहज में आप उस शुद्ध चैतन्य को अनुभव करेंगे–जिसमें व्यक्ति अपनी शुद्ध–सत्ता में है और आनन्द तथा शान्ति में है।...

यह जो ध्यान की पद्धति है–उसमें आत्म सुझाव (Auto suggestions) हैं–वह आप स्वयं अनुभव करते हैं। वह आप ही करते हैं। इससे खंडित नहीं हो सकती, वह पूर्ण वैज्ञानिक है। आप इसे सम्मोहन कहें–और जानें कि मन–मात्र सम्मोहन है–उसमें सारा कुछ मूर्च्छित है। इस प्रकृति के सम्मोहन को–सम्मोहन से ही विलग किया जा सकता है, अन्यथा कोई और मार्ग नहीं है। पैर में कांट हो–तो दूसरा कांटा उसे निकालता हैं, लेकिन कांटा निकलते ही दोनों कांटे व्यर्थ हो जाते हैं। मेरा देखना ऐसा ही है। यह मुझे स्पष्ट दिखता है।

मैंने इस कारण ही कहा–

'Yoga is DE-HYPNOTISATION'

'योग सम्मोहन-विसर्जन है।' इससे ध्यान की पद्धति में जो सम्मोहन का आप स्वयं Auto-suggestion के माध्यम से उपयोग करते हैं--उसकी पूर्ण वैज्ञानिक उपादेयता है।...

मेरा देखना है कि केवल छलांग लगाना होती है और शेष सब अपने से होता है कोई क्रम से सीढ़ियां नहीं चढ़ना है। क्रम से चढ़ना भ्रान्त है। कोई भी घटना या तो होती है या नहीं होती। प्रेम होता तो होता है या नहीं होता। ऐसा नहीं कि थोड़ा प्रेम और फिर थोड़ा--वह अपने में पूर्ण है। ठीक इसी तरह या तो व्यक्ति आत्मिक जीवन में होता है या नहीं होता है। कोई सीढ़ी चढ़ने की बात नहीं है। उसमें छलांग लगाना होती है और शेष सब अपने से दीखता है।...

इसमें हो आने के लिए--क्रम से खोदते चलना होता है--और एक क्षण आता है कि घटना पूरी हो जाती है। गांधीजी की प्रार्थना की एक पंक्ति मुझे स्मरण आती:

'I don't longe for the distance scene,

One step is enough for me.'

'मुझे दूर के दृश्य प्रिय नहीं, **मेरे लिए केवल एक ही कदम पर्याप्त है।'**

यह पंक्ति अद्‌भुत है और गहरे अर्थ को प्रगट करती है। मुझे केवल एक ही कदम उठाना है और मेरे पास एक कदम ही है--जो पूर्णता तक ले जाता है।...

मन में द्वैत है और विरोध है। मन का जगत द्वैत पर, विरोध पर चलता है। ऊपर वह प्रेम करेगा--भीतर घृणा बनी रहती है, आदर ऊपर से व्यक्ति करता और भीतर अनादर चलता होता। मन प्रिय जनों को प्रेम करता है, जब उनका स्मरण होता है। जिनसे शत्रुता होती है, उनको मन घृणा करता है और ज्यादा स्मरण रखता है। यह विरोध की धारा चलती रहती है--ठीक प्रबुद्ध हो आया व्यक्ति--किसी का मान-अपमान दोनों में सहज प्रेम में होता है और भीतर कोई प्रतिक्रिया न होकर पूर्ण शान्ति होती है। राबिया एक सूफी सन्त हुई। उसने कुरान में पढ़ा कि शैतान को घृणा दो। उसे वाक्य गलत लगा और काट दिया। उसने अनुभूति की कि वह भीतर से इतने सहज प्रेम में--हो आई है कि वहां मित्र और शत्रु न रहे--सब पर प्रेम हो आया है।

इससे सहज आनन्द और शान्ति में हो आने पर--पाया जाता है कि घृणा, **अशांति, क्रोध** 'मैं' बोध सारा कुछ विलीन हो जाता और तब ही व्यक्ति पूर्ण **चैतन्य बोध** में होकर--सहज आनन्द तथा शान्ति में होता है।... अब ऊपर कुछ भी हो--**उस** पार कोई छाप नहीं छूटती है--वह भीतर से पूर्ण दर्पण की भांति होता

है। सब, जो भी आता है, उसकी कोई रेखा उस पर नहीं होती—और भीतर से वह पूर्ण आनन्द तथा शान्ति में होता है। यह आत्मिक जीवन की सहज परिणति है।...

मन में, संघर्ष में और लड़ाई में नहीं उतरना है। उसकी कोई सत्ता नहीं है—इससे उससे लड़ना व्यर्थ है। जिसका होना है—केवल उसको लाना होता है और जो नहीं है—वह अपने से नहीं हो जाता है जैसे—प्रकाश का होना है—प्रकाश होते ही अंधेरा होता ही नहीं। अंधेरे से लड़ना जैसे व्यर्थ है, वैसे ही मन से लड़ना व्यर्थ है। अंधेरे को कोई जबरदस्ती से—अलग करना चाहे तो थक जायगा और परिणाम कुछ न होगा। मन से भी जो लड़ेगा—वह टूट जायगा और परिणाम में विकृति ही रहेगी। मैं अनेकों साधकों और साधुओं से इस बीच परिचित हुआ और पाया कि सब अपनी हिंसा करने में लगे हैं। मेरा देखना है कि इससे केवल उनमें कुरुपता घटित हुई है—और व्यक्तित्व टूट गया है। मन को संघर्ष से नहीं—उसके सहयोग से मुक्त करना है। तब अपने से प्रकाश होता है और परिणाम में मन का होना होता ही नहीं है। जो नहीं है—केवल जो है—उसके न होने से वह दिखता था—तब तो है—आता है, तो जो नहीं है—वह विसर्जित हो जाता है। 'मन को मन के सहयोग से शान्त करके—उसके बाहर हुआ जाता है—और तब परिणाम में पूर्ण चैतन्य-बोध में मन पाया नहीं जाता है।'

इससे जो भी विचार ध्यान के मध्य उठें, उनसे लड़ें न—और न उनके चलने में सहयोग करें। केवल शान्ति से उन्हें मात्र देखें—और आप पाएंगे कि विचार विसर्जित हो गए और आप द्रष्टा मात्र शेष रह गए हैं। आज तक जो नहीं है—उससे लड़के—अनेकों व्यक्तियों ने अपने जीवन को व्यर्थ खो दिया और गहरी परेशानी में पड़ गए हैं। मेरा देखना है कि विरोध से आज तक व्यक्तित्व का सृजन नहीं हुआ है। केवल सहयोग से जागरूकता के प्रयोग से—मनुष्य अपनी पूर्ण शान्त चेतना की स्थिति में होता है। कहीं भी आपको मन से विरोध नहीं करना है। केवल उसे देखना भर है और शेष सब सहज अपने से घटित होता है। मनुष्य के हाथ में केवल इतना है कि वह अपने को भीतर से खुला छोड़ दे—केवल शून्य हो जाए, अपने को खाली कर दे—ताकि जो है वह प्रगट हो सके। उसके व्यक्ति दर्शन कर सके। दर्शन होने से—फिर वह सत्य ज्ञात होता है, जिसके लिए एक अनन्त दौड़ थी—लंबी पीड़ा, घृणा, परेशानी और खिंचाव का अनन्त क्रम था। शून्य होना—मन की ओर से—भीतर प्रभु-सत्ता के अवतरण का मार्ग खोल देता है। भीतर द्वार हो तो प्रकाश अपने से सहज में आता है। इससे ध्यान योग के इस प्रयोग से चित्त की एक शान्त भूमि बनेगी—जिससे किसी क्षण परिपूर्ण शान्ति का अपने से प्रवेश होगा—सब कुछ अनन्त आनन्द और सौंदर्य में हो रहेगा।... केवल

शान्त चित्त से आपको मात्र प्रतीक्षा करनी है और शेष सब अपने से होगा। इस सहज से प्रयोग को आप करें–सब कुछ स्पष्टत: दीखता चलेगा। जीवन में जो एक संकीर्णता और विकृति–व्यक्ति के जीवन में आती है–उसमें मूलत: परिवार और समाज के डाले हुए संस्कार हैं। वे व्यक्ति को जड़ बनाने में सहयोगी होते हैं। इस कारण एक बड़ी भूल प्रारंभ से हो जाया करती है जो अंत तक चलती है। बिना कुछ जाने–सारा शिक्षण चलता रहता है और व्यक्ति कुंठित होता जाता है। जिससे स्वयं मां–पिता के जीवन में कुछ नहीं हुआ–भीतर से ठीक वैसा ही बना रहना हुआ, उससे उनके बच्चे के जीवन में कुछ हो जाएगा–सो भ्रान्ति है। उनका धर्ग श्रेष्ठ है, उनकी मान्यताएं श्रेष्ठ हैं, जो भी उन्होंने जाना–उसके पार और कुछ भी नहीं है–इस सबसे और पूजन-पाठ को कराके–जबरदस्ती मन में कुछ भी डालते रहने से कि ईश्वर है–और आत्मा है–व्यक्ति एक गहरे संताप और विकृति से भर आता है। उसकी सीमा बंध जाती है। इससे बड़ा और कुछ भी पाप नहीं हो सकता है कि व्यक्ति अपने साथ के लोगों को संकीर्ण बना दे। फिर नया युवक इस सारी प्रचलित परंपरा कों जबरदस्ती से–भीतर मन में विरोध से भर आता है और अनेक युवक जीवन में धर्म के प्रति उपेक्षित हो जाते हैं। मेरा देखना है कि प्रत्एक व्यक्ति को जो वह समझता है–यह तय करना चाहिए कि उसकी क्या-क्या सीमाएं हैं। वह कितना जानता है–जिससे जीवन में उदात्त परिणाम आए हैं, वह श्रेष्ठतम अनुभूति को उपलब्ध हुआ है। ठीक उसे सूचनाओं के बीच और जानने के बीच (Distinction between information & knowlege) अंतर बनाना चाहिए। यदि वह जीवन भर चलकर–जिस स्थान पर पहुंचना था–नहीं पहुंच सका–तो उसे जानना चाहिए कि वह दिशा भ्रान्त थी। इससे कुछ भी जो साथ के लोगों में, या परिवार के बच्चों में संस्कार डाले जाएं–उस समय पूर्ण विवेक को जागृत करके ही–कुछ कहा जाएं। अन्यथा सारा कुछ कुंठा से भर जाता है। अभी मेरे अनेक संबंध आए और जाना कि केवल पढ़ा हुआ और सुना हुआ ही–व्यक्ति ने स्मरण कर लिया है शेष उसमें जाना हुआ कुछ भी नहीं है। इससे एक झूठी प्रतीति में व्यक्ति जीता चलता है और जब ठीक मार्ग-दर्शन मिलता है तो उसकी पूर्व-जानकारी बाधा बनती है और वह मात्र प्रवंचना में होकर रह जाता है। इस कारण मस्तिष्क को केवल खुला छोड़ देना चाहिए–ताकि कुछ नया जब भी मिले–उसमें प्रवेश पा सके। ठीक जहां संभावना है–वहां व्यक्ति अपने को मुक्त छोड़ सके। इस कारण यह कहना कि–ईश्वर है, इसके लिए कहना उपयुक्त होगा–कि प्रचलित परंपराओं से चलके जाना तो स्पष्ट नहीं होता कि सत्य क्या है, लेकिन वैज्ञानिक मार्ग हो सकते हैं, जिससे सत्य को या ईश्वर को अनुभूत किया जा सके। मुझे जो मार्ग मिले, उससे मैं यहां तक आया हूं, तुम्हें और आगे मार्ग मिल सकता है–इसकी पूरी संभावना है। इस तरह पूर्ण मुक्त दिशा

में कहा गया जीवन में अर्थ का हो सकता है और एक, जीव में उदात्त जीवन में उठने की संभावना पूर्ण होती है।... यह सुसंस्कार व्यक्ति को कभी ठीक दिशा मिलने पर–आगे ले जा सकता है, अन्यथा आत्म–कुंठा में, सीमाओं में जीवन खोया जा सकता है।

उपनिषद् में एक वाक्य है–

'अज्ञानी तो अंधेरे में जाता ही है,

ज्ञानी और गहरे अंधेरे में जाता है।'

यह बहुत सार्थक वाक्य है। जिसे व्यक्ति केवल पढ़कर, सुनकर–यह जानने लगता है कि वह ज्ञान को उपलब्ध हो गया, वह भ्रान्त है। पढ़ने-सुनने से मस्तिष्क में केवल सूचनाएं एकत्रित होती हैं–उनका ज्ञान से कोई संबंध नहीं है। इससे सूचनाएं-जानकारी को या ज्ञान को नहीं देती हैं–वरन् ज्ञान का भ्रम पैदा करती हैं। इस कारण जब तक भीतर सत्य अनुभूत न हो, तब तक सारा कहना-सुनना सत्य के संबंध में प्रवंचना देता है। सत्य का साक्षात्कार करना होता है और उसके लिए बहुत साहस चाहिए। सब छोड़कर जो निपट अकेला खड़ा होने को तत्पर है–केवल वही सत्य को अनुभूत कर सकता है। लेकिन जो सूचनाओं को ज्ञान मानने लगेगा–वह गहरे अंधेरे में खो जाने को ही है। अज्ञानी तो--अज्ञान के कारण अंधेरे में जाता है और वह मुक्त हो सकता है लेकिन मात्र सूचनाएं इकट्ठी करके ज्ञानी होने का भ्रम पैदा करने वाला निश्चित ही गहरे अंधेरे में जाता है। उसमें उसका अपना कुछ भी नहीं होता है, सब कुछ बाहर से लिया हुआ होता है। जो कभी भी अवसर आने पर टूट जाने को होता है। अभी बंगाल में युक्तेश्वर गिरि एक योगी थे, उनके शिष्य ब्रह्मयोगी ने लिखा कि गिरि को कुछ निश्चित बातें मालूम थीं–उसे वे रोज दोहरा देते–हम सारे शिष्य सोचा करते हमारा गुरु तो ज्ञानी मालूम नहीं होता है। एक दिन पंडित आश्रम में आया। उसने दो घंटे तक वेदांत का सूक्ष्म विवेचन किया। हम लोग प्रभावित थे और सोचा कि गुरु हो तो ऐसा हो। बाद गिरि हंसे और बोले–आपका सब सुना, लेकिन उससे तुम्हारा कुछ भी नहीं, मैं तो तुम्हें सुनने को रुका हुआ हूं। तब लगा कि पंडित बेचारा तो दया योग्य है, बहुत सूचनाएं जानकर भी बहुत गहरे भ्रम में जीता है, दारिद्रय उसके साथ होता है, कारण कि वह ऐसा कुछ भी नहीं जानता जो उसने अनुभूत किया हो। इससे इस जीवन में मात्र अनूभूति ही शाश्वत है–शेष सब मिट जाता है और कोई जीवन पर या समय पर चिन्ह शेष नहीं रह जाते हैं।

लेकिन व्यक्ति तो नित्य अपने कुछ होने के बोध को पूरा करता है। वह भी कुछ है–इस कारण सारे उपक्रम करता है और अपने अहं को पूरा करता है। सबको अपना प्रभाव पैदा करने का भीतर अनजाने बोध सरकता रहता है और

तब धन से, बुद्धि से, बल से यह अहं-पूर्ति चलती। वह अपना चिन्ह, नाम, वैभव-सारा कुछ छोड़ जाने और कायम रखने के लिए-अहं के चारों ओर अपने को केन्द्रित किए रहता है। यह अहं-पुस्तक लिखवाता है, नाम प्रसारित कराता है और न जाने अनेक विधि आयोजन कराता रहता है-मूल में सब 'मैं' बोध से संयुक्त होता है। अपने 'मैं' को व्यक्ति बड़ा करता चलता है और परिणाम में अपनी सत्ता से दूर होता जाता है। केवल बाह्य सब ही शेष रहता है और अंदर का कुछ भी न होने से एक गहरे उलझाव में जीता है। जानना है कि यह सब नादानी है-और सब जैसे रेत पर चिन्ह बनते और मिटते हैं-वैसे ही मिट जाने को है। कोई चिन्ह की, नाम को छोड़ जाने की दिशा के पार जो सहज जीवन के सत्य में हो आता है, वह ठीक अर्थों में जीवन को जीता है और सारे आयोजन के बीच पूर्ण शान्त होता है। वह पूर्ण योगी होता है। उसके जीवन से सहज में जो सम्यक् है-वह होता चलता है और सारा कुछ मात्र खेल होकर होता है। आश्चर्य होगा जानकर कि दुनिया में जो सत्य में प्रतिष्ठित चेतनाएं रही हैं, उनके जीवन से सहज में विराट कर्म हुआ है और भीतर परिपूर्ण घनी शान्ति रही है। यह जगत का रहस्य है-जो जानते ही या रहस्य पूर्ण होते ही अपने से दिखता है...

आचार्य श्री की जीवन साधना-मेरे अपने विचार

मैं मन के जगत को न कुछ समझा हूं। जो समझ पाया हूं-उसे लिखता हूं।

1. व्यक्ति को जीने के लिए एक गहरा नशा चाहिए-जो उसे दौड़ाता रहे। इस नशे के ही सारे आयोजन मनुष्य करता चलता है-और जीता जाता है। गहरे नशे में वह हमेशा डूबा रहना चाहता है-यह नशा-धन से और उसकी दौड़ से, वासनाओं और उनकी तृप्ति के आयोजन से, घनी व्यस्तता से, गीत-संगीत, सुरा, काम-वासना, भक्ति या अन्य आदर्शों की पूर्ति से-सेवा करना, गरीबों पर दया करना, बड़े दानी और सेवा भावी कहलाना, सबकी व्यवस्था और कार्य करना-सारा कुछ नशे की पूर्ति करता है। इससे चारों ओर व्यक्ति के यह आयोजन रहता है।

2. व्यक्ति जैसे ही मन की शान्ति के प्रयोग में उतरता है कि उसे सब स्पष्ट दीखना शुरू होता है। नशा तो भुलावे का था कि सारा कुछ भीतर का दबा रहे। कारण कि नशे में व्यक्ति बहुत परिधि पर जीता है और सारा कुछ भीतर ठीक वैसा ही बना रहता है। शान्त होने के प्रयोग से नशा तो पूरा होता नहीं-इससे एक मन को अपने टूटने का झटका होता और सबसे प्रमुख यह कि जो भी दुख और पीड़ा है-वह अब व्यक्ति को दिख आती है-इस कारण एक पूर्ण भीतर से परिवर्तन होता है। यह भी स्पष्ट बोध होता है कि

जो नशा था—वह तो टूटेगा ही—साथ जो दुख था वह विसर्जित होगा—और अपने से व्यक्ति शुद्ध-चैतन्य बोध में हो जाएगा।

3. सहज में आचार्य श्री की पूर्ण जीवन-अनुभूति स्पष्ट होती है और यह प्रतीति होती है कि जीवन में अपने में खड़े हो जाना—पूर्णत्व में हो आना—कितने गहरे साहस और एक तीक्ष्ण प्रतिभा, वैज्ञानिकता और जटिलता को लेकर चलता है।

4. ठीक इस वैज्ञानिक क्रम से व्यक्ति चले—तो अपने से सहज में कभी आनन्द और शान्ति में होकर—सारा जो प्रकृति का नशा और दुख है—वह अपने से विसर्जित हो जाता है और जीवन एक नए जगत में प्रवेश पा जाता जहां पूर्णता है—मुक्ति है। सब निर्वाण हो जाता है।...

यह पूर्ण वैज्ञानिक साधना पद्धति प्रत्एक के लिए आचार्य श्री ने सहजता में दी—और उससे अनेकों के जीवन में आत्मिक जीवन का स्पंदन हुआ, इससे अद्‌भुत और क्या होगा। जो अनुभूति अपने में है और जिससे बढ़कर जगत में कुछ भी नहीं हो सकता है।...

* * *

एक साधक का प्रश्न था—कल जब ध्यान में था, तो काम-वासना Sex की वृत्ति और सारे विचार शांत थे, तो लगा कि एक सामान्य स्वस्थ पुरुष में और निष्क्रिय व्यक्ति में फिर क्या भेद रह जाएगा?

इसका जो उत्तर था अपने में अद्‌भुत और अलौकिक था। सारे जीवन्त अनुभूतिगत वैज्ञानिक सत्य जो आज व्यक्त हो रहे हैं, उनकी अपनी रस-झरिणी को क्या कहें—उसमें दर्शन का चिंतन है, अनुभूति की पराकाष्ठा है, काव्य का सृजन-रस है, साहित्य का वैभव है और व्यक्तित्व का गहरा ओज है और मौलिकता है। मैं लिखते इसे कभी भी थकूंगा नहीं कि इतना महान् और असीम सम्मिलन व्यक्तित्व में होना—प्रभु की जगत पर अनुकंपा है। उसका अपना रहस्य है।

कहा गया—जीवन में चार प्रवृत्ति हैं—अर्थ, काम, धर्म और मोक्ष।

मूलतः व्यक्ति काम-वासना से प्रेरित होकर—सुरक्षा और सुविधा करता है। धन अर्जित करता है। काम-वासना की मूल प्रवृति है और अर्थ उसका पूरक साधन है। सारा जीवन वासना की धुरी पर चलता रहता है और अर्थ उसकी पूर्ति का माध्यम बनता है। जीवन आज कामातुर हुआ है—तो सारा समाज अर्थ-प्रधान हो गया है। सारा साहित्य, फिल्मस्, अखबार और रेडियो और मनुष्य के सारे आयोजन—मात्र वासना पूर्ति के उपक्रम होते हैं और इस वृत्ति का पोषण अर्थ

करता है। अब इसे मैं छोड़ने को नहीं कहता, आपकी काम-वासना को मैं नहीं लेता-अन्यथा अनेकों साधक हैं जो वासना को छोड़ते हैं, उसका निषेध करते हैं-परिणाम में भीतर कुछ सृजन तो होता नहीं, केवल आत्म-कुंठा होती है। मैं आपसे कुछ भी छीनना नहीं चाहता, केवल कुछ आपको देना चाहता हूं-श्रेष्ठतम देना चाहता हूं-ताकि जो निकृष्टतम है अपने से चला जाए। इसे मैं अनेक दृष्टि से आपके मन में रखना चाहता हूं कि कुछ आपको छोड़ना-पकड़ना नहीं है, अन्यथा जो मन पहले पकड़ने से तृप्त होता था, अब वही छोड़ने में तृप्त होने लगेगा। दिशा बदलती है, लेकिन वृत्ति मन की दोनों स्थितियों में रस लेती है और बात एक ही है। जानना है कि जब व्यक्ति पूर्ण शान्त चैतन्य बोध में होता है सारा कुछ बे-मूल्य का हो जाता है। उसमें पकड़ने-छोड़ने जैसा कुछ भी नहीं रह जाता। स्त्री के पीछे भागना और स्त्री से भागना इसमें कोई अर्थ ही नहीं है। व्यक्ति की चेतना की जो स्थिति है-उसके लिए बाह्य परिवर्तन व्यर्थ है। मैं तो आपसे चेतना की एक विशिष्ट स्थिति की चर्चा करता हूं और उस तक हो आने का सहज वैज्ञानिक मार्ग देता हूं ताकि छोड़ने-पकड़ने जैसा कुछ भी न रहे। उस स्थिति में होकर जाना जाए कि अभी तक जो दौड़ थी-व्यर्थ थी तो फिर उसे छोड़ने का अब कोई अर्थ नहीं होता है-पाया जाता है कि वह अपने से छूट गया है। कबीर का लड़का था कमाल। कबीर का उससे कुछ मेल न था। काशी के नरेश कबीर के यहां आए, पूछा-कमाल कहां है-कबीर जी बोले-कमाल कुछ परिग्रही मालूम होता है-अलग रहता है। नरेश एक दिन एक बड़ा हीरा लेकर कमाल को भेंट करने ले गए। कमाल बोला-अरे-आप भी भेंट देने लाए तो पत्थर लाए। अब लाए ही हैं ढो के तो छोड़ जाइए। नरेश बोला-कहां रखूं। कमाल बोला-छोड़ जाइए रखने की क्या बात। फिर भी नरेश के आग्रह पर-कमाल ने कहा-नहीं मानते, तो यह सनौरी का झोपड़ा है-खोंस दीजिए कहीं भी। नरेश ने उस झोपड़े में एक स्थान पर उसे रखा और चला गया। सोचा कमाल तो सच में परिग्रही मालूम होता है हीरा बहुमूल्य था, लाखों का था, अभी जाने के बाद निकाल लेगा। कोई छः माह बाद नरेश लौटा-पूछा-हीरे का क्या हुआ? कमाल बोला-पता नहीं, वही पत्थर, अगर किसी ने न निकाला हो, तो जहां आपने रखा था-वहीं होगा। नरेश तो आश्चर्य में था, हीरा उसी स्थान पर था। अब मेरा देखना है कि कमाल को मूल्य विसर्जित हो गया था, अब वह रखा भी रहे तो ठीक और कोई ले जाए तो कोई उसे अंतर नहीं पड़ता है। भीतर से उसका मूल्य नहीं है, पत्थर हो आया है-इस कारण रहने से कोई अंतर नहीं पड़ता है। इस सारे जगत में मनुष्य न हो और सारा कुछ हो-तो क्या मूल्य रहेगा? मूल्य कुछ भी न रह जाने को है-केवल मनुष्य ने उसमें मूल्य दिया है-इस कारण ही मूल्य है। भीतर-पूर्ण शान्त चैतन्य बोध में हो आया व्यक्ति अपने से बाहर के सारे मूल्यो

के प्रति मूल्य-शून्य हो जाता है, आसक्ति खो जाती है—अब मात्र तथ्य शेष रह जाते हैं और सहजता में सारा कुछ चलता है।...

इससे मैंने आपसे अनेकों बार कहा कि मैं आपके हाथ में अभी मिट्टी पाऊं और कहूं कि छोड़ दो—तो आप छोड़ेंगे नहीं—लेकिन जैसे ही हाथ आपके हीरा आता है—मिट्टी अपने से छूट जाती है—उसे छोड़ना नहीं होता है। ठीक वैसे ही आप सम्यक् ध्यान के प्रयोग के माध्यम से—मुक्त चेतना की स्थिति की अनुभूति करते हैं तो सहज में जो भी अमूर्च्छित क्रियाएं थीं—वे अपने से विसर्जित हो जाती हैं। इधर मोक्ष प्रेरणा स्त्रोत होता है और धर्म उसका साधन होता है। इस स्थिति में व्यक्ति निष्क्रिय नहीं होता है, वासनाओं से मुक्त होता है—लेकिन विराट के साथ संयुक्त होता है और श्रेष्ठतम जगत में होकर श्रेष्ठ कर्म अपने से विराट रूप में सहज होते हैं। अभी गांधी जी हमारे बीच थे। क्रांति के दिनों में जिस शान्त जीवन-दृष्टि का परिचय दिया है, वह अद्भुत था। सारा कुछ वातावरण एक तीव्र चिन्ता और आंदोलन के मध्य था—पर गांधी जी अपना नींबू का रस पीने का, सोने का, प्रार्थना का, चरखा का, आश्रम का और कोई वर्तमान में पूर्ण शान्ति से कार्य करने का क्रम बिना किसी दिक्कत के रख सके। यह एक परिपूर्ण शान्त हो आए व्यक्ति के जीवन से ही संभव है—इससे वासना मुक्त व्यक्ति ठीक अर्थों में एक विराट जीवन स्त्रोत से संयुक्त होता है और सहज में शान्त होकर विराट कर्म अपने से कर पाता है।

जानना है कि जैसे ही व्यक्ति अपने भीतर-उतरता चलता है—उसकी वासना कम होती जाती है और जिस क्षण व्यक्ति पूर्ण जागृत समाधि में—परिपूर्ण शान्त अवस्था में होता है—इसी क्षण वह पूर्ण वासना मुक्त हो जाता है। उसके जीवन से वासना विलीन हो जाती है और भक्त की भाषा में कहें तो ईश्वर की अनुभूति होती है, ज्ञान की भाषा में कहें तो व्यक्ति आत्म-स्थित होता है, विज्ञान की दृष्टि में ले—तो मोक्ष प्राप्त होता है।

इस तरह—वासना सामान्यतः मूल में होती है तो अर्थ उसका साधन होता है जिस दिन व्यक्ति मोक्ष में होता है तो धर्म उसका साधन उस तक आने के लिए होता है। इस मुक्त चैतन्य की स्थिति में होकर—व्यक्ति से शुद्ध कर्म अपने से उद्भुत होते हैं और वासना विलीन होती है।

चर्चा का विस्तार दूसरे दिन भी हुआ। कहा—सामान्यतः काम-वासना की ओर अर्थ की प्रवृत्ति जन्म से मिली है। व्यक्ति उसकी पूर्ति में ही जीवन-खो देता है। यह स्थिति केवल पशु की है। जब व्यक्ति का सहज विवेक इन सारी क्रियाओं से ऊबा देता है और घबड़ा देता है—तो व्यक्ति धर्म की ओर श्रेष्ठतम आनन्द में हो आने को होता है। तब जब व्यक्ति मुक्त चैतन्य के बोध में हो आता है—तो

अपने से वासना और अर्थ के बाहर हो जाता है। अब वह अपनी शुद्ध सत्ता में है। धर्म और उसके माध्यम से मुक्ति में हो आना—मात्र उसके पास श्रेष्ठतम में हो आना भर शेष होता है और जैसे-जैसे वह श्रेष्ठ में होता आता है—निकृष्ट अपने से विसर्जित हो जाता है। यह प्रकाश के अवतरण से अंधेरे के विसर्जन जैसा है।

विश्व का श्रेष्ठतम साहित्य अध्ययन के लिए होता है। उसकी अनेक विधि चर्चाएं और विचार सुनने को आए हैं। बुद्ध का नाम—आचार्य जी को प्रीतिकर नामों में से है। संभवत: उससे बड़ा नाम और दूसरा नहीं है। बुद्ध कह सके—

कि जैसे पानी में बुद्बुदेव आते और मिट जाते, ठीक ऐसे ही सब मिट जाना है। कुछ भी शेष नहीं रहना है। अस्तित्व मात्र भ्रांत है और निर्वाण में सारा कुछ अपने से विसर्जित हो जाता है, जो इतनी सहज जीवन की अनुभूति में हो सके, जानना है कि वह सत्य में हो आया है। कुछ भी अब उसे जीवन में जानने को नहीं है—सारा रहस्य पूर्ण हो आया है। बस अपने से सब सहज आनन्द और शान्ति में घटित होगा।...

जीवन की किसी भी घटना के प्रति पूर्व से निर्णय लेना भ्रान्ति है। उस घटना से जीवन में कौन से मोड़ घटित होंगे—कहना एकदम मुश्किल है। इससे पूर्व-निर्णय लेना गलत है। इस जगत में कुछ भी निश्चित नहीं है। गांधी जी वकालत पास करके लौटे, बंबई में पहली बार मुकद्मे में पैरवी के लिए गए, रात भर तैयारी की, परिणाम हुआ कि कोर्ट में कुछ भी न बोल सके और मूर्च्छित हो गए। सबने समझाया कि आपसे यह काम न होगा। अवसर पाकर किसी बंबई के व्यापारी के मामले को समझाने अफ्रीका गए। वहां ट्रेन में प्रथम श्रेणी के डिब्बे में भारतीय यात्री को देखकर अंग्रेज ने उनको बाहर निकाला। गांधी जी को यह सहन न हुआ, कमजोर थे, लड़खड़ाकर गिर पड़ते, यह क्रम दो-तीन बार हुआ, उन पर आक्रमण होता लेकिन उसका प्रतिकार उन्होंने कमजोरी के कारण न किया। इस स्थिति ने उनको अन्याय का विरोध अहिंसा से करने का रास्ता दिया और फिर तो सारे जीवन गांधीजी की जीवन-साधना विकसित हुई और विश्व में एक नवीन जीवन-दृष्टि को जन्म दिया। अब गांधीजी यदि अच्छे वकील हो जाते—तो बात समाप्त थी—उनकी असफलता ने उनको नए अवसर दिए और उनकी कमजोरी उनके लिए जीवन-प्रेरणा बनी और विश्व में एक महान जीवन-दर्शन दिया।...

आचार्य श्री ने अनेक जीवन के श्रेष्ठतम नायकों का उल्लेख किया और स्पष्ट किया कि जीवन अपने में पूर्ण रहस्य से भरा हुआ है। उसके संबंध में कुछ भी निश्चित नहीं है। आज जो जीवन को गिराता दीखता है उसमें से अपने से कौन से बीज विकसित होते और कब अचानक उसमें फूल हो आता—गन्ध फैलने

लगती–सारा कुछ रहस्यमय है। केवल सहजता से सारे तथ्यों को स्वीकार करना, जीवन में व्यक्ति को सहज में विकास के अवसर देता है। इस सहज विकास में व्यक्ति की जीवंतता उसे आगे ले चलती है। जीवंतता हो तो जीवन में स्थितियां कोई अन्तर नहीं लाती है। स्थितियां कब अपने से गौण हो जाती हैं और व्यक्तित्व उभर आता है, इसका भी कोई जीवन में निश्चित नहीं है। यह सब अपने से सहज में होता चलता है। इससे व्यक्ति के विकास में उसकी सहज में जीवंतता मूल है और बाह्य स्थितियां तो गौण हैं। उनसे जीवन में सहयोग हो या असहयोग–वे सारी समय के साथ समाप्त हो जाती हैं, लेकिन व्यक्ति अपने में पूर्ण जीवन्त और जीवट है–यह समय के पार भी बना रहता है।...

आचार्य श्री का विश्लेषण वैज्ञानिकता को लेकर चलता है। एक ओर स्थितियां व्यक्ति को विकास पर पहुंचा दें–तो हम विकास की ओर से सोचने लगते हैं और उसके जीवन से हम परिचित नहीं हो पाते, केवल अतिश्योक्ति पूर्ण निर्णय लेने लग जाते हैं जैसे–गांधीजी ने अपने जीवन को स्पष्ट लिखा, लेकिन गांधी इतने सफल हुए कि लोग उनकी कमजोरियों को भी जोड़–तोड़ कर महान् बनाने लगे। उनके संबंध में अनेक कल्पनाएं बनाने लगे और जीवन को बढ़ा–चढ़ा कर देखने लगे। यह भ्रान्ति है। इसके विपरीत, कुछ जीवन असफल होते, लेकिन अनेक बार ऐसे व्यक्ति सफल व्यक्तियों की श्रेणी के होते हैं और कुछ व्यक्ति ज्यादा प्रतिभा सम्पन्न होते हैं, लेकिन उनको हम जान ही नहीं पाते हैं और जानने की कोशिश भी करें तो असफलता की ओर से सोचने पर उनके साथ अनेक विकृतियां खड़ी कर लेते हैं। इस कारण हम व्यक्ति से ठीक से परिचित ही नहीं हो पाते है–दोनों ओर सफलता और असफलता का मूल्यांकन व्यक्ति को ठीक से परिचित होने देने में सहयोगी है। वरन् स्थिति यह है कि सफलता और असफलता के मध्य व्यक्ति स्थित होता है–जो उसकी वास्तविकता है। मैंने इस ओर ठीक से दृष्टि डाली और विदित हुआ कि पूर्णतः व्यक्ति सफलता और असफलता के बाहर–जो वह है–होता है। इससे परिणामों से नतीजा मत निकालिए–वह परिणाम अनेक बातों का जोड़ है, मूल में तो व्यक्ति अपने में कैसा था–वही व्यक्ति के मूल्यांकन का ठीक कोण है।...

अपने में इतना स्पष्ट दर्शन है कि सारा कुछ उस प्रकाश में दीख आता है।

अनेक साधु जो काफी प्रतिभा संपन्न थे, गहराई में जाकर अनेक आत्मिक जीवन के तथ्यों को उद्घाटित कर सकते थे, पाया कि कुछ ही दूर जाकर उलझ गए और सब प्रतिभा साधारण कार्यों में लगने लगी। परिणाम यह हुआ कि सारा कुछ सामान्य होकर रह गया–जो एक सामान्य व्यक्ति करता है–वह उनसे होने लगा। यह सब कब हो गया, विदित भी न हुआ लेकिन उलझाव खड़ा हो गया।

फिर एक बार उस सीमा में व्यक्ति अपने को बांध ले, तो मन उसमें सुख लेने लगता है और समझाए चलता है कि बड़ा ऊंचा और महत्वपूर्ण कार्य हो रहा है। अचानक कभी जब सारा कुछ टूटता है और गंदगी उसमें हो आती है तो फिर बड़ा अजीब होता है। जिस जीवन-दृष्टि को पहुंचाना था, शुद्ध वह न पहुंचकर और सब पहुंच जाता है तो अजीब से परिणाम दृष्टिगत होते हैं। मैं परिचित हुआ अनेक साधुओं से–उनका आयोजन अखबार का, साहित्य का, प्रचार का–भला था–लेकिन उसने जीवन में तो उलझाव खड़ा कर दिया, और बाहर भी जिस मूल प्रेरणा को वे देना चाहते थे–वह न पहुंचकर शेष सब पहुंच गया होता है। यह वास्तविक तथ्य है, जो सारी गदंगी को साथ लिए चलता है।...

अक्सर जो जीवन में आंतरिक और शुद्ध होकर–कुछ गति करता है, तो व्यक्ति अनेक अवसर ऐसे खड़े कर लेता है–जो उसे बाह्य परिधि पर उलझा देते हैं–यह सब वह हित की दृष्टि से करता है–और आंतरिक तथ्यों को पहुंचाने के लिए करता है–परन्तु परिणाम में पाता है कि वह भी बाह्य जीवन में ही उलझ गया और जो आंतरिक तथ्य पहुंचाने का उसने बड़े हित का कार्य लिया था, वह भी घूम फिरकर केवल बाह्य ही हो गया–और सारा नक्शा एक अजीब रंग लेकर सामने आता है।

आंतरिक जीवन में जाने वाले साधक को पहले स्वयं में अपने में पूर्ण गहराई में होना होता है, फिर तो अपने से उससे सरिता बहती है और जानना है कि वह सरिता अपने उद्गम में शुद्ध होती है और जैसे ही आगे जाती है–समूह में आती है, तो गंदी होना स्वाभाविक है। धर्म भी अपने में थोड़े व्यक्तियों तक, वैय्क्तिक अनुभूति पर चलता है तो शुद्ध होता है, समूह में आने पर प्राण विनष्ट हो जाते हैं और सारा कुछ मुर्दा शेष रह जाता है। मेरा देखना है कि संगठन में, संप्रदाय में, प्रचार में, साहित्य में खोकर व्यक्ति–केवल व्यर्थता बढ़ाता है और गंदे रूप में धर्म से संयुक्त हो जाता है। इससे ही, मूलतः धर्म में होना एक-एक इकाई की बात है, उसका संगठन से, विशेष से, सीमाओं से, गुरु से, समय से, कोई अर्थ नहीं होता है।...

धर्म में होना मात्र वैयक्तिक है। व्यक्ति इसमें होकर प्रबुद्ध हो आता है। जब वह बुद्धत्व में होकर–अनुभूति में बोलता है तो उसको समझ पाना ठीक उसी स्तर की चेतनाओं को होता है। अब जब संगठन में और पांडित्य के शब्द–जाल में और तर्क में बुद्धत्व में हो आए व्यक्ति को बांधकर, उसका अनुगमन होता है तो व्यक्ति भीतर से खोखला होता जाता है, और बाहर से चादर ओढ़े रहता है। इससे धर्म को भीतर से जानकर व्यक्ति प्रबुद्ध चेतना में होता है और प्रबुद्ध चेतनाओं का मित्र तथा साझी होता है तो बात वैज्ञानिक और पूर्ण होती है। वह प्रत्येक व्यक्ति से अभिव्यक्त होती है।

धर्म में जाना शास्त्र और ग्रंथों से नहीं होता है, उससे केवल शब्द रह जाते और भीतर चेतना परिवर्तित नहीं होती है। ठीक जब भीतर से चेतना में परिवर्तन होता है तो परिणाम में धर्म में व्यक्ति प्रतिष्ठित होता है। अपने में प्रमाण पाने के लिए फिर प्रबुद्ध पुरुषों के वचन उपयोगी होते हैं, कारण कि हम एक ऐसे अज्ञात क्षेत्र में जाते होते हैं, जहां का व्यक्ति को पूर्व-बोध नहीं होता है। ठीक स्थान पर पहुंचना हो गया–इसके लिए भर मात्र शास्त्र उपयोगी हैं।

कैसे कोई व्यक्ति प्रबुद्ध चेतना में हो आए–इसकी भर वैज्ञानिक प्रक्रियाएं उपादेय हैं–शेष सारे प्रश्न और उनके उत्तर व्यर्थ हैं। एक बार इस चेतना में हो आने का फिर सब सहज में दीख आता है।...

ध्यान का सम्यक् प्रयोग आप करते चलें, यह विचार-शून्यता देता है और जैसे आप बगीचे के दूर हों, तो भी ठंडी हवाएं और सुगंध आना प्रारंभ हो जाती है–वैसे ही इस प्रयोग से कुछ झलकें आना प्रारंभ होती है। अभी यह प्रारंभ है, इसे छोड़ा तो जो बीज लगा था–वह विनष्ट हो जाने को है। ठीक सम्यक् ध्यान के प्रयोग से चित्त की एक मनोभूमि बनती है और करते चलने से धीरे से सहज में अनायास एक क्षण में सब परिवर्तित हो जाता है–और घनी शांति में व्यक्ति हो आता है। इससे बिना किसी तनाव के, आकांक्षा के खोदे चलना है–कभी खोदना पूरा होता है तो अपने से सब हो आता है। अनेकों साधक खोदते चलते, और अनेक बार उसके किनारे पर होते, लेकिन धैर्य न होने से–फिर वापस लौट आते हैं। इससे सद्गुरु का होना उस पूर्ण खोदते जाने तक आवश्यक है। जब व्यक्ति प्रबुद्ध हो आता है तो फिर लौटना नहीं है। अब वह सीमाओं के बाहर है–और पूर्ण शान्त चैतन्य के बोध में है।...

साधना के मध्य जो भी विचार आते हैं, उनको आपको केवल प्रीति से साक्षी भाव से देखना है। यह साक्षी-बोध बढ़ता जाता है और मन अपने से शान्त होता जाता है। मन अपने में बहुत कमजोर है, जागृति के प्रकाश में वह पाया नहीं जाता है। यह सहज मन का न होना विस्तार पाएगा और एक सीमा पर व्यक्ति अपने से घनी शान्ति और आनन्द में खींच लिया जाता है। वह बुद्धत्व में हो आता है यह विकास (Growth) है तो ही ठीक है, अन्यथा अभी इसी क्षण सारा कुछ मौन हो जाए–तो आप सह नहीं सकेंगे, विक्षिप्त जो जाएंगे। प्रकृति की सहज व्यवस्था है, जितना आपका यंत्र सहता है, उतनी शक्ति बढ़ती है। शक्ति क्रमशः विकसित होते जाती है, कुछ आपको विदित भी नहीं होता है और सब शान्त हो जाता है। कोई आकांक्षा से होकर आत्मिक जीवन में नहीं होना है, केवल सहज प्रयोग है–उसे कर लेना है–कुछ होना है–तो हो रहेगा–उसकी भी आपको चिन्ता नहीं करना है। भाव से प्रीति से चलने दें, अपने से सारा कुछ पूर्णत्व में हो जाता है। केवल हम तो इस प्रयोग से अपने भीतर स्थान बना रहे हैं, ताकि जिस क्षण वह

आए, भीतर समा जाए। सम्यक् प्रयास ही व्यक्ति को अपने से सम्यक् स्थिति में ले आते हैं।...

अनेक प्रसंगों पर कहा है–किसी भी तरह का तनाव नहीं–आकांक्षा नहीं, केवल सहज शांत गति से जो भी होता है–उसे होने दें–रुकावट आप न बनें–अपने से कभी अनायास घटना पूर्ण हो जाती है–यह केवल मात्र जागृति के प्रयोग से, साक्षी चैतन्य के बोध से होगा।...

इस सीमा के पार हो आने में–मेरा देखना है कि किसी को अपना कार्य नहीं छोड़ना है, सारा जीवन का क्रम चलने देता है, केवल समस्त क्रियाओं के बीच प्रति क्षण होश को बनाए रखना है, शेष सब अपने से होगा। अनवरत् क्रम को चलने देना है, कभी अपने से सहज में सारा कुछ हो जाता है। नानक जी एक अनाज की दुकान में गल्ला तौलते और हिसाब करते, दीवान का काम करते थे। एक दिन तौलने में बारह और 'तेरह' अंक आया, नानक को सब दीख आया, भीतर क्रांति घटित हो गई–'सब तेरा है'–यह बोध हो आया। नानक तौलना छोड़कर–बाहर हो आए और सब कुछ जीवन मे दिव्य हो आया। यह भीतर पूर्ण शान्त चैतन्य बोध की स्थिति है। परम सहज समाधि है।

अपने में भीतर खोदते चलना है और अनायास कभी घटना पूर्ण हो जाती है। केवल एक क्षण में भी भीतर शान्त हो आए तो जानना है कि मेरे पास केवल एक क्षण ही है–इससे अधिक किसी के भी पास समय नहीं है। यह जानना है कि एक क्षण को शान्त होना ही–पूर्ण वैज्ञानिक है–इससे अतिरिक्त और क्षण व्यक्ति के पास नहीं है। मैं एक क्षण में शान्त हूं, तो जो दूसरा क्षण है–उसमें मैं अपने से शान्त हो रहूंगा। हर क्षण में–मेरी जागृति बढ़ती जायगी और कभी मैं शान्ति में खींच लिया जाऊंगा। तब ही केवल मैं अमृतत्व बोध में होता हूं।

गांधी जी एक इसाई प्रार्थना करते थे : 'I don't longe for the distance scene- One step is enough for me.'

मुझे दूर के दृश्य की चाह नहीं, मेरे लिए केवल एक कदम बस है। मैं दूर के दृश्यों की सोचता बैठा रहूं–तो दृश्य तो सामने आएंगे नहीं–वरन् व्यर्थ मैं निराश हो रहूंगा। एक-एक कदम ही मुझे चलना है–और दूरी फिर कुछ भी नहीं होती है। एक कदम ही मुझे चलना है और मेरे पास एक समय में केवल एक कदम ही है। हजार मील भी मैं–एक-एक कदम चलकर पूरा कर लूंगा। बस केवल एक कदम की बात है।...

कितना भी विस्तार हो और गहराई हो–केवल एक क्षण में ही मुझे इस स्थिति में होना है। कभी अपने से सारे जीवन के विस्तार में पूर्ण गहराई में व्यक्ति हो आता है। केवल कदम भर उठना है और शेष सब फिर होता चलता है।

यह पूर्ण जीवन के घनेपन के बीच ही होना है, कोई एकान्त और सन्यास में नहीं होना है। जब जीवन के सारे घनेपन में व्यक्ति शान्त हो आता है, तो यह शान्ति अब खंडित नहीं हो सकती है, अन्यथा यह पूर्ण संभव है कि दूर कहीं जंगल में जो उपलब्ध हुआ हो, वह जीवन के बीच आते ही टूट जाए। पूर्ण शान्त चैतन्य बोध में होना है और सारे जीवन में बहते प्रवाह के बीच होना है। यह पूर्ण जीवन योग है।...

****

प्रश्न–'शिकायत करने का मन होता है तो उस शिकायत को कर दिया जाए, लेकिन कहने का मन भी नहीं होता है?'

सामान्य मन के घेरे में जो चलता है, उससे जो शिकायत होती है वह घृणा को लेकर चलती है–परिणाम में स्वयं व्यक्ति ही कुंठित होता है और शिकायत कोई सुखद परिणाम पर पहुंचाती हो–तो नहीं–मात्र दुख बढ़ाती है। जब व्यक्ति मन के घेरे से बाहर होता है, तो सहज वह प्रेम में होता है–अब उसे शिकायत शेष भी नहीं होती है, सब सहज में स्वीकार होता है। उससे कोई चिढ़ और बैचेनी नहीं होती है। जो भी है उसे बिना बुरा-भला जाने–मात्र स्वीकृति होती है और पूर्ण जीवन दृष्टि में कहीं कोई शिकायत नहीं होती है। सुकरात हुआ–उसकी पत्नी सारे मित्रों के बीच गरम पानी उड़ेल देती–सुकरात बिना उलझन के उसे पोंछ लेता और फिर बातचीत में लग जाता। इससे मित्र आश्चर्य में होते–बाद में जब सुकरात को लोगों ने जहर दिया तो सुकरात ने शान्त भाव से उसे पी लिया। उसके पीने में उसने अपनी पत्नी को धन्यवाद किया और बोला–यह पत्नी के व्यवहार का परिणाम है कि मैं जहर भी बिना किसी शिकायत के, शान्त और सहज भाव से पी रहा हूं। पत्नी का महान्, सहयोग मिला। यह एक जीवन-दृष्टि है–जिसमें सारा कुछ सहयोगी है–कोई शिकायत नहीं है। इससे व्यक्तित्व निर्मित होता है और विरोध जीवन से चला जाता है। अन्यथा सामान्य जीवन में व्यक्ति तो हमेशा शिकायतों से भरा है–और प्रति समय वह शिकायत करता होता है। परिणाम में अस्वास्थ्य को पीड़ा को पालता है–जीवन में टूट जाता है। जापान में एक साधु हुआ। वह पूरे जीवन भर लोगों को हंसाता रहा। वृद्ध था–75 वर्ष का–जब मरने को हुआ तो वह हंसाता हुआ ही मरा। कह गया था–चिता पर रोना मत। न ही मेरे कपड़े बदलना। साधु मरा, लोग दुखी थे। चिता पर रो रहे थे–पर ज्योंही चिता जली तो सभी हैरत में थे–साधु के शरीर से पटाखों की आवाज और रंग-बिरंगी रोशनी निकलने लगी। सभी जन हंस पड़े और बोले–जीवन भर हंसाया, मरने पर भी हंसाया। यह सहज एक जीवन की स्थिति है–जो सारी पीड़ाओं, शिकायतों और आलाचेनाओं के पार है।...

मेरा देखना है शिकायतों से कुंठा आती है। भीतर चित्त की सहज, शान्त

और आनन्द की स्थिति में हो आना है–जिसमें कोई चिंताएं और शिकायतें नहीं हैं–सारा कुछ सहज में स्वीकृत है–और सब आनन्द के बीच घटित हो रहा है। इस मुक्त मन की अवस्था में यदि कभी किसी के प्रति शिकायत की दृष्टि होगी तो सहज प्रेम में और विनय से होगी–परिणाम सुखकर आएंगे। सारे जीवन के क्रम को देखकर नतीजा लेना चाहिए–जिसे मैं सूत्र रूप में रखता हूं–

'शिकायत या बुरा करना हो तो दो दिन रुक के करना और भला करना हो तो तत्क्षण करना।'

इस वैज्ञानिक दृष्टि से अपने से–शिकायत को या बुरा को प्रीति से सुनने-समझने का अवसर मिलेगा और अपना तथा औरों के अहित का स्पष्ट दर्शन होने से–शिकायत करने का मन ही न होगा। भला तत्क्षण करना उचित होता–उससे जीवन में श्रेष्ठता अपने से विकसित होती है। इस दृष्टि से चलने का परिणाम में–एक सहज और शान्त चित्त की स्थिति बनती है और जीवन में श्रेष्ठतम निखर आता है।...

राष्ट्र में जो भी कानून होते हैं उसके पीछे समस्त देश की स्वीकृति होती है। इससे देश में गौ-वध होता है तो सारे जन-मानस की स्वीकृति उसमें है। अब कुछ लोग इसके विरोध में होते हैं। यह विरोध मात्र प्रतिक्रिया जन्य है और संस्कार से प्रेरित है। इसमें कहीं भी कोई वैज्ञानिक सूझ-बूझ नहीं है। मेरा देखना है कि वे ही लोग जो विरोध में बोलते हैं, गाय के चमड़े (Calf-leather) की चप्पलें, बढ़िया सूट-केस और अन्य, जीवित पशुओं का वध करके निकाले गए, चमड़े की वस्तुओं का उपयोग करते हैं। ऐसी अजीब स्थिति में विरोध करने वाले हैं। फिर कानून से यदि निषेध हो भी गया तो उसके परिणाम विकृत आने को हैं। तीव्रता से मांस चोरी से खाया जाएगा और प्रतिबंधकों को गलत रुपए घूस के मिलेंगे। अभी शराब के साथ ऐसा हुआ, प्रतिबंध हुआ तो तीव्रता और पकड़ी–घूस प्रचलित हुई। इस सबका परिणाम वासना की तीव्रता पर भी हुआ, मांस और सुरा–अपने से वासना को गति देने लगे और मुल्क में सारे स्थानों पर लायसेन्सड् वेश्याएं और अन्य स्त्रियां–शरीर के जीवन पर आधारित हो गईं। अकेले बंबई में 40,000 वेश्याएं हैं, जो लायसेन्सड् हैं। यह आज का युग है। पश्चिम में तो और भी पाशविकता पर आदमी आ गया है–सारा कुछ नग्न प्रदर्शन है। यह वहां आम बात है। जानना है कि मनुष्य के भीतर सारा कुछ निकृष्ट है और वासना की तीव्रता में मांस और सुरा सहयोगी है। इससे बाह्य कितना भी आयोजन हो–सारा कुछ व्यर्थ है। उससे भीतर कोई परिवर्तन नहीं होता है।

मेरा देखना है कि भीतर से व्यक्ति की चेतना, परिवर्तित होती है और व्यक्ति साक्षी चैतन्य में होकर शुद्ध चेतना में स्थित होता है तो बाहर की समस्त मूर्च्छाएं विसर्जित हो जाती हैं और व्यक्ति से अपने से श्रेष्ठ आचरण होता है। तब

मांस खाना मुश्किल हो जाता है और जिस दिन मांस-खाना कष्टप्रद हो जाता है उस दिन ही वह छूटता है तो मूल्य का होता है, अपने में शाश्वत होता है। इससे ही-मेरा कोई भी संबंध बाहर के छोड़ने से नहीं है-भीतर चेतना की स्थिति परिवर्तित होगी तो अपने से सारा कुछ प्रकृति का सम्मोहन विसर्जित हो जाता है। ... मूलतः बात दिखने की है, अपने से उसके परिणाम आते हैं। बात दीख आए तो सारा कुछ उसी क्षण पूरे प्राण-मन में दौड़ जाता है। और व्यक्ति शान्ति तथा आनंद के बोध से भर जाता है। एक छोटी सी घटना-पूरी तरह बैठ जाने पर महान् परिवर्तन कर देती है। दक्षिण में एक साधु थे, उनका शिष्य सदाशिव था-एक दिन घंटों विवाद करके एक पंडित को परास्त किया, बाद गुरु बोले-सदाशिव कब मौन होगा-क्यों व्यर्थ शक्ति व्यय करता है? सदाशिव बोला, अब सब बात दिख गई और उसी क्षण सदाशिव मौन हो आया, फिर तो सारे जीवन मौन रहा। यह घटना है-बाद तो सदाशिव के जीवन में पूर्ण क्रांति घटित हुई और सारे जीवन अद्‌भुत शान्ति को उपलब्ध हुआ। एक दिन एक नदी किनारे नग्न घूमता था, पास एक सूबेदार का केम्प था-पत्नी भी साथ थी, सोचा आवारा घूमता-फिरता है-सूबेदार ने तलवार से उसकी हाथ काट दी-सदाशिव स्वामी ने देखा नहीं लौटके और चलते बने। सूबेदार को आश्चर्य हुआ, बाद घबड़ाया हुआ पहुंचा-बोला-भूल गई, गलत आदमी का शिकार हो गया। सदाशिव शान्त था, कोई प्रतिक्रिया न थी-ऐसा अद्‌भुत व्यक्ति था।

अब घटना में होते क्षण ही लगते हैं और सब अपने से हो जाता है। भीतर तीव्र ग्रहण-क्षमता (Receptive capacity) हो तो अंधेरा प्रकाश के आते ही पाया नहीं जाता।...

इतना अत्यधिक प्रगट होता है कि लिखना अपने से धीमा हो जाता है। फिर लिखने में वह सब तो कभी हो ही नहीं सकता, जो सहज बोलने में सारा कुछ जीवन्त होता है। व्यक्तित्व की पूर्ण अभिव्यक्ति होती है। एक वैकट्य बोध रहता है और प्रभु की जागृत सत्ता होती है-फिर कोई क्या-क्या नहीं होता। **लिखने में तो केवल शब्द और वे भी अपनी शैली के, वाक्य रचना भी और विचारों का क्रम भी संजोना होता-तो उसमें भी एक बीच का सेतु हो जाता है। मूल सरिता की निर्मलता कहां तक सेतु रख सकता है-वह तो परिवर्तित रूप में ही उस विचार-सारिणी को रख सकता है। केन्द्रीय तत्व तो वही होगा, पर शेष सब अपने से मेरे ही रूप में अपना स्थान ले लेगा।...**

सारा अनुसरण भ्रान्त है। उससे व्यक्तित्व भीतर से सृजित नहीं होता है, बाहर से केवल बनता है, और इस कारण एक संघर्ष चलता रहता है। सारा कुछ बाह्य लादना होता है, इससे भीतर अपेक्षाएं वैसी की वैसी ही बनी रहती हैं। वह ठीक वैसा ही चाहने लगता है, जो भीतर से हो आए महात्मा को मिलता है और

बाहर समाज भी पूजने लगता है–सो नकल को ही वह आदर देने लगती है। बड़े पंडित को, बड़े भीतर से कुंठित और बाहर से त्यागी को–वह पूजा देती–इस तरह सारा जाल चलता है। ठीक चेतना में, परम चैतन्य को उपलब्ध हुआ व्यक्ति किन्हीं सीमाओं में नहीं बैठता, वह स्वतंत्र अभिव्यक्ति है। इससे उसे पहचान पाना ही प्रारंभ में मुश्किल होता है–पहचान भी लिया जाए तो उसे एकदम से पचा पाना मुश्किल होता है। कारण कि वह अपने में पूर्ण क्रांति को घटित पाता है और जीवन से उसके अपने अनुसार श्रेष्ठतम अभिव्यक्ति होती है। वह किसी भी ढांचे में बंधा हुआ व्यक्ति नहीं होता है। वह समस्त ढांचों के पार होता है। उसके जीवन से सहज आनन्द की अभिव्यक्ति होती है, उसे अब जाना जाता है तो शाश्वत सत्ता का बोध अपने से होता है। फिर तो जैसे सूर्य चमकता है और प्रकाश फैलता–वैसे ही प्रकाश का फैलना होता है। यह अलौकिक है और अद्‌भुत है, व्यक्तित्व के विकास की अन्तिम परिणति है।...

उसके जीवन में जो भी प्रधानता होती है, आनन्द में हो आने पर वही अद्‌भुत होती। शंकर को भीतर सहज में आनन्द मिला–तो बाहर सारे भारत को हिला दिया–सब पंडितों और प्रचलित ख्यालों को–तर्क से विलीन कर दिया। यह हुआ–पूर्व में शंकर तार्किक जो थे। मीरा को भीतर बोध हुआ तो नाचने में अभिव्यक्ति हुई। सारी लाज खो गई, पथों पर भी पूर्ण नाचना हुआ–आनन्द की किरणें फूट चलीं। गोरा कुम्हार–मटका बनाने में ही अपने आनन्द को ढालने लगा और जो मटका बनाता उसे पूर्ण तन्मय होकर बनाता–लोग ले जाते तो खुशी से फूले नहीं समाते। आज भी लोगों ने उन मटकों को रखा है और पूजा करते हैं। कबीर ने नाच-गाकर और कपड़े बिनने में अपने को खो दिया–आनन्द पुलक उनकी इसी सबसे झिरी।...

बड़ा प्रश्न यह नहीं है कि किन क्रियाओं से आनन्द अद्‌भुत होता है, वरन् भीतर आनन्द में व्यक्ति हो आए तो सहजता में जो भी कर्म उसके जीवन से होता है, वह ही उसके आनन्द की अभिव्यक्ति हो आती है।...

अनुकरण में होकर भीतर का सारा कुछ सृजन नहीं होता–केवल बाहर का मृत ढांचा व्यक्ति बांध लेता है–जो आसान है। प्रवंचना सहज है–वो मन के साथ चलती है। उससे मुक्त होकर–ठीक भीतर परम चैतन्य में होना शाश्वत है फिर तो सहज में सारा कुछ जीवन से घटित होता है।...

व्यक्ति की अचेतन मन की स्थिति विचित्र है। उसमें व्यक्ति मृत्यु के भय से भरा होता है–और कभी यह भय ऊपर उभर आता है तो हम उससे ठीक से परिचित न होकर–भय को दबाते चलते हैं। इससे दमित वेग मृत्यु के स्वप्न के–नींद में घटित होते हैं और कभी खतरनाक हो सकते हैं। इस कारण, जो भी हमारे मन में है, उसे उठने दीजिए–उससे लड़िए मत, लड़के आप उससे मुक्त

नहीं हो सकेंगे, भीतर केवल और गहरा तनाव खड़ा कर लेंगे। मनुष्य की चेतना में–सारे दमित वेग–स्वप्न में उभरते हैं और कभी खतरनाक हो सकते हैं।

ठीक वैज्ञानिक दृष्टि से जीवन में न चला जाए–तो मन के साथ कुछ भी व्यक्ति करता चलता है–जो उसे घातक परिणाम देता है।

जानना है कि व्यक्ति के जीवन में जीने की तीव्र जीवेष्णा है। सब तरह से अपाहिज व्यक्ति भी जीना चाहता है। मरने से वह भी डरता है। यह जीवेष्णा कभी भी समाप्त नहीं होती। जब वह जीवेष्णा व्यक्ति के भीतर दब जाती है–और चेतन मन में मृत्यु का ख्याल उभर आता है–तो सामान्य व्यक्ति घबरा उठता है। वह इस भय को फिर अनेक विशेषणों से भरता है और अपने को समझाता चलता है। इससे भय तो जाता नहीं, केवल वह अपने को भुलावे में डाल लेता है। व्यक्ति अपने साथ अनेक तरह के भुलावे खड़े कर लेता है, इससे उसके भीतर की विकृति तो विसर्जित होती नहीं, केवल दब जाती है। अनेक बार कहा है–यह तो शुतुर्मुग पक्षी जैसा हुआ, शत्रु को पास आया देख वह अपना सिर रेत में ढक लेता है, और सोच लेता कि शत्रु तो अब रहा ही नहीं। इससे जब भी मन के घेरे में कुछ उठे तो उसे प्रीति से देखना चाहिए, और इस देखने में प्रकाश से, जागरण के प्रकाश से–भय विसर्जित हो जाता है। विदित होता है कि मृत्यु भी जीवन की और अन्य घटनाओं के बीच एक सामान्य घटना है–और जो जीवन-तत्व है वह जन्म-मरण के पार है।...

यह अद्भुत क्रान्ति जीवन में निरंतर सम्यक् जागृति के और सम्यक् ध्यान के प्रयोगों से घटित होगी। भारत में जिसे हमने एक बार बड़ा स्वीकार कर लिया, फिर तो वह कुछ भी कहे–हम मान्यता देने लगते हैं। यह भ्रान्त और अवैज्ञानिक है। पश्चिम में कोई भी कुछ नहीं कहता है। जिस विषय का जो अधिकारी होता है, वह अपने विषय के संबंध में ही कहता है–अतिरिक्त कुछ और नहीं कहता है। यह सहज सा वैज्ञानिक जीवन दृष्टिकोण है। लेकिन भारत में तो जो भी व्यक्ति बड़ा हुआ नहीं कि वह सारा कुछ कहने लगता है। और मूढ़ जन हैं कि श्रद्धा और प्रेम के कारण स्वीकार करने लगते हैं। जो सीमा जहां पर समाप्त होती है, उसके पार कुछ भी करना-जानना और मानना एकदम व्यर्थ है।

व्यक्ति का मस्तिष्क कितना विचित्र है और कितना उसमें विरोध है–एक अजीब स्थिति है। बड़े प्रतिष्ठित साधु भी कितने उलझाव में होते हैं और कितनी अजीब सी स्थिति उनमें कार्यशील होती रहती है–भीतर जड़ता बनी रहती है–इसका अनेक बार आचार्य जी को बड़े प्रतिष्ठित साधुओं से मिलकर और उनको सुनकर अनुभव हुआ है। अभी एक अखिल भारतीय स्तर के हिन्दू-सम्मेलन में 4-5 जुलाई को इलाहाबाद के निकट अरैल स्थान में श्री सच्चा बाबा द्वारा आयोजित त्रि-वर्षीय अखंड कीर्तन के समारोप-समारोह में जाना हुआ। उसमें

कोई 5 लाख रुपया व्यय हुआ। मुल्क के अनेक साधु उपस्थित थे। अपने प्रवचनों में–

पहले तो बड़ी वेदान्त की चर्चा–कि वह तो निराकार है, शब्द, वाणी, मन, बुद्धि, सबके परे है। उसे कहीं खोजने नहीं जाना है–वह तो हमेशा है।

और बाद में यह कि उसे पाने के लिए नाम-स्मरण और संकीर्तन मार्ग है।

अब मैं हैरान हूं। बड़े-बड़े साधु तक इस तरह के उलझाव में रहते हैं। जब वह मन के और बुद्धि के परे है–तो फिर उसका स्मरण तो मन से होगा–बात मन तक ही सीमित हो जाती है। इस विरोधाभास को मैं पूछा–और स्पष्ट किया कि जब तक मन की सीमा है–व्यक्ति अपने शुद्ध-स्वरूप में नहीं है। जिस क्षण सारी क्रियाएं न हो जाती, व्यक्ति अपने में शून्य हो आता है, ठीक उसी क्षण जो भीतर शुद्ध चैतन्य है, उसका बोध होता है। यह एक वैज्ञानिक अनुभूत तथ्य है–जिसे जाने बिना सारा कुछ व्यर्थ है। इस पर मैं विस्तार से चर्चा किया और स्पष्ट किया कि–

प्रभु तो निरंतर जागृत है, उसे नहीं जगाना है, केवल हम सोए हैं–हमारा सोना या निद्रा टूटती है–तो जो निरंतर जागृत है, उसमें व्यक्ति स्थित हो आता है। इस स्थिति का बोध न हो–तो हम कह सकते कि–

'प्रभु जागो,

सर्वत्र जागो

परमात्मा प्रकाश जागो,

सर्वत्र जागो।'

यह मैं सीधा नहीं लेता। जिसे बोध हो आया है, उसकी ओर से दृष्टि स्पष्ट होती है और जाना जाता है कि मनुष्य को अपनी नींद तोड़ना है–और जो प्रभु प्रत्येक में निरंतर जागा हुआ है–उसका उसे बोध होना है। प्रत्एक व्यक्ति में व्याप्त चैतन्य का प्रकाश अद्‌भुत हो–तो सारा विश्व अपने से आलोकित हो जाता है।...

(सम्मेलन में कोई 30,000 संख्या में भक्तगण, स्वामी शरणानंद जी, गो. बिंदु जी, शंकराचार्य शांतानंद, कृष्ण बोधाश्रम, डा. भीखन लाल जी आत्रेय, करपात्री जी, पथिक जी आदि श्री सच्चा बाबा के निमंत्रण पर उपस्थित थे।)

एक बात तो इस सारे उलझाव में दृष्टिगत होती है, कि जब तक ज्ञान अनुभूतिगत न हो–तब तक सारा कुछ व्यर्थ है। दर्शन प्राथमिक है, ज्ञान बाद की घटना है। आचार्य जी ने जो देखा है उससे जो प्रकाश-पुंज जीवन में अवतरित हुआ है उसका स्रोत सारे चैतन्य जगत को अपने जीवन स्रोत में ले आने को

उन्मुख हुआ है। अनेक व्यक्ति संबंधित होकर अपने को धन्य अनुभव करते हैं।

मौलिक चिन्तन की धारा जब भीतर के अखंड जीवन स्रोत से प्राण लेती है तो उसका सम्मिलन अभिनव होता। उसकी कोई मिसाल नहीं है।...

भारत में जो विशेषता रही है–सन्तत्व की वह अमिट है और युगातीत है। इस सदी में भी व्यक्ति समग्र जीवन में हो आ सकता–यह आश्चर्यजनक है। इसके पीछे एक वैज्ञानिकता है और उस वैज्ञानिकता को जिस मौलिक दृष्टि से व्यक्त किया गया, वह भी दुनिया में प्रथम है। अभी तक इस दृष्टि से जीवन को न लिया गया होगा।...

"जीवन में कहीं भी कुछ बुरा नहीं है, वो निर्देश है, व्यक्ति के पूर्णत्व में हो आने का। आप देखते हैं कि प्रत्एक व्यक्ति प्रभुता चाहता है, वह थोड़े से तृप्त नहीं है। छोटे पद वाला और बड़ा पद चाहता है, यश-प्रतिष्ठा चाहता है–भारत का प्रधान–विश्व का प्रधान होना चाहता है। यह क्रम अनवरत् है और चलते रहने वाला है। इसका कोई अंत नहीं है। यह सहज मानवीय क्रम है। यह सब व्यक्ति के अचेतन से अनजाने में आता है और व्यक्ति उसके अनुसार दौड़ता है। इस दौड़ की अंतिम परिणति व्यक्ति के विराट चैतन्य में हो आने पर है। पूर्ण प्रभुत्व व्यक्ति को उपलब्ध हो तो ही वह–संतुष्ट होता है, अन्यथा अतृप्ति बनी रहती है। प्रभु बोध में व्यक्ति हो आए–तो ही वह तृप्त होता है–अन्यथा तृप्ति कभी नहीं होती।...

इससे मेरा देखना है व्यक्ति अधूरा है और वह पूर्ण होना चाहता है। सारे जीवन के रास्ते पूर्णत्व की ओर ले जाने को हैं। वे एक मन की स्थिति को स्पष्ट करते हैं और पूर्ण विकास में ले चलने को उद्यत हैं।...

मनुष्य में काम-वासना का एक वेग है। इस कारण वह स्त्री से संयुक्त होता है और मैथुन क्रिया करता है। इस मैथुन में वह स्त्री से एक अनुभव करता है। वह अद्वैत में होता और जब तक यह अद्वैत बोध पूर्ण नहीं होता है, वह संतुष्ट नहीं होता है। खजुराहो और कोणार्क में जो मैथुन के चित्र खोदे गए हैं–वे व्यक्ति की इसी वृत्ति को चित्रित करते हैं और वे चित्र वासना मुक्त चित्त के महान् वैज्ञानिक व्यक्तियों के निर्देश से चित्रित हुए हैं। उनमें एक वैज्ञानिक जीवन-दृष्टि है–जो व्यक्ति को एक गहरे जीवन-बोध को देते हैं। आज के नैतिक विचारक और उपदेशक जिनकी जीवन के संबंध में कोई समझ नहीं है–और जो पोस्टर के विरोध में बोलते, वे ही इन चित्रों को अभद्र बनाकर मिट्टी से ढक देने की बात करते हैं। जीवन के संबंध में बहुत वैज्ञानिक होना है। इस काम-वासना की गति भी प्रभु तक है और मेरा देखना है कि जब तक पूर्णत्व में–चाहे व्यक्ति किसी भी क्षेत्र में क्यों न हो–न हो आए–वह अतृप्त बना रहता है। यह अतृप्ति

ही व्यक्ति को दिशा देती है, जहां होकर जाना जाता है कि तृप्ति तो थी–उसे उद्‌घाटित करना था। मेरा कहना है–'मन ही बंधन था, अब मन ही मुक्ति का मार्ग भी है।'...

एक और सामान्य भाव होता व्यक्ति का कि सारे लोग मर जाएं–पर वह नहीं मरेगा। अभी यहां 1 लाख लोग मर जाएं, पर व्यक्ति को अपने मरने का भाव न उठेगा। उसमें कुछ है जो मिटना नहीं चाहता है। यह बोध व्यक्ति को मृत्यु के ऊपर उठने तक ले जाता है और जब व्यक्ति मृत्यु के ऊपर उठ आता है तभी वह अमृत-बोध में होकर जानता है कि वह कुछ है–जो मिटता नहीं है।...

यह एक अभिनव क्रांति की जीवन-दिशा है और इस दृष्टि से हम सोचें तो स्पष्ट होगा कि–मृत्यु के बोध का भीतर न उठने का परिणाम अमृत में होना है, लिंग के संतुष्ट होने का और स्त्री-पुरुष के बीच एक भाव–व्यक्ति को अद्वैत तक ले आता है और हमेशा ऊंचे उठने की लालसा व्यक्ति को प्रभुत्व तक ले आती है। इस दृष्टि से देखें–तो अचेतन के साथ चलना–संसार है और अचेतन मन से परिचित होकर उससे मुक्त होना–मुक्ति है, मोक्ष है।...

विचार-दर्शन अनेक दृष्टिकोणों से संभव है। उसकी अपनी वृहत सीमाएं हैं। अनन्त विस्तार है। इससे ही विचार की निर्झर शृंखला जब बहती है, तो केवल यदि सुनना हो सके–तो अपने से भीतर एक सहज अनुभूति होती चलती है–जिससे जीवन में परिणाम सहज आते हैं।...

वैज्ञानिक आधारों पर अभिव्यक्त आधुनिक जीवन-दृष्टि को मनोविज्ञान के तथ्यों के साथ और चिन्तन की ओजस्वी धारा से–जब पुरातन में प्राण देते हुए–जीवन-दर्शन सामने आता है–तो जानते ही बनता है।

कितना बोलना होता है–कितनी सहजता में कि उसे लिखा जाना संभव हो सके–सारा का सारा तो सूक्ष्म दृष्टि से बहुमूल्य जीवन-दर्शन को जाना जा सकता है। अनेक बार लिखा है कि मेरा लिखना तो समुद्र में बूंद की भांति है–जिससे बहुत-सा तो छूट जाता है, बहुत सा अपने आधारों पर अपनी भाषा में–केन्द्रीय तत्व को दृष्टिगत रखते हुए लिखा जाता है, जिसमें सहज मौलिकता जो सृजन की होती है, बुद्धि का जीवन्त रस होता है, वह कितना ही छूट जाता है, फिर भी रहा-सहा ही मुझे उपादेय प्रतीत होता है, इससे लिख डालता।...

मूलतः केन्द्र परिवर्तन की चर्चा है। भीतर व्यक्ति पूर्ण चेतन्य में हो आता है तो ही उसके जीवन से विकृति जाती है। अन्यथा सारा जीवन बह जाता है और भीतर से व्यक्ति सामान्य बना रहता है। आज जन-मानस कुंठित है, दुखी है और दुख से घबराया है, उसमें प्यास है–लेकिन तृप्ति का मार्ग न मिलने से प्यास वैसी की वैसी ही बनी रहती है, उसमें कोई अंतर नहीं आता है–इसी कारण अनेक

लोग प्रयास ही छोड़ देते हैं। मन अपेक्षा से भर आता है। इससे सारे मुल्क में एक बड़े कार्य की संभावना है और पूरे जन-मानस को शान्त जीवन-दृष्टि में मार्ग-दर्शित किया जा सकता है।

मुझे दिखता है कि मनुष्य को हम ठीक से समझ नहीं पाते हैं। उसमें प्रवृत्तियां (INSTINCTS) हैं जो अचेतन में हैं, उसमें चैतन्य बोध (INTELLECTUAL) है-और पूर्ण चैतन्य की संभावना (INTUITION) है। सामान्यतः उसकी चेतना नीचे के प्रवृत्ति जन्य संस्कारों से चलती है-उससे वह बंधा होता है। इनसे उसकी शरीर और मन को तृप्त करने की दौड़ चलती है-जो हमेशा ठीक वैसी ही बनी रहती है-जैसी पहले कभी थी। प्रत्एक व्यक्ति इस तथ्य को जानता है। इससे प्रवृत्तियों (Instincts) में व्यक्ति की दौड़ बाहर चलती रहती है और कोई भी परिणाम जीवन में दौड़कर नहीं पाए जाते हैं। अंत में वह पाता है कि जिस लालसा से दौड़ प्रारंभ की थी-वह लालसा तो तृप्त हुई नहीं-वह और दरिद्र स्थिति में हो गया है। फिर तब तक सारा कुछ खो चुका होता है और फिर केवल दुख की लहर भर शेष होती है। व्यक्ति के प्राण बहुत ही-विचित्र स्थिति में निकलते हैं। उसे लगता है कि सारा कुछ जिससे वह बाहर से परिचित था, टूटा जा रहा है। और उसे इस सबकी घबड़ाहट पकड़ लेती है। उसे लगता है कि अब वह न जाने किस अज्ञात दिशा में जा रहा है। इससे बड़ा भय होता। यह सारा कुछ व्यक्ति को अचेतन से-प्रवृत्तियों से मिला होता हैं यह उसके अनजाने में चलता रहता है।

प्रत्येक व्यक्ति में चैतन्य बोध का भी एक हिस्सा है जिससे वह अपने अचेतन से-मुक्त हो सकता है। सामान्य पशु में यह भी नहीं होता-और सब उसके जीवन में सहज चलता है। मनुष्य में Intellectual चैतन्य का बोध है-इस कारण वह गहरे तनाव में होता है। भीतर जो चलता रहता है उससे वह सहमत नहीं होता और एक हिस्से में मन के वह जानता है कि गलत हो रहा है-इससे बाहर से वह ठीक दिशा में चलना प्रारंभ करता हैं वह साधना करता है और भीतर जो चलता रहता है उससे मुक्त होने की दिशा में उन्मुख होता है। यहीं पर जीवन में सद्‌गुरु का होना आवश्यक होता है-जो ठीक जीवन के विज्ञान को दे सके। अन्यथा सारा जीवन विषाक्त और उलझाव से भर जाता है और कोई मार्ग उससे सुलझने का व्यक्ति को नहीं दिखता है। ठीक सम्यक् वैज्ञानिक जीवन-दृष्टिकोण का होना प्राथमिक घटना है, शेष सब अपने से होता है। अन्यथा अनेक बार व्यक्ति केवल ऊपर से अपने साथ बड़ा होने का भ्रम खड़ा कर लेता हैं और भीतर ठीक वैसा ही निकृष्ट बना रहता है। वह कहता कुछ है और भीतर से विकृत बना रहता है, परिणाम में वह गहरा द्वंद खड़ा कर लेता है। इस द्वंद के बाहर होना-सम्यक् वैज्ञानिक जीवन साधना से ही संभव हो सकता है। अन्यथा 7कोई मार्ग नहीं है। मेरा देखना है कि जो चैतन्य-बोध व्यक्ति को मिला है, उसका

विस्तार करना है और यह पूर्ण जागृति के प्रयोग से संभव होता है। ध्यान योग का चित्त-वृत्तियों से मुक्ति का प्रयोग व्यक्ति को जागृति का प्रकाश देता चलता है—और व्यक्ति के जीवन में सहज चैतन्य-बोध विकसित होता चलता है। इसमें होकर ही व्यक्ति समस्त द्वंद के पार होता है, और एकनिष्ठ सत्ता में होता है। इसका होना ही जीवन में उपादेय है, सहज भीतर से विकास होता जाएगा और परिणाम में बाहर दिव्यता अवतरित होगी। व्यक्ति के हाथ में केवल इतना ही है कि सहज वह जागृति के प्रयोग को करता चले, भीतर अपने में खुला छोड़ दे, कभी अनायास भीतर से असीम में व्यक्ति का हो आना होता है—तभी वह पूर्ण रहस्य के बीच अवाक् खड़ा हो जाता है और चिर जीवन-पिपासा शान्त हो जाती है। क्या होता है—कहा नहीं जा सकता, बस केवल होता है। इसमें होकर ही व्यक्ति अपने केन्द्र पर होता है, 'स्व-स्थित' होता है पूर्ण जीवन्त सत्य अनुभूति में होता है और INTUITION में—पूर्ण चैतन्य की जो संभावना है—उसमें स्थित होता है। इसमें होकर ही व्यक्ति अपने से परिचित होता है—पहली बार जो बोध होता है, तब जानता है कि कहीं भी उसकी मृत्यु नहीं है, जिसमें वह है। मृत्यु का भय विसर्जित हो जाता है और जीवन पूर्ण चैतन्य में हो आता है। यह अद्भुत है—और शाश्वत है।...

व्यक्ति स्वभावतः सुख खोजता है। इस युग में आदमी ने अजीब किया है। सारा आंतरिक वैभव खो दिया है और बाहर से सारा आयोजन करने में रत है। एक पूर्ण भीतर की विकृति उभर आई है—उससे बड़ी बैचेनी आदमी को है—वह ऊबता है-घबराता है—लेकिन उसे बाहर होने का मार्ग भी नहीं दीखता है। सारी सदी एक विषाक्त मनःस्थिति और गहरी आंतरिक पीड़ा से भर आई है—परिणाम में व्यक्ति दुख के पार होना चाहता है। वह दुख से सहमत नहीं है। यह घनी अंधेरे की सदी गहरे प्रकाश का उदय बन सकती है—यदि हमने सारे आग्रह छोड़कर शुद्ध धार्मिक दृष्टि का फैलाव किया। वैज्ञानिक धर्म की—यौगिक विधियां जन-मानस को दीं तो परिणाम सुखकर आने को हैं। धार्मिक व्यक्ति स्वयं-आनन्द और शान्ति में प्रतिष्ठित हुआ हो—तो ही उसके जीवन से आकर्षण होगा और परिणाम में जीवन परिवर्तित होंगे—अन्यथा कोई मार्ग नहीं है। औपचारिक धार्मिक जीवन-जिसमें कोई रस न हो, आनन्द न हो—थोथा है—और आज ऐसा ही हुआ है—इससे इस सदी को अंधेरे में ढकेलने में वे धार्मिक पुरुष सहयोगी बनेंगे—जो केवल ऊपरी बातें करते रहे और भीतर जीवन में कुछ भी निर्मित नहीं हुआ। ठीक से जीवन-योग से परिचित होना है—और दिव्य जीवन-दृष्टि में होकर—वैज्ञानिक आधारों पर धर्म को यदि साधु दे सके तो ही—क्रांति संभव हो सकती है। आज सारे मुल्क में क्षुधा है—और आदमी को कहीं से कुछ मिल जाए, उसे पाने को बेचैन है। बहुत काम की संभावना है, गांधीजी ने एक हवा देश में विकसित की थी—उसका लाभ न ले सके। ठीक जीवन-दृष्टि हम जन-मानस को न दे सके।

अब वह हवा जो निर्मित हुई थी, अपने में मूल्य खो दी है और गांधी जी की हत्या शरीर से ही गौडसे ने की थी, अब उनकी हत्या वास्तव में मुलक कर रहा है। सारा कुछ विषाक्त हो आया है और देश से आंतरिक गौरव विनष्ट हो गया है। हमने आदमी की चेतना को परिवर्तित करने का विज्ञान खो दिया, परिणाम में आदमी भीतर से दरिद्र हो गया और एक बाहर के जगत में गहरा उलझाव कर लिया। भीतर से व्यक्ति चेतना से परिवर्तित होता है–तो बाहर जीवन में क्रान्ति घटित होती है–राष्ट्र का चरित्र निर्मित होता है–सारे बाह्य भेद गिर जाते हैं और व्यक्ति शुद्ध-सत्ता के बोध में होकर–जीवन में जो चरम-सार्थकता है, उसके बोध से भर आता है। गांधीजी भारत के प्राण मन में बैठे और जीवन को अंत: से पकड़ा। सारा प्राण उनका अंत: से था–सारी खोज उस ईश्वर के लिए थी और सारे कार्य ईश्वर के आदेश से थे। यह एक दृष्टि थी–उसे भारत ने गांधी के बाद एकदम खो दी और अब सारा बाहर से आयोजन है–परिणाम में हमेशा शक्तियां पृथक खड़ी हैं। आंतरिक जीवन में हो आया राष्ट्र अपने गौरव में होता है, उसकी छटा अद्‌भुत होती है।

'ध्यान-योग' वह वैज्ञानिक मार्ग है, जिससे एक्य-सूत्रता अपने से आती है उससे बाहर चरित्र अपने से निर्मित होता है–जीवन द्वंद के पार हो जाता है–प्यासे को पानी मिलता है और व्यक्ति संघर्ष, पीड़ा, दमन, बेचैनी, ऊब, घबराहट के पार हो पाता है। उसे जो पाने जैसा है–वह मिल जाता है और जीवन की बाह्य दौड़ जीवन का साध्य न होकर–मात्र साधन रह जाती है। जीवन सम्यक् संतुलित होता है।

इस दिशा में घूम-घूम कर सारे मुल्क में पद-यात्रा से एक क्रान्ति संभव है–जो सारे जन-मानस को खुला विकास का क्षेत्र देगी।...

सारा कुछ आंतरिक है। भीतर व्यक्ति सहज शान्त होता आता है–भीतर जीवन से विकृति चली जाती है। कोई शास्त्र साहित्य–व्यक्ति को वहां प्रतिष्ठित नहीं कर सकता है–जहां पर व्यक्ति भीतर अपने में शुद्ध सत्ता में है। मन अति सूक्ष्म है। उसके भरने के आयोजन चारों ओर से चलते होते हैं। साहित्य और शास्त्र में मन उलझ सकता है और उलझ ही जाता है–उससे बचाव का कोई मार्ग संभव नहीं है। ठीक से भीतर शुद्ध जीवन-दृष्टि में हो आने की घटना प्राथमिक है, शेष सब अपने से होता चलता है। यह सहज होता है। यदि, एकदम से व्यक्ति शुद्ध चैतन्य में-पूर्ण शून्य में हो आए–तो उससे रहा ही नहीं जायगा उसे वह स्थिति क्षमता के बाहर लगेगी और इस असीम स्रोत के बाहर होना चाहेगा। शान्ति और आनन्द को भी जीवन में सहज विकास (Growth) होने चलने देना है–और अचानक कभी व्यक्ति पूर्ण शान्ति (Silence) में हो आता है। यह सब एक विकास का चरण है–उससे जीवन में विकास होता चलता है।

जानना है कि केवल सम्यक् साधना की जीवन-पद्धति ही–उपादेय है, शेष सब भटकन है और व्यर्थता है। केवल मन को भरते चलना है। ठीक ध्यान की यौगिक विधि व्यक्ति को मन के पार ले चलती है और अनायास व्यक्ति कभी आनन्द तथा शान्ति में हो आता है।

अनेक बार कहा है–सम्यक् साधना का प्रयास और प्रतीक्षा। मनुष्य इसके अतिरिक्त कुछ और नहीं कर सकता है। पूरे भाव से सहज मन से–शान्त होने की प्रक्रिया करते चलना है–परिणाम में सहज अपने से शान्ति अवतरित होती है। कहीं खोजने नहीं जाना होता है–केवल शान्त होना होता है और तत्क्षण व्यक्ति असीम शन्ति के गहरे स्रोत में हो आता है। पाया जाता है कि खोजना भ्रान्त था–केवल खोना था और खोते ही जो पाने जैसा था, पा लिया जाता है। यह अद्‌भुत है। इतना सहज है यह अपने में कि जानकर ही इसको जाना जा सकता है। अन्य कोई मार्ग नहीं है।...

यह प्रतीति भीतर प्राण मन से व्यक्ति पूर्ण चैतन्य से, सहज मन से, ध्यान में शान्त हो आने का भाव करे, तो अपने से घटना घटित होती है। जानना है कि यह मेरी अंतिम घड़ी है ओर जो इस अंतिम घड़ी में श्रेष्ठतम घटित हो सके, उसे करना है। इस करने में कोई भीतर खिंचाव नहीं लाना है, केवल सहज मन से सारे तथ्यों को स्वीकार मात्र करते चलना है। जिस क्षण सहज इतनी प्यास भीतर होगी। घटना पूर्ण होगी। हम कहना ही, अनुभव करना ही मन से नहीं जानते, इस कारण बात पूरी नहीं होती है। ठीक से केवल ध्यान की प्रक्रिया में अनुभव करते चलें, तो सहज क्रान्ति जीवन में घटित होगी और आप विराट् में हो आएगें हर तूफान शान्त होता है, उससे कहना आना चाहिए। ईसा का एक उद्दरण आपने दिया और कहा–शान्त हो जाओ (PEACE BE STILL)–और शान्त होने की घटना हो जाती है।...

आचार्य श्री ने ध्यान योग की इस प्रक्रिया में–एक नवीन चरण का सूत्रपात किया–जिससे एक विधायक Positive तत्व उसमें समाहित हो गया। ध्यान में जाने के पूर्व–शरीर को शिथिल और आंख बन्द करने के पश्चात् आपने तीन बार कहा–

"प्रभु चैतन्य जाग रहा है
प्रभु चैतन्य जाग रहा है
प्रभु चैतन्य जाग रहा है"

साधकों ने इसे प्राण मन से अनुभव किया। फिर शरीर के शिथिल और शून्य होने के, सांस के शान्त होने के और विचारों के शान्त होने के सुझाव अनुभव किए। तत्पश्चात् 20 मि. के लिए समाधिस्थ चेतना में प्रतिष्ठित हुए।

—यह सब (आज अनोखा) शाश्वत है—जो व्यक्ति के लिए परिपूर्ण है।

(20 जुलाई से 25 जुलाई तक)
(अन्य चर्चाओ तथा ध्यान योग सत्र से)

प्रवृत्ति में व्यक्ति सुख खोजता है। यह स्वाभाविक है। वह बार-बार उसमें प्रवृत्त होता है और शक्ति का क्षय होता है। कोई व्यक्ति पूरे समय भोग में नहीं हो सकता है—उसे बीच-बीच में संन्यास लेना होता है। प्रवृत्ति ही अभी व्यक्ति के साथ है। इसके पार निवृत्त अवस्था को व्यक्ति ने जाना ही नहीं है। कहीं एक मन उसका प्रवृत्ति से संतुष्ट न होकर—उसे निवृत्ति में ले जाना चाहता है। इससे एक अंतर्द्वंद चलता है। प्रवृत्ति का सारा रस शेष होता है और केवल ऊपर से व्यक्ति निवृत्ति में दिखाना चाहता है। इससे एक पीड़ा का होना प्रारंभ होता है। बाहर से व्यक्ति साधु दिखने लगता है—लेकिन भीतर सन्तत्व न होने से—बहुत विकृति होती है। वह जो जीवन का क्रम चलता आया था, उससे सहमत न था—इससे ही श्रेष्ठ जीवन की ओर चलना प्रारंभ करता है। जानता है वह कि यदि चित्त अशान्त है—तो शान्त हुआ जा सकता है। मैं अभी बोलता हूं—तो मैं निरंतर बोल नहीं सकता हूं। मेरा बोलना—मौन से है। जैसे—विश्राम से श्रम निकलता है, वैसे ही मौन से बोलना निकलता है। जीवन के कोई भी बाह्य आचरण जिनमें शक्ति का व्यय है—वे भीतर कहीं शक्ति सृजन से उद्भूत हैं। अभी बाहर शक्ति का अप-व्यय है। ठीक से व्यक्ति भीतर अपनी प्रवृत्तियों को जान ले, तो वह प्रवृत्तियों के पार हो जाता है। जानना है—जागरण के प्रकाश में। इस जागरण के प्रकाश में ही—अंधेरा विसर्जित होता है—अन्यथा कोई मार्ग नहीं है। भीतर व्यक्ति चैतन्य बोध के विकास में होता चलता है—और परिणाम में अपने से वह प्रवृत्तियों के रस के बाहर हो जाता है। कुछ छोड़ने को मेरा कहना नहीं है—वहां भी मात्र मन का विस्तार है—भीतर कुछ हो आना है—प्रभु-चैतन्य का जागरण कर लेना है—तो अपने से सारा द्वंद विसर्जित हो जाता है—और व्यक्ति एक निष्ठ चैतन्य बोध में हो आता है। इस एक निष्ठ चैतन्य के बोध में होने से ही जो शक्ति प्रवृत्तियों में लगती थी, अब वह भीतर के वैभव के सृजन में अपने से लगती है और व्यक्ति के जीवन में गरिमा, तेज, ओजस्विता, सत्य-निष्ठा और सारे सद् आचरण प्रगट होते हैं। केवल अंत में प्रतीक्षा रखना होती है और कभी अनायास यह घटित हो जाता है। मनुष्य के हाथ में केवल इतना है कि बीज बो दे—खाद, पानी, प्रकाश, हवा सबकी व्यवस्था कर दे—अब कभी अपने से बीज अंकुरित हो आता है और बड़ा हो पाता है—फिर कभी पाया जाता है कि फूल भी निकल आया। यह प्रकृति का सहज क्रम है। मनुष्य भी भीतर सन्तत्व साधना में होने से—अनायास कभी सन्तत्व में हो आता है। यह सन्तत्व में हो आना ही उपादेयता है—सारी विकृतियों के पार हो आना है—शेष सारा बाह्य उपचार और बाह्य

जीवन-साधना भ्रान्त है। उससे केवल संघर्ष, दमन, परेशानी, पीड़ा ही बढ़ने को है-और कोई परिणाम आने को नहीं है।

केवल सूचना जीवन में कोई अर्थ नहीं रखती है। सूचनाओं से जानने का भ्रम पैदा हो जाता है। यह सबसे बड़ा धोखा है। जानना बिल्कुल पृथक बात है। उसका सूचना से कोई संबंध नहीं है। जानने के लिए व्यक्ति को अपने भीतर उतरना होता है। जब परिपूर्ण चैतन्य-बोध को व्यक्ति उपलब्ध हो जाता है, तब ही केवल वह जानता है-अपने अंतःस्वरूप को-'जो है' वह अनुभूत होता है। इससे सूचनाओं के भ्रम में उलझकर-अपने साथ भ्रम खड़ा कर लेना-एकदम संभव है। जानना है कि अनुभूतिगत तथ्य ही जीवन की वास्तविकता में-होते हैं। वे सूचनाओं से नहीं-वरन् साधना से आते हैं।

एक अर्थ में तो साधना भी केवल बाह्य है-उस तक पहुंचाने में तो साधना भी व्यर्थ है। केवल साधना तो एक मनोभूमि है-जिससे कभी अनायास व्यक्ति भीतर शान्ति में हो आता है। कुछ भी करना नहीं-केवल न करना और व्यक्ति कभी भी मुक्ति की अवस्था में हो आता है। जब सब करना व्यर्थ हो रहे और भीतर से व्यक्ति शान्ति में हो रहे तो ही जीवन का अर्थ-अपने से प्रगट होता है।

पूछा था-क्या मुक्ति के बाद भी चेतना को पदार्थ से संयोग करना होता है?

मैं उत्तर नहीं देता। उत्तर से प्रश्न गिरेगा नहीं-कहीं और आपको उलझा देगा। समूचे इतिहास में इस सबके उत्तर दिए गए-पर उससे केवल जीवन में उलझाव बढ़ा है-कोई हल आज तक नहीं मिला है। मैं आपको कुछ भी उत्तर नहीं देता। उत्तर सारे असंगत और व्यर्थ हैं। मैं तो आपको आंख देता हूं, जिससे आप स्वयं देख सकें। आंख के अभाव में कुछ भी संभव नहीं है। जीवन में कहीं भी गति नहीं हो सकती। आंख के अभाव में अभी आप कुछ भी नहीं जान सकते। अंधे को आप सोचते होंगे-अंधेरा दिखता होगा-सो भ्रान्त है। उसे उजाला और अंधेरा समान है। आंख हो-तो ही उजाले और अंधेरे का बोध होता है-अन्यथा सारा कुछ एकसा ही है। मैं आपको केवल उस आंख को, दृष्टि को देना चाहता हूं, जिससे दीख सके और आप समग्र में हो आ सकें। अभी तो जो अशान्त मन है-वही प्रश्न उठाता है-वही उत्तर भी चाहता है-उससे कोई भी हल मिलना संभव नहीं है। ठीक जब मन शान्त हो आता है और पाया नहीं जाता, उस समय ही केवल व्यक्ति के प्रश्न गिर जाते हैं-फिर प्रश्न उठते ही नहीं और न कहीं उत्तर की खोज रह जाती है। प्रश्न और उत्तर-जो दोनों ही मन की लालसाएं थीं-विसर्जित हो जाती हैं और व्यक्ति एक सहज शान्त जीवन की अवस्था में होता है जहां पर होकर वह सारे जीवन के रहस्य को पूर्ण कर लेता है।

ओशो का हिंदी साहित्य

उपनिषद

सर्वसार उपनिषद

कैवल्य उपनिषद

अध्यात्म उपनिषद

कठोपनिषद

ईशावास्य उपनिषद

निर्वाण उपनिषद

आत्म-पूजा उपनिषद

केनोपनिषद

मेरा स्वर्णिम भारत (विविध उपनिषद-सूत्र)

कृष्ण

गीता-दर्शन
(आठ भागों में अठारह अध्याय)

कृष्ण-स्मृति

महावीर

महावीर-वाणी (दो भागों में)

जिन-सूत्र (दो भागों में)

महावीर या महाविनाश

महावीर : मेरी दृष्टि में

ज्यों की त्यों धरि दीन्हीं चदरिया

बुद्ध

एस धम्मो सनंतनो (बारह भागों में)

अष्टावक्र

अष्टावक्र महागीता (छह भागों में)

लाओत्से

ताओ उपनिषद (छह भागों में)

कबीर

सुनो भई साधो

कहै कबीर दीवाना

कहै कबीर मैं पूरा पाया

न कानों सुना न आंखों देखा (कबीर व फरीद)

शांडिल्य

अथातो भक्ति जिज्ञासा (दो भागों में)

अन्य रहस्यदर्शी

नाम सुमिर मन बावरे (जगजीवन)

अरी, मैं तो नाम के रंग छकी (जगजीवन)

कानों सुनी सो झूठ सब (दरिया)

अमी झरत बिगसत कंवल (दरिया)

हरि बोलौ हरि बोल (सुंदरदास)

ज्योति से ज्योति जले (सुंदरदास)

अजहूं चेत गंवार (पलटू)

सपना यह संसार (पलटू)

काहे होत अधीर (पलटू)

जस पनिहार धरे सिर गागर (धरमदास)

का सोवै दिन रैन (धरमदास)

सबै सयाने एक मत (दादू)

पिव पिव लागी प्यास (दादू)

कन थोरे कांकर घने (मलूकदास)

रामदुवारे जो मरे (मलूकदास)

भक्ति-सूत्र (नारद)

शिव-सूत्र (शिव)

भजगोविन्दम् मूढ़मते (आदिशंकराचार्य)

एक ओंकार सतनाम (नानक)

जगत तरैया भोर की (दयाबाई)

बिन घन परत फुहार (सहजोबाई)

पद घुंघरू बांध (मीरा)

नहीं सांझ नहीं भोर (चरणदास)

संतो, मगन भया मन मेरा (रज्जब)

कहै वाजिद पुकार (वाजिद)

मरौ हे जोगी मरौ (गोरख)

सहज-योग (सरहपा-तिलोपा)

बिरहिनी मंदिर दियना बार (यारी)

प्रेम-रंग-रस ओढ़ चदरिया (दूलन)

दरिया कहै सब्द निरबाना
(दरियादास बिहारवाले) हंसा तो मोती चुगैं (लाल)
गुरु-परताप साध की संगति (भीखा)
मन ही पूजा मन ही धूप (रैदास)
झरत दसहुं दिस मोती (गुलाल)
जरथुस्त्र: नाचता-गाता मसीहा (जरथुस्त्र)

प्रश्नोत्तर

नहिं राम बिन ठांव
प्रेम-पंथ ऐसो कठिन
उत्सव आमार जाति, आनंद आमार गोत्र
मृत्योर्मा अमृतं गमय
प्रीतम छवि नैनन बसी
रहिमन धागा प्रेम का
उड़ियो पंख पसार
सुमिरन मेरा हरि करैं
पिय को खोजन मैं चली
साहेब मिल साहेब भये
जो बोलैं तो हरिकथा
बहुरि न ऐसा दांव
ज्यूं था त्यूं ठहराया
ज्यूं मछली बिन नीर
दीपक बारा नाम का
अनहद में बिसराम
लगन महूरत झूठ सब
सहज आसिकी नाहिं
पीवत रामरस लगी खुमारी
रामनाम जान्यो नहीं
सांच सांच सो सांच
आपुई गई हिराय
बहुतेरे हैं घाट
कोंपलें फिर फूट आईं
फिर पत्तों की पांजेब बजी
फिर अमरित की बूंद पड़ी
क्या सोवै तू बावरी
चल हंसा उस देस
कहा कहूं उस देस की
पंथ प्रेम को अटपटो
माटी कहै कुम्हार सूं
मैं धार्मिकता सिखाता हूं, धर्म नहीं

झेन, सूफी और उपनिषद की कहानियां

बिन बाती बिन तेल
सहज समाधि भली
दीया तले अंधेरा

तंत्र

संभोग से समाधि की ओर
तंत्र-सूत्र (पांच भागों में)

योग

पतंजलि: योग-सूत्र (पांच भागों में)
योग: नये आयाम

विचार-पत्र

क्रांति-बीज
पथ के प्रदीप

पत्र-संकलन

अंतर्वीणा
प्रेम की झील में अनुग्रह के फूल
पाथेय

बोध-कथा

मिट्टी के दीये

ध्यान, साधना

ध्यानयोग: प्रथम और अंतिम मुक्ति
नेति-नेति
चेति सकै तो चेति
हसिबा, खेलिबा, धरिबा ध्यानम्
समाधि कमल
साक्षी की साधना
धर्म साधना के सूत्र
मैं कौन हूं
समाधि के द्वार पर
अपने माहिं टटोल
ध्यान दर्शन
तृषा गई एक बूंद से
ध्यान के कमल

जीवन संगीत
जो घर बारे आपना
प्रेम दर्शन

साधना-शिविर

साधना-पथ
मैं मृत्यु सिखाता हूं
जिन खोजा तिन पाइयां
समाधि के सप्त द्वार (ब्लावट्स्की)
साधना-सूत्र (मेबिल कॉलिन्स)
ध्यान-सूत्र
जीवन ही है प्रभु
रोम-रोम रस पीजिए

राष्ट्रीय और सामाजिक समस्याएं

देख कबीरा रोया
स्वर्ण पाखी था जो कभी और
अब है भिखारी जगत का
शिक्षा में क्रांति
नये समाज की खोज
नये भारत की खोज
नये भारत का जन्म
नारी और क्रांति
शिक्षा और धर्म
भारत का भविष्य

विविध

अमृत-कण
मैं कहता आंखन देखी
एक एक कदम
जीवन क्रांति के सूत्र
जीवन रहस्य
करुणा और क्रांति
विज्ञान, धर्म और कला
शून्य के पार
प्रभु मंदिर के द्वार पर
तमसो मा ज्योतिर्गमय
प्रेम है द्वार प्रभु का
अंतर की खोज
अमृत की दिशा
अमृत वर्षा
अमृत द्वार
चित चकमक लागे नाहिं
एक नया द्वार
प्रेम गंगा
समुंद समाना बुंद में
सत्य की प्यास
शून्य समाधि
व्यस्त जीवन में ईश्वर की खोज
अज्ञात की ओर
धर्म और आनंद
जीवन-दर्शन
जीवन की खोज
क्या ईश्वर मर गया है
नये मनुष्य का धर्म
धर्म की यात्रा
स्वयं की सत्ता
सुख और शांति
अनंत की पुकार

ओशो के ऑडियो-वीडियो प्रवचन एवं साहित्य के संबंध में समस्त जानकारी हेतु संपर्क सूत्र :

साधना फाउंडेशन

17 कोरेगांव पार्क, पुणे 411001

फोन: 020-6136655 फैक्स: 020-6139955

E-mail: distrib@osho.net Website: www.osho.com

ओशो का आलौकिक साहित्य

ओशो साहित्य डीलक्स संस्करण

- ❑ जस पनिहार धरे सिर गागर (धनी धरमदास की वाणी) 150.00
- ❑ का सोवे दिन रैन (धनी धरमदास की वाणी) 150.00
- ❑ नाम सुमिर मन बावरे (जगजीवन साहब की वाणी) ... 100.00
- ❑ अरी, मैं तो नाम के रंग छकी (जगजीवन साहब की वाणी) 150.00
- ❑ ज्योति से ज्योति जले (संत सुंदरदास की वाणी) .. 150.00
- ❑ समाधि के नृत्य गीत (संत सुंदरदास की वाणी) ... 120.00
- ❑ दुख के पार 75.00
- ❑ मौलिक क्रान्ति 100.00
- ❑ जीवन अमृत 100.00
- ❑ मौन संगीत 60.00
- ❑ आत्मपूजा उपनिषद्-भाग-I 150.00
- ❑ आत्मपूजा उपनिषद्-भाग-II 150.00
- ❑ प्रेम-रंग, रस ओढ़ चदरिया 150.00
- ❑ सन्तो मगन भया मन मेरा (संत रज्जब की वाणी) 150.00
- ❑ समाधि की सुराही (संत रज्जब की वाणी) 150.00
- ❑ गुरु परताप साध की संगति (भीखा वाणी) 150.00
- ❑ झरत दसहूं दिस मोती (संत गुलाल की वाणी) 150.00
- ❑ मन मधुकर खेलत वसंत (संत गुलाल की वाणी) 150.00
- ❑ अजहूं चेत गंवार (संत पलटूदास की वाणी) 150.00
- ❑ अवसर बीता जाए 120.00
- ❑ सद्गुरु समर्पण (Take it easy) 100.00
- ❑ संभोग से समाधि की ओर-I 40.00
- ❑ संभोग से समाधि की ओर-II 40.00
- ❑ संभोग से समाधि की ओर-III 40.00
- ❑ संभोग से समाधि की ओर-IV 40.00
- ❑ मिट्टी के दीये (बोध कथा) 40.00

जिन खोजा तिन पाइयां

- ❑ कुंडलिनी यात्रा 40.00
- ❑ कुंडलिनी और तंत्र 40.00
- ❑ कुंडलिनी जागरण और शक्तिपात 40.00
- ❑ कुंडलिनी और सात शरीर 40.00
- ❑ गीता : विज्ञान, कला, अध्यात्म 40.00
- ❑ गीता : समस्त योगों का सार 40.00
- ❑ गीता : मनोविज्ञान का परम शास्त्र 40.00
- ❑ गीता : कृष्ण योग विज्ञान 40.00
- ❑ सम्बोधि के क्षण 40.00
- ❑ राम खुमारी 40.00
- ❑ अभिनव धर्म 40.00
- ❑ करुणा और क्रान्ति 40.00
- ❑ मुक्ति बोध 40.00
- ❑ साधना सूत्र : आत्मा का कमल 40.00
- ❑ साधना सूत्र : हेरत हेरत हे सखी 40.00
- ❑ साधना सूत्र : हृदय संगीत 40.00
- ❑ अमृत की दिशा 40.00
- ❑ सम्भावनाओं की आहट 40.00
- ❑ शून्य का दर्शन 40.00
- ❑ प्रार्थना के बीज 40.00
- ❑ नये समाज की खोज 40.00
- ❑ मैं धार्मिकता सिखाता हूं, धर्म नहीं (प्रश्नोत्तर) 40.00
- ❑ योग सूत्र : एक वैज्ञानिक दृष्टि 40.00
- ❑ योग सूत्र : आन्तरिक अनुशासन 40.00
- ❑ योग सूत्र : सतगुरु को समर्पण 40.00
- ❑ योग सूत्र : प्रज्ञा और समाधि 40.00
- ❑ योग सूत्र : नींद, स्वप्न और बोध 40.00
- ❑ योग सूत्र : अहंकार और समर्पण 40.00
- ❑ योग सूत्र : बुद्धों का मनोविज्ञान 40.00
- ❑ योग सूत्र : समाधि के दो रूप 40.00
- ❑ शून्य समाधि 40.00
- ❑ सहैजे रहिबा 40.00
- ❑ एक एक कदम 40.00
- ❑ शिक्षा और विद्रोह 40.00
- ❑ शिक्षा में क्रांति 40.00
- ❑ शिक्षा और जागरण 40.00
- ❑ शिक्षा : नये प्रयोग 40.00
- ❑ ध्यान : एक शून्य गगन 40.00
- ❑ भीतर का दीया 40.00
- ❑ उपनिषद शून्य संवाद 40.00

ओशो साहित्य में 250 पुस्तके प्रकाशित। सूची पत्र के लिए पत्र लिखें

पुस्तकें V.P.P. से मंगवायें। डाक व्यय प्रति पुस्तक 20/- तीन पुस्तकें एक साथ मंगवाने पर डाक व्यय फ्री।

डायमंड बुक्स

X-30, ओखला इंडस्ट्रियल एरिया, फेज-II नई दिल्ली-110020, फोन : 011-51611861-865,

फैक्स : 011-51611866, 26386124, ई-मेल : mverma@diamondpublication.com, वेबसाइट : www.diamondpocketbooks.com

ओशो का आलौकिक साहित्य

ओशो (अष्टावक्र महागीता)

- ❑ एक ही परिचय अपना परिचय 75.00
- ❑ आंतरिक क्रांति के सूत्र 75.00
- ❑ आनंद की तलाश 75.00
- ❑ एक अंजुरी भर रस 75.00
- ❑ जागरण : एक महामंत्र 75.00
- ❑ मेरा मुझमें कुछ नहीं 75.00
- ❑ शून्य की वीणा विराट के स्वर 75.00
- ❑ प्रभु मंदिर यह देह री 75.00
- ❑ अपनी बानी प्रेम की बानी 75.00
- ❑ मूढ़ कौन अमूढ़ कौन! 75.00
- ❑ परम ज्ञान का अर्थ है परम अज्ञान 75.00
- ❑ परमात्मा अनुमान नहीं, अनुभव है 75.00

ओशो साहित्य डीलक्स संस्करण

- ❑ संभोग से समाधि की ओर (सम्पूर्ण संस्करण) 150.00
- ❑ मैं मृत्यु सिखाता हूं 150.00
- ❑ एक ओंकार सतनाम 150.00
- ❑ ओशो ध्यान योग 75.00
- ❑ ध्यान क्या है (What is Meditation) 30.00
- ❑ भारत एक सनातन यात्रा 100.00
- ❑ साक्षी कृष्ण और रासलीला 60.00
- ❑ कृष्ण : जिज्ञासा, खोज, उपलब्धि 60.00
- ❑ कृष्ण साधना रहित सिद्धि 60.00
- ❑ कृष्ण और हंसता हुआ धर्म 60.00
- ❑ कृष्ण गुरु भी सखा भी 60.00
- ❑ शिव साधना 60.00
- ❑ शिव दर्शन 60.00

स्वामी अगेह भारती

- ❑ डायरी के पन्ने 60.00
- ❑ ओशो के आसपास 100.00
- ❑ ओशो के संग! कुछ अनमोल क्षण 35.00
- ❑ अनजाने ओशो 40.00
- ❑ एक ओशो शिष्य की डायरी 40.00
- ❑ ओशो गाथा 40.00
- ❑ विचारों के फूल 30.00
- ❑ ओशो की मधुशाला में बच्चन 40.00
- ❑ मेरी रजनीशपुरम यात्रा 30.00
- ❑ स्पंदन (काव्य संग्रह) (यंत्रस्थ) 30.00
- ❑ अंधकार से प्रकाश की ओर 40.00
- ❑ ओशो : एक महाप्रारम्भ 60.00
- ❑ बातें जो याद हैं 50.00

विपुल गौतम

- ❑ भावना के भोजपत्रों पर ओशो (मां के पत्र) 150.00

उर्मिला

- ❑ शांति की खोज 30.00

मा धर्म ज्योति

- ❑ दस हजार बुद्धों के लिए एक सौ गाथाएं 50.00

स्वामी राजा भारती

- ❑ ओशो प्रेम घटा बरसी 50.00

स्वामी आनंद सत्यार्थी

- ❑ मानसिक तनाव से मुक्ति के सरल उपाय..50.00

ओशो–साहित्य गुजराती

- ❑ साधना पथ 15.00
- ❑ भारत के जलते प्रश्न 15.00

ओशो–साहित्य पंजाबी

- ❑ संभोग से समाधि की ओर 25.00
- ❑ एक ओंकार सतनाम (यंत्रस्थ) 100.00

ओशो–उर्दू साहित्य

- ❑ मेरी रहगुजर कि सफेद अम्बर की रहगुजर 60.00
- ❑ सुये फना (सम्भोग से समाधि की ओर) 20.00
- ❑ सत्य की खोज 50.00

ओशो–बंगाली साहित्य

- ❑ मौलिक मानवीय अधिकार 25.00
- ❑ संभोग से समाधि की ओर 25.00
- ❑ भारत के जलते प्रश्न 25.00
- ❑ धर्म और राजनीति 25.00
- ❑ मिट्टी के दीये 25.00

ओशो साहिन्य में 250 पुस्तके प्रकाशित। सूची पत्र के लिए पत्र लिखें

पुस्तकें V.P.P. से मंगवायें। डाक व्यय प्रति पुस्तक 20/- तीन पुस्तकें एक साथ मंगवाने पर डाक व्यय फ्री।

डायमंड बुक्स

X-30, ओखला इंडस्ट्रियल एरिया, फेज-II नई दिल्ली-110020, फोन : 011-51611861-865,

फैक्स : 011-51611866, 26386124, ई-मेल : mverma@diamondpublication.com, वेबसाइट : www.diamondpocketbooks.com